Jürgen Oelkers
Reformpädagogik

Grundlagentexte Pädagogik

Jürgen Oelkers

# Reformpädagogik

## Eine kritische Dogmengeschichte

Mit einem Nachwort
zur zweiten Auflage

Juventa Verlag Weinheim und München

Über den Autor
Jürgen Oelkers, Dr. phil., Jg. 1947, ist Professor für Allgemeine Pädagogik an der Universität Bern

Die Deutsche Bibliothek – CIP-Einheitsaufnahme

*Oelkers, Jürgen:*
Reformpädagogik : eine kritische Dogmengeschichte ; mit einem Nachw. / Jürgen Oelkers. – 2. Aufl. – Weinheim ; München : Juventa-Verl., 1992
(Grundlagentexte Pädagogik)
ISBN 3-7799-0344-X

2. Auflage 1992


Umschlaggestaltung: Atelier Warminski, 6470 Büdingen 8
Umschlagabbildung: Lovis Corinth, Mädchen mit roter Puppe. Öl auf Leinwand 1886
Printed in Germany

ISBN 3-7799-0344-X

# Inhalt

*„Hast thou known how I fashioned thee,*
*Child, underground?“*
*(A.C. Swinburne)*

# Vorwort

„Reformpädagogik“ ist erneut ein Schlagwort der bildungspolitischen Auseinandersetzung geworden. An verschiedenen Stellen ist auch in der Fachdiskussion von einer „Renaissance“ der Reformpädagogik die Rede. Oft wird der Eindruck erweckt, man könnte einfach zurückkehren in die Zeit vor dem Ersten Weltkrieg oder wenigstens die damalige Pädagogik als großen, jedoch maßgebenden Steinbruch für heutige Bedürfnisse der Praxis von Schule und Erziehung verwenden. Derart kurzschlüssig kann man aber ein historisches Erbe nur falsch aneignen, eben als Wiederverwendung von Schlagworten, die allerdings im Verständigungsprozeß von Pädagogen eine große Rolle spielen. Soll die Diskussion darüber hinausgeführt werden, so ist ein tieferer Problemansatz notwendig. Die Vorgeschichte dessen, was wir „Reformpädagogik“ nennen und auf die Zeit zwischen 1890 und 1933 beschränken, muß dabei ebenso zum Tragen kommen wie die Folgen gerade dieser pädagogischen „Epoche“.

*Die* Reformpädagogik kann man freilich nicht beschreiben. Sie ist ein nationales/internationales Phänomen, theoretisch uneinheitlich, sehr heterogene Strömungen berücksichtigend, politisch sich höchst verschieden artikulierend und nicht einmal in pädagogischer Hinsicht eine konstante Größe. Wichtiger noch, sie ist unabgeschlossen und läßt sich als eigenständige Epoche schlecht beschreiben. Eigentlich hat sie auch keinen dezidierten Anfang, weil eine Kontinuität der Reformmotive und wenigstens der pädagogischen Semantik vorausgesetzt werden muß, die nicht zu einem bestimmten Zeitpunkt erfunden worden sind. Darum ist es aussichtslos, „Reformpädagogik“ in irgendeinem chronologischen Sinne abzugrenzen und sie dann umfassend darzustellen. Was man versuchen kann, ist eine Analyse ihrer Problemlagen, ihrer typischen Themen und der in sie eingehenden Motive pädagogischer Reform. Dabei wird auf Kontinuität und Diskontinuität gleichermaßen zu achten sein, wenn nicht ein Erbe angetreten werden soll, das es so gar nicht gab.

Was ich im folgenden vorlege, ist eine Art kritischer Dogmengeschichte, also eine Darstellung der wirksamen Ideen und ihres theoretischen Umfeldes. Von einer Sozialgeschichte der Reformpädagogik sind wir weit entfernt, ebenso von einer kritischen Rezeptionsgeschichte, die angesichts der unerhörten Wirkungen der „Reformpädagogik“ und *ihrer* Geschichtsschreibung vielleicht noch wichtiger wäre als eine Untersuchung der Wechselwirkung von Erziehung und Gesellschaft am Ende des 19. Jahrhunderts. Die Theoriemotive und deren Geschichte sind dagegen klarer erkennbar, so daß es gerechtfertigt sein mag, zu diesem Zeitpunkt eine Geschichte der pädagogischen Dogmen vorzulegen, die die Reformpädagogik im 20. Jahrhundert beherrscht haben.

Man kann die Geschichte der Reformpädagogik, wie jede *history of ideas,* prinzipiell auf zwei verschiedene Weisen schreiben, in die Breite der Epoche hin angelegt oder in die Tiefe des eigenen Problems. Ich unternehme eine Darstellung in der zweiten Hinsicht, nämlich die Interpretation der Reformpädagogik vor dem Hintergrund der hauptsächlichen Problemlagen moderner Erziehungstheorie. Diese Geschichte soll Dauer *und* Wandel darlegen, bezogen auf eine Vielzahl von Varianten, wie sie nur eine differenzierte Erziehungspraxis hervorzubringen vermag. Was meine Darstellung nicht leistet, ist ein Ausblick in die Breite des *fin de siècle,* also jener Epoche der Kunst und Literatur, der die „Reformpädagogik“ auf eigentümliche Weise zurechnet und doch nicht zurechnet. Ich kann diesen Zusammenhang nur andeuten; er wird an anderer Stelle ausführlich darzustellen sein.

Meine Geschichte verzichtet auf Einheitsvorstellungen, arbeitet nicht mit festen Zeitgrenzen und stellt auch keine „Bewegungen“ dar. Die Komposition geht aus von Konzepten und Modellen der Pädagogik und sie bezieht sich auf Diskurse, die in ihrem Theoriegehalt rekonstruiert werden. Man muß sich das Ensemble „Reformpädagogik“ vorstellen als bestehend aus „Ansätzen“, Experimenten und mehr oder weniger populären Reflexionen, aus denen das Theorieproblem keineswegs glatt hervorgeht. Die Komposition also stellt zusammen, was in der Wirklichkeit getrennt war, aber der Sache nach – in Analyse und Kritik – zusammengehört. Dazu muß freilich der Standpunkt der historisch Handelnden verlassen werden, der vielfach die Sichtweise der Reformpädagogik bis heute bestimmt. Es ist dann aber auch keine Heldengeschichte, die zur Darstellung kommt.

Die vorliegende Arbeit geht auf zwei Vorlesungen zurück, die ich im Sommersemester 1986 an der Hochschule Lüneburg und im Wintersemester 1987/88 an der Universität Bern gehalten habe. Für die Computerfassung der zweiten Vorlesung danke ich, wiederum, DORA PETER. Ohne diese Fassung hätte ich den Verlagstermin nicht einhalten können. Bibliographische Hilfen und Beiträge zur Recherche von zum Teil schwierig zu ermittelnden Fakten leisteten HEINZ RHYN, ESTHER HÜRLIMANN, FRITZ OSTERWALDER, PETER METZ und HANS-ULRICH GRUNDER. Ihnen danke ich für Mühen angesichts notorisch spontaner Anfragen.

Bern, 2. Januar 1989 (Bärzelistag) Jürgen Oelkers

# 1. Einleitung: „Reformpädagogik“ als Epochenbegriff

Was *ist* „Reformpädagogik“? Wer so fragt, hat einen spezifischen Gegenstand vor Augen, den man richtig oder falsch abbilden kann. Aber dieses cartesische Modell der Erkenntnis trügt. Stellt man sich unter „Reformpädagogik“ eine historische Epoche vor, so ist diese kein feststehendes Objekt, welches einem Beobachter gegenüberliegt, der es dann treffend oder fehlerhaft beschreiben kann. Epochenbezeichnungen sind begründete Sprachregelungen innerhalb einer bestimmten Geschichtsschreibung, nicht etwa Markierungen in einer objektiven historischen Wirklichkeit. Dementsprechend sind sie stets umstritten, weil es allein schon taxonomisch und terminologisch immer auch andere plausible Möglichkeiten der historischen Interpretation gibt. Zugleich dienen wissenschaftliche Sprachregelungen der Kommunikation und können daher, nachdem sie einmal erfolgreich eingeführt worden sind, nicht ständig geändert werden. Man muß also gute Gründe haben, einen Terminus wie „Reformpädagogik“ als *Problem* zu behandeln.

Mit „Reformpädagogik“ wird tatsächlich eine *historische Epoche* bezeichnet, die Zeit zwischen 1890 und 1933, in der eine bestimmte Theoriebewegung eingesetzt und eine neuartige Praxis nach sich gezogen habe. Ich werde im folgenden diesen Konnex bestreiten: Die Praxis der Reformpädagogik entsteht *nicht* aus einer neuen Theorie, vielmehr ist die theoretische Reflexion der Reformpädagogen Teil einer langen Kontinuität, in der identische Reformmotive wohl den Bezugsrahmen und die Reflexionsmedien wechseln, nicht aber ständig neu erzeugt werden, schon gar nicht zu einem bestimmten historischen Datum. Auch die Praxis, die sich allmählich herausbildet, ist keineswegs „neu“, sondern realisiert nur traditionelle Motive und Modelle der Reform in einem stark veränderten Kontext gesellschaftlicher Erziehung. Wirklich neue Formen der Reflexion und des Handelns werden zunächst gar nicht erkannt, stellen sich selbst auch nicht außerhalb der pädagogischen Kontinuität und vermischen sich mit den traditionellen Motiven oft bis zur Unkenntlichkeit. Nicht selten werden gerade diese Motive für radikal gehalten, während radikale Brüche mit der Theorietradition nicht rezipiert werden.

Aus dieser These folgt eine erste Problembestimmung: Die Epoche der „Reformpädagogik“ Ende des neunzehnten, Anfang des 20. Jahrhunderts soll gegenüber anderen eine besonders herausgehobene sein, wie allein schon die Bezeichnung signalisiert. Damit von *Reform*pädagogik gesprochen werden kann, müssen andere Epochen als solche der *Nicht*-Reform, der Stagnation oder des Rückschritts bezeichnet werden. Der Terminus impliziert also Fortschrittsbehauptungen, Annahmen, daß frühere Phasen der Pädagogik und ihrer Praxis schlechter und rückständiger gewesen seien als die, die wir „Reformpädagogik" nennen. Diese Epoche ist nur dann besonders herausgehoben, wenn ein derartiges Modell historischer Entwicklung ins Spiel gebracht wird, der Fortschritt oder die Verbesserung gegenüber vorhergehenden Phasen oder Stadien der pädagogischen Theorie und der Erziehungswirklichkeit.

Nun ist der Ausdruck „Reformpädagogik" im Sinne einer Epochenbezeichnung eine Chiffre der pädagogischen *Geschichtsschreibung*. Die Akteure der Reform vor 1914 sprachen von „neuer Pädagogik" (GANSBERG 1909), von dem Programm einer „natürlichen Erziehung" (HAUFE 1889) und von der „neuen Schule" (SCHARRELMANN 1912), auch von „Zukunftspädagogik" (MÜNCH 1913) oder von der Veränderung der Erziehungspraxis nach den „Grundsätzen der wissenschaftlichen Pädagogik" (MONTESSORI 1913). Von „Reform" ist in dieser Literatur an vielen Stellen die Rede, jedoch nicht von „Reformpädagogik" im Sinne des Epochenbegriffs. Die Akteure der Reform haben wohl im Bewußtsein gehandelt, einen radikalen Wandel auszulösen, aber daß sie eine eigene Epoche der Erziehungsgeschichte begründen, war außerhalb ihres Gesichtskreises, wie immer prophetisch sie sich auch verstanden haben mochten.

Die Handelnden einer Geschichte sind natürlich nie die Beobachter des historischen Geschehens, die *im nachhinein* eine Deutung versuchen. Epochenbezeichnungen sind Zuschreibungen, die voraussetzen, daß die geschichtlichen Ereignisse und Veränderungen abgeschlossen sind und Deutungen erlauben. Das Eigentümliche im Fall der Reformpädagogik in Deutschland ist nun, daß ihre Geschichte seit etwa sechzig Jahren aus der Perspektive einer bestimmten Richtung geschrieben wird, nämlich der geisteswissenschaftlichen Pädagogik, die seit Mitte der zwanziger Jahre Darstellung und Quellenedition weitgehend allein bestimmt hat. Die Besonderheit ihrer Optik liegt darin, daß sie nicht nur unmittelbare Beobachterin des Geschehens, sondern zugleich auch Vollstreckerin dessen war, was sie selbst als „Reformpädagogik" bezeichnete.[1] Sie wollte die *pädagogische Bewegung* in Deutschland positiv beschreiben (NOHL 1970) und damit die radikalen Tendenzen auskühlen, so daß die Reformansätze institutionalisierbar wurden. Daher lag es nahe, einen Epochenbegriff zu verwenden, der Anschlüsse erlaubte und zugleich klare Abgrenzungen, im Falle der geisteswissenschaftlichen Pädagogik einen Bezug auf die klassische Erziehungstheorie des ausgehenden achtzehnten und frühen neunzehnten Jahrhunderts sowie eine deutliche Abwehr der Entwicklungen im 19. Jahrhundert selbst.

Man muß nun hinter diese Version zurückgehen und die Quellen neu lesen (und ordnen), wenn nicht die Schwächen der geisteswissenschaftlichen Pädagogik immer nur fortgesetzt werden sollen. Die Grundschwäche besteht darin, mit Hilfe des Epochenbegriffs das historische Geschehen zu *vereinheitlichen* und die Differenzen zugunsten von eher fragwürdigen Typisierungen aufzugeben oder wenigstens nicht genügend zu beachten. Die zentrale Typisierung ist die von pädagogischen „Bewegungen", deren theoretischer Impuls aus der „Kulturkritik" der achtziger Jahre stammte und die diesen Impuls dann in eine alternative Erziehungspraxis umsetzten. Derartige Etikettierungen hat es in der aktuellen Auseinandersetzung der Reform gegeben, aber es berechtigt zunächst nichts dazu, daraus Typisierungen der historischen Deutung abzuleiten. Wenn nämlich „Kunsterziehungsbewegungen" oder „Landerziehungsheimbewegungen" in dieser Form beschrieben werden, dann muß eine Einheit unterstellt werden, die so nicht gegeben war. Die Einheitsbehauptung zwingt zur Bestimmung von Kriterien der Gemeinsamkeit, die sich in den vielfältigen Ansätzen nicht finden lassen. Das Gemeinsame sollte im Positiven gesucht werden, aber es spricht vieles dafür, daß es nicht einmal im Negativen vorhanden war.

Geht man auf die Akteure der Reform ein und stellt die vorherrschende Geschichtsschreibung erst einmal zurück, dann ergibt sich ein klares, aber nicht ein einheitliches Bild: Programmatik und Selbststilisierung, Sprachformen und Paradoxien von „Reformpädagogen" sind von Anfang an deutlich erkennbar, aber vor allem deswegen, weil ein Bruch mit der pädagogischen Tradition *nicht* gesucht und nicht gesehen wurde. An beliebigen Beispielen aus der Zeit nach 1890 läßt sich zeigen, wie die Reflexion angelegt war, suggestiv, stark im Protest und in der Vision, bisweilen auch larmoyant, skeptisch gegenüber der wissenschaftlichen Autorität und davon zugleich abhängig, kraftvoll in dem, was abgelehnt wurde und doch in sich keineswegs einheitlich, nicht einmal in der Bestimmung des Gegners. Zwar war ein gemeinsamer Zug die Kritik der „alten" Schule und der „alten" Erziehung, aber schon was darunter verstanden werden sollte, war alles andere als einheitlich, bis hin zu der undurchschauten Verlegenheit, daß die Kritik der alten Kräfte mit der Herrschaft der neuen gekoppelt wurde.

Diese „neue" Reflexion ist in sehr hohem Maße die *alte,* denn derartige Motive und Sprachformen finden sich im ganzen 19. Jahrhundert, so daß schon aus diesem Grunde die Reformer am Anfang der neunziger Jahre keineswegs das Bewußtsein hatten, eine neue pädagogische *Epoche* zu begründen, sondern viel mehr davon ausgingen, daß die Zeit nunmehr reif geworden sei, die *traditionellen* Postulate der Reform endlich in die Wirklichkeit umzusetzen. Dabei abstrahierten sie von den Reformansätzen des 19. Jahrhunderts, die einzig dem zugeschlagen wurden, was die Reformer ablehnten. Ihr Modernitätsbewußtsein entwickelte sich aus der Kritik am staatlichen Schulwesen, also dem entscheidenden Reformdatum des 19.

Jahrhunderts. Keineswegs aber war dieses Bewußtsein eines der *neuen* Theorie. Freilich erfolgte der Zugriff auf die pädagogische Tradition eklektisch, ohne wirkliche Kontrollen, sehr stark orientiert am Tagesbedürfnis und an den *eigenen* Visionen besserer Erziehung. Auch das erklärt die Vielfalt der Ansätze, die sich alle *in* der pädagogischen Kontinuität dachten, darunter aber sehr verschiedenes verstanden.

Keine Einheit also, sondern Differenz, die aber natürlich nicht ohne Gemeinsamkeit auskam, vor allem einer solchen, die sich aus der Erfahrung einer Generation ergab. Doch was den Reformern gemeinsam war, die Sprache, die Struktur der Reflexion und die pädagogischen Motive, kann nicht so rekonstruiert werden, daß man eine einheitliche Geschichte voraussetzt. Der Zusammenhang ist abstrakter, als dies etwa biographische Beziehungsnetze zeigen könnten, und selbst dieser Zusammenhang setzt Differenz voraus, die nämlich zu den historischen Akteuren. Dieser Abstand ist freilich eine Chance, denn der Beobachter ist nicht mehr selbst in das Geschehen verwickelt und kann daher die vielen Geschichten der Reformzeit beweglicher darstellen, auch neue Verknüpfungen ausprobieren und nicht zuletzt die eingeschliffenen Urteile revidieren, soweit sie sich als unbegründet herausstellen. Das betrifft vor allem zwei Bereiche, die Frage der Kontinuität der Vorgeschichte und damit die Originalität der Reformpädagogik als Epoche sowie die Abgrenzung des spezifischen Kanons „Reformpädagogik" gegenüber anderen Ansätzen, die nicht einfach als „unpädagogisch" bezeichnet werden können. Es gibt also mindestens ein diachrones und ein synchrones Problem der Geschichtsschreibung, die beide einer vorschnellen Typisierung entgegenstehen.

Man kann sich der suggestiven Sprache der Reformdiskussion vor 1914 nur schwer entziehen. Sie beherrscht noch heute die Semantik der Reformer, so daß die verführerische Kraft der Zustimmung recht groß ist. Geht man freilich auf die Logik der Argumentation ein, die hinter den plakativen Formeln der „neuen Pädagogik", der „natürlichen Erziehung" oder der „neuen Schule" verborgen ist, dann stellt sich Distanz ein. Eine solche Analyse kann drei Punkte besonders herausarbeiten: (i) Die pädagogische Reformsprache – zu unterscheiden von der Theorie – ist Teil der *politischen* Semantik, d.h. sie operiert mit Codes (vgl. LUHMANN 1974), die binär und oppositionell strukturiert sind. „Neu" steht gegen „alt", „Zukunft" gegen „Vergangenheit", „Fortschritt" gegen „Rückschritt", ohne daß zwischen diesen beiden Polen eine Vermittlung möglich wäre. Vielmehr soll die Sprache suggerieren, daß eine Entscheidung notwendig ist, die moralisch getragen werden muß. Wer *für* die Reform der Schule eintritt, muß sich *gegen* die alte Pädagogik und die Institutionen der Vergangenheit wenden, wenn er die Zukunft mit gestalten will. Man kann nicht auf beiden Seiten stehen.

(ii) Im Rahmen der pädagogischen Reformsprache haben sich vor allem drei Motive besonders wirkungsvoll herausgestellt, nämlich *Identität, Ein-*

*fachheit* und *Echtheit.* Diese Motive finden ihren Ausdruck in vielfältigen Formeln des Protestes und der Postulate des Besseren, die stets so geartet sind, daß Alternativen zum Bestehenden vorstellbar werden. Die Motive sind daher weit über die Diskussion der Schulreform hinaus Teil des Selbstbewußtseins einer expandierenden Bewegung der „Lebensreform", die auf die Pädagogik zurückstrahlt und hier auch auf fruchtbaren Boden fällt. Zugleich sind dies immer Positionen von kleinen Minderheiten, deren Kraft aber darin liegt, plausible und praktische Formen der Zukunftsreflexion zu finden. Vision mischt sich hier mit alternativer Praxis, ohne daß dies wissenschaftlich erzeugt worden wäre. „Identität", „Einfachheit" und „Echtheit" sind keine Theorieprogramme, sondern semantische Formeln für eine öffentliche Auseinandersetzung. Sie sollen das pädagogische Bewußtsein verändern und sind darum selbst *pädagogisch* intendiert.

(iii) Von Reform*pädagogik* könnte aber kaum die Rede sein, ginge ihre Theoriekraft allein in der politischen Semantik und dem damit verbundenen praktischen Erziehungseffekt auf. Aus der Analyse der Argumentationslogik ergibt sich jedoch auch ein Blick auf die pädagogischen *Themen,* die das Selbstverständnis der Epoche geprägt haben. Dies waren vor allem drei, nämlich *Entwicklung,* „natürliche Erziehung" und die Pädagogik „vom Kinde aus". Gewiß war das Reflexionsspektrum der Reformer weit größer, aber an diesen Stellen zeigte sich die größte Kluft zu den Gegnern der Reform und zugleich die stärkste Beharrung des alten Paradigmas der Pädagogik. Doch dies war wiederum nur die Optik der Reformer, die das öffentliche Bewußtsein verändern wollten und darum sehr plakative Gegensätze benötigten. Sie mußten Themen besetzen und dies war nur dann aussichtsreich, wenn es gelang, die Pädagogik ihrer Gegenwart auf die falsche Seite zu stellen. Die Defizite der „alten" Pädagogik *mußten* also, aus Gründen der politischen Strategie, an den genannten Stellen liegen. Doch das war auch nur eine Stilisierung, denn tatsächlich sind alle drei Konzepte, das genetische, das natürliche und das individuelle älter als die Reformpädagogik des Jahrhundertendes. Ich werde aber zu zeigen versuchen, daß der radikalste Teil der Reformpädagogik der einzig originelle ist, derjenige nämlich, der erstmalig die Individualität des Kindes in den *Mittelpunkt* der Erziehungstheorie stellt. Er führt freilich zu destruktiven Tendenzen, denn rein vom Kinde aus, also psychologisch gedacht, kann sich *keine* Pädagogik wirklich begründen.

Diese letzte These wird freilich dadurch halbiert, daß auch die radikalen Teile der Reformpädagogik mit einem eigenartigen Zwang zu *Letztbegründungen* verbunden sind. Die damit gegebenen Paradoxien werden in der gesamten Diskussion nicht aufgelöst und sind noch in heutigen Reformkonzepten deutlich spürbar. Einerseits betont die Reflexion Freiheit, andererseits sucht sie nach Sicherheit, als könnte beides zusammen erlangt werden. Sicherheit ist in Kontexten der Erkenntniskritik oft gleichbedeutend mit *Gewißheit* und das mag der psychologisch ausschlaggebende Grund gewesen sein, warum die reformpädagogischen Maximen der undogmatischen Erziehung fast immer dogmatisch vorgetragen werden, als gäbe es tatsächlich Gewißheit über oberste Prinzipien der Erziehung oder höchste Punkte der pädagogischen Reflexion. Die verblüffende Beharrlichkeit der immergleichen Formeln erklärt sich zum Teil aus dem Zwang zu kommunikativer Stetigkeit, ist aber zugleich auch Folge der eigenen Denkform. Wer nach Gewißheit sucht, um praktische Sicherheit zu erlangen, zahlt den hohen Preis des Dogmas, nämlich die Zuspitzung auf *eine* „Gewißheit", die es weder praktisch noch theoretisch wirklich geben kann.

In diesem Sinne kann man von der Reformpädagogik auch lernen, was man bei dem Versuch politischer Innovation zahlen muß, nämlich Einseitigkeit und darum höchste *Ungewißheit,* denn tatsächlich ist weder die Natur allein oder die Entwicklung oder die kindliche Individualität ein Garant für das Gelingen der Erziehung. Doch das ist ein Kennzeichen der pädagogischen Reflexion auch *vor* jener Epoche, die so herausgehoben „Reformpädagogik" genannt wird. Über diese vermeintliche Epoche werde ich wie folgt urteilen: Einerseits ist sie, im Blick auf die pädagogische Denkform, jedoch auch bezogen auf ihre zentralen Motive und Themen, *nicht* originell. Ihre wesentlichen Reflexionsinhalte waren schon einmal da und die meisten Reformer hätten auch zu anderen Epochen der pädagogischen Geschichte auftreten können.[2] Dort, wo sie radikal neu ist, erkennt sie die eigene Revolution nicht und bleibt der traditionellen Denkform verhaftet.[3] Andererseits gibt es eine *starke* Originalität, aber nicht als abgeschlossene Epoche, sondern als Phase der *Steigerung* pädagogischer Motivlagen und Reflexionsmuster, die gerade im Blick auf die besonders herausgehobenen Themen so überhöht wurden, daß sie in die Krise gerieten. Das erklärt sich vor allem aus dem Umstand, daß die reformpädagogische Reflexion nicht wirklich institutionalisierbar ist, da sie sich bei keiner denkbaren Form einer pädagogischen Institution beruhigen kann, wie dies zum Beispiel in der Professionsmoral der Volksschullehrer des 19. Jahrhunderts fraglos möglich gewesen ist (OELKERS 1986).

Was zur Vorsicht mahnt, ist auch folgende Überlegung: Die Besonderheit einer historischen Epoche kann nicht allein danach beurteilt werden, ob sie (in einem kreativen Sinn) „originell" ist oder nicht. Sie kann auch darum von besonderer Wichtigkeit sein, daß in ihr die Ideen früherer Epochen endlich in größerem Umfange verwirklicht worden sind, so daß *Wirkungsgeschichten* entstehen, die für die Abschätzung von Motiven und Themen wahrscheinlich bedeutsamer sind als das Hervorbringen selbst, nicht zuletzt wegen der Widersprüche und gegenteiligen Trends, die gleichzeitig zu beobachten sind und schon von daher den Gedanken einer *einheitlichen* Geschichte verbieten. Wenn die pädagogische Geschichtsschreibung dennoch von der Einheit „der" Reformpädagogik spricht, dann weil sie die Gegensätze und Dichotomien der Akteure teilt und *deren* Motive übernimmt.

Diese Geschichtsschreibung thematisiert, mit NOHL, *pädagogische Bewegungen* (SCHEIBE 1971; RÖHRS 1983; Teil IV), bei denen vorausgesetzt wird, sie haben einen gemeinsamen Ausgangspunkt (die „Kulturkritik" der achtziger Jahre), einen gemeinsamen Fundus von Erfahrungen (vor allem der Jugendbewegung) und gemeinsame Motive der Reform. WINFRIED BÖHM hat dies zu Recht die *Kanonisierung* der „Reformansätze und Neuerungsbewegungen" durch eine bestimmte Geschichtsschreibung genannt. Zu diesem Kanon zählen: „Die Jugendbewegung, die Volkshochschulbewegung, die Kunsterziehungsbewegung, die Arbeitsschulbewegung, die Landerziehungsheimbewegung, die Pädagogik vom Kinde aus und die Einheitsschulbewegung" (BÖHM 1974, S. 763). Dieser Kanon ist fraglich, nicht nur weil er bestimmte Ansätze ausschließt und problematische Gewichtungen vornimmt[4], sondern weil er mehr oder weniger nur das „Selbstverständnis" der Reformer zur Darstellung bringt und Wirkungsfragen nicht thematisiert. „Auch neuere Darstellungen" rücken „nur unzureichend in den Blick, in welchem Umfang die Erziehungswirklichkeit jener Zeit von der Reformpädagogik tatsächlich beeinflußt worden ist". Dadurch unterbleibt „eine präzise Abgrenzung der reformpädagogischen Ansätze und Strömungen von der Theorie und Praxis der Pädagogik der Wilhelminischen Ära und der Weimarer Republik" (ebd., S. 770).

Diese Kritik trifft zu, aber sie ist nicht radikal genug. Die Frage ist nicht nur, welche praktischen Wirkungen die Reformpädagogik gehabt hat und wie man sie von der Hauptströmung der Pädagogik am Ende des 19. Jahrhunderts abgrenzen kann. Vielmehr fragt sich, in welchem Sinne man überhaupt von „der" *Reformpädagogik* als einer Einheit oder als einem strukturierten Ganzen sprechen kann. Nur wenn man diese Frage beantwortet hat, kann man nach Wirkungen in der Praxis fragen oder Abgrenzungen zu anderen Richtungen vornehmen. Die weitere Darstellung wird zeigen, daß die Auflösung des Kanons nicht einfach mit einer anderen Sortierung verbunden werden kann. Vielmehr müssen die beiden Fragen der diachronen und der synchronen Geschichte beantwortet werden, und das schafft zusätzliche Probleme: Wie wirkt die pädagogische Tradition? Und was war neben der Reformpädagogik? Vielleicht die Hauptsache, nämlich der *mainstream* der Reflexion, der dort nicht zufällig ist?

Nun ist die geisteswissenschaftliche Pädagogik selbst in beiden Richtungen vorgegangen: Sie hat nicht nur den Kanon der Reformpädagogik abgegrenzt, sondern zugleich auch Phasenmodelle des historischen Verlaufs vorgelegt. Mit der Auflösung des Kanons allein wäre das kritische Geschäft also nicht zu bewerkstelligen; zugleich muß überlegt werden, ob das „geschlossene Ganze" der Reformbewegung, von dem WILHELM FLITNER 1928 sprach (FLITNER 1968, S. 71), überhaupt als historische Konfiguration, als Ergebnis eines Prozesses, der sich in Phasen differenziert, betrachtet werden kann. Negiert man nämlich die Einheit der „Bewegungen", kann auch kein Prozeß angenommen werden, der diese Einheit hervorbringt. Auf der anderen Seite heißt Einheit auch immer *Vereinheitlichung,* also die Synthese von Motiven und Themen, die möglicherweise gar nicht zusammenpassen und gegeneinander sperrig bleiben. Vereinheitlichen könnte sie nur der historische Beobachter, der andere Absichten damit verbindet als die Akteure selbst.

Doch mehr noch, die „Reformpädagogik" wäre in der Rekonstruktion der geisteswissenschaftlichen Pädagogik ein Produkt der *nationalen* Geschichte, dann aber nicht ohne weiteres ein *internationales* Phänomen (wie gerade die Autoren der geisteswissenschaftlichen Pädagogik – zu Recht – behauptet haben, vgl. nur FLITNER 1931). Aber HERMAN NOHL erklärt das Entstehen der deutschen Reformpädagogik aus zwei spezifischen historischen Voraussetzungen, die „Deutsche Bewegung" der Goethezeit und die „Kulturkritik" der Gründerjahre, die zusammengenommen die Theorielegierung der „Reformpädagogik" erzeugen (NOHL 1970a). Diese Legierung wird von sozialen Bewegungen in pädagogisches Leben umgesetzt, bleibt aber angewiesen auf die Besonderheit der Ideengeschichte in Deutschland. Parallele Bewegungen im Ausland könnten dann entweder nicht erklärt oder müßten so behandelt werden, als seien sie nicht im authentischen Sinne „reformpädagogisch". Denn wenn *nur* die „Deutsche Bewegung", also das Theoriesyndrom der Goethezeit, wie NOHL es rekonstruiert[5], die Reformpädagogik in Deutschland hervorbringt, dann können die psychologische *éducation progressive* in Frankreich oder die pragmatische *progressive education* in Amerika nicht „richtig" reformpädagogisch sein.

Es ist also riskant, mit Phasenmodellen der nationalen Geschichte zu arbeiten, wenn ein im Kern internationales Phänomen erklärt werden soll. Auch FLITNERS Dreiphasenmodell der *„pädagogischen Reformbewegung"* bezieht sich nur auf die nationale Geschichte, so daß von vornherein auf die Frage verzichtet wird, wieso eine internationale Pädagogik entstehen kann, obwohl die Ausgangslagen der Theorie nicht vergleichbar sind und zugleich höchst unterschiedliche praktische Bewegungen entstehen. Die naheliegende Antwort, die pädagogische Reflexion reagiert an verschiedenen Orten auf identische Problemlagen, solche nämlich, die das moderne Bildungssystem selbst schafft, wird in der geisteswissenschaftlichen Pädagogik nicht versucht (ausgenommen vielleicht bei RÖHRS 1983, S. 46 ff.).

FLITNERS Prinzip der Einteilung in Phasen ist dreifach, chronologisch, dynamisch und strukturell. Die „Bewegung" wird in drei Zeitphasen eingeteilt, in denen eine bestimmte Entwicklung stattfindet, welche zugleich eine Radikalisierung darstellt, an deren Ende einerseits Ernüchterung steht, andererseits aber auch wieder sachliche Arbeit möglich wird. Aus dem Prozeß entsteht also Struktur, die Disposition der Reformer, die gelernt haben, die *Grenzen* ihrer eigenen Intention zu beachten. Die erste Phase ist die der *vereinzelten* Ansätze verschiedener Reformbestrebungen.

FLITNER (1968, S. 71 ff.) nennt vor allem vier, die „Kunsterziehungsbewegung“ unter der Führung von ALFRED LICHTWARK, die Landerziehungsheime und freien Schulgemeinden (HERMANN LIETZ und GUSTAV WYNEKEN), die „Arbeitsschulbewegung“ (HUGO GAUDIG und GEORG KERSCHENSTEINER) sowie BERTHOLD OTTOS Schulversuch einer „organischen“ Gemeinschaft zwischen den Generationen. „Weitere einseitig bestimmte Richtungen“ sind dann noch „die Individualpsychologie, das Montessorisystem“ und verschiedene „Gymnastikschulen“, also freie Schulen für Tanz und Bewegung, die vor dem ersten Weltkrieg an verschiedenen Stellen gegründet wurden.

Diese erste Phase dauerte, FLITNER zufolge, von den neunziger Jahren des letzten Jahrhunderts bis kurz vor dem ersten Weltkrieg. Das Kriterium für diese Phase ist die isolierte Tätigkeit: „Alle diese reformerischen Richtungen handeln . . . auf eigene Faust und bekämpfen sich oder nehmen keine Notiz voneinander“ (ebd., S. 74). Die daran anschließende zweite Phase war von kürzerer Dauer, dafür aber von großer Wirksamkeit, weil es darum ging, „die Erziehungsreform total“ zu machen (ebd.), also die einzelnen Ansätze zu vereinheitlichen und daraus „Gesamtorgane“ der Gesellschafts- und Lebensreform zu entwickeln (ebd., S. 75). FLITNER nennt als Beispiel die „Freideutsche Jugend“ von 1913, den „Bund Entschiedener Schulreformer“ und auch die Hamburger Versuche mit der Gemeinschaftserziehung (ebd., S. 75/76).[6] Das Kriterium hier ist die Radikalisierung und Totalisierung der Reformansätze, die Erziehungsreform als umfassende Lebensreform verstanden und darum die Begrenzung auf pädagogische Institutionen überwanden. Der Reformgedanke wurde auf die *ganze* Gesellschaft gerichtet.

Die dritte Phase bezeichnet FLITNER dann als „Kritik an (den) Gesamtprogrammen“ (ebd., S. 77), die mit dem Jahr 1924 begonnen und zu einer Art Selbstläuterung der Reformpädagogik geführt habe, so daß diese nun (1928 gesagt) als „geschlossenes Ganzes“ bezeichnet werden könne. Das Jahr 1924 wird nicht zufällig gewählt, denn in diesem Jahr fand der 1. Pädagogische Kongreß in München statt, mit dem die „Revisionsphase“ der pädagogischen Bewegung einsetzte (FLITNER/KUDRITZKI 1962, S. 298). Darunter verstand FLITNER (1968, S. 77) vor allem die philosophische Kritik, die von der, wie es hieß, „Erziehungswissenschaft als Geisteswissenschaft“ vorgebracht wurde, welche nach 1918 zur einflußreichsten Richtung innerhalb der akademischen Pädagogik avancierte (vgl. OELKERS 1989, Kap. 5.3). *Hier* wurde die reformpädagogische Emphase ausgekühlt, z.B. in der Kritik THEODOR LITTS an jeglicher Form von „Lebenspädagogik“, also einer Erziehung, die „unmittelbar“ *aus dem Leben heraus* erfolgen sollte (LITT 1926), wie dies etwa HEINRICH SCHARRELMANN postuliert hatte. LITT erneuerte den Primat der Theorie und stilisierte als Gegenbild eine *Kulturpädagogik,* die zugleich die kinderpsychologischen Voraussetzungen der Reformpädagogen treffen sollte (FLITNER 1968, S. 78 ff.). Die Ideen der schöpferischen Spontaneität und künstlerischen Kraft des Kindes wurden kulturpädagogisch gebunden, also in ihrer Einseitigkeit korrigiert und darum in ihrer Radikalität beschnitten.

Dies war insofern vernünftig, weil „erst heute das erzieherische Problem von den Voraussetzungen der Reformbewegung aus *richtig und vollständig* gestellt (ist)" (ebd., S. 82). Es ist dies freilich eine kulturpädagogische Umschrift des Problems, das die Reformer selbst hatten. Die Themen – *Entwicklung,* „natürliche Erziehung" und Pädagogik „vom Kinde aus" – werden einem neuen und radikal anderen Rahmen angepaßt, der nachträglich vereinheitlicht, was weder theoretisch noch praktisch zusammenpaßt. Die Integration und Harmonisierung wird erreicht durch zwei problematische Strategien, Kanonisierung und Phasenbildung. Selbst wenn man sich auf einen Korpus „Reformpädagogik" einigen könnte, so wäre er umfänglicher und differenzierter als NOHLS „pädagogische Bewegungen" und könnte nicht so in Phasen gezwängt werden, wie dies FLITNER versucht hat. Einerseits ist „Reformpädagogik" auch dort gedacht worden, wo es keine Bewegungen gab, zum Beispiel im Establishment des Schulsystems, und zum anderen blendet die Phaseneinteilung Vor- und Nachgeschichte aus sowie alle Parallelgeschichten, da ja der Kanon bestimmend ist.

Ich werde also im folgenden ohne NOHLS Kanon arbeiten und zugleich einen Epochenbegriff vermeiden. Stattdessen werde ich zugleich weiter und abstrakter definieren, nämlich zunächst den Zeitrahmen ausdehnen und nach der Reformpädagogik *vor* der „Reformpädagogik" fragen, dann die pädagogische Reformdiskussion in ihren typischen Motiven und Theoremen rekonstruieren, so jedoch, daß nicht einfach die Akteure befragt werden, um dann deren Meinungen übernehmen zu müssen, sondern im kritischen Vergleich sehr heterogener Strömungen, die unabhängig von nationalen Grenzen zur Darstellung kommen. Im Hauptteil stelle ich dann zwei Konzeptreihen vor, mit denen der Theorieertrag der Reformpädagogik auf einer relativ abstrakten Ebene zur Darstellung kommen soll. Ich unterscheide Konzepte der *Schulreform* und solche der *Gesellschaftsreform,* denn – darin folge ich FLITNER[7] – Reformpädagogik heißt einerseits pragmatische Veränderung der Institutionen, andererseits aber immer auch Veränderung der Gesellschaft.

Es sind also zugleich Teil- *und* Gesamtprogramme, die – national wie international – den Theoriebestand und das Themenspektrum der Reformpädagogik ausmachen. Genau aus diesem Grunde handelt es sich bei der Reformpädagogik um ein *ambivalentes Erbe,* das mit der Ambivalenz der pädagogischen Asprіration überhaupt zu tun hat und nicht einfach nur aus Gründen der nationalen (deutschen) Geschichte so schwierig und „unerschlossen" ist (vgl. LASSAHN 1984; SALZMANN 1987). Die moderne Pädagogik lebt von einer Grenzüberschreitung, nämlich die Bindung des gesellschaftlichen Fortschritts an die richtige Erziehung. Die historische

Reformpädagogik setzt diese Verknüpfung fort, wenngleich mit den Theoriemitteln der Nachaufklärung. Aber sie impliziert die gleiche Mischung aus Weltverbesserung und pragmatischer Veränderung; und weil diese Mischung nie zusammenstimmt, kann sie nur als ambivalent begriffen werden, auf der linken Seite des politischen Spektrums ebenso wie auf der rechten.

# 2. Reformpädagogik vor der „Reformpädagogik"

Die „Reformpädagogik" beginnt nicht mit einem bestimmten Datum. Es gibt keinen Auslöser der Reformdiskussion, denn das würde implizieren, vorher habe keine Auseinandersetzung über pädagogische Reform stattgefunden. Das läßt sich gerade an dem Ereignis zeigen, das sehr oft für den Beginn der „Reformpädagogik" in Anspruch genommen wird, nämlich die Rede des deutschen Kaisers WILHELM II. zur Eröffnung der von ihm selbst einberufenen Schulkonferenz 1890 in Berlin.[1] Tatsächlich verlangte WILHELM II. die Reform der Schule, vor allem des Gymnasiums, das einer scharfen Kritik unterzogen wurde. Die einflußreiche Rede betonte im wesentlichen drei Kritikpunkte, die fehlende Verbindung der Schule mit dem Leben, die „Überbürdung" des Unterrichts mit zuviel Stoff und schließlich die mangelhafte Berücksichtigung des Erziehungsauftrages der Schule. Positiv folgte hieraus die Forderung nach einer Lebensdienlichkeit und Nützlichkeit des in der Schule Gelernten, die Entlastung von Ballast, der sich nur aufgrund der Eigengesetzlichkeit der Schulorganisation angesammelt habe und der deutliche Anspruch, daß die Schule an der Bildung des Charakters mitzuwirken habe (MICHAEL/SCHEPP 1973, S. 415 ff.).

Es gibt nach 1890 keine Programmatik und kein Postulat der Schulreform, in denen diese Motive nicht enthalten sind. Man muß aber hinzufügen, es gibt auch *vor* 1890 kein Reformprogramm, das nicht die Verbindung der Schule mit dem Leben, die Reduktion des Stoffes oder die Verstärkung des pädagogischen Auftrages der Schule gefordert hätte. Das Jahr 1890 stellte keinen Einschnitt dar, der einen irgendwie dramatischen Wandel auslöste. Vielmehr wurden durch die Berliner Schulkonferenz bestimmte pädagogische Postulate, die längst vorher entwickelt waren, nur in einem stärkeren Maße öffentlich. Es war dafür ein Reservoir an Reformideen vorhanden, die nun allmählich immer mehr eine in sich gewandelte Öffentlichkeit interessierten[2], nachdem sie jahrzehntelang mehr oder weniger nur in den Diskussionszirkeln der Volksschullehrerschaft traktiert worden waren. Aber aus dieser neuen Öffentlichkeit kann nicht geschlossen werden, daß plötzlich und auf breiter Basis *neue pädagogische Ideen* entstehen, die ältere ablösen und damit einen Fortschritt bewirken. In einem ganz eminenten Sinne war Pädagogik *immer* „Reformpädagogik", nur daß sich eben die Verhältnisse änderten, in denen die damit verbundenen Postulate Wirklichkeit wurden, oder besser: an der Wirklichkeit getestet werden konnten.

Damit ist die *Vorgeschichte* eine entscheidende Größe für die Erklärung und Einschätzung dessen, was wir die „Reformpädagogik" der Jahrhundertwende nennen. Die Dynamik des 19. Jahrhunderts muß in Rechnung gestellt werden, gesellschaftlich, wissenschaftlich und kulturell, wenn die besondere Konfiguration der „Reformpädagogik" verstanden werden soll. Sie ist in ihren Leitideen nicht das Kind dieses Jahrhunderts, aber die sozialen und intellektuellen Entwicklungen, die in diesem Zeitraum vollzogen wurden, sind die Voraussetzungen dafür, daß sich überhaupt so etwas wie eine *pädagogische Reform* vollziehen konnte. Das gilt nicht nur für die Diskussion am Jahrhundertende, die keineswegs in irgendeinem exklusiven Sinne „reformerisch" war, sondern das gilt für die gesamte Entwicklung im 19. Jahrhundert, die immer irgendwie mit pädagogischer Reform konfrontiert war, auch und gerade in politisch ungünstigen Zeiten. Die Besonderheit der Auseinandersetzung zwischen 1890 und 1914 wird erst deutlich, wenn wir voraussetzen, daß „Reform" stets das Bemühen der Pädagogen gewesen ist und daß dieses Bemühen in einem paradoxen Sinne erfolgreich war. Je besser die Reform gelang, desto mehr wurden die Postulate der Reform verstärkt.

Der Ausdruck „Vorgeschichte" ist allerdings mit einer gewissen Vorsicht zu behandeln: Es gibt wiederum nicht eine einheitliche Sequenz, die zu rekonstruieren wäre. Vielmehr sind komplexe und heteronome Verhältnisse vorauszusetzen, die sich, allein schon aus Darstellungsgründen, nicht in einer Geschichte behandeln lassen. Ich werde daher mit scharfen Einschränkungen arbeiten und nur jene Aspekte des 19. Jahrhunderts behandeln, die für meine Fragestellung unmittelbar wichtig sind. Nach Lage der Dinge zählt dazu dreierlei, der Aufbau pädagogischer Reflexion im 19. Jahrhundert, die Kontinuität der Reformmotive und der Einfluß der „Kulturkritik" am Ende des Jahrhunderts. Die pädagogische Reflexion entwikkelt sich mit dem Aufbau des staatlichen Schulwesens und wird *schulförmig*. „Reform" wird gleichbedeutend mit *Schul*reform und das eröffnet der Reformdiskussion nach 1890 Chancen, weil sie sich profiliert zur Überwindung dieser Verengung, zugleich aber, wie zu zeigen sein wird, von der Kontinuität abhängig ist, die gerade die schulförmige Reflexion erzeugt hat.

# 2.1. Zum Aufbau der pädagogischen Reflexion im 19. Jahrhundert

*Schulreform* war im ganzen 19. Jahrhundert angesagt. Hier entsteht das moderne Schulsystem, eine mehr und mehr staatliche Reform, die sich am Jahrhundertende zu einem erfolgreichen Monopol entwickelt hat. Sie reagierte auf einen epochalen Wandel, der neuartige Bildungsverhältnisse verlangte. Die Modernisierung der Gesellschaft war total und betraf nach und nach alle Lebensbereiche, die unter den Primat des unbeschränkten Wachstums gestellt wurden. Dieses Wachstum wäre nicht möglich gewesen, wenn nicht neuartige Technologien für einen grundlegenden Strukturwandel der Produktion, aber auch der Distribution und der Regeneration der Arbeitskraft gesorgt hätten. All dies geschah zur gleichen Zeit innerhalb weniger Jahrzehnte: Industrialisierung zur Herstellung von Waren, Rationalisierung der Ökonomie, Entstehung eines globalen Handelsverkehrs und dessen Effektivierung durch Dampfschiffe, Eisenbahnen und große Kapitalgesellschaften, Aufbau eines Versicherungssystems zur Minderung der gesellschaftlichen Risiken, die medizinische Verlängerung des Lebens, Beginn der Konsumorientierung des privaten Verbrauchs und, nicht zuletzt, die staatliche Organisation der öffentlichen Bildung.

Diese Modernisierungen stellten das gesellschaftliche Zusammenleben auf eine völlig neue Grundlage. Dafür gibt es verschiedene Stichworte: Dynamisierung aller Bereiche, Prozeßorientierung von Denken und Wahrnehmung, Institutionalisierung bleibender Effekte. Weniger abstrakt gesagt: Die Dynamik des Wirtschaftens, also rascher Umsatz bei hohem Verbrauch und steigenden Gewinnen, überträgt sich als Modell auf alle Lebensbereiche, mindestens im Sinne der Erfolgserwartung; kein Lebensbereich kann länger statisch bleiben, also traditionsorientiert und unbehelligt von den ökonomischen Vorstellungen der Kosten und des Nutzens.[3] Damit stellt sich aber auch das Denken um, denn die primäre Wahrnehmung ist die des beständigen und schneller werdenden Wandels, die nicht länger zuläßt, die Welt als statisches Sein oder ontisches System zu begreifen. Sie wird in zweifacher Weise historisiert, im Blick auf die Vergangenheit ebenso wie auf die Zukunft. Jede Wirklichkeit ist nurmehr von *begrenzter* Dauer, weil alle Wirklichkeiten geschichtlich geworden sind und damit in ihrer Endlichkeit begriffen werden müssen. Das eröffnet Zukunftsoptimismus, denn man weiß, daß die gegebene Wirklichkeit nicht dauern wird, zugleich aber auch Relativismus, denn keine der möglichen Wirklichkeiten läßt sich mehr als höherwertig gegenüber allen anderen auszeichnen.

Vorrangig wird die Frage, wie bleibende Effekte aufbewahrt werden können, wenn Wandel unausweichlich ist und jede Tradition angreifen kann. Diese Frage betrifft besonders den Aufbau des Schulsystems im 19. Jahrhundert, weil dieses System auf neuartige Weise für kulturelle Überlieferung sorgt, nicht länger durch Sozialisation, sondern durch Lernen. Es kommt daher einem revolutionären Wandel gleich, daß und wie sich die Gesellschaft des 19. Jahrhunderts von öffentlicher Bildung abhängig machte. Durch den Aufbau des Bildungswesens vollzog sich eine tiefgreifende Veränderung, die nicht technisch-maschinell, sondern institutionell bewirkt wurde. Die gesellschaftliche Erziehung stellte sich um von traditionellen Milieus auf künstliche Bildungsinstitutionen – Schulen und Universitäten –, die dafür sorgen, daß die Gesellschaft ein Kulturniveau erreicht, welches nicht mehr sie, die Gesellschaft, sondern die Bildungsinstitutionen selbst definieren. Bildung wird zu einem autonomen System der Gesellschaft; zugespitzt gesagt: Die Gesellschaft gerät in Abhängigkeit von den Institutionen der Bildung, weil sie nur so noch erreichen kann, daß im ständigen Wandel Dauer möglich wird. Es ist dies die Dauer der institutionellen Bildung, gegenüber der Lebenserfahrung eine künstliche Welt, die archaisch wirkt, gerade weil in ihr eigener Wandel wenn nicht ausgeschlossen, so doch stark verlangsamt wird.

Auf diese neue Wirklichkeit reagierte auch die pädagogische Reflexion, die im 19. Jahrhundert einen Umbau erlebte von der idealistischen Philosophie auf die pragmatische Schulpädagogik (ausf. OELKERS 1989). Das kann erklärt werden mit einem Sogeffekt: Weil der Aufbau vor allem des Volksschulwesens relativ langsam vor sich ging, jedoch immer zugleich erfolgversprechend gehalten werden mußte, wurde die pädagogische Reflexion absorbiert zur Bearbeitung pragmatischer Fragen. Erst *nachdem* das Schulsystem erfolgreich aufgebaut worden war, änderte sich die Reflexion wieder in Richtung auf Schulkritik und konkrete Utopie. Dieser Erklärung folge ich überwiegend *nicht;* sie entspricht in etwa NOHLS These, daß die „Reformpädagogik" an die „Deutsche Bewegung" anschließt, eine These, die nicht erfassen kann, was zwischen 1820 und 1890 an institutioneller Wirklichkeit geschaffen wurde, auf die sich noch die Kritik der Reformpädagogik einzustellen hatte. Gerade in dieser Hinsicht ist die „Reformpädagogik" der Jahrhundertwende ein abgeleitetes Phänomen. Sie setzt eine viel größere Reform voraus, die die Bedingung dafür ist, damit „Reformpädagogik" überhaupt zu einer öffentlichkeitswirksamen Disposition werden kann.

Zum Beleg dieser These greife ich auf die preußische Schulstatistik[4] zurück: Schon zu Beginn der langgestreckten Reform der allgemeinbildenden Schule gibt es sichtbare Effekte. Innerhalb von dreißig Jahren (1816 bis 1846) entstanden 18 Prozent mehr Schulen, wurden 40 Prozent mehr Lehrer eingestellt und vergrößerte sich die Schülerzahl um mehr als 100 Prozent (WEHLER 1987, S. 485). Obwohl die durchschnittliche Relation von Schülern und Lehrern bis 1848 auf 1:90 stieg und in den Städten oft noch höher lag (in Berlin entfielen zum gleichen Zeitpunkt auf jeden Lehrer 180 Schüler), gelang es der preußischen Volksschule, die Analphabetenzahlen drastisch zu senken und den Schulbesuch signifikant zu erhöhen. 1848 gingen 82 Prozent aller Kinder in die Schule, wobei man „schroffe regionale Differenzen“ in Rechnung stellen muß (ebd.), aber immerhin; dem stand eine Analphabetenquote von 10 bis 15 Prozent gegenüber, die zur gleichen Zeit in Frankreich und England über 40 Prozent betrug (ebd., S. 485 f.).

Am Ende des Jahrhunderts war der Schulbesuch total und die Analphabetenquote minimal. Die Schulzeit verlängerte sich allmählich[5] und die Effektivität nahm zu, nicht zuletzt durch die Verbesserung der Ausbildung der Lehrer. Das schlug sich auch in Zahlen zur Akzeptanz des Schulsystems nieder: „Von den 5.317.037 eingeschulten Kindern in 36.138 öffentlichen preußischen Volksschulen entzogen sich nach der Zählung von 1895 im ganzen 487 Kinder widerrechtlich der Schulpflicht“ (LEXIS 1904, S. 5). Der Effekt dieser Verschulung wurde bei den jährlichen Rekruteneinstellungen abgelesen: 1881 waren 1,55 Prozent der eingestellten rund 150.000 Rekruten (des Reiches) ohne Schulbildung und also Analphabeten, 1891 waren es 0,45 Prozent bei rund 180.000 Mann und 1901 0,05 Prozent bei 260.000 Einstellungen (ebd., S. 8). Damit sich der Eindruck eines erfolgreichen Systems (ebd., S. 14) erhärtet, gebe ich noch drei weitere Tendenzen an: Das durchschnittliche Einkommen der Volksschullehrer stieg zwischen 1821 und 1901 um das Sechsfache, die Kosten für einen Volksschüler stiegen zwischen 1871 und 1901 um das Dreifache und die Kosten für die Volksschule insgesamt um das Fünffache (ebd., S. 11 f.).

Die Volksschule ist damit ein Modernisierungsfaktor, wenngleich ein ambivalenter (WEHLER 1987, S. 479), denn einerseits gelang mit dieser Institution die komplette Verschulung der Gesellschaft, andererseits war die Volksschule weitgehend autoritär verfaßt und erlaubte von sich aus nur wenig Spielraum für liberale Ideen. Doch auch dieses Bild ist noch zu grob, denn die pädagogische Reflexion stellte sich auf diese Situation nicht einfach durch Akklamation des Bestehenden ein. Sie sicherte die Aufbauarbeit, aber folgte dabei ihren eigenen Reformmotiven.

Alle Versuche einer politischen (konservativen) Kontrolle der Volksschule waren nur von begrenzter Wirksamkeit; einmal etabliert, entwickelte auch das „untere Bildungssystem“ eine „Eigendynamik“ (ebd., S. 481), die nicht unterschätzt werden darf. Das gilt auch für die graue Zwischenzeit nach der Revolution von 1848 bis zur Reichsgründung 1871, in der Repression ausgeübt wurde und *zugleich* der Ausbau der Volksschule weiterging, wenngleich in einem verlangsamten Tempo.[6]

Grundsätzlich begleiten Expansion und Neustrukturierung des Bildungswesens die Modernisierungsprozesse in allen Industriegesellschaften des 19. Jahrhunderts, wenngleich in sehr unterschiedlicher Weise. Aber in jedem Falle war eine Antwort auf die Frage zu finden, wie in der neuartigen Dynamik gesellschaftlicher Entwicklung Bildung *organisiert* werden soll, wenn sie nicht mehr einfach im Anschluß an die Überlieferung bestehen kann, wie sie traditionelle Sozialisationsmilieus leisten. Dieses Problem ist überragend, wie sich vor allem an den Versuchen zeigen läßt, den Lehrplan der Schulen, vorrangig der Volksschulen, konfessionell oder nationalpolitisch zu *begrenzen.* Alle diese Versuche scheiterten oder blieben wenigstens marginal, weil sich die Unterrichtsfächer verselbständigten und nicht länger von einem übergeordneten Begriff der *Gesinnung* oder des lebensweltlich *Elementaren* zu strukturieren waren. Sie orientierten sich an den Wissenschaften und an ihrer eigenen Struktur, damit aber an Faktoren, die unabhängig waren von der traditionellen Überlieferung. Daß die Schule *nicht* mehr dem „Leben" dient, versteht man darunter einen unmittelbaren Verwendungszusammenhang, *darin* liegt die eigentliche Revolution der Schule; sie stellt die öffentliche Bildung um von der Überlieferung im engen Lebenskreis auf die Dynamik des Wissens und die darauf bezogene Leistung des Lernens.

Gegenüber dieser institutionellen Wirklichkeit ist die pädagogische Reflexion von Anfang an ambivalent eingestellt, sie ist skeptisch gegenüber dem Vorrang des Wissens und klagt immer wieder das ein, was die Schule strukturell ausschließt, nämlich Gesinnung, Elementarität und die Unmittelbarkeit der Verwendung. Auf der anderen Seite liefert die Reflexion Rechtfertigungen, die mit Reformideen arbeiten, ohne sich je an einer gegebenen Wirklichkeit beruhigen zu können. Entscheidend ist dabei, daß der Reformimpuls *in* der Institution verankert wird: Die pragmatische Schulpädagogik des 19. Jahrhunderts ist also nicht einfach affirmativ, sondern immer zugleich kritisch, weil gemäß der Idee der Reform jede Praxis über sich hinausgetrieben werden kann und immer erneut Defizite auftauchen, die einen Abschluß der Verbesserung verbieten. Schulen sind in der pädagogischen Reflexion notorisch imperfekt, und das hängt mit der eigenartigen Struktur zusammen, die die Institution im 19. Jahrhundert herausbildet. Diese Struktur ist sozusagen idealismusfördernd, damit riskant, weil sie eine Dynamik in Gang setzt, die unabschließbar ist, während die idealen Motive der Reform immer Ziele vor Augen haben, die sich irgendwann einmal in eine zufriedenstellende Wirklichkeit umsetzen lassen. Daß dies, strukturell bedingt, nie der Fall ist, macht die Eigenart der Bewegung aus, die die Reflexion unternehmen muß: Sie setzt immer wieder von vorne an.

Vermittelt werden in der Schule zwar die Resultate von Wandlungsprozessen – Theorien, Fakten, Überzeugungen, auch die Methoden des Lernens –, aber nur unter Inkaufnahme von *streuenden* Wirkungen. Der kanonische Apparat der Schule verfügt nicht so über das Lernen, daß er Langzeiteffekte kontrollieren könnte. Genauer: Der Lehrplan der Schule verarbeitet und reflektiert Wandel, so jedoch, daß zugleich, oft gegen die eigene Intention, Lernen *und* Kritik möglich wird, Disposition für die Zukunft und Differenz zum Gelernten. Die öffentlichen Schulen des 19. Jahrhunderts mögen harte Leistungsschulen oder autoritäre Buchschulen gewesen sein (im Falle des Gymnasiums vermutlich beides, mit irritierenden Effekten: ebd., S. 496 ff.), aber sie haben nicht nur in *einer* Richtung gewirkt. Hier liegt der zentrale Punkt: Nur weil sie gemäß ihrer Eigendynamik arbeiten, können Schulen so unterschiedliche und oft paradoxe Wirkungen erzielen, zugleich jedoch auch ihrer zentralen Aufgabe nachkommen, nämlich die jeweils nachwachsende Generation an den Stand des Wissens anschließen, den nicht die Gesellschaft, sondern ihre Bildungsinstitutionen erreicht haben.

Bildung bestimmt über Bildung – Es ist klar, daß derart autonome Institutionen ungleich schneller in die Kritik geraten als etwa technische oder apparative Modernisierungen, deren Effekte sich jeweils am Grad der damit erzielten Erleichterung ablesen lassen. Schulen ermöglichen Lernen und *Nicht*lernen, d.h. sie erleichtern das Leben und erschweren es zugleich. Sie werden als Errungenschaft gefeiert und als Übel erlebt. Und was sie tun, ist nicht wirklich objektivierbar. Die Reflexion, die sich darauf einstellen soll, kann also nicht einfach von Tatsachen ausgehen, sondern muß sich auf das unendliche Spiel von Meinungen einlassen und zugleich die Rationalität bewahren. Sie ist daher im Unterschied zu ihrem Objekt stark traditionslastig, vielfach redundant, orientiert an wenigen Grundmustern der Theorie, die oft larmoyant bearbeitet werden, weil die Unsicherheit über die richtige Mitte des Denkens nie ganz verschwindet und auf der anderen Seite die extreme Abweichung vermieden werden muß. Die Schule als gesellschaftliche Institution wird in der Pädagogik des 19. Jahrhunderts fast nie radikal in Frage gestellt, aber sie wird auch nie bedingungslos akzeptiert. In der Mitte liegt der Weg der beständigen *Reform,* aber der ist eben stets umstritten und somit notorisch unsicher. Es liegt dann nahe, die Zuflucht im Idealisieren und Moralisieren zu suchen.

Eine solche Struktur entsteht nicht zufällig, sondern ist das Ergebnis eines paradoxen Anpassungsprozesses: Indem sie *Schul*pädagogik wird, verliert die pädagogische Reflexion ihren Kontakt zum philosophischen Idealismus, aber überwindet nicht den Zwang, mit moralischen Idealen zu operieren, weil nur so Anspruch und Wirklichkeit überhaupt in eine Differenz zu bringen sind. Ich gebe für diesen Vorgang einige Beispiele, die repräsentativ für die Problemschreibung sind:[7]

1816 veröffentlichte der Hildesheimer Gymnasialprofessor JOSEPH HILLEBRAND eine im idealistischen Geiste gehaltene Bildungslehre, die die pädagogischen „Regeln und Gesetze . . . aus dem *Punkte der Einheit*“ der Ideen ableiten will (HILLEBRAND 1816, S. 5). Das bedeutet, nicht die Erfahrung, sondern die Vernunft sucht „nach ihren Gesetzen und Ideen die Regeln und Grundsätze für die Bildung“ auf (ebd., S. 8). Ihnen kommt dann, aber auch *nur* dann, höchste Gewißheit zu, die keine Empirie schaffen kann (ebd.). System (der Reflexion) entsteht nur dann, wenn es *„oberste Grundsätze“* oder ein höchstes Prinzip der Erkenntnis gibt (ebd., S. 10). Im Falle der Bildungslehre ist dies aber die *Natur* des Menschen, weil *sie* gebildet werden soll und es der Vernunft entspricht, die Bildung auf dieses Prinzip einzustellen. Das Prinzip lautet dann: *„Der Mensch werde gebildet* *seiner ganzen Natur gemäß zu den Hauptzwecken derselben durch die Kraft seiner Humanität"* (ebd., S. 12).

„Humanität" wird, im Sinne FICHTES, als *„freie Selbsttätigkeit des Menschen"* eingeführt, *„angewendet auf die Realisirung seiner natürlichen Zwecke und die Erreichung seiner Bestimmung"* (ebd., S. 12/13, Anm.). Das verlangt von der Theoriebildung zweierlei, eine „allgemeine Teleologie", die festsetzt, was die Zwecke der Bildung sind, und eine Anthropologie, welche die Natur näher beschreibt, die gebildet werden soll. Beide Teile der Theorie hat HILLEBRAND vorgelegt: Die Teleologie gipfelt in einer triadischen Bestimmung der Hauptzwecke des Menschen, nämlich Glückseligkeit, Wahrheit und Tugend (ebd., S. 46 ff., 57 ff., 67 ff.), und die Anthropologie geht aus von der Natur des Menschen, die in Richtung auf die Hauptzwecke entwickelt werden soll (ebd., S. 208 ff.). „Natur" ist nicht einfach die Besonderheit eines Individuums, vielmehr „die Gesamtheit der sichtbaren Welt in ihrem Werden und Vergehen nach ewig waltenden Gesetzen" (ebd., S. 212). Natur als Grundprinzip der Bildung heißt dann Entwicklung des Wesens gemäß des Allgemeinen der Natur. *„Der Mensch folge der Natur als dem zweckmäßigsten Muster bei seiner Bildung"* (ebd., S. 215).

Von dieser Struktur sind fast alle idealistischen Bildungstheorien; sie formulieren Zwecke aus Prinzipien und bestimmen eine Anthropologie, die dazu paßt. Immer hat diese pädagogische Anthropologie ihren höchsten Punkt im *Geist* des Menschen (ARNOLD 1837, S. 8), weil nur so der Vorrang der Bildung (etwa vor dem körperlichen Training) begründet werden kann. Sehr oft aber wird auch ganzheitlich argumentiert, etwa in KARL FRIEDRICH BURDACHS „Anthropologie für das gebildete Publicum": „Der *ganze Mensch* ist Gegenstand der Pädagogik, welche die naturgemäße Entwicklung der allgemeinen Menschenkraft in Uebereinstimmung mit der der individuellen Anlagen leitet und durch Erweckung freier Selbstthätigkeit fördert" (BURDACH 1837, S. 421). „Ganzheit" wird in dieser Literatur stets vom Primat des Geistes her gedacht, der nur eben nicht isoliert „gebildet" werden soll. Das pädagogische Ideal kann es damit aber nicht bewenden lassen; es muß zugleich formulieren, wie denn aus einer philosophischen Bestimmung schulförmige Reflexion werden kann.

Ein Beispiel für diese Transformation ist AUGUST ARNOLDS „Erziehungs- und Unterrichtslehre" aus dem Jahre 1837[8]: ARNOLD bestimmt hier das Ideal des „vollendeten Menschen" (gemeint ist der *pädagogisch* und das heißt hier schon *schulisch* vollendete Mensch) mit Hilfe von fünf Kriterien, richtiges und angemessenes *Wissen,* volle Entwicklung der *geistigen Fähigkeiten, sittliche Vortrefflichkeit,* praktische *Brauchbarkeit,* Anstelligkeit und Gewandtheit sowie *Gesundheit* und körperliche Kraft (ARNOLD 1837, S. 27 ff.). Die Verwirklichung dieses Ideals hat stets beschränkende Bedingungen (ebd., S. 31 f.), aber das nimmt dem Ideal nicht die Bedeutung. Die Erziehungskunst verwirklicht das Ideal *„an den* *bestimmten Individuen"* (ebd., S. 40 f.); ohne diese Aufgabenbestimmung wäre das pädagogische Handeln ebenso orientierungslos wie unsicher, denn ARNOLD sieht die Kontingenz des Geschehens sehr genau: „Das *eigentliche Ziel* der Erziehung liegt . . . jenseits der Sphäre ihrer Thätigkeit. Sie soll selbst nichts vollenden, sondern nur begründen" (ebd., S. 55). Gegenüber der Unabsehbarkeit der Wirkungen kann der Erzieher nur ideal gestimmt sein.

Politisch gibt es sicherlich starke Unterschiede zwischen diesem Entwurf (ebd., S. 66 ff.: Kritik der Emanzipationsbestrebungen der Gegenwart) und den zeitgenössischen Ansätzen der Volksschulpädagogik, pädagogisch aber bildete sich eine durchaus ähnlich strukturierte Denkform heraus, die allgemeine Zwecke definierte und dann vor allem anthropologisch begründete, wie die Praxis der Erziehung und Bildung aussehen soll. Die idealistische Philosophie diente dabei nur zur Sicherung des obersten Bezugspunktes der Zwecksetzung, die in aller Regel *Tugend* hieß: „Die Entwicklung und Vervollkommnung der in uns liegenden Kräfte und Anlagen setzt einen obersten Zweck voraus. Nun kennt die Vernunft für den Menschen nichts höheres, als *reine sittliche Güte,* oder unbedingte Uebereinstimmung des Willens mit dem höchsten Vernunftgesetz. Also ist *reine Tugend* der *höchste* und *letzte Zweck* der Erziehung" (Kleines Compendium 1798, S. 10).

Diese Zweckbestimmung wurde auch dann noch beibehalten, als der Bezug auf die idealistische Philosophie verloren ging. Das läßt sich an der Karriere einer zentralen Chiffre der pädagogischen Reflexion zeigen, nämlich des *erziehenden Unterrichts*[9], die quer zu den einzelnen Ansätzen der Pädagogik im 19. Jahrhundert gebraucht wurde, also nicht nur bei den Herbartianern und ihren Gegnern, sondern über die verschiedenen Richtungen der Theorie hinaus auch in der schulpädagogischen Reflexion, die daraus ein vielzitiertes, populäres Schlagwort machte. Die Chiffre der Reflexion demonstrierte eine gemeinsame Grundüberzeugung: Immer sollte es vornehmlich um die Erziehung zur *Sittlichkeit* gehen, der aller Unterricht zu dienen habe, und es ist für dieses Argument unwesentlich, wie sein theoretischer Rahmen gestaltet wird. Man findet in der zweiten Hälfte des 19. Jahrhunderts unter anderem herbartianische, christliche und auch monistische Begründungen des „erziehenden Unterrichts", die alle an der Struktur des Arguments nichts ändern. Zentral ist stets die idealistisch gestimmte Verbesserung des Menschen, die vornehmlich mit zwei Denkmitteln reflektiert wurde, der pädagogischen Anthropologie und der pädagogischen Teleologie (MAGER 1846, S. 37).

Die Fixierung auf „Anthropologie" (für die Mitte des 19. Jahrhunderts sei nur SCHMIDT (1865) genannt) ist weniger leicht zu erklären als die Dominanz teleologischer Denkmuster in der pädagogischen Reflexion. Die Zeitstruktur der Erziehung, also der Vorrang der *Zukunft,* macht es unumgänglich, über Zwecke und Ziele nachzudenken und das legt teleologisch strukturierte Theorien gleichsam von selbst nahe, so lange jedenfalls, wie daran keine logischen Zweifel aufkommen. Aber der Zweck der Erziehung wird *erziehungstheoretisch* an der Natur des Menschen festgemacht, die gemäß ihrer selbst entwickelt werden soll, so jedoch, daß Erziehung *notwendig* erscheint. Gesucht wird also eine Anthropologie, die das „Schaffen der Seele“ (BURDACH 1837, Kap. 6) verständlich macht. Damit muß mehr verbunden sein als eine „empirische Psychologie“ der seelischen Vermögen (KIESEWETTER 1806, S. 8, 25 ff.), denn die müssen gerade unabhängig von der Wirkung oder Nichtwirkung von Erziehung beschrieben werden. Ansatzpunkt ist hier die *Entwicklung* des Kindes (ebd., S. 70 ff.), die sich sinnlich und intellektuell unterscheiden läßt, jedoch aus eigener „Kraft“ (ebd., S. 26) heraus erfolgt und darum nicht Objekt der Erziehung ist.

Gibt man, wie in der frühen Entwicklungspsychologie, zu, daß die Entwicklung des Kindes *eigenen* Gesetzen folgt, dann wird demgegenüber die Erziehung systematisch entwertet. So schreibt JOHANN CHRISTIAN AUGUST GROHMANN 1824, daß nicht nur der Verstand seine „eigenthümlichen Gesetze des Denkens“ habe, sondern diese auch auf eigentümliche Weise ausgebildet werden, nämlich in einer allmählichen, stufenförmigen Entwicklung, die über den Mythos (des kleinen Kindes) zum Verstand (des Erwachsenen) führt (GROHMANN 1824, S. 378 ff.). Die Entwicklung ist nicht umkehrbar und kein späteres Stadium kann gegenüber einem früheren vorweggenommen werden. Das mythische Stadium wird nicht pädagogisch erzeugt, sondern entsteht von selbst. Die nachfolgende Beschreibung ist geradezu unabhängig von irgendeinem Eingriff von außen:

> „Das Kind denkt noch nicht . . . nach einem bestimmten Interesse für die Wahrheit . . . Das Allgemeine ist ihm das allgemeinste, wenn dieses auch einen noch so kleinen Umfang einnimmt. Ueber das einmal Große kann sich das Kind keine größere Größe oder Höhe denken. Seine Möglichkeiten sind schon absolute Nothwendigkeiten und doch sind es gerade vielleicht Unmöglichkeiten. Das Kind paßt noch das Große in das Kleine. Sein Wille siegt über den Verstand. Aber die Unmöglichkeit behält Recht . . .
>
> Die Bejahung und Verneinung sind ihm verstandesmäßig noch gleichgültig . . . Der äussere Anschein, die Zeitfolge, das Beieinandersein beherrscht noch alles. So wie es auf einander folgt, so ist es auch verbunden, denkt das Kind . . . Substanz und Accidenz, Wesentliches und Zufälliges, Grund und äussere Ursache haben sich noch nicht getrennt“ (ebd., S. 379).

Derartige Einsichten findet man allenfalls in der radikalen Pädagogik vom Kinde aus (die freilich zur Mythologie neigt, vgl. Kap. 3.2), nicht jedoch im *mainstream* der pädagogischen Reflexion, auch dort nicht, wo ausdrücklich die kindliche Lebenswelt thematisiert wird. Die Fixierung der Erziehungstheorie auf den Tugendbegriff und die Erzeugung von Sittlichkeit (und damit eben auf teleologisches Denken) erlaubt von sich aus keine Differenzierung etwa nach Lebensaltern. Im mythischen Alter des Kindes muß *anders* erzogen werden, aber immer noch *erzogen;* es sollen Wirkungen erzielt werden, die der *Versittlichung* dienen, ohne Rücksicht auf die psychologische Einsicht, daß das Kind im Stadium mythischen Denkens gar kein Adressat dieser Absicht sein kann. Die moralische Absicht appelliert an Wahrheit, setzt Unterscheidungsvermögen voraus und beansprucht eine Kausalität der Schuld, die ein kleines Kind eben nicht beherrscht.

Derartige Irritationen können vermieden werden, wenn das pädagogische Denken Bezug nimmt auf Anthropologien, die von der Entwicklung der Kräfte oder Anlagen ausgehen, dies aber *nicht* nach autonomen Phasen differenzieren, sondern pauschal behaupten. Das berühmteste Beispiel findet sich im allgemeinen Teil von DIESTERWEGS „Wegweiser“: „Eine Anlage ist der gegebene Keim zur Entwickelung eines Vermögens oder einer Kraft“ (DIESTERWEG 1844, S. 118). Die Anlagen sind angeboren, nicht jedoch die Entwicklung. Aus den Anlagen ergibt sich nur die *„Entwickelungsfähigkeit“* oder die *„Möglichkeit* zur Entwickelung“ (ebd., S. 120). Damit die Entwicklung tatsächlich vollzogen wird, „muß ein Anderes hinzukommen“, nämlich Erziehung, verstanden als *„Einwirkung* auf die Anlage“ (ebd.). Erziehung ist „Erregung“ der Anlagen (ebd., S. 122), folgt aber dem Gesetz der einzelnen Anlage, die nicht „sprungweise“ entwickelt werden kann (ebd., S. 131).

Gemeint ist damit jedoch nicht die Aufeinanderfolge von Entwicklungsphasen des *Kindes,* sondern nur die Linearität der Ausbildung der Kräfte. Die Erziehungstheorie gewinnt einen Maßstab, ohne sich selbst relativieren zu müssen. DIESTERWEG behauptet nicht, die Entwicklung gehe *von allein* vor sich; er sagt nur, wie fast alle Pädagogen des 19. Jahrhunderts, die Erziehung müsse die Natur des Kindes respektieren und sei eben darum aufgerufen, ihr zu voller Entfaltung zu verhelfen. Mitgedacht werden muß immer, daß dies *ohne* pädagogische „Hülfe“ (ebd., S. 120) nicht möglich wäre. Das Ziel nämlich könnte nicht erreicht werden: „Als Ziel der Vollendung denken wir uns eine vollständig *harmonische* Entwickelung *aller* Anlagen eines Menschen“ (ebd., S. 133). Da dies nie wirklich erreichbar ist, kann die Reflexion immer nach vorn hin verlängert werden: Das Ziel kann immer neu wiederholt werden und doch nie falsch sein, weil irgend etwas an der harmonischen Entwicklung des Ganzen immer *fehlt.*

Dieses Denken kann sozusagen nicht anders, als ständig *Reform* zu thematisieren. Anthropologie und pädagogische Teleologie kommen nie zur Deckung, gerade wenn man vor Augen hat, was DIESTERWEG als Konsensformel für den Erziehungsoptimismus des 19. Jahrhunderts vorgeschlagen hat: „Der erzogene Mensch ist das Produkt zweier Faktoren: der ihn anerschaffenen Natur und der Einwirkung von außen. Da jene gegeben ist, so kommt es auf diese an“ (DIESTERWEG 1950, S. 289). Doch über die Wirkung herrscht nie Gewißheit, so daß sich ein Denken, das an

DIESTERWEGS Formel gebunden wird, *nur ideal* artikulieren kann (und dies entgegen den „empirischen" Intentionen DIESTERWEGS: Ebd., S. 245 f.). Das erweisen beliebige Stichproben: Die „Erziehung zur Vernunft" (BEYER 1864/1877), die „Würde des Kindes" (A. SCHMIDT 1864) oder die „naturgemäße Erziehung" (TIEDEMANN 1864), um nur Titel eines Jahres zu nehmen, sind immer Konzepte zur *Reform* der Erziehung, nie einfach zu ihrer empirischen Beschreibung.

Von „einer durchgreifenden Reform des Schulwesens" sprechen selbst amtliche Schriften (KUNTZE 1872, S. 8) und projizieren dies dann auf das gesamte 19. Jahrhundert (ebd., S. 16 ff.). Darin liegt nicht nur Ideologie, denn tatsächlich bringt erst die Verstaatlichung der Schule die Reform hervor, einhergehend mit dem erwähnten sozialen Wandel, der die Erziehungsreform zu einem Modernisierungsproblem macht. Das Mittel, dieses Problem zu lösen, die Verstaatlichung, ist verschiedentlich beklagt worden, besonders vor 1848 (z.B. WUNTSCHLI 1845), doch nur von einer Minderheit, während die Mehrheit der pädagogischen Schriftsteller für eine staatliche Schulaufsicht plädierte, um die Abhängigkeit von den Kirchen zu überwinden. Daher dominiert Mitte des 19. Jahrhunderts diese Frage die pädagogische Reformliteratur (vgl. nur GRÄFE 1865, S. 509 ff.), soweit sie sich bildungspolitisch engagiert. Das politische Kardinalproblem für die Profession blieb jedoch der pädagogischen Denkform äußerlich; als die Frage der Schulaufsicht entschieden war, änderte sich die Reflexion nicht. Sie wurde nun nicht etwa zufrieden mit der Schule, denn gerade die staatliche Schulaufsicht konnte als Chance begriffen werden, pädagogische Reformen über das erreichte Maß *hinaus* durchzuführen. Und dieses Thema wird durch die Struktur der Reflexion und ihre eigenen Traditionen bestimmt, nicht etwa politisch erzeugt.

Die Kaiserrede von 1890 ist also wohlvorbereitet, im Reservoir an Selbstkritik, das vor allem die Volksschullehrer ihrer eigenen Institution gegenüber ausbildeten. Material zur Stärkung dieser These findet sich etwa in der ausgeprägten Autobiographik der Reflexionselite der Lehrerschaft. In diesem Fundus unausgesetzter Reflexion über Reform und Verbesserung gilt ein identisches Grundmuster, das in der „Reformpädagogik" ganz genau so auftaucht: Das „Princip" der modernen Schule, die *Entwicklung* der Natur (DIESTERWEG 1855, S. 85 f.), steht gegen die autoritative und mechanische Institution Schule, von der andererseits die eigene Existenz abhängt. Aber die pädagogische Reflexion setzt dies als gesichert voraus und übt sich in Kritik, wofür eine postulatorische Reformsemantik die Voraussetzung ist. Gleichzeitig läßt sich diese Reflexion auf die institutionellen Bedingungen ein und wird daher in einem paradoxen Sinne schulförmig. Sie ist einerseits Kritik und andererseits Rechtfertigung; die Kritik betrifft die Grundlagen jener Institution, die doch gerechtfertigt wird, jedoch nie einfach vom Gegebenen aus.

Eine solche riskante, aber selbstgewisse Form der Reflexion bildet bestimmte Motive heraus, die wie selbstverständlich verwendet werden: Einfachheit, „natürliches Maß“, elementare Brauchbarkeit der Erziehung, die nicht über das hinausschießen darf, was im Leben als nützlich erfahren wird (LÜBEN 1856, S. 544 f.). Die Realität der Schule kann damit beliebig kritisiert werden, und die immer wieder vorgebrachte Kritik an der „mechanischen“ Unterrichtsmethode gilt eigentlich der Schule selbst. Die gewünschte Verbindung von Schule und Leben gelingt nicht zufällig *nicht;* sie ist die Folge der Schul*struktur*, die die pädagogische Reflexion immer wieder beklagt, ohne ihr ausweichen zu können. In erstaunlicher Weise *verkennt* die Reflexion die Wirklichkeit, doch das nützt der Reflexion, die sich auf diese Weise unbeeinträchtigt fortsetzen kann, *weil* ihre Postulate nicht erfüllt werden können.

Die „einfache“, „maßvolle“ und „elementare“ Schule entsteht jedenfalls nicht; vielmehr wird die Schulpraxis auf eben jene Weise organisiert, die die pädagogische Reflexion beklagt, durch Lektionspläne, Stoffverteilungen, Regulative, professionelle Methode und eine relativ enge Verfachlichung.[10] Plausible Erklärungen für diese (und keine andere) Strukturierung findet die pädagogische Reflexion nicht, weit eher nimmt sie eine Art Protesthaltung ein, in der die Lösung des selbstdefinierten Problems *immer erneut* in die Zukunft verlagert wird. Dadurch entsteht der Eindruck, als gäbe es andere Optionen für die Schule, als könnte tatsächlich eine innere Reform ausgelöst werden, die die Bedingungen der Institution aufhebt und völlig andere („pädagogische“) Verhältnisse herstellt. Den Beweis für diese Möglichkeit muß die Reflexion nicht antreten, aber wo er gesucht wird, da entsteht immer nur ein erneuter Anlaß der Kritik.

## 2.2. Kontinuität der Reformmotive

Das 19. Jahrhundert steht für einen tiefgreifenden sozialen Wandel und den Durchbruch der gesellschaftlichen Modernisierung, an der nicht zuletzt die Strukturreform des öffentlichen Bildungswesens Anteil nimmt. Hierauf reagierte eine eigentümliche Form pädagogischer Reflexion, die sich pragmatisch wendete und doch gegenüber ihrer eigenen Institution distant blieb. Schul*kritik* ist gang und gäbe, wenngleich sehr oft unter national- und standespolitischen Vorzeichen, und alle Legitimationen sind unter den Vorbehalt der Verbesserung gestellt. Das pädagogische Denken kann die Schule nicht einfach vom Bestehenden oder vom Erreichten her rechtfertigen, sich jedoch auch nicht selbst modernisieren. Sie kann wohl Theorierahmen auswechseln, jedoch nur so lange, wie ihre eigene Struktur nicht gefährdet wird.

Aus diesem Grunde gibt es kaum Auseinandersetzungen mit gefährlichen Theorieströmungen des 19. Jahrhunderts, also etwa Darwinismus, Historismus oder Pessimismus. Allein diese drei Richtungen wären geeignet, Grundannahmen der Pädagogik in Frage zu stellen, der „Kampf ums Dasein" die Idee, mit der richtigen Erziehung den Menschen auf das Gute zu verpflichten, der historische Relativismus die Sicherheit der Wertannahmen, die hinter jeder Erziehung stehen und die philosophische Anthropologie des Leidens die Vision des menschlichen Glücks als Ziel jeder pädagogischen Tätigkeit. Eine explizite Beschäftigung mit diesen Positionen ist in der pädagogischen Literatur des 19. Jahrhunderts selten und nie radikal. Die harte Spitze der biologischen Evolutionstheorie, nämlich die Infragestellung des anthropozentrischen Weltbildes, erreicht die Pädagogik nicht oder wird negiert; die Herausforderung durch den historischen Relativismus wird bis zum Jahrhundertende nicht gesehen; und der Pessimismus wird als unpädagogisch abgelehnt.

Die Pädagogik hielt sich stattdessen an ihre beiden angestammten Disziplinen der Ethik und der Psychologie (positive Anthropologie); sie war *praktisch* ausgerichtet und ließ sich durch radikale Theorien nicht verunsichern, auch nicht durch radikale Schwierigkeiten mit der Theorie. Eine Frage etwa, wie sich der pädagogische Optimismus begründen läßt, wenn die psychologischen und philosophischen Grundlagen der Erziehungstheorie verunsichert worden sind, stellte sich erst gar nicht, obwohl beständig Grundlagendiskussionen geführt wurden. Aber es waren dies Diskussionen auf ein- und demselben Terrain, das bestimmt war durch die Zwecksetzung des erzieherisch Guten und die dazu passende Anthropologie. Vor allem aus diesem Grunde läßt sich die These vertreten, daß es eine ungebrochene Kontinuität der *Reform*pädagogik im 19. Jahrhundert gegeben hat und die von der Geschichtsschreibung sogenannte „Reformpädagogik" des Jahrhundertendes nicht etwa radikal neue Motive und

Leitdeen erfunden hat. Die Herkunft dieser Motive ist streng genommen kryptisch, sie entstammen der Alltagsreflexion, werden theoriefähig und bestimmen dann die pädagogische Kommunikation, ohne daß sie einem einzigen Entstehungsdatum zugeordnet werden können. Ihre Bewegung kann so nicht bis auf einen Ausgangspunkt zurückverfolgt werden; wohl aber ist die Wirksamkeit nachzuzeichnen, insbesondere extremen Herausforderungen gegenüber.

Der pädagogische Optimismus – *die* Grundeinstellung für eine „Reform" der Erziehung – blieb im 19. Jahrhundert ungebrochen, weil er sich nicht von radikal anderen Theorien herausfordern ließ und zugleich in pädagogischen Kommunikationsgemeinschaften immer neu begründet und stabilisiert wurde. Die Entwicklung der pädagogischen Institutionen war hierfür der beste Indikator: Bei allen Schwierigkeiten der Verwirklichung der pädagogischen Leitideen, der Gedanke, daß Erziehung unmöglich oder gar unsittlich sei, konnte und durfte nicht gedacht werden. Die Pädagogik definierte sich von der Idee der *Erziehung* her und es wäre einer Selbstauflösung gleichgekommen, hätte man diese Prämisse in Frage gestellt. Wo dies geschah, waren Außenseiter am Werk, die abgewehrt oder nicht zur Kenntnis genommen wurden.

Wenn ich von einer Reformpädagogik *vor* der „Reformpädagogik" spreche, so in der Absicht, zweierlei zu zeigen, die sehr hohe *Kontinuität* des pädagogischen Denkens und die dichte *Motivlage* pädagogischer Reform. Beides muß durch Abwehr gesichert werden, aber damit ist es natürlich nicht getan. Pädagogik ist *immer* Reformpädagogik gewesen: Dieser Schlüsselsatz beleuchtet die beiden Aspekte meiner These – Es gibt nie eine Zufriedenheit mit dem Status Quo und es sind daher immer Reformabsichten vertreten worden, die sich in typischen Motiven ausdrückten. Diese These werde ich im folgenden erläutern und zwar zunächst mit einem Beispiel für die Kontinuität des pädagogischen Denkens und danach mit fünf Traditionsketten von Motiven, die in der „Reformpädagogik" der Jahrhundertwende eine zentrale Rolle spielten und bis heute die Reformdiskussion bestimmen.

Als Beispiel für die *Kontinuität pädagogischen Denkens* wähle ich Reflexionen über Erziehung eines Nichtpädagogen, nämlich HERBERT SPENCERS „Education: Intellectual, Moral, and Physical"; diese Reflexionen erschienen zwischen 1854 und 1859 in einer Serie von Zeitungsartikeln, die dann als Buch veröffentlicht wurden, von welchem es 1874 auch eine deutsche Übersetzung gab. SPENCER argumentiert hier für eine Reform der Erziehung und des Unterrichts, wobei er alte und neue Methoden voneinander abgrenzt. Was beide unterscheidet, läßt sich mit Hilfe dreier Kriterien genauer bestimmen: Neue Methoden legen Wert auf die „systematische Ausbildung des Beobachtungsvermögens", auf „unmittelbare Anschauung" und darauf, daß das Lernen „angenehm und reizvoll" vor sich gehe (SPENCER 1881, S. 99 ff.). Damit wird die Methode der Buchschule kritisierbar, denn die sorgt lediglich für die Reproduktion des Wissens, das aus zweiter Hand erworben wird und somit mühsam und langweilig zu erlernen ist.

Der Ansatzpunkt für diese Kritik ist eine Veränderung der Perspektive, die nicht von der Didaktik des Lehrstoffes ausgeht, sondern von den natürlichen Verhältnissen des kindlichen Lernens. „Die zunehmende Übereinstimmung mit dem Verfahren der Natur", so SPENCER, mache das Gemeinsame der verschiedenen Reformansätze aus (ebd., S. 103) und das sei eine alte pädagogische Einsicht, die schon PESTALOZZI formuliert habe (ebd., S. 104). Diese Tradition sei wegweisend auch für die künftige Reform der Erziehung, denn wer den „natürlichen Proceß geistiger Entwicklung" (ebd.) richtig versteht (und *nur* der!), kann die Erziehung auf die Kräfte und Potentiale des Kindes einstellen; er muß dann aber auch Rücksicht auf die Linien oder Abschnitte der Entwicklung nehmen, also jeweils kindgemäß erziehen, ohne Erziehung auf die bloße Situation des Umgangs zu reduzieren und dann das *telos* zu verlieren.

In diesem Sinne sprach PESTALOZZI 1801 (in „Wie Gertrud ihre Kinder lehrt") davon, daß er danach suche, "die Gesetze (aufzufinden), denen die menschliche Geistesentwiklung vermöge der Natur selber unterworfen werden muß" (KA 13/S. 246). Der Sinn dieser Suche ist aber nicht die Erforschung der psychischen Tatsachen und ihres Zusammenhangs, sondern die pädagogische *Methode,* also die Sanktionierung der richtigen Handlungsregeln mit Hilfe der Entwicklungsgesetze der Psychologie. Vorausgesetzt wird immer eine Anthropologie, die die pädagogische Absicht begünstigt, so daß Erziehung allgemein als notwendig erwiesen ist. Die Entwicklungsgesetze legen dann nahe, daß der Vollzug der Erziehung methodisch angeleitet werden kann, auf die Ordnung der Anschauungen beim Kinde hin, die Anleitung zur richtigen Beobachtung und zum naturgemäßen Lernen (ebd., S. 247 f.).

PESTALOZZI hat aber auch, wenngleich eher unfreiwillig, die Grenze dieses Ansatzes deutlich gemacht, indem er nämlich *jeglichen* Unterricht an das Prinzip der Anschauung binden wollte (ebd., S. 308), weil *„die Anschauung das absolute Fundament aller Erkenntniß sey"* und darum *„jede Erkenntniß von der Anschauung ausgehen"* und auf sie *„zurückgeführt"* werden müsse (ebd., S. 309). Dieses didaktische Grundprinzip gilt unabhängig von der Entwicklungspsychologie, denn es wird als Prinzip der *Erkenntnis* und nicht etwa der *Entwicklung* eingeführt. „Anschauung" ist keine Bedingung der Entwicklung, die ja von der Natur selbst bewirkt wird und nur darum einen zuverlässigen Bezugspunkt für die Erziehung abgibt; Erkenntnis kann nicht wiederum entwicklungspsychologisch begründet werden, sondern verweist auf ein eigenes Begründungsproblem; dann aber – begründet auf einer Theorie der Erkenntnis – ist die Methode keineswegs zentral von der Entwicklung abhängig, sondern gilt unabhängig davon, nicht für verschiedene Lebensalter verschieden, sondern im Prinzip und immer, überall da, wo es die Handlungsprobleme des Unterrichts zu lösen gilt.

Derartige Überlegungen tangierten die Geschichte der Methode im 19. Jahrhundert nicht, die von der Anwendbarkeit einer Theorie ausging und deren Probleme allenfalls im Bereich mangelnder Wirksamkeit benennen konnte. „Anschauung" war so ein oberstes Schlagwort, kein präzise verortetes Theorem, wenngleich es nicht an Versuchen fehlte, diese Verortung vorzunehmen. Doch gerade die *historische* Wendung des Problems, also die Darstellung der „Hauptmomente" des Anschauungsunterrichts in seiner geschichtlichen Entwicklung seit BACON und bis auf die Jahrhundertmitte (so: SCHLOTTERBECK 1860), zeigt die Verschiedenheit der Systeme, denen lediglich die Grundforderung gemeinsam ist, von dem abstrakten Unterricht loszukommen. Wie das geschehen soll, läßt sich weder historisch noch in der jeweiligen Gegenwart einer kritischen Reflexion einheitlich beantworten.[11] Interessant ist aber, daß die Forderung nach Anschauung mit dem Begriff der „Naturgemäßheit" fest verkoppelt wird. Diese Verkoppelung kann dann in einer langen Traditionskette erscheinen (zurückgeführt bis auf die Stoa: DINKLER 1897, S. 7 ff.), die spätestens seit der Barockliteratur *Reformpädagogik* heißen kann (ebd., S. 23 ff.).

Die Grundforderung der *Anschauung* wird daher historisch legitimiert, ohne, wie es wenigstens PESTALOZZI vor Augen hatte, aus einer klar erkennbaren Theorie der Erkenntnis abgeleitet zu werden. Das Schlagwort konnte in sehr verschiedener Weise *postulativ* verwendet werden, ohne an einen bestimmten Rahmen gebunden zu sein. Seine Wirkung bestimmte sich vom Negierten her, nämlich der schlechten Schulpraxis, die dem Prinzip der Anschauung notorisch *nicht* folgte. Wenigstens konnte das immer behauptet werden und mit Zustimmung rechnen. „Anschauung" war so kritischer Appell, die Erziehung und den Unterricht zu verändern und die pädagogischen Institutionen zu reformieren. Das gilt für alle ähnlichen Schlagworte in gleicher Weise, etwa für den „naturgemäßen Unterricht" oder die „kindgerechte Erziehung". Sie werden nicht präzise bestimmt, sondern bleiben vage, sind darum aber gerade emotional wirksam. Ein großer Teil der schulpädagogischen Literatur des 19. Jahrhunderts ist so angelegt.

Diese Literatur behandelt immer wieder die Begründung von Kriterien der „guten Methode", doch das sind stets nur Forderungskataloge, die selbst einen erzieherischen Zweck haben. Ihre Funktion besteht nicht einfach darin, das Lehrerhandeln anzuleiten, sondern es zu *verbessern*. Es sind, unablässig, *Reform*postulate; die Voraussetzung ist immer, daß in der bisherigen Praxis die „Kräfte der Schüler" *nicht* angemessen berücksichtigt werden, der Unterricht *nicht* bildend wirkt und das Erziehungsgeschehen *nicht* den „natürlichen Entwickelungsgang der menschlichen Natur" angemessen berücksichtigt (vgl. ZERRENNER 1820, S. 28). Eine derartige

Kritik ist nicht destruktiv und widerspricht auch nicht dem pädagogischen Optimismus, andererseits ist sie nicht *abschließend* erfüllbar und kann daher beliebig fortgesetzt werden. Es ist kein Zeitpunkt denkbar, an dem die gute Methode *optimal* wirken würde, denn daß sie „faßlich", „bildend" und „naturgemäß" sein soll (ebd., S. 28/29), ist stets nur Postulat, das jede mögliche Wirklichkeit überholen muß. Daher können die Grundbegriffe und die zentralen Konzepte der pädagogischen Reform trotz veränderter Randbedingungen beibehalten und müssen nicht revidiert werden, etwa angesichts von Modernitätsschüben in der Theorie. Sie können ihre kritische Funktion *im Prinzip* nicht verlieren, solange sie die Reflexion anleiten. Die Praxis kann sie nicht widerlegen.

Postulate wie „Anschauung", „Naturgemäßheit" oder auch „Selbsttätigkeit" sind kritisch und utopisch zugleich, denn ihre pädagogische Verwendung ist nicht an eine bestimmte historische Wirklichkeit gebunden. Vielmehr werden diese Konzepte benutzt, um die Praxis jeder Gegenwart in einem schlechten, aber zugleich auch hoffnungsvollen Licht erscheinen zu lassen. Die Reformpädagogik der Jahrhundertwende schließt hier an und verwendet genau dieselben Schlagworte in einer identischen Strategie. Dabei wird häufig ein Bezug auf die Tradition ROUSSEAUS und PESTALOZZIS gesucht (nicht nur in Deutschland; vgl. etwa: FERRIÈRE 1930, S. 17-48), die entsprechend zugänglich gemacht wird, etwa in zeitgenössischen Editionen (GANSBERG 1906b oder GURLITT 1907a), obwohl doch deren Theorie- und Denkvoraussetzungen nicht einfach auf die neue gesellschaftliche wie pädagogische Situation am Ende des 19. Jahrhunderts paßten. Aber darauf kam es nicht an, denn der Zugriff auf die Tradition erfolgte nicht in kritischer, sondern in legitimatorischer Absicht, genauso wie es Mitte des Jahrhunderts mit dem Begriff der Anschauung oder des „erziehenden Unterrichts" versucht wurde.

Auf diesem Wege erscheint die Reformpädagogik in einer Traditionskette, die ihr höchste Dignität verleiht, denn sie kann von sich sagen, daß sie die *zentralen Motive und Ideen der klassischen Pädagogik* nicht nur fortsetzt, sondern sie endlich angemessen verwirklicht.[12] Aber die „Verwirklichung" beginnt nicht erst 1890, sondern wird unaufhörlich versucht, und zwar nicht nur im Blick auf die Arbeitsschule, sondern bezogen auf *alle* pädagogischen Konzepte, die der „Reformpädagogik" als originelle Entwicklungen zugeschrieben werden, also auch die ästhetische Erziehung, die nicht mit der „Kunsterziehungsbewegung" beginnt, die innere Reform der Schule, die Kritik am einseitig intellektuellen Unterricht, ja selbst die radikale Kritik der Schule, die nicht erst ein Produkt der sogenannten „Kulturkritik" der achtziger Jahre ist.

Ich beginne mit Ansätzen zur Schul*kritik* und behandle dann die zentralen Konzepte zur *Reform* der Schule, nämlich „Arbeit", ästhetische Erziehung (Phantasie und Lernen), Ausweitung des Unterrichts („Wandern" und „Turnen") und endlich die innere Schulreform, einschließlich der Reform der „Methode“, die vor und nach 1890 in genau gleicher Weise gedacht wurde, nämlich vom Prinzip der Anschauung aus. Sie stellen die fünf zentralen Motivketten dar, aus denen die „Reformpädagogik“ gebildet wurde. Sie ist *mehr* als das, doch – historisch gesehen – zunächst einmal *nur* das.

Die Kritik der Schule ist an bestimmten Stellen nicht einfach „konstruktiv“, wie im Bereich der Schulpädagogik, sondern kann durchaus radikal werden, vor allem in der Literatur des Vormärz. Ein Beispiel sind LUDWIG BÖRNES „Briefe aus Paris“. Hier wird etwa, unter dem Datum des 18. Januar 1833, die obrigkeitsstaatliche Pädagogisierung der Gesellschaft einer scharfen Kritik unterzogen. Diese Erziehung schlägt den Menschen tot, weil sie ihn „umstellt“ und „umlauert“ (BÖRNE 1986, S. 629), das aber nur kann, weil der „Staat seine Ketten“ darum gelegt hat (ebd.). Im Namen der Freiheit wird die Gefahr einer Totalisierung der Erziehung deutlich erkannt, außerhalb des pädagogischen Establishments, dessen Rechtfertigungen BÖRNE nicht gelten ließ: „Öffentliche Schulen sind nicht mehr als Marktanstalten, welche die Regierung mit Nahrungsmitteln für den Geist versehen läßt, damit jeder für sein Geld, so viel er für die Seinigen bedarf, dort finden möge“ (BÖRNE 1964, S. 363).

Eine Kritik am „*Utilitätsprincip* in der Erziehung“ läßt sich leicht auch innerhalb der Pädagogik ausmachen (NOIRÉ 1874, S. 274), zumal dort, wo die klassische gymnasiale Bildungstheorie die Reflexion leitet (ebd., S. 279). Aber das ist nie *gegen* die moderne Schule und die staatliche Bildung gerichtet, die BÖRNE als wenig „modern“ und nicht hinreichend öffentlich erachtete. Sie widersprach dem entscheidenden Anliegen der bürgerlichen Gesellschaft, nämlich dem Prinzip der *Freiheit,* das für BÖRNE höchste Bedeutung hatte. „Die Freiheit ist eigentlich keine Idee, sondern nur die Möglichkeit, jede beliebige Idee zu fassen, zu verfolgen und festzuhalten. Man kann eine Idee durch eine andere verdrängen, nur die der Freiheit nicht“ (BÖRNE 1986, S. 602). Erziehung läßt sich so als Repression lesen, als negative Anpassung, die etwa CARL GUSTAV JOCHMANN in seinen „nachgelassenen Papieren“ (1836 ff.) beschrieben hat (JOCHMANN 1981, S. 138 f.). Die organisierte Erziehung führt, politisch gesehen, zum „leidenden Gehorsam“ (ebd., S. 176 ff.) und widerspricht notwendig der „Pädagogik der Natur“ (ebd., S. 126 ff.). Sie ist *nicht* „gegenseitiger Unterricht“, denn die Schule zwingt zur Dominanz des Lehrers, während doch Lehren am besten dadurch eingerichtet wird, daß die Lehrer von den Kindern lernen (ebd., S. 128).

Philosophisch radikaler, aber mit ähnlichen Konsequenzen für die Praxis der Schule argumentierte 1842 MAX STIRNER in der „Rheinischen Zeitung“:

> „Wie in gewissen anderen Sphären, so läßt man auch in der pädagogischen die Freiheit nicht zum Durchbruch, die Kraft der *Opposition* nicht zu Worte kommen: man will *Unterwürfigkeit.* Nur ein formelles und materielles Abrichten

wird bezweckt, und nur Gelehrte gehen aus den Menagerien der Humanisten, nur ‚brauchbare Bürger' aus denen der Realisten hervor, die doch beide nichts als *unterwürfige* Menschen sind. Unser guter Fond von Ungezogenheit wird gewaltsam erstickt, und mit ihm die Entwicklung des Wissens zum freien Willen. Resultat des Schullebens ist dann das Philistertum" (STIRNER 1986, S. 90).

Anlaß dieser Kritik ist die zeitgenössische Auseinandersetzung über die beiden schulpädagogischen Richtungen des *Humanismus* und des *Realismus,* also die klassische Gelehrtenbildung einerseits, die Unterrichtung in den Realien der Wissenschaft und der Ökonomie andererseits.[13] STIRNER entschied diesen Streit auf seine Weise, indem er nämlich *beide* Prinzipien für unbrauchbar erklärte, weil beide dem höheren Prinzip der *Freiheit* des Menschen widersprechen. Die Kritik liest sich wie eine Antizipation der Kritik NIETZSCHES und die Begründung wie eine Vorwegnahme der radikalen Reformpädagogik: „Wenn der Mensch erst seine Ehre darein setzt, sich selbst zu fühlen, zu kennen und zu bestätigen, also in Selbstgefühl, Selbstbewußtsein und Freiheit, so strebt er von selbst, die Unwissenheit ... zu verbannen. Weckt man in den Menschen die Idee der Freiheit, so werden die Freien sich auch unablässig immer wieder selbst befreien; macht man sie hingegen nur *gebildet,* so werden sie sich *auf höchst gebildete und feine Weise* allezeit den Umständen anpassen und zu unterwürfigen Bedientenseelen ausarten" (ebd., S. 91).

Die philosophische Begründung für diese These lieferte STIRNER 1845 in seinem skandalösen Hauptwerk „Der Einzige und sein Eigentum", einem radikalen Versuch, den Egoismus des Menschen zu begründen, ihn nicht pejorativ zu verstehen und gegen jede abstrakte Sittlichkeit zu kultivieren. Dieser Schritt begründete eine schwierige Antipädagogik, die natürlich beim Establishment keine Wirkungen erzielte. Aber STIRNER erkannte sehr genau den Konflikt, der entsteht, wenn man den individuellen Menschen oder das einzelne Kind in den Mittelpunkt der Erziehung stellt, *ohne* ein verpflichtendes Allgemeines zur Verfügung zu haben (STIRNER 1972, S. 200). Diesen Schritt vollzieht, wenngleich wenig explizit, die Reformpädagogik dort, wo sie radikal *vom Kinde aus* denkt. Gerade hier soll, wie STIRNER 1845 schrieb, die Erziehung keine staatlich-kulturelle Abrichtung sein (ebd., S. 246 ff.), sondern dem Kind und *nur* ihm dienen. Dann aber muß die Freiheit des Kindes in Rechnung gestellt und seine Egoität respektiert werden, weil jedes allgemeine Ziel zugunsten der subjektiven Einzigartigkeit aufgegeben wurde, die aber doch nicht wirklich „erzogen" werden kann.

Selbst in der liberalen Publizistik des Vormärz sind derartige Thesen selten. Kein Zweifel aber, daß mit dem unbedingten Bezug auf das individuelle Ich eine radikale Erziehungskritik möglich war und ist, die sich gerade auch gegen die staatlichen Bildungsinstitutionen richten läßt (die die Ordnung mechanisiert: WUNTSCHLI 1845, S. 39 f.). STIRNER legt den Preis der organisierten Bildung dar und formuliert eine Alternative, die das

Kind und nicht seine Erziehung ernst nimmt: „Besser ein ungezogenes, als ein altkluges Kind, besser ein widerwilliger als ein zu allem williger Mensch. Der Ungezogene und der Widerwillige befindet sich noch auf dem Wege, nach seinem eigenen Willen sich zu bilden, der Altkluge und der Willige wird durch die ‚Gattung', die allgemeinen Anforderungen usw. bestimmt, sie ist ihm Gesetz" (STIRNER 1972, S. 200). Wer pädagogische Ziele vertreten will, kann eine radikale Freiheit des Kindes nicht zulassen, da sich das Kind nicht gegen diese Ziele entscheiden darf, soll Erziehung wirklich stattfinden. Freiheit ist Ziel, aber nicht wirklich Mittel der Erziehung; in diesem Sinne ist STIRNER ein entschiedener Antipädagoge und darum zu radikal für das 19. Jahrhundert.[14]

Man muß aber auf die Funktion seiner Thesen achten: Mit dem Postulat der „Freiheit" wird zunächst nicht Erziehung, sondern Erziehungs*kritik* möglich, Kritik an den *Institutionen* der Erziehung, die, weil sie pädagogisch-allgemein verfaßt sein, *eo ipso* der Freiheit des Kindes widersprechen. Die Reformpädagogik machte daraus die paradoxe Forderung, daß Schulen, also Zwangsinstitutionen, zur Freiheit oder mindestens zur Selbständigkeit des Denkens erziehen sollen (GURLITT 1906, S. 140). Die Schule soll liberalisiert, den Schülern mehr Freiheit zuerkannt werden, indem und soweit ihre Individualität Berücksichtigung findet. Die Schule sollte nicht bloß *Lernschule* sein, die Zwang ausübt, ohne ihr Ziel zu erfüllen; das Ziel aber wurde ernst genommen, die Erziehung des „ganzen Menschen", die Erfahrung, Anschauung und Selbsttätigkeit und nicht das Buch und die formale Methode in den Mittelpunkt stellt (RICHTER 1909, S. 41). Damit war eine Liberalisierung angesagt, die sicher nicht dem Freiheitsbegriff MAX STIRNERS folgen sollte, aber doch die autoritäre Schule des 19. Jahrhunderts wirkungsvoll kritisierte. Die Kritik sollte Spielräume eröffnen, ohne das Institutionensystem an sich in Frage zu stellen. Liberalisierung und nationale Funktion der Bildung schienen durchaus vereinbar zu sein (vgl. OELKERS 1988).

Auf diesen eigenartigen Zusammenhang komme ich zurück. Hier soll zunächst nur auf einen Konsens der Kritik verwiesen werden, der seine eigene Tradition hat: Gegen die bloß intellektuelle „Lernschule" wandten sich alle Richtungen der Reformbewegung zu Beginn des 20. Jahrhunderts, also die Arbeitsschule, die Kunsterziehung, die Bildung des Körpers und die innere Schulreform. *Überall* ging es um die „harmonische" oder „ganzheitliche" Erziehung, die nun endlich von den Lehrbüchern in die Praxis übersetzt werden sollte. Warum aber erst jetzt, Ende des Jahrhunderts? Daß diese Postulate in den Lehrbüchern vermutet werden, läßt sich als Kontinuitätsannahme verstehen, die aber, geht man von der Struktur der Pädagogik aus, nicht einfach nur die immer erneute *Theorie* betroffen haben kann. Gibt es eine Kontinuität der Problemlagen und Leitideen, dann ist auch anzunehmen, daß beständig versucht wurde, sie in pädagogische Praxis umzusetzen.

Ich will diese Beobachtung zunächst an der *Arbeitsschule* demonstrieren, einem zentralen reformpädagogischen Konzept, in dem Arbeit und produktive Tätigkeit als wesentliche Erziehungsmittel angesehen werden. Dieses Konzept ist am Ende des 19. Jahrhunderts nicht erfunden worden, wie es vor allem der Prioritätenstreit zwischen ROBERT SEIDEL und GEORG KERSCHENSTEINER vermuten ließ.[15] Eine *Geschichte* des Arbeitsunterrichts in Deutschland ließ ROBERT RISSMANN bereits 1882 erscheinen, die die pädagogische Bedeutung der Handarbeit auf den pädagogischen Realismus des 17. Jahrhunderts zurückführte und über den Pietismus und PESTALOZZI vor allem FRÖBEL für die Verwirklichung des Konzeptes im 19. Jahrhundert verantwortlich sah (RISSMANN 1882, S. 47 ff.). In der Gegenwart, so RISSMANN weiter, müsse nun eine Entscheidung getroffen werden über die Grundprinzipien der Schulbildung und nicht zufällig führt diese Entscheidung direkt auf die Reformpädagogik: Es seien drei Richtungen des „Arbeitsunterrichts" entstanden, nämlich die Ausbildung von Fertigkeiten zur Entwicklung einer „Hausindustrie", die Bildung der Handgeschicklichkeit im Sinne einer Berufsvorbereitung und schließlich die Handarbeit als Erziehungsmittel des *ganzen* Menschen (ebd., S. 86 ff.).[16] Nur diese dritte Richtung könne als *pädagogisches* Konzept im Geiste FRÖBELS akzeptiert werden (ebd., S. 90/91).

Die pädagogische Begründung der Arbeit muß von der ökonomischen unterschieden werden, denn es geht nicht um materielle Existenzsicherung, sondern um ein Lernprinzip: Nur das wird zu allgemeinen Regeln und Grundsätzen der Erfahrung, was *zuvor* erprobt und in eigener Tätigkeit als nützlich erfahren wurde (so zum Beispiel PESTALOZZI: KA 8/S. 290). Hinzu kommt, daß die Arbeit an einem Produkt abschließbar ist, während die Schule Probleme des Wissens und der Erkenntnis thematisiert, die in aller Regel unabgeschlossen sind und nur dogmatisch stillgestellt werden. Das Unabschließbare aber ist für Kinder langweilig oder abstoßend, weil kein Erfolg sichtbar wird (so schon HEUSINGER 1798, S. 37 ff.). Kinder lernen weit mehr, wenn sie produzieren und arbeiten können; die Reflexion *über* die Probleme kann dann nachfolgen (PESTALOZZI KA 8/S. 291).

Auf der Linie dieser Kritik sind im ganzen 19. Jahrhundert Diskussionen geführt worden, wie man Arbeit und produktive Selbsttätigkeit zum Prinzip schulischen Unterrichts machen könne. Dabei gibt es schon Mitte des Jahrhunderts Auseinandersetzungen, ob die Handarbeit *pädagogisch* definiert werden kann oder nicht. Ein wesentlicher Impuls für die Diskussion ist die Weltausstellung in Wien 1873, die die Frage aufkommen läßt, ob nicht die „soziale Frage" durch eine Revision der Volksschule in Richtung Arbeitsunterricht gelöst werden könne (ECKARDT 1875).[17] Die Fragestellung verlagerte sich von den Problemen des Handarbeits-Unterrichts (SCHALLENFELDT 1861) zur Frage nach dem Verhältnis von Berufsausbildung und Allgemeinbildung und deren Verzahnung über Lehrwerkstätten (BÜCHER 1879, S. 35 ff., 55 ff.), so daß der Arbeitsunterricht als allgemeines Unterrichtsprinzip erscheinen konnte.[18] Versuche der Verbindung von „Arbeitsschule" und „Lernschule" gab es vor allem in Umkreis der Fröbelpädagogik, deren praktischer Ansatz 1876 so beschrieben wurde, daß mühelos die Projektmethode und der „Epochenunterricht" zu erkennen sind (HANSCHMANN 1876, S. 276 ff.), die also keineswegs erst in den Arbeitsschulmodellen der Reformpädagogik auftauchen.

Das Grundprinzip dieser Ansätze ist einfach, aber umwerfend für die institutionelle Gestalt der Schule im 19. Jahrhundert: Der Unterricht wird nicht länger nach Fächern getrennt und vom abstrakten Wissen her entworfen, sondern auf konkrete, praktische Probleme bezogen, deren Bearbeitung selbsttätig geleistet wird. Aus dieser „lernenden Arbeit" ergeben sich Einsichten und Fragen, die sich auf bestimmte Wissensgebiete beziehen lassen, ohne daß deren Struktur die Façon des Unterrichts bestimmen darf. Das Wissen wird nicht nach einem Lehrplan gelernt, sondern im Vollzuge praktischer Tätigkeiten erarbeitet (SCHWAB 1873a, S. 19 ff.). Auf diese Weise stellt sich eine ganz andere Motivation der Schule gegenüber ein, weil sie sich als unmittelbar lebensdienlich erweisen kann.

Damit läßt sich auch eine Kritik entschärfen, die den Arbeitsunterricht als „unpädagogisch" hingestellt hatte. Schon 1847 hatte etwa HEINRICH GRÄFE darauf verwiesen, daß *Lernen* und nicht Arbeit der Hauptinhalt der Schule sein müsse (Lernen *ist* die „Arbeit" der Jugend: GRÄFE 1847, Bd. 1/S. 627) und dieser Einwand ist immer wieder erhoben worden (vgl. nur: „Die Schulwerkstätten" 1881), ohne doch das Argument der Tradition, produktive Tätigkeit *erzieht,* entkräften zu können. Die *Verbindung* wurde gesucht, nämlich wie Schule und Arbeit so verkoppelt werden können, daß das Lernprinzip der Schule gewahrt bleibt und zugleich das abstrakte Prinzip der Unterrichtsmethode korrigiert werden kann. Dieser Diskussion entspricht eine Praxis, in der Konzepte des Handfertigkeitsunterrichts, der Schulwerkstätten und nicht zuletzt der Schulgärten, die als besonders wichtig galten für das, was dann später Projektunterricht heißen sollte[19], ausprobiert wurden (vgl. nur WIESSNER 1889). Zumal in der zweiten Hälfte des 19. Jahrhunderts sind an vielen Stellen Versuche unternommen worden, das expandierende Schulsystem auf jene Prinzipien der Reform einzustellen, die die pädagogische Reflexion der Lehrerschaft auf PESTALOZZI und FRÖBEL zurückführte und wachhielt.

Ein ähnlicher Befund gilt für die *„ästhetische Bildung",* deren Reorganisation längst vor der „Kunsterziehungsbewegung" gefordert wurde (RICHTER 1909, S. 22; LANGE 1893, S. 179). Der Hauptkritikpunkt war wiederum, daß der Schule zwar die Bildung *„aller* Interessen" der Schüler obliege, sie aber die ästhetische Bildung sträflich vernachlässige (MENGE 1879, S. 3). Schon 1848 war die *Schulreform* mit einem neuen Verhältnis von Kunst und Schule begründet worden (STARK 1848) und längst vor 1890 wurden Entwürfe diskutiert, wie das „Ästhetische als Erziehungsmittel und Unterrichtsgegenstand" (MEYER 1868) behandelt werden muß, damit „ganzheitliche“ Ziele der schulischen Bildung Wirklichkeit werden können (HENNIG 1876, S. 5 ff.).

Darin machen sich die Interessen eines randständigen Schulfaches bemerkbar[20], denn mit dem Argument der Ganzheit wird Gleichbehandlung gewünscht, die in der Einseitigkeit des intellektuellen Unterrichts nicht möglich ist. „Wirkliche Bildung ist nur da zu finden, wo die *möglichst vollkommene Harmonie aller menschlichen Kräfte* hergestellt ist“ (MEYER 1873, S. 8). Zugleich liegt darin aber auch Schulkritik: „Nur der künstlerische Gedanke... ist erziehlicher Wirkung fähig, nicht sein Abbild oder die mechanische Fertigkeit, ein solches zu erzeugen“ (ebd., S. 70/71). Diese These läßt sich gegen den autoritären Zeichenunterricht wenden und damit auf die entscheidende *methodische* Frage führen, ob der Zeichenunterricht eher technisch (geometrisch) oder eher künstlerisch ausgerichtet werden solle (STEIGL 1886). Die Kritik am geometrischen Schulzeichnen vor allem stimulierte die Bewegung der Kunsterzieher, die sich 1901 auf ihrem ersten Kongreß in Dresden konstituierten. Aber diese Kritik hatte GEORG HIRTH schon 1887 geäußert und sie läßt sich in der Tendenz noch weiter zurückverfolgen (etwa auf HILLEBRAND 1874). Neu ist freilich, daß die Kunsterziehungsbewegung dieses Reformmotiv mit einer Psychologie des Kindes verknüpfte, die wesentlich nur noch die Kreativität betont und auf Formungsabsichten verzichtet, welche zuvor auch in den „künstlerischen“ Positionen des Zeichenunterrichts vertreten worden sind (MEYER 1873, S. 153 ff.).

Diese „reformpädagogische“ Psychologie hat freilich auch ihre Tradition. Ein starker Ausgangspunkt ist FRIEDRICH FRÖBELS romantische Theorie des kleinen Kindes gewesen, die es erlaubte, von „hoher angestrengter Geistesthätigkeit“ zu sprechen und in stark mythisierender Weise die „Ahnungen und Empfindungen“ des Kindes zu thematisieren (FRÖBEL 1863, S. 388, 385). Das romantische Bild verschwindet nie ganz (vgl. GOLTZ 1847/1908) und es ist auch die Grundlage für die reformpädagogische Diskussion, obgleich hier ganz andere Theorien der kindlichen Phantasie und des Erlebens zum Tragen kommen. Oft sind diese Theorien der Erwachsenenpsychologie entnommen, aber auch, wo das nicht der Fall gewesen ist, wird ein *Bild* des Kindes vorausgesetzt, das nicht einfach der empirischen Forschung entstammt. Im Blick auf die Reformpädagogik muß immer die relative Distanz zur Erziehungs*theorie* mitbedacht werden, die durch Romantisierungen oder gar Mythenbildungen überbrückt wird. In einem Fröbel-inspirierten Buch mit dem Titel „Der Kinder-Advokat“ findet sich 1866 der Satz: „Die humansten Theorien verhalten sich zur mütterlichen Praxis, wie menschliche Berechnung zu göttlicher Inspiration“ (Der Kinder-Advokat 1866, S. 10).

Weit mehr Kontinuität als Diskontinuität muß schließlich auch für die beiden letzten Hauptmotive der „Reformpädagogik“ der Jahrhundertwende angenommen werden, nämlich die Erziehung des Körpers und die innere Schulreform. Daß es um *Reform* gehen soll, ist in beiden Fällen von Anfang an sichtbar, wenngleich in unterschiedlicher Gewichtung. Körpererziehung sollte vor allem durch *Turnkunst* erreicht werden, die FRIEDRICH LUDWIG JAHN zur nationalpädagogischen Reform der Schule einsetzen wollte. Wiederum war das Hauptmotiv eines der ganzheitlichen Bildung: „Die Turnkunst soll die verloren gegangene Gleichmäßigkeit der menschlichen Bildung wiederherstellen, der bloß einseitigen Vergeistigung die wahre Leibhaftigkeit zuordnen, der Überfeinerung . . . das notwendige Gegengewicht geben und im jugendlichen Zusammenleben den ganzen Menschen umfassen und ergreifen" (JAHN WW II/S. 110).

Turnen wurde als vollwertiger Teil der Bildung definiert (PASSOW 1818, S. 88 ff.), solange nur die „körperliche Ausbildung eine rein menschliche bleibt" (ebd., S. 111). Damit war ein ähnliches Problem wie bei der Diskussion der Arbeitsschule gegeben, denn auch hier sollte die pädagogische (ganzheitliche) Gestaltung des Lernens im Mittelpunkt stehen, also die Einseitigkeit rein physischen Trainings vermieden werden. Freilich überwog schon in den frühen Reformansätzen am Anfang des 19. Jahrhunderts die nationalpolitische Bedeutung (ebd., S. 133 ff.), die das Turnen in den *„Dienst des Vaterlandes"* stellte (KLUMPP 1842) und damit die pädagogische Reform politisch instrumentalisierte, ein Grundzug, der bis 1914 aber keineswegs verloren ging. Die Militarisierung des Körpers im 19. Jahrhundert hat hier ebenso einen ihrer Ursprünge wie bestimmte Emanzipationsbestrebungen, etwa in den Lebensreformbewegungen am Jahrhundertende. Wichtig für unser Problem ist aber, daß die pädagogische Idee der *Ganzheit* sich nicht nur auf Arbeit und Kunst, sondern gleichermaßen auf körperliche Erziehung richtete und immer wieder zu Postulaten Anlaß gab, die die Einseitigkeit der schulischen Ausbildung kritisierten und die Harmonie aller Kräfte und Anlagen verlangten. Die Reformdiskussion am Ende des 19. Jahrhunderts machte sich jedenfalls JAHNS Ideen zu eigen (EULER 1891), die immer wieder zur Kritik der Schule und des konventionellen Turnunterrichts eingesetzt wurden. Die Grundforderung einer *pädagogischen* Gymnastik, die HUGO ROTHSTEIN 1857 formulierte, hatte sich nach 1890 keineswegs überlebt, denn auch die neuen Bewegungen verstanden darunter die „Kunst", „die menschlichen Leibesbewegungen in ihrer Bedeutung für die allseitige und harmonische Ausbildung des Menschen zu begreifen" (ROTHSTEIN 1857, S. 1).

Es lag nahe, die Idee der freien Leibesübungen mit Schülerreisen und Wanderungen zu verbinden (BACH 1877/1885), weil beides „ganzheitlich" erscheinen konnte und zudem als Alternative zur bewegungsarmen Schulerfahrung einen besonderen erzieherischen Effekt versprach. *Fußreisen* sind schon Mitte des Jahrhunderts pädagogisches Thema (BAUR 1860) und die Entwicklung der Wanderbewegung, dokumentiert etwa in WILHELM HEINRICH RIEHLS „Wanderbuch" aus dem Jahre 1869, förderte die Pädagogisierung und zugleich die zunehmende Großstadtfeindschaft (im Blick auf RIEHL vgl. BERGMANN 1970, S. 38 ff.). Es ist dann nur konsequent, wenn sich auch Schulen dieser Erfahrungsdimension annehmen, schon um die Folgen der Verstädterung zu kompensieren. Sie sollen, schrieb THEODOR BACH fünfzehn Jahre vor Gründung des „Wandervogel", der „jugendlichen Wanderlust" „Inhalt und Richtung" geben, schreiben jedoch keine „Verordnung von oben" vor (BACH 1885, S. 192 f.). Diese Absicht ließ sich psychologisch begründen und mit der herbartianischen Schulpädagogik zusammenbringen (LOMBERG 1887), ohne hier eine Diskrepanz zu registrieren.

*Innere Schulreform,* schließlich, war im 19. Jahrhundert vor allem die Reform der Unterrichtsmethode, versteht man darunter ein umfassendes Arrangement des Lernens, das der Lehrer kontrolliert und das doch der Psychologie des Schülers gemäß eingerichtet ist. Hier führt eine direkte Linie von der Methode PESTALOZZIS auf die Diskussion noch am Ende des 19. Jahrhunderts, die fast stillschweigend in „Reformpädagogik" übergeht. Zentral ist hier wie da die Frage des Anschauungsunterrichts, der vor allem in der intensiven Auseinandersetzung der Fachdidaktiken das Reformprinzip schlechthin war, weil, wie ein Methodiker des Rechenunterrichts schrieb, die Anschauung das „Fundament allen Denkens und Wissens" darstelle und darum der „Ausgangs- und Mittelpunkt allen Unterrichtens" sein müsse (JÄNICKE 1888, S. 124). Und die Einsicht, Schüler nicht mit abstraktem, „äußeren" Wissen oder mit einer „trockenen" Sprache zu „martern", sondern sie statt dessen „mit dem *Leben* in der Natur ... bekannt zu machen" (HELM 1888, S. 170), nimmt bis in die Details die reformpädagogische Unterrichtskritik vorweg.

Gegenüber dieser klaren Kontinuität in methodischen Fragen scheint es eine Diskontinuität in der Entwicklung des Schullebens, der Lehrerrolle und der Auffassung des Schülers gegeben zu haben. Experimente außerhalb der Staatsschule waren selten und alternative Schulmodelle wurden erst nach 1890 registriert.[21] Doch auch dieser Eindruck trügt; er ist stark abhängig von der Entwicklung in Preußen und berücksichtigt auch hier nicht, welche differenzierte Schullandschaft *vor* der Verstaatlichung bestanden hat. Die Vereinheitlichung von oben löste ja Verhältnisse auf, die an anderer Stelle weiterbestanden. Hier gibt es durchaus Versuche mit alternativen Schulen, etwa die Schule von FRANÇOIS NAVILLE, über die ADOLPHE FERRIÈRE 1907 berichtete. FERRIÈRE stellte diese Schule in den Kontext der Diskussion um die neuen „Landerziehungsheime" (FERRIÈRE 1907, S. 262) und beschrieb die „Ecole Naville" in Vernier bei Genf als liberales Philanthropin, das dem selbsttätigen Lernen verschrieben war, sich um die körperliche Erziehung bemühte und zugleich im Spiel ein zentrales Prinzip der neuen Pädagogik sah (ebd., S. 264). NAVILLE selbst hat 1845 seine Erfahrungen publiziert und sich in diesem *mémoire explicatif* auch zur Unterrichtsmethode geäußert. Grundlegend sei *„le principe intellectuel"* für die Subordination des Gedächtnisses unter die Intelligenz des Kindes (NAVILLE 1845, S. 8 f.). Das verlangt dann aber eine starke innere Differenzierung und die Aufhebung des Fachprinzips,

„qui est en opposition avec la nature des choses, puisqu'il suppose que toutes les intelligences doivent marcher du même pas“ (ebd., S. 9).

In dieser Absage an den mechanischen Unterricht und den Schüler der Routine (ebd., S. 10) sah FERRIÈRE nicht zu Unrecht eine Antizipation der psychologischen Schule vom Kinde aus (FERRIÈRE 1907, S. 267 f.). Der Unterricht wird individuiert und folgt auf diese Weise der Entwicklung des Kindes (ebd., S. 268); NAVILLE ordnete die Studien nach didaktischen, aber fächerübergreifenden Prinzipien an *(gradation, synthèse, harmonie:* NAVILLE 1845, S. 13 ff.). Genau darum wird eine bessere Vorbereitung auf das Leben erreicht (ebd., S. 10 f., 14 f.; FERRIÈRE 1907, S. 268), das multiple Dispositionen verlangt und nicht nach dem Fächerkanon der Schule arrangiert ist. Gemäß dieser Einsicht hatte NAVILLE schon 1832 einen umfassenden Schulplan für die fortschrittliche Zivilisation publiziert (NAVILLE 1832, S. 126 ff.), in dem eine „heureuse unité“ der häuslichen und der öffentlichen Erziehung verlangt wurde. Daraus resultierten hohe Anforderungen an die Reform der Schule. Die Unterrichtsmethode etwa sollte von der Eigentätigkeit und Anschauung des Schülers her begriffen werden (ebd., S. 179 ff.) und das Schulsystem insgesamt den differenzierten Bedürfnissen der Gesellschaft entsprechen (ebd., S. 158 ff.).

NAVILLE sprach sich auch für eine schulnahe Lehrerausbildung aus (ebd., S. 211 ff.) und optierte für eine Mischung von kommunaler und zentraler Schulaufsicht (ebd., S. 218 ff.), ähnlich wie FRIEDRICH WILHELM DÖRPFELD mit dem Konzept der „Schulgemeinde“ (DÖRPFELD 1863, S. 84 ff., 92 ff.). Nur so könne es gelingen, „la culture d'un terrain“ (NAVILLE 1832, S. 216) pädagogisch sinnvoll zu bearbeiten. Dabei wird auch das kindliche Spiel als Existential anerkannt (ebd., S. 113 ff.), ohne einer radikal *„freien Ordnung“,* wie TOLSTOI in „Jasnaja Poljana“, das Wort zu reden (TOLSTOI 1980, S. 26). Aus einer liberalen Auffassung der Erziehung läßt sich nicht einfach ein Schulmodell deduzieren, so daß Prinzipien zum Tragen kommen, die sich auch in weniger liberalen Entwürfen finden lassen. Man kann das Problem der Schulreform nicht einfach politisch sortieren, und das steigert die Schwierigkeit, denn politisch sehr unterschiedliche Schulmodelle werden pädagogisch sehr ähnlich gedacht und realisiert. Auch in TOLSTOIS berühmtem Versuch geht es um die Aufhebung der mechanischen Methode (ebd., S. 54 ff.), anschaulichen Unterricht (ebd., S. 78 ff. u. pass.) und eine ganzheitliche Schulerfahrung, die großen Wert legt auf die künstlerische Betätigung (ebd., S. 134 ff.). Ein wesentliches Prinzip ist auch der Respekt vor den Erfahrungen der Kinder und die Kenntnis ihrer Lebenswelt (ebd., S. 103 f.). Und daraus folgt eine Quintessenz, die auch in ganz anderen Lagern unterschrieben worden wäre: „Die Pädagogik ist die Probe auf sehr viele Lebenserscheinungen und gesellschaftliche und abstrakte Fragen“ (ebd., S. 105).

Die Kontinuität ist also groß, mindestens in der *Motivlage* der Lehrer und ihrer publizierenden Elite, aber auch im Blick auf die vorgeschlagenen

*Alternativen* zur jeweils schlechten Gegenwart von Schule und Erziehung. Immer wieder kommen nur bestimmte Konzepte ins Blickfeld (und keine anderen): *Ganzheit* und *Vollkommenheit* aller Kräfte und Anlagen des Kindes, *Arbeit* und *Kunst* als neue Mittel der schulischen Bildung, Harmonie von *Körper* und *Geist, Anschauung* als Grundlage der Methode, Schule als *Schulgemeinde* und *Lebensform.* Schließlich ist auch die pädagogische Stilisierung des *Kindes,* seiner Kreativität und der Magie seines Spiels, längst formuliert, bevor die „Pädagogik vom Kinde aus" zu einer öffentlichkeitswirksamen Kraft wird. An alle diese Vorgaben, nicht zuletzt an die Mythisierung des Kindes, knüpfte die vielfältige Reformdiskussion nach 1890 an, ohne sich dieser erstaunlichen Kontinuität wirklich bewußt zu werden. Das gilt auch für ihr politisches Selbstverständnis, das sich zwar mit dem Lebensgefühl einer jungen Generation vermischt, jedoch nicht einfach in der „Kulturkritik" der Gründerjahre entstanden ist.

## 2.3. Kulturkritik, Dekadenz und Pädagogik

In den Lehrbüchern der Reformpädagogik herrscht Konsens darüber, daß die „Kulturkritik" der achtziger Jahre Stimulus und ideologisches Movens der pädagogischen Bewegungen gewesen sei (NOHL 1970, S. 7 ff.; FLITNER/KUDRITZKY 1967, Teil I; SCHEIBE 1971, S. 5-23; RÖHRS 1983, S. 20 ff.). Konsens besteht auch darüber, daß unter „Kulturkritik" ein Triumvirat dreier Autoren zu verstehen sei, nämlich FRIEDRICH NIETZSCHE, PAUL DE LAGARDE und JULIUS LANGBEHN, höchst unterschiedliche Geister, die kaum übereinstimmende Meinungen vertreten haben, doch in ihrem Protest gegen die staatliche Schule zusammenzustimmen schienen. Dies wird im wesentlichen an drei Schriften abgelesen: NIETZSCHES „Vom Nutzen und Nachteil der Historie für das Leben", seiner zweiten unzeitgemäßen Betrachtung aus dem Jahre 1874, LAGARDES „Deutsche Schriften" aus dem Jahre 1878 und LANGBEHNS anonym veröffentlichte Kampfschrift „Rembrandt als Erzieher", die 1890 erschien und zu einem vielzitierten Bestseller wurde.

Warum mit diesen drei sehr differenten Schriften „Kulturkritik" assoziiert werden kann, ist *apriori* nicht einleuchtend, denn die Rezeption NIETZSCHES, die tatsächlich zu einer Art kritischer Dekadenz in bestimmten Zirkeln führte, verläuft nicht primär über die Kritik der historischen Bildung, sondern über die polemische Denkfigur des „Übermenschen", LAGARDES „Deutsche Schriften" enthalten zwar eine scharfe Schulkritik, aber gewiß nicht in „kulturkritischer" Absicht, und „Rembrandt als Erzieher" mag man eine „Kulturkritik" nennen, aber eine, die als Bekennerschrift höchstens für die Stichworte eines Protestverhaltens sorgen, nicht aber eine Theorie der Kritik begründen konnte.

NIETZSCHES Kritik der *„Verminderung der Bildung"* durch zunehmende Institutionalisierung (S.W. 1/S. 669) könnte einen gemeinsamen Nenner dieser „Kulturkritik" abgeben, denn auch LAGARDE kritisierte den Verfall der Gymnasien und den verfehlten Versuch, Bildung durch Unterrichtsgesetze regeln zu wollen (LAGARDE 1934, S. 197 ff.) und LANGBEHN polemisierte gegen das „todte Wissen" der Schulbildung, das nicht in die Tiefe, sondern in die „Trivialität" führte, weil es nur mit einer „auf Tagesereignisse und Tagesinteressen gerichteten Gesinnung" verbunden werde (Rembrandt 1909, S. 114). Aber das wäre dann Schul- und nicht Kulturkritik, versteht man unter „Kulturkritik" das, was etwa MAX NORDAU 1892 *Entartung* nannte, also Dekadenzerscheinungen als Symptom für eine ermüdete Gesellschaft (NORDAU 1892, S. 64 f.). Gemeint ist die zeitgenössische Avantgarde der Kunst und Literatur, die NORDAU als Krankheitssymptom und Verfall liest und zu der vor allem auch NIETZSCHE gerechnet wird (NORDAU 1893, S. 273-357). Von einer solchen Avantgarde sind LAGARDE und LANGBEHN gleichermaßen weit entfernt, LAGARDE als Ideologie des aggressiven Nationalismus (1934, S. 143 ff. u. pass.) und LANGBEHN als Adept einer Blut-und-Boden-Ästhetik mit deutlich antisemitischen Untertönen (Rembrandt 1909, S. 300 ff. u. pass.).

Die pädagogische Rezeption derartiger Positionen bezieht sich nicht einfach nur auf die Kritik der Bildungsanstalten, wobei ganz fraglich ist, ob FRIEDRICH NIETZSCHES zweite unzeitgemäße Betrachtung selbst für diesen Zusammenhang von herausragender Bedeutung gewesen ist.[22] Die Schulkritik bedurfte nicht des Anstoßes durch diese erst sehr spät wahrgenommene Schrift, sondern ist als Denkmodell und rhetorische Figur längst vorhanden, bevor irgendein Bezug auf NIETZSCHE, LANGBEHN oder LAGARDE einsetzte. Das gilt gerade auch für die *nationalpolitische* Zuspitzung dieser Kritik, die von den Ansätzen bürgerlicher Nationalbildung Anfang des 19. Jahrhunderts bis zu LAGARDES These, der einzelne müsse so erzogen werden, daß er sich „in steter Wechselwirkung mit der Gesamtheit seiner Nation" zeigen kann (LAGARDE 1934, S. 220), stets Konjunktur hatte. Und pädagogisch erinnerte LAGARDE, nur mit größerer Wirkung in der Öffentlichkeit, an Selbstverständlichkeiten der Kritik, wenn er schulisches Lernen mit der „Liebe der Kinder zu ihren Lehrern" verbunden sehen will (ebd., S. 186 f.), den konventionellen schulischen Unterricht zu unterscheiden weiß von der Erziehung durch das Leben (ebd., S. 198 f.), schließlich gegen den Bildungskanon argumentiert und die Schule der Zukunft von nützlichen Zielen her definiert (ebd., S. 208 ff.).

Nicht Gelehrte sollen die Schule verlassen, sondern „das Leben richtig anfassende Menschen" (ebd., S. 209), doch das war schon bei PESTALOZZI und vielen anderen Reformern des 19. Jahrhunderts zu lesen gewesen, nur daß in den achtziger Jahren ein anderer politischer Ton angeschlagen werden konnte, der aggressiv das „alte Deutschland" einklagte, um – larmoyant formuliert – zur „germanischen Naturanlage" zurückzufinden (ebd., S. 274 ff.). Dies wäre als „Kulturkritik" ein Mißverständnis, denn gemeint ist nicht einfach der Zustand von Literatur und Kunst (das auch: ebd., S. 275 f.), sondern die Kritik richtet sich gegen die Modernisierungstrends des 18. und 19. Jahrhunderts, die als Verrat am Ideal der nationalen Gemeinschaft gedeutet werden (ebd., S. 279 f.). Die „undeutsch beeinflußte Zeit" soll überwunden werden zugunsten eines „echt" deutschen „Bundes" (ebd., S. 280) und das kommt einem Weg zur Religion gleich (ebd., S. 281), der durch individuelle Bildung erreicht werden soll.

Die „freie Persönlichkeit" (ebd., S. 282) soll die Moderne, die liberalen Prinzipien, *überwinden* (ebd., S. 283), indem und soweit sie sich auf die Einheit mit dem ursprünglichen Volk zurückbesinnt und die künstliche Überbildung aufgibt. Die Kritik gilt also dem Typus des „Gelehrten". Ihn aufzugeben als Ziel der Bildung, bedeutet erkennen zu können, daß „durch fortwährende Vergrößerung des Kreises jener falschen Bildung" „nur das

Unglück des Vaterlandes" vergrößert und „seine Heilung" erschwert werden (ebd., S. 284). FRIEDRICH NIETZSCHE hat sich so ähnlich geäußert und doch ganz anders: Die „moderne Bildung" ist keine wirkliche Bildung, sondern *Wissen*. Das, was wirklich zum Motiv des Lebens und zur Tat wird, „bedeutet dann oft nicht viel mehr als eine gleichgültige Convention, eine klägliche Nachahmung oder selbst eine rohe Fratze" (S.W. 1/S. 273).

Auch LAGARDE (1934, S. 280) sprach von der Bildung der „Originalität", doch gerade in Gegensatz zu jenem ästhetischen Bildungsbegriff, von dem NIETZSCHE seine Kritik herleitete. LANGBEHN auf der anderen Seite, sieht „wahrhafte Bildung" wohl in Zusammenhang mit Kunst (Rembrandt 1909, S. 56), doch bezogen auf „volkstümliches Denken" (ebd., S. 58 ff.) und „nationale Bildung" (ebd., S. 69). Der Begriff „Volk" wird mit einer sentimentalen Seelenpsychologie gedacht, so daß es dann programmatisch heißen kann: „Das tiefste Innere des Volkes ist Poesie; eine Philosophie . . ., die ihm gehören soll, müßte zu seinem tiefsten Innern sprechen" (ebd., S. 59). So geht es um deutsche Philosophie und „deutsche Wissenschaft", die über eine volkstümliche Unmittelbarkeit (Ganzheit) das Spezialistentum überwinden und zum „Volkscharakter" zurückfinden soll (ebd., S. 62 ff., 77). Das „todte Wissen" soll „zu lebendigem Schauen" werden, was soviel bedeutet wie eine Versöhnung des Objektivitätsgebotes der Wissenschaft mit der ästhetischen Sinnlichkeit der Kunst zum nationalen Zweck: „In der Kunst ist Individualität der Leistung das oberste aller Gebote; warum sollte sie es nicht auch in der Wissenschaft sein, soweit künstlerische Tendenzen in ihr zur Geltung kommen? Das würde eine echt germanische Entwicklung der Wissenschaft sein" (ebd., S. 98).[23]

Der „Zug nach Selbständigkeit und Freiheit, der das ganze germanische Leben durchdringt", ist freilich schon vorher von Pädagogen benutzt worden, um die Aufgaben „nationaler Erziehung" neu zu bestimmen, besonders im Blick auf die „Erweckung, Belebung und Leitung des Nationalgefühls" (MEYER 1879, S. 26, 18; im Text gesperrt). „Nationale Pädagogik" (SACHSE 1887) und die „Erziehung zur Vaterlandsliebe" (MÜNCH 1887) sind aber nicht erst seit der Reichsgründung 1871 angesagt. Vielmehr zieht sich eine Linie von den Begründungen der „Nationalbildung" im frühen 19. Jahrhundert über FRÖBELS „allgemeinen deutschen Kindergarten" und DIESTERWEGS Ableitung „deutscher Nationalerziehung" aus dem „Prinzip des germanischen Lebens" (1854) bis auf die Linie der „Kulturkritiker" LAGARDE und LANGBEHN, nur daß damit ständig steigende *imperiale* Ansprüche und zugleich eine nationalistische Verengung verbunden waren. Die Denkfigur aber wechselte nicht, es sollte *immer mehr* darum gehen, mit der richtigen Erziehung die „eigentümliche Natur" der Nation zu befördern (JACHMANN 1812, S. 411) und in diesem Sinne *volkstümlich* zu sein.

Natürlich wechselt auch hier der Theorierahmen, etwa von JACHMANN, der von der idealistischen Vernunft ausgeht und die „unendliche

Perfectibilität" der Nation an den Fortschritt der Menschheit bindet (ebd., S. 427 f.), zum späten DIESTERWEG, der die *„freie Selbstbestimmung"* aus dem „germanischen Wesen" ableitete und somit gerade die liberale als die *„volkstümliche"* Erziehung begründen wollte (S.W. 1.Abt./Bd. XI, S. 82, 94 ff., 106); aber die Grundidee, die Nationalität sei „Gegenstand der *Nationalbildung"* (JACHMANN 1812, S. 419) und an diesem Gegenstand sei die individuelle Bildung auszurichten, wechselte nicht. Staatliche Konzepte der Volksbildung (DAHLMANN 1838) und liberale Aufrufe zur Umgestaltung des Erziehungssystems (KAPP 1848) stehen damit nicht in Widerspruch. Auch hier geht es um nationale Identität (ebd., S. 9) und die Nützlichkeit der Bildung für das „Volk" (DAHLMANN 1838, S. 34). Selbst die liberalen Schriften nach 1848 (bemerkenswert etwa BÜNGER 1869) nehmen die Volksaufklärung (ebd., S. 69 ff.) nicht etwa kosmopolitisch zurück.

In diesem Rahmen ist dann auch *Schulkritik* möglich, die nicht hinter dem zurücksteht, was etwa LAGARDE oder LANGBEHN geäußert haben. So schrieb JENS CHRISTENSEN 1884 unter dem Titel „Der moderne Bildungsschwindel": „Man pfuscht in der modernen Schule in allen möglichen Wissenschaften herum, gibt der Sache einen möglichst gelehrten Anstrich und lernt in den 9 bis 10 Jahren mit aller Anstrengung gerade so viel, als man in den folgenden Dezennien ohne nennenswerten Kraftaufwand vergessen kann" (CHRISTENSEN 1889, S. 10). Die Schule erzieht die Kinder nicht „zum Weiterstreben", sondern macht sie, unabsichtlich doch systematisch, zu „eingebildeten, verlogenen Flachköpfen" (ebd., S. 17). Auch hier gibt es Kontinuitätslinien, die bis auf HUGO GÖRINGS „neue deutsche Schule" reichen, in der Schulkritik und nationale Schulreform versöhnt werden sollten. GÖRING hatte 1887 das Konzept einer „deutschen Schule" vorgestellt, in dem sehr vieles antizipiert wird, was späteren Reformdiskussionen vorbehalten zu sein schien. Es geht um eine „Bildungsanstalt für die vielfältigen Aufgaben des Volkes" (GÖRING 1890, S. 45), die *nicht* „Spezialwissen und Gelehrsamkeit" in den Mittelpunkt stellt (ebd.), sondern vom Gedanken der kindlichen Entwicklung ausgeht. Die „kindliche Geisteskraft" soll so erzogen werden, daß den „Gefahren" vorgebeugt wird, „denen das heutige Geschlecht durch einseitige Pflege des Erwerbstriebes und des Wissens bis zur Entartung des sittlichen Lebens und bis zur Zersetzung des religiösen Ideals verfallen ist" (ebd., S. 11).

Dieses Schulmodell, 1883 das erste Mal öffentlich vorgetragen (ebd., S. XI), reagierte mithin auf Dekadenzerscheinungen, denen in einem abgegrenzten pädagogischen Schonraum entgegengewirkt werden sollte. Von „Kulturkritik" ist hier nichts zu spüren, wohl aber von einem nationalen Aufbauwillen: „Die Begründung der politischen Macht . . . mußte erst erreicht sein, ehe man an den Ausbau einer Erziehungsreform gehen konnte" (ebd., S. 5). Die Richtung dieser Reform antizipiert das, was HERMANN LIETZ später die „Landerziehungsheime" nennen sollte.[24] Dabei kommt ein altes Konzept zur Anwendung, nämlich die Erziehung auf dem Lande, fernab der Großstadt und also geschützt vor den Veränderungen der modernen Kultur (ebd., S. 12 f.). Entsprechend sind die allgemeinen Zielsetzungen: „Die ‚Deutsche Schule' strebt vor allem darnach, *religiöse Gesinnung, strenges Pflichtgefühl, Wahrhaftigkeit* und *Vaterlandsliebe* zu pflegen" (ebd., S. 15). Dies aber soll in pädagogisch liberalem Geiste geschehen, in einer Schule ohne Hausaufgaben, ohne Zensuren[25], ohne öffentliche Prüfungen, dafür mit *„täglich neuen Anforderungen an den praktischen Willen des Kindes"* (ebd., S. 13 ff.).

GÖRING betonte selber, daß dieses Konzept nicht neu sei und sich sehr stark an den Erfahrungen der Philanthropen orientiere (ebd., S. 46 ff.). Wichtig ist an dieser Stelle, daß eine Synthese von Schulreform und nationalpolitischer Zielsetzung angestrebt wurde und daß diese Synthese gegen soziale *Verfallserscheinungen* eingesetzt werden sollte, eine idiosynkratische Option, die sich an vielen Stellen der späteren reformpädagogischen Literatur finden wird. GÖRING machte daraus einen politischen Kampf zur Beeinflussung der Öffentlichkeit, der im Vorfeld der Kaiserrede von 1890 die Dispositionen zur Reform herausbilden sollte. Dies geschah aber ohne Rückgriff auf „Kulturkritik"; vielmehr verbündete sich GÖRING mit den reformwilligen Teilen des Establishments, vor allem aber mit anderen Schulkritikern wie WILLIAM PREYER und gründete eine eigene Zeitschrift und einen Verein „Die Neue Deutsche Schule", mit denen propagiert wurde, daß die „Neue Deutsche Schule" als die *Staatsschule* der Zukunft entwickelt werden solle (ebd., S. 169 ff.).

Interessant ist nun, daß bei dieser Übertragung auf das öffentliche Schulwesen keine Rede ist vom Problem ästhetischer Dekadenz, sondern von einem „wichtigen Factor in der *Socialreform"*, der „der Socialdemokratie und jeder Umsturzrichtung" den Boden entziehen und zur Entwicklung des „Staates zu einem erstrebenswerten Militärstaat" beitragen soll (ebd., S. 174). Die Idee ist zwischen HERMANN LIETZ und BERTHOLD OTTO häufig diskutiert worden und macht verständlich, daß Schulreform eine nationalpolitische Spitze haben konnte, die liberale Erziehungsideen mit einem autoritären Staatsverständnis verband. Die notenfreie und prüfungslose „neue Schule" „muß von Kindheit an den Menschen mit dem Bewußtsein erfüllen, daß man nicht für sich, sondern *für das Ganze lebt"* (ebd., S. 176). Das Ganze wird aber definiert durch den *„Militärgeist,* durch welchen allein Deutschland groß geworden ist" (ebd.).

Gerade die Reformschule braucht *Moral,* nicht Moral*kritik,* und die Moral wird stabilisiert mit nationalkonservativen Leitideen, die fernab von dem liegen, was NIETZSCHE unter „Moral" verstand, nämlich eine Institution, die *nur* kritisierbar, aber nicht pädagogisierbar ist. „Das wesentliche und unschätzbare an jeder Moral ist, daß sie ein langer Zwang ist" (S.W. 5/ S.108). Die Erziehung trägt, unwillkürlich aber wirksam, dazu bei (ebd., S. 116), denn sie vor allem erzeugt das Syndrom „Moral als Furchtsamkeit“ (ebd., S. 117). Die erzieherischen Instanzen – „Eltern, Lehrer, Gesetze, Standesvorurtheile, öffentliche Meinungen“ – gebieten über das „du sollst“ (ebd., S. 119), also die Bildung des *„formalen Gewissens“* (ebd.), das die Handlungen unter einen abstrakten Gehorsam stellt, der als innere Instanz automatisiert worden ist und dabei Furcht voraussetzt. Das setzt jeder Erziehungsreform Grenzen, soweit sie auf Moral verwiesen ist: „Gesetzt, man könnte überhaupt die Gefahr, den Grund zum Fürchten, abschaffen, so hätte man diese Moral mit abgeschafft“ (ebd., S. 123).

Mit dieser Kritik ist ein starkes Ressentiment gegen die europäische *„Heerdenthier-Moral“* verbunden, das mit der christlichen Tradition ebenso wie mit der demokratischen Bewegung seit der Aufklärung abrechnet. Alle diese Bewegungen dienen nur einem Zweck, nämlich dem Agieren einer „gründlichen und instinktiven Feindseligkeit gegen jede andre Gesellschafts-Form als die der *autonomen* Herde“ (ebd., S. 124/125). Gerade darin, in den höchsten Zielen der Moral, liegt Dekadenz, weil eine solche Moral nur nivellieren kann. Und diese Vision beschreibt NIETZSCHE als *horror vacui:* „Die *Gesammt-Entartung des Menschen,* hinab bis zu dem, was heute den socialistischen Tölpeln und Flachköpfen als ihr ‚Mensch der Zukunft‘ erscheint, – als ihr Ideal! – diese Entartung und Verkleinerung des Menschen vom vollkommenen Heerdenthiere (oder, wie sie sagen, zum Menschen der ‚freien Gesellschaft‘), diese Verthierung des Menschen zum Zwergthiere der gleichen Rechte und Ansprüche, ist *möglich,* es ist kein Zweifel!“ (ebd., S. 127/128).

Aus diesen und ähnlichen Stellen mag sich der Bezug der „völkischen Bewegung“ auf NIETZSCHE erklären, aber NIETZSCHE war nicht an neuer, gar politischer oder pädagogischer Moral, sondern an deren Abschaffung interessiert, die jede „Bewegung“ treffen würde. In dieser Radikalität ist er von den Pädagogen *nicht* verstanden worden, die angesichts ihrer Theorietradition außerstande sind, das, was NIETZSCHE im Kern wollte, nachzuvollziehen, nämlich „einen Standpunkt jenseits von Gut und Böse“ (S.W. 10/S. 233) einzunehmen. Was NIETZSCHE hier im Winter 1882/83 notierte, nannte er *„Ascetism“* oder den *„Versuch sich von der Moral zu befreien“* (ebd.). Die *Entlarvung* der Moral soll diese aufheben: Es gibt „keine ewige Norm“ und es gibt keine „freien und . . . unegoistischen“ Handlungen. „Das, was *uns* böse gilt . . ., ist eine Bedingung zu existiren . . . Bei der Kritik unserer besten Handlungen finden wir Elemente, die dem Bösen zugehören, ganz nothwendig . . . In *unseren* Schätzungen selber sind eine *Menge* entgegengesetzter moralischer Systeme enthalten. (unsere Urtheile *hinter* den Empfindungen sind widersprechend)“ (ebd., S. 233/234).

Aus dieser psychologischen Dialektik der Moral zieht NIETZSCHE den Schluß: „Es *giebt* zuletzt kein Ziel mehr: die Moral ist nicht *mehr* der Weg zum Himmel: auch nicht mehr zum Himmel auf Erden“ oder zur „Qual der Gewissensbisse“ (ebd., S. 234). Erkennbar wird der Mensch jenseits der Moral, der, wie STIRNER antizipierte, nicht mehr dem allgemein

Guten, sondern nur noch *sich selbst* folgt. Diese skandalöse These machte NIETZSCHE durch eine Kritik des zentralen Begriffs der christlichen Ethik stark, nämlich der *Nächstenliebe:* Der „Nächste an sich" ist „unerkennbar", „nur nach uns zu erschließen, und dies gemäß unsrer Feinheit und Grobheit von Beobachtung" (ebd., S. 241). Das gilt aber für die *Feindes*erklärung gleichermaßen: „Wir bekämpfen in unseren Feinden das *uns* Schädlich-Scheinende: was unserem Wachsthum, unserem Fortleben hinderlich ist . . . wir bekämpfen also *unsre Triebe* des *Mißtrauens,* der *Spannung" (ebd.).* Es gibt daher kein Prinzip der Selbstlosigkeit und somit auch keine moralischen Handlungen. „Es ist jede Moral *unmöglich"* (ebd., S. 244).

Was hier in endlosen Bemerkungen und Aphorismen als Durchbruch eines neuen Denkens vorbereitet wurde, erschien 1886 („Jenseits von Gut und Böse") und 1887 („Zur Genealogie der Moral") als Buch und war damit der Öffentlichkeit zugänglich. Die große, wenngleich oft mißverständliche Rezeption dieser Bücher ging an den Pädagogen vorbei. Die Spuren, die sich finden lassen, können in drei Kategorien unterteilt werden, heftige Abwehr, vor allem wegen des „konsequenten . . . Individualismus" (OTTO 1963, S. 138), eine Übereinstimmung mit dem Künstlerideal des frühen NIETZSCHE (GURLITT 1927, S. 55) und eine assoziative Vereinnahmung für verschiedene pädagogische Zwecke (nicht zuletzt für die neue „ethisch-religiöse Leitlinie unseres Lebens": KLATT 1966, S. 68), ohne dabei auf den Kontext einer radikalen Moralkritik zu achten. Die tatsächlichen Anhänger NIETZSCHES, auf der anderen Seite, waren gerade als Pädagogen zu radikal, um sich wirklich über ihre Zirkel hinaus Gehör zu verschaffen, man denke nur an RUDOLF PANNWITZ' vernichtende Kritik der „moralischen" Pädagogik zugunsten einer Erziehung des Übermenschen (PANNWITZ 1909, S. 10 ff., 137 ff.), die sich „jenseits von Gut und Böse" weiß und genau darum in der Lage ist, „neue Menschen zu schaffen" (ebd., S. 141).

Das war *ohne* die destruktive Moralkritik NIETZSCHES attraktiv, so daß dann auch pädagogische Adaptionen von „Nietzsche als Erzieher" (HAVENSTEIN 1922) versucht wurden. Gerade die Kritik an den pädagogischen *Institutionen* ließ sich mit ästhetischen Visionen einer Neugeburt durch Phantasie und Kunst verbinden und effektiv zur Begründung einer besseren Erziehung einsetzen. Ursprüngliche Individualität (Natur) kann dann *gegen* die Ansprüche staatlicher Erziehung gestellt werden und so die Mechanismen der Schule als ungerechtfertigte Repression erscheinen lassen: „Jene furchtbaren Bollwerke, mit denen sich die staatlichen Organisationen gegen die alten Instinkte der Freiheit schützte – die Strafen gehören vor allem zu diesen Bollwerken – brachten zuwege, daß alle jene Instinkte des wilden, freien, schweifenden Menschen sich rückwärts, sich *gegen den Menschen selbst* wandten" (KAATZ 1892, S. 52). „Mit unserer heutigen Erziehung, mit unseren Lehrern können keine Menschen für eine höhere Kultur herangebildet werden" (ebd., S. 65).

In diesen Zusammenhang der Artikulation von Unbehagen an der rationalistischen Verschulung, der Nivellierung des Genies vorgeworfen wurde, gehört auch „Rembrandt als Erzieher". Aber schon FRANZ OVERBECK beurteilte das Buch als antipodisch zu NIETZSCHE (zit.n. NISSEN 1929, S. 131; vgl. OVERBECK 1906, S. 51), aber nicht, wie LANGBEHN selbst meinte, aus physiognomischen oder stilistischen Gründen (NISSEN 1929, S. 131), sondern weil die radikale Moralkritik in „Rembrandt als Erzieher" gar nicht auftaucht. LANGBEHN hat NIETZSCHE später als „Don Quichotte und *diable boiteux* in einer Person" bezeichnet, grazil und doch verdorben, interessant aber als Ansatzpunkt für eine neue Moral, auf die NIETZSCHE selbst nicht kommen konnte: „Nietzsches Philosophie, so verderblich sie ist, durchbricht etwas das herrschende Heuchelsystem" (ebd., S. 132/133). In ihrer schroffen Leugnung eines positiven Sinnes der Moral ist sie aber nicht akzeptabel.[26]

Die große Debatte über „Rembrandt als Erzieher" – es gibt allein über 20 Gegenschriften, die mit dem Titel spielen (Höllenbreughel, Goethe, Luther, Christus und Newton *als Erzieher)* – läßt sich beim besten Willen nicht als Etablierung einer „Kulturkritik" verstehen. GEORG SIMMEL hat dies in seiner Rezension am 1. Juni 1890 in der „Vossischen Zeitung" auch deutlich zum Ausdruck gebracht: Es handelt sich um den tumultarischen Versuch eines philosophischen Dilettanten, der *wegen* des Dilettantismus Aufsehen erregt, aber auch *nur* eine Sensation ist (SIMMEL 1890). Immerhin war die Melange aus Genieästhetik und Blut-und-Boden-Kunst, die Antimodernismus und antijüdisches Ressentiment vereint, geeignet, deutschnationalen Protest auszudrücken, eben darin aber die eigentlichen Modernisierungstrends zu übersehen. Was „Kulturkritik" genannt wird, ist so wesentlich Ressentiment, aber eines, das NIETZSCHES Einsicht in die Dialektik der Moral unterschlägt. Der Protest dient der Etablierung eines neuen moralischen Anspruchs, der die *Umwertung* der Werte nicht strukturell begreift. Die *Distanz* zu NIETZSCHE ist die Voraussetzung dafür, von „Kulturkritik" zu sprechen und zugleich pädagogische Ansprüche zu bewahren.

NIETZSCHES zentrale These wird daher umgangen: „Alles, was bisher ‚Wahrheit' hiess, ist als die schädlichste, tückischste, unterirdischste Form der Lüge erkannt; der heilige Vorwand, die Menschheit zu ‚verbessern' als die List, das Leben selbst *auszusaugen,* blutarm zu machen" (S.W. 6/S. 373). Das letzte Wort ist daher eine *Absage* an jede Form von Erziehung, die sich auf die Moral bezieht:

> „Das ist *meine* Einsicht: die Lehrer, die Führer der Menschheit, Theologen insgesammt, waren insgesammt auch décadents: *daher* die Umwerthung aller Werthe ins Lebensfeindliche, *daher* die Moral ... *Definition der Moral:* Moral – die Idiosynkrasie von décadents, mit der Hinterabsicht, *sich am Leben* zu rächen – *und* mit Erfolg. Ich lege Werth auf *diese* Definition" (ebd.).

*Décadence* ist hier nicht einfach Stil oder Lebensform, sondern eine falsche Einstellung zum Leben, die Katastrophe *jeder* Moral, die „Vernünftigkeit" *„gegen* Instinkt" setzt (ebd., S. 310). „Jenseits von Gut und Böse" liegt so eine *„Kritik der Modernität"* (ebd., S. 350), weil das Signum der Moderne der Anspruch der Vernunft ist, der sich auf alle Bereiche (Wissenschaft, Kunst, Politik und – Moral) ausdehnt (ebd.) und eben darum lebensfeindlich ist. Dies kann keine Pädagogik nachvollziehen, auch da nicht, wo sie sich gegen die Aufklärung wendet und lebensphilosophisch neu begreift. Aber ist „Leben" gleichbedeutend mit *Instinkt,* dann gibt es keinen Rechtsgrund mehr für die Erziehung, weil jede denkbare Erziehung nur noch als illegale Beschneidung der Natur lesbar wäre.

Von NIETZSCHE also führt kein Weg zur Pädagogik, wenigstens keiner, der die Kritik der Moral aufgreifen und sie so anwenden würde, daß keine Destruktion des gesamten pädagogischen Anspruches das Ergebnis der Bemühung wäre. Dann aber gibt es auch keine „Kulturkritik" in irgendeinem tiefgreifenden Sinne. Was so genannt wird, ist die Überschätzung einer Diskussion am Jahrhundertende, die zum einen nicht einheitlich war und zum anderen viel weniger gewirkt hat als es den Anschein hat. Hieraus mögen kritische Dispositionen erwachsen sein, die sich auch in der Reformpädagogik bemerkbar machten, ohne daß man sagen könnte, die ganze Richtung der Reform sei darauf zurückzuführen. Kritische Diskussion über die Kultur der Moderne hat es zumal im Anschluß an NIETZSCHE zwischen 1890 und 1914 gegeben, aber deren Radikalität hat die Pädagogik nicht berührt und was dann pädagogisch daraus geschlossen wurde, hat ältere Motive, die eben gerade nicht in dem Umkreis dessen entstanden sind, was die pädagogische Geschichtsschreibung später *Kulturkritik* nennen sollte. Man kann aus dem literarisch gebildeten Lebensgefühl einer bestimmten (akademischen) Generation nicht auf die Originalität der Motive schließen, die sich in dem Lektürekanon dieser Generation auffinden lassen.

So ist die *Kulturkritik,* stilisiert zur entscheidenden Einflußquelle der deutschen Reformpädagogik, eine Fiktion, wenngleich nicht geleugnet werden soll, daß die damit verbundenen Diskussionen kritische Einstellungen verstärkt und geprägt haben. Originell sind die Motive aber nicht, sondern nur neu für eine kritische Generation, deren literarische Bildung mit „Rembrandt als Erzieher" einsetzte. Was damit freilich bewirkt wurde, ist vor allem *politisch* von Bedeutung, denn die Fixierung der Erziehungstheorie auf den Gemeinschaftsgedanken, die in Übernahme der „völkisch-nationalen" Motive erfolgte, hat mit dazu beigetragen, daß demokratische Traditionslinien der Pädagogik (wie im westlichen Ausland) nicht entwikkelt werden konnten. „Gemeinschaft" zielt auf *Einheit,* die vorgesellschaftlich und damit „ursprünglich" gedacht war; sie kommt nicht demokratisch und rational zustande, sondern liegt jedem derartigen Verfahren voraus. Sie erlaubt nicht jene Differenz, die für eine demokratische Erziehung gerade die Voraussetzung wäre.

Was sich hinter der „Kulturkritik" verbirgt, ist eine Protesthaltung, ein Unbehagen an der Moderne, ohne daß diese Haltung sich theoretisch Ausdruck verschafft hätte. Wo dies geschah, bei NIETZSCHE, kommt es zu keiner wirklichen Rezeption, sondern nur zu einer Bildungserfahrung (vor allem im Blick auf den „Zarathustra", der die Stimmungslage der Generation nach der Reichsgründung repräsentierte). Aber diese Stimmung war ein eher unspezifischer moralischer Protest, der sich gegen „Aufweichungen" und „Dekadenzerscheinungen" wandte, ein Ressentiment gegen die, wie LAGARDE sie nannte, „optimaten Epikurs" (LAGARDE 1878, S. 65) der literarischen Moderne.

# 3. Pädagogische Reformdiskussion am Jahrhundertende

Das Verhältnis von *routine et progrès* in der Erziehung (TSCHUMI 1883) war ein europäisches Thema, das während des gesamten 19. Jahrhunderts unablässig diskutiert wurde. Die deutlich markierte Linie der progressiven Tradition, auf die sich die pädagogischen Reformer beriefen und die sie fortsetzen wollten, reichte von den philanthropischen Schulversuchen über PESTALOZZI und FRÖBEL bis auf SPENCER (ebd., S. 11 f., 13 ff., 17 f.).[1] Hier sollte das Arsenal für die natürliche Erziehung, den anschaulichen Unterricht und die innere Reform der Schule gefunden werden. Gleichzeitig änderte sich aber die allgemeine Theoriesituation, vor allem durch die empirisch-experimentellen Ansätze in der allgemeinen und dann auch in der Kinderpsychologie (OELKERS 1989, Kap. 4.2). Hier setzte sich ein Bild des Kindes durch, das sich weitgehend von dem PESTALOZZIS und FRÖBELS unterschied, weil primär das individuelle Kind betrachtet wurde und nicht mehr einfach nur eine pädagogische Anthropologie und Teleologie zur Anwendung kamen.

Auf diesem Wege wurde „Entwicklung" zum rein *psychologischen* Grundbegriff, dessen pädagogische Bedeutung nicht mehr selbstverständlich gegeben war. Die Frage wurde kritisch, wie sich das individuelle Kind *trotz* unaufhörlicher Erziehungsversuche natürlich entwickeln kann oder wie sich Erziehung alternativ so realisieren läßt, daß diese Entwicklung nicht gestört wird. Dieses romantische Motiv wird, scheinbar, durch die neue Kinderpsychologie stabilisiert und kann zugleich den Zweifel an der Erziehung verstärken. Soll sich das Kind *aus sich heraus* und frei „entwickeln", dann kann es in keinem starken Sinne mehr „erzogen" werden.

Davon ist in den deutschen Diskussionen der neunziger Jahre noch wenig zu spüren, aber diese Auseinandersetzungen bereiten die Öffentlichkeit darauf vor, daß überhaupt von einem neuen Bild des Kindes die Rede sein kann. Erziehung und Bildung wird zunehmend mehr mit Hilfe von *Reform*postulaten öffentliches Thema und diese Postulate kritisieren mehr oder weniger scharf die bestehenden Verhältnisse und verlangen einen raschen Wandel. Was als Errungenschaft galt, wurde nun entwertet, die Schule, der normale Erziehungsstil und nicht zuletzt die gesellschaftliche Definition des Kindes. Pädagogisch wird diese Diskussion mit traditionellen Postulaten geführt, psychologisch und nicht zuletzt ästhetisch aber kommen mehr und mehr andere Sichtweisen zum Tragen. Die Psychologie der klassischen Erziehungstheorie wird weitgehend aufgegeben, die pädagogischen Argumentationsmuster aber verändern sich überwiegend nicht. Sie bleiben postulatorisch, am allgemein „Guten" orientiert und so vage definiert, daß sie in verschiedenen Theoriekontexten gleichlautend formuliert werden können.

Im folgenden nun soll diese Diskussion in ihren großen Zügen rekonstruiert werden, um danach die pädagogischen Konzepte zu untersuchen, mit denen die Reformintentionen verwirklicht werden sollten. Beides ist nicht identisch, die öffentliche Auseinandersetzung wird beherrscht von Schlagworten, welche oft nur grob wiedergeben, was an pädagogischer Reform möglich schien und auch ansatzweise verwirklicht wurde. Andererseits ist diese Reform von öffentlicher Zustimmung abhängig, die nur durch Zentrierung auf wenige Postulate erreicht werden kann. Unter diesen Postulaten sind drei von besonderer Wichtigkeit gewesen, die *neue Schule,* die Pädagogik *vom Kinde aus* und die Leitidee der *Entwicklung.* Diese Konzepte wurden von der Reformpädagogik am Jahrhundertende nicht erfunden, sondern zunächst nur reaktiviert, obwohl dann im Laufe einer vielfältigen Auseinandersetzung auch neue und originelle Ideen zum Tragen kamen.

Die Verwendung der pädagogischen Konzepte in öffentlichen Diskursen kann zweierlei zeigen, die Konzentration eines Interesses über den engen Kontext der Volksschulpädagogik hinaus und zugleich eine innere Dynamik, die mit der Richtung der pädagogischen Reflexion zu tun hat. Sie ist moralisch angelegt und damit leicht radikalisierbar, versteht man darunter die *Steigerung* der Postulate über den jeweiligen Status Quo hinaus. Die „neue Schule" kann als Anstalt des *neuen Menschen* erscheinen, die Orientierung am Kind kann zu einem *Mythos* werden und die Idee der „Entwicklung" läßt sich so verstehen, daß eigentlich *kein* pädagogischer Eingriff mehr denkbar ist. Diese Radikalisierungen sind vor allem an den Stellen zu verzeichnen, wo die pädagogische Reflexion die Fixierung auf das Establishment überwindet und in riskanter Weise frei wird. „Erziehung" kann dann wieder, wie im 18. Jahrhundert, *vor*institutionell gedacht werden, freilich in einer Gesellschaft, die inzwischen über ein ausgebautes pädagogisches Institutionensystem verfügt, das keineswegs zur Disposition steht, wie die pädagogische Reflexion, da wo sie radikal wird, unterstellen muß.

## 3.1. Schulkritik und Schulreform

Die Entwicklung der öffentlichen Schule zu einer erstrangigen gesellschaftlichen Kraft rief naturgemäß Kritik auf den Plan, wobei überwiegend nicht die Notwendigkeit der Schule bezweifelt wurde, dafür aber um so mehr ihre Praxis. Über diese Praxis ist im ganzen 19. Jahrhundert geklagt worden, freilich ohne direkte Auswirkung, denn das Beklagte, die Zersplitterung des Lehrplans in unverbundene Einzelheiten und die damit einhergehende Überforderung mit zuviel Stoff (WIESE 1884, S. 1-18 oder HAUFE 1889, S. 137 ff. und viele andere), verschwand nicht, sondern wurde in seiner Tendenz eher noch gesteigert. In den achtziger und neunziger Jahren aber erlebte die Schulkritik eine mächtige Unterstützung, denn es warnten nun auch viele Ärzte vor den gesundheitsschädigenden Auswirkungen der Verschulung; diese Warnungen haben unter dem Stichwort „Überbürdung" die öffentliche Diskussion nachhaltig beeinflußt (vgl. PETRAT 1981).

Dabei spielten medizinische, psychologische und pädagogische Bedenken zusammen, wie etwa der Physiologe WILLIAM PREYER 1887 darlegte: Die Schulen, vor allem die Gymnasien, verstoßen gegen die „Bedingungen und Gesetze der körperlichen Entwickelung" des Kindes, deren „harmonische Ausbildung" sie anstreben, tatsächlich aber aufgrund ihrer Struktur ernsthaft behindern. Die *„Lehrart"* und der *„Lehrstoff"* der Schulen seien „verkehrt", also ihre institutionelle Spezifikation, so daß die „Freude am Lernen" sich allmählich bei jedem Kind in das genaue Gegenteil verwandeln muß (PREYER 1887, S. 8 f.). PREYER äußerte seine scharfe Kritik auf der 60. Versammlung „Deutscher Naturforscher und Ärzte", in der alle Naturwissenschaften organisiert waren. Die Kritik war umstritten, vor allem dort, wo sie die Gelehrtenbildung des Gymnasiums angriff; aber sie sorgte für eine breite Diskussion, die das Stichwort „Überbürdung" medizinisch und psychologisch begründete und dann weit intensiver in die Öffentlichkeit brachte, als es pädagogisch bis dahin möglich gewesen war. Die schulpädagogische Behandlung dieses Themas hatte nämlich erwiesen, daß im Rahmen der gegebenen Organisation an eine Entlastung nicht wirklich zu denken war.

PREYER war seit 1889 Mitherausgeber von HUGO GÖRINGS Zeitschrift „Die Neue Deutsche Schule"[2] und stand dem im April des gleichen Jahres gegründeten „Allgemeinen Deutschen Verein für Schulreform ‚Die Neue Deutsche Schule'" vor, dessen Programm deutlich macht, was Ende des Jahrhunderts vor allem im akademischen Bereich und im veränderungswilligen pädagogischen Establishment an Reformforderungen Konsens finden konnte:

„Der Verein strebt an:

1) Einheitliche Vorbildung für die höheren Schulen.
2) Erhebung des Deutschen zum Mittelpunkt des Unterrichts.
3) Bessere Schulhygiene und größere Fürsorge für die körperliche Entwicklung der Jugend.
4) Gleichberechtigung der Realanstalten und Gymnasien als nächste Vorbedingung für eine durchgreifende Schulreform.
5) Bessere Vorbildung der Studierenden für ihren späteren Erzieher- und Lehrerberuf.
6) Vereinfachung des Prüfungswesens.
7) Größere Beteiligung der Eltern an den Pflichten und Rechten der Erziehung.
8) Einigung aller Schulreformbestrebungen.
9) Eine selbständigere Unterrichtsverwaltung unter stärkerer Heranziehung von Fachmännern.
10) Ein Unterrichtsgesetz“

(GÖRING 1890, S. 158).

Viele der Forderungen sind nicht neu (ebd., S. 159/160), aber sie schienen nunmehr auf verstärktes öffentliches Interesse zu stoßen. In diesem Sinne äußerte sich auch PREYER (1889), der die *Schulreform-Bewegung* zu einem zentralen Faktor der künftigen Gestaltung der Gesellschaft stilisierte.

Die öffentliche Zustimmung zum Reformprogramm von 1889 war relativ groß[3], was sich auch dadurch erklären läßt, daß das Monopol des humanistischen Gymnasiums in die Kritik geraten war (vgl. nur MACH 1886) und die Unbeweglichkeit der höheren Schule angeprangert wurde. Typisch ist die Stellungnahme eines Arztes über die Rückständigkeit des Lehrplans: „1885 wie 1850 das nämlich öde Einerlei, das hundertjährig Hergebrachte, das papageienhaft nachgeschwatzte und nachgeschriebene ewig-Gestrige vom ‚Verhalten des Philoktet in Sophokles gleichnamiger Tragödie‘, von der ‚Entwicklung des Gedankengangs in der Vorrede zu Sallustius Jugurthinischen Kriegen‘, vom ‚Charakter Macbeth's‘, von den ‚Motiven, welche Hagen zur Ermordung Siegfrieds veranlaßten‘ und so fort in unerfreulicher, unheimlich gleicher Weise“ (JACUSIEL 1886, S. 20 f.). Diese Publizistik schien schlagend zu beweisen, daß „Schulreform“ an der Zeit war. Tatsächlich aber erhöhten sich nur die Reform*erwartungen;* die Pädagogen vor allem beriefen sich auf WILHELMS Rede von 1890 (LIETZ 1897, S. 131; GURLITT 1906, S. 48; LORENZ 1906, S. 359), ohne daß sich im Schulsystem wirklich etwas in ihrem Sinne bewegte.

Von den Forderungen des „Allgemeinen Deutschen Vereins für Schulreform“ waren bis 1906 nur das preußische Schulgesetz auf den Weg gebracht und das stieß wegen seiner konfessionellen und gesinnungsethischen Tendenzen auf den scharfen Protest namhafter Professoren und Publizisten.[4] Alle anderen Punkte blieben mehr oder weniger offen, zumal diejenigen, die nicht primär administrativ faßbar waren und somit die pädagogische Reflexion besonders herausforderten: Ganzheitlichkeit und

Entlastung von „Überbürdung“, Vereinfachung, Elternbeteiligung und Schulleben, Zurücknahme der bürokratischen Verwaltung und die Einheit der Reformbewegung selbst. Die Überbürdungsdiskussion hält sich bis zum Beginn des neuen Jahrhunderts, verstärkt durch medizinische Thesen zum Verhältnis von „Nervenhygiene“ und Schule (BENDA 1900), in denen die Motivationsmittel der Schule (Strafe und Ehrgeiz) einer scharfen Kritik unterzogen werden (ebd., S. 27 ff., 32 ff.). Die *Persönlichkeit* wurde so dargestellt, daß sie nicht länger mit dem System „Schule“ in Einklang zu bringen war.[5]

In diesem Diskussionsspektrum, das Reformen forderte, sie aber nicht verwirklicht sah, steigerte sich die *Schulkritik,* die zunächst noch ganz unabhängig von einer allgemeinen Kulturkritik vorgebracht wurde. Erst der mit der Jugendbewegung einsetzende Generationswechsel weitete die pädagogische Reflexion auf dieses Spektrum hin aus, während zuvor „Schulkritik“ im wesentlichen Sache der nationalliberalen Publizistik gewesen war, die sich mit dem pädagogischen Establishment auseinandergesetzt hatte. In diesem Rahmen kam auch eine Diskussion um die wissenschaftliche Pädagogik in Gang, deren Zentrum der *erziehende Unterricht* der Herbart-Schule wurde. Die Kritik machte dieses Konzept dafür verantwortlich, daß die Schulen schematisch und mechanisch mit dem Kind umgingen und seine Individualität nicht angemessen berücksichtigten. Hinter diesem Streit stand ein sehr weitgehender Wechsel der Psychologie, auch der Ethik, auf den das Wissenschaftssystem der Herbartianer nicht wirksam reagieren konnte. Ihr pragmatisches Konzept der „Formalstufentheorie“ (ZILLER 1884, §§ 23/24) schien gleichbedeutend zu sein mit der Verteidigung der „alten“ Schule, einfach weil es nicht länger um die begriffliche Konstruktion der Wirklichkeit gehen sollte, wofür vor allem die empirische Psychologie hinreichende Evidenz zu bieten schien. Der Ansatz der Herbartianer wurde bestritten[6], nicht jedoch die Autorität der wissenschaftlichen Pädagogik, wenigstens nicht im Anfang der Reformpädagogik (OELKERS 1989, Kap. 5.2).

Der Spezialstreit der pädagogischen Theorie erreichte die größere Öffentlichkeit nicht, aber er war symptomatisch für die Wendung des Erziehungsdenkens, das nicht mehr einzig von den Bedingungen der Verschulung her angelegt sein wollte. Erziehung und Unterricht sollten nicht länger *methodisch* diszipliniert, sondern als Kunstpraxis betrieben werden.[7] Verstärkt wurde diese Wendung nicht zuletzt durch das Engagement einer neuen Generation von Schriftstellern, man denke nur an das Schulthema bei HERMANN HESSE, an RILKES Bild vom Kinde, auf das ich noch eingehe, oder an MUSILS schwarze Pädagogik (vgl. BÜNGER-KOHN 1986, S. 169 ff.). Diese Literatur beschrieb die *negativen* Folgen von Schul- und Erziehungserfahrungen und damit den Preis der zunehmend dichter werdenden Pädagogisierung der Gesellschaft für ein breites Publikum. In ihr erkannte dann auch die pädagogische Avantgarde alte Motive, die gleichsam mit neuem Geist erfüllt wurden.

Thema der erziehungskritischen Literatur war die rücksichtslose Autorität der Schule, die drangsalierende Übermacht der Lehrer und die evidente Hilflosigkeit der Schüler, also eine klare Verteilung von Tätern und Opfern, zumal hier vor allem die *Psyche* des Kindes betrachtet wurde, die die Schule erleiden muß und in ihr keine angemessene Berücksichtigung findet. „Unterdrückung" ist das Leitmotiv dieser Literatur, die weit in die Öffentlichkeit hineinstrahlte und mit ihren suggestiven Szenarios die Moral neu bestimmte, also selbst erzieherisch wirkte. Nicht zufällig ist daher, was 1909 WILHELM OSTWALD, einer der berühmtesten Naturwissenschaftler seiner Zeit, über das „Schulelend" zu sagen wußte, nämlich daß die Schule durch Überbürdung die *„Energien"* der Schüler erschöpfe und dadurch ihre inneren Kräfte nicht zur Entfaltung bringe. Einer ihrer schwersten Nachteile ist daher die *„Unterdrückung der Persönlichkeit"* und zwar der Schüler und Lehrer gleichermaßen (OSTWALD 1909, S. 21, 29).

OSTWALD sagte dies in einem Vortrag vor der „Gesellschaft für Deutsche Erziehung" am 19. April 1909 in Berlin. Der Vortrag zeigt, wie sehr Schulreform zum öffentlichen Thema avanciert war und dabei die Diskussion an Schärfe zunahm. OSTWALD monierte die Nivellierung der Schule, kritisierte ihren „dürren Bureaukratengeist" und forderte die Überwindung der *„Massen-* oder *Ramscharbeit"* (ebd., S. 39, 43 f.). Daß Schule *elendig* sei, darüber herrschte um 1910 in der gebildeten Öffentlichkeit relativ große Übereinstimmung, so daß auch das Schul-Establishment reagieren mußte. Im Bereich der Lehrplanrevision war seit 1891 immer wieder von „Schulreform" die Rede, freilich nicht in radikaler Absicht, sondern eher so, daß den Schulen, vor allem im Bereich der Gymnasien (vgl. LEXIS 1902), mehr Spielräume eröffnet wurden, um die „Freiheit der Entwicklung" zu fördern (LEHMANN 1901, S. 217). An eine grundlegende Strukturveränderung war nicht gedacht. Wo dies bis 1918 gefordert wurde, etwa nach den Prinzipien einer allgemeinen Lebensreform, waren kreative, doch machtlose Außenseiter am Werk (vgl. Kap. 5.3), die rasch diffamiert werden konnten.

Schon früh kam die Rede vom „pädagogischen Anarchismus" auf (ERNST 1907, S. 5) und gemeint war damit stets eine Richtung der Erziehungsreform, die von der Freiheit des Kindes ausging und diese höher schätzte als jede institutionelle Form, zumal jede Methode des Unterrichts. Der den Begriff „pädagogischer Anarchismus" prägte, der Hamburger Lehrer und Schriftsteller OTTO ERNST, war selbst ein entschiedener Reformer, der aber das Maß des Machbaren wahren wollte. Der Utopismus-Verdacht ist schon gegen GÖRINGS „Neue Deutsche Schule" vorgebracht worden (Die neue deutsche Schule 1890) und gegen ihn muß sich die Reformpädagogik unablässig zur Wehr setzen. Sie ist daher gezwungen, zwischen sinnvollen („realistischen") und utopischen („anarchistischen") Ansätzen zu unterscheiden.

Wie dies möglich war, zeigte OTTO ERNST 1901 in seinem Theaterstück „Flachsmann als Erzieher", einer erfolgreichen Komödie, die sprichwörtliche Bedeutung erlangte. ERNST stellt hier den paradigmatischen „Flachsmann" dar, den buchstäblichen Oberlehrer, der leeres Stroh drischt und dessen autoritäres und borniertes Gehabe durch den jungen Lehrer Flemming herausgefordert wird. Flachsmann repräsentiert die *alte,* Flemming die *neue* Schule; der eine erniedrigt die Schule zu einer „Drill- und Dressieranstalt" (ERNST 1901, S. 121), der andere betreibt seinen Unterricht „mit frohem Vertrauen zum Individuum und seiner Freiheit" (ebd., S. 129), der eine ist Rolle und Charaktermaske, der andere Mensch und kann nur darum das Höchste in seiner Kunst als Lehrer und Erzieher erreichen (ebd., S. 132).

*Wegen* dieser Klischees war das Stück erfolgreich; es konnte den Gegensatz von „alt" und „neu" effektiv symbolisieren und somit eine klare Alternative nahelegen. Die Publizistik vor allem der Hamburger und Bremer Reformmilieus[8] griff auf diesen Gegensatz immer wieder zurück (z.B. GANSBERG 1909, S. 130 ff., 200 ff. oder SCHARRELMANN 1912, S. 14 ff.) und stilisierte damit die Reform zu einer einfachen, aber radikalen Entscheidung. *Zu* radikal sollte es aber auch nicht werden, wenigstens nicht bei OTTO ERNST, der sich gegen den „pädagogischen Anarchismus" verwahrte, weil der in seinem Erfolgsstück nicht gemeint war. Sein „neuer Lehrer" Flemming berief sich auf ROUSSEAU, forderte die natürliche Erziehung und wollte Freiheit und Ganzheit zu Prinzipien der Schularbeit machen (ERNST 1901, S. 46 ff.), aber es geht doch immer nur um Schulreform, nicht um Revolution, und nur hier steht Handwerk gegen Kunst, Autorität gegen Freiheit und Methode gegen Persönlichkeit (ebd., S. 49 ff.). Von den „wildgewordenen Pädagogen" setzte sich OTTO ERNST entschieden ab: Sie lassen sich nicht wirklich auf die Schule ein, sondern folgen nur dem „Größenwahn des Individuums" (ERNST 1920, S. 50). Die Fetischisierung des Kindes in der modernen Pädagogik (ebd.) ist genau die Grenze, die *nicht* überschritten werden darf.

Die Kritik an der anarchistischen *Übertreibung* impliziert zugleich eine eigene Reformposition. 1907 hat OTTO ERNST alle wesentlichen Argumente und Schlagworte der entschiedenen Schulkritik zusammengefaßt. Sein Essay „Des Kindes Freiheit und Freude" ist prototypisch für die literarisch und publizistisch unterstützte Reformfraktion innerhalb des pädagogischen Lagers[9]: Ihr Gegner ist die „Schulsklaverei" (ERNST 1907, S. 21). Die damit bezeichnet Schulwirklichkeit folgt dem „Prinzip der Gleichmacherei" (ebd., S. 13), denn sie verlangt nicht nur, trotz sehr unterschiedlicher Begabungen, ein „gleiches Minimum" für alle Kinder, sondern steckt auch „allen Schülern das gleiche Ziel" (ebd., S. 14). Prüfungsordnungen und Lehrpläne gehen davon aus, daß alle Kinder die gleichen Ziele erreichen, also auch mit identischen Inhalten und Anforderungen konfrontiert werden müssen (ebd.). Der Schulerfolg befriedigt mehr oder weniger nur den Ehrgeiz der Eltern (ebd., S. 18), geht aber faktisch, zumal bei steigenden Anforderungen an Zeit und Arbeit, auf Kosten der Kinder (ebd., S. 18 ff.). Die „moderne Paukschule“ läßt „freie Arbeit“ nicht zu und damit auch keine autonome Entwicklung der Persönlichkeit des Kindes (ebd., S. 22 f.).

Das Kernproblem der Schule ist der didaktische Materialismus, also die „massenhafte Anhäufung von Wissen“, die für Bildung gehalten wird. Die Philologisierung der Schule (ebd., S. 25 f.) steht aber einer wahren Bildung gerade im Wege, die auf das *„innere Leben“* zielt und nicht identisch ist mit dem schulischen „Namen-, Zahlen- und Tatsachenwissen“ (ebd., S. 26). Die innere Struktur der „Lernschule“ als „Stoffmagazin“ läßt sich am Beispiel der Klassenarbeiten („Extemporalia“) sichtbar machen. Sie ermöglichen den Erwerb sinn- und nutzlosen Wissens, das keinen Gebrauchswert hat für das spätere „Berufs- und Gewerbeleben“ der Schüler (ebd., S. 30, 33) und dem also auch kein Bildungswert zuerkannt werden kann. Der Grund liegt vor allem darin, daß es dem durchschnittlichen Unterricht an Anschaulichkeit und an Handlungsorientierung fehlt (ebd., S. 37 ff.).

ERNST' Schrift ist auch paradigmatisch für die Vorschläge zur *Reform* dieser Verhältnisse, die nicht mehr nur, wie bei PREYER und GÖRING, auf eine institutionelle Veränderung zielen, sondern die Persönlichkeit und das Erleben des Kindes zur Voraussetzung haben: Die Schule darf nicht zwanghaft organisiert sein, sondern muß dem Kind „Lebensfreude und Lebensmut“ ermöglichen (ebd., S. 20). Das gelingt „nur dann, wenn die Arbeit auf der Schulbank wechselt mit reichlichem Spiel und reichlicher Freiheit“ (ebd.). Das Ziel der Schule wird vom Erfolg im Aufbau der Bildung beim Kinde abhängig gemacht; Bildung aber ist nicht länger eine Art Kopie der Wissenschaften: „Zur allgemeinen Bildung gehört, was für sich allein oder im Zusammenhang mit anderem für das *innere Leben aller* von Wert und Bedeutung ist.“ Die Verpflichtung der *schulischen* Bildung einzig auf die Wissenschaften ist sinnlos, weil die längst keine Einheit mehr darstellen (ebd., S. 26, 27 f.). Demgegenüber gilt es, naturgemäßen Unterricht zu erteilen, für den der Spracherwerb des Kindes das beste Beispiel ist, weil er zeigt, wie Lernen zugleich handlungsorientiert und anschaulich vonstatten gehen kann (ebd., S. 35 ff.). Wichtig ist dabei vor allem das Durchbrechen der institutionellen Beschränkungen: „Hinaus ins Freie! – das ist das ganze Geheimnis der pädagogischen Erneuerung“ (ebd., S. 49).

Die reformpädagogische Publizistik erörterte dieses Themenspektrum mit öffentlichem Erfolg: *Innere Schulreform* schien angesagt, die die Reform der Lehrpläne, die Lockerung der Schulaufsicht und die Schulgesetzgebung als eher äußerlich erscheinen ließ, notwendig zwar, jedoch nicht den Kern des pädagogischen Anliegens treffend. Die Diskussion suchte Anschluß an die Romantik (JEAN PAULS „Levana“: GURLITT 1905, S. 115) und die Psychologie der Persönlichkeit, hinter der Methode und Schuladministration zurückstehen sollten: „Der ganze Schwerpunkt liegt in dem Geiste, mit dem eine Schule erfüllt ist, in den Persönlichkeiten, welche den Unterricht erteilen“ (ebd., S. 119). Das bedeutete aber keinen Verzicht auf politische Optionen. Der häufige Bezug auf LANGBEHNS „Rembrandt als Erzieher“ und die „Kulturkritik“ entsteht nicht zufällig, denn sehr viele Autoren der Reformpädagogik orientieren sich an der grundlegenden Dialektik von Individuum und Nation, die an nicht wenigen Stellen in „völkischen“ Antiliberalismus umschlägt. Viele Autoren vertreten pädagogisch liberale Positionen, vor allem gegen die autoritäre Schule, folgen politisch aber einem autoritären Ideal des Nationalstaates.

Dieser unaufgelöste Widerspruch läßt sich bis weit in das liberale Bürgertum hinein verfolgen. Ein prominentes Beispiel ist das Engagement ALFRED LICHTWARKS, des Leiters der Hamburger Kunsthalle, in der Reformpädagogik. Die Hamburger Kunsthalle hatte sich schon in den achtziger Jahren für die ästhetische Laienbildung eingesetzt, vor allem in Erwachsenengruppen. Die daraus resultierenden Erfahrungen waren ein wichtiger Anstoß für die Entwicklung der „Kunsterziehungsbewegung“, und zwar sowohl programmatisch als auch methodisch (Versuche und Ergebnisse, 1902). Die politische Option für diese Reformerfahrungen wurde von LICHTWARK ganz selbstverständlich definiert: Er forderte eine *„feste nationale Grundlage“* für die öffentliche Bildung (LICHTWARK 1905, S. 12), die im Konzept der „deutschen Schule“ Wirklichkeit werden sollte (ebd., S. 16). Ihr Ziel war es, die nationale Identität weniger zu befestigen als überhaupt erst hervorzubringen. Und dies wurde nicht zuletzt als ein Problem der Erziehung durch Eliten erkannt: „Daß dies Gefühl der Verpflichtung gegen sein Volk im Deutschen der Zukunft erweckt und lebendig erhalten wird, darauf kann niemand durch sein Beispiel stärker, stetiger und unmittelbarer hinwirken als der deutsche Professor, der deutsche Lehrer und der deutsche Offizier“ (ebd., S. 25).

Die Idee der *deutschen* Schule ist nach HUGO GÖRING und WILLIAM PREYER an vielen Stellen vertreten worden, auch von HUGO GAUDIG, etwa in der Kriegsauflage (1915) seiner „Didaktischen Ketzereien“, in der gerade die Erfahrung des Krieges zentrale Bedeutung erlangt für die Konstitution der *„einen deutschen Schule“* (GAUDIG 1915, S. 7). Deren Einheit setzt die des Volkes voraus und die Einheit des Volkes wird durch den Krieg geschaffen. Auch in dieser Zuspitzung ist pädagogischer Nationalismus vor und im Ersten Weltkrieg keine Besonderheit, auch keine deutsche Besonderheit, weil der Nationalstaat in allen europäischen Längern sich selbst zum Erziehungsziel erhoben hatte. Das besondere an der deutschen Entwicklung ist, daß diese Zielsetzung so unumstritten war. Über eine demokratische Erziehung oder gar eine Erziehung zur Demokratie wurde so gut wie nicht nachgedacht (anders als zum Beispiel in Frankreich: LAVISSE et al. 1907).[10]

Die „neue Erziehung“ war stattdessen individuell und national (PUDOR 1902, S. 25 ff.), fixiert auf einen Theoriekanon[11], der es erlaubte, ein ästhetisches und natürliches Bild vom Kinde zu entwickeln, welches mit der nationalpolitischen Zielsetzung harmoniert werden konnte. Das gilt zumindest für die publizistische Deutung von „Erziehungsreform“ vor 1918. In einem der drei pädagogischen Bestseller des Kaiserreichs[12] formulierte LUDWIG GURLITT den Standpunkt der *Modernen* vor diesem Hintergrund: „Wir verfahren wissenschaftlich, während das Kind naturgemäß künstlerisch empfindet; wir bieten ihm logische Abstraktionen in einem Alter, das für diese noch gleichgültig und darum unempfindlich ist“ (GURLITT 1903, S. 81). Kann sich die Schule auf *diese* psychologische Bedingung einstellen, dann – aber auch *nur* dann – leistet sie ihren Dienst an der Konstitution nationaler Identität.[13]

Derartige Thesen wurden sehr häufig geäußert und sie ermöglichten eine radikale Semantik, in der nicht mehr nur das Individuum gegen die Institution ausgespielt werden kann, sondern das mythisierte Kind gegen die krankmachende Schule. „Daß unsere Zeit systematisch Krüppel heranzieht, kann von niemandem geleugnet werden“ (PUDOR 1902, S. 53). Zur gleichen Zeit, um daran zu erinnern, expandierte das Schulsystem, verbesserte sich die materielle Lage der Lehrer und stieg die Bedeutung der öffentlichen Schulen nicht nur im Blick auf den Schulbesuch, sondern, wichtiger noch, bezogen auf die sozialen Karrieremuster, die nahezu völlig in Abhängigkeit von Schulabschlüssen gerieten. Nicht nur die höhere Schule, sondern das staatliche Schulsystem insgesamt erfüllte damit eine zentrale gesellschaftliche Aufgabe, doch genau diese Verpflichtung auf Selektion, Kanon und Methode wurde als Entfremdung erfahren und der pädagogischen Tradition entgegengesetzt (SCHNEIDER 1916, S. 10 f.). Das neue Bildungsideal – „Kultur der Seele“ (ebd., S. 11) – widerspreche der Verfachlichung der Schule, der eine ganzheitliche Erziehung nicht gelinge (ebd., S. 14 ff.), eben weil sie mit unpädagogischen Aufgaben belastet werde und als Funktion der Gesellschaft operiere.

Diese eigenartige Unzufriedenheit mit dem Erreichten spiegelt sich auch in der Sprache der Pädagogen, die sich radikalisierte, zumal dort, wo sie *nicht* mit nationalpolitischen Zielsetzungen verbunden und somit im Mehrheitskonsens gehalten wurde. Pädagogen sprechen öffentlich nicht nur von der „Kultur der Seele“, sondern vom „Evangelium der natürlichen Erziehung“ (HAUFE 1904), dem die „Knechtschaft des Volksschullehrers“ gegenüberstehe (PANNWITZ 1908, S. 16) und mehr als das, nämlich der Bankrott der organisierten Erziehung, letztlich der Staatspädagogik, die unfähig sei, den Bedingungen „psychologischer Pädagogik“ (KEY 1908, S. 184 ff.) nachzukommen. Diese Psychologisierung erlaubte beliebige Radikalisierungen, zum Beispiel Konzepte einer Pädagogik des kindlichen *Wesens* (JÖDE 1920), die mit einer „Entfesselung der Seele“ (SCHLÜNZ 1919) einhergehen sollte. Gerade nach dem Ersten Weltkrieg verdichtete sich die Klagesemantik zu einem dramatischen Verfallsszenario, aus dem nur die radikale Kindorientierung heraushelfen könne. Diese Forderung wurde nach 1918 vor allem in den Großstädten diskutiert, etwa im „Wendekreis“ Hamburger Lehrer (vgl.

Kap. 5.3); diese Zirkel vertraten aber nicht einfach sozialistische Revolutionsprogramme, sondern verstanden Erziehung als *innere* Befreiung, die mit der „äußeren“ (politischen) einhergehen mußte, sollte diese überhaupt einen Wert haben. Belehrt um die Folgen des nationalen Chauvinismus wurden gleichwohl keine wirklich neuen pädagogischen Motive vertreten. In gewisser Weise wird die reformpädagogische Dialektik von „Individuum“ und „Gemeinschaft“ fortgesetzt, nur anders – expressionistisch – ausgedrückt.

„Gemeinschaft“ kann die des „Volkes“, aber auch die zwischen „Erzieher“ und „Zögling“ sein. In *beiden* Fällen schafft das Gefühl die Gemeinsamkeit, das Erleben die Tiefenbildung, der Nahraum die Institution (so ZEIDLER 1919, S. 19). Diese Projektion wurde nach 1918 nicht etwa revidiert, sondern noch gesteigert, indem „Gemeinschaft“ politisch wie pädagogisch zur zentralen Kategorie avancierte (vgl. Kap. 5.1). Der antimoderne Grundzug dieses Denkens ist an vielen Stellen nachzuweisen und wurde gerade auch von pädagogischen Autoren bewußt angestrebt. Und diese Radikalisierung der „Reformpädagogik“ wirkte deutlich in den Faschismus hinein. Hier wurde das Erleben der Gemeinschaft tatsächlich zur Masseninszenierung, zum ästhetischen Augenblick der Verschmelzung von „Führer“ und „Gefolgschaft“ oder zur Überwindung des Widerspruchs von Individuum und Institution im *Gefühl.* LANGBEHN bahnte diesen Ereignissen ebenso den Weg wie jene Pädagogen, die die Zivilisation der modernen Gesellschaft radikal leugneten zugunsten einer Kultur der Innerlichkeit, als sei diese tatsächlich erreichbar.

Hinter dieser eigentümlichen Abwehr jener Bedingung, die doch radikale Kritik überhaupt erst ermöglicht, also die öffentliche Pluralität moderner Gesellschaften, steht ein Ressentiment, das sich zumal in der pädagogischen Diskussion niedergeschlagen hat, nämlich die Vorstellung, die *Großstadt* sei lebensfeindlich und in ihr könne wahrhafte Erziehungsarbeit nicht mehr geleistet werden. Dieses Problem wurde zunächst in Kritik der Lehrerrolle und der schulischen Methode reflektiert (so GRAZZA 1892, S. 316 f.), bevor dann HERMANN LIETZ (1897, S. 97) kategorisch feststellen konnte: Die Großstadt verhindert den pädagogischen Idealismus und die Ausbildung des Guten im Kinde. Großstädte werden den Pädagogen erkennbar als „Hauptsitz der Kultur“, die zugleich und gerade in dieser Funktion – Kultur als Dekadenz gelesen – den Erziehungszweck gefährden (BARTH 1894, S. 253 ff.). Großstädte sind keine *„Hausväterverbände“* mehr (ebd., S. 259) und diesen Trend zur Auflösung der bürgerlichen und kirchlichen *„Gemeinde“* beklagen die Pädagogen. Bis hin zu ADOLF REICHWEINS „Deutscher Landschule“ (REICHWEIN 1978, S. 94 ff.) werden die „Grundwahrheiten ländlichen Daseins“ (ebd., S. 94/95, gesagt unter Berufung auf RIEHL) als ungleich pädagogischer begriffen, wenn man sie mit den destruktiven Tendenzen der Großstadt vergleicht. Nur das Dorf ist der Natur noch nahe (ebd., S. 97) und das erscheint als echte Pädagogik.

Diese Kritik zieht sich durch die gesamte reformpädagogische Diskussion. Sie geht einher mit einer lebensreformerischen Option für das Kind, das in „einfachen natürlichen Lebensgewohnheiten" (GANSBERG 1906) aufwachsen soll. Aber das ist zunächst nur eine Projektion des Erwachsenen, der den Mythos des unterdrückten Kindes braucht, um das Milieu der Großstadt ausschließlich und nur negativ empfinden zu können (OTTO 1914, S. 177 ff.). Die Alternative entspricht einem Topos der pädagogischen Tradition, der vornehmlich im 18. Jahrhundert aufgebaut wurde, nämlich die „natürliche Erziehung" auf dem *Lande* und in dörflicher Gemeinschaft. Dieses Ideal kontrastiert eigenartig mit den schulpolitischen Reformideen der organisierten Lehrerschaft, die die *Einheitsschule* favorisieren (FISCHER 1914, S. 7). Ein solches Modell hat unausgesprochen die Großstadt zur Voraussetzung: Die traditionale Dorfgemeinschaft ist zu schwach differenziert und zu sehr auf die überlieferte Erziehung angewiesen, um überhaupt unterschiedliche Schul„typen" (ebd., S. 13) herausbilden zu können. Sie kann darum zur pädagogischen Idylle stilisiert werden, aber dieser literarischen Metapher entspricht keine historische Wirklichkeit. Erst die *öffentliche* Erziehung des 18. und 19. Jahrhunderts dynamisiert das Schulsystem und bringt *„Differenzierung"* (ebd., S. 11) hervor, mit der auch die „toten Geleise" wachsen (ebd., S. 32), die zu vermeiden die Diskussion um die *Einheitsschule* geführt wird.

Zwischen 1890 und 1914, so läßt sich die Diskussion zusammenfassen, bildete sich allmählich ein öffentlicher Konsens über die Notwendigkeit von Schulreformen heraus, der an traditionelle Forderungen der Pädagogik anschloß, jedoch drei neue Argumentationsformen entwickelte: Die Reform wurde individualisiert, also auf das *einzelne* Kind bezogen und *psychologisch* gedeutet (so etwa OTTO 1898). Die kinderpsychologische Sicht erlaubte Radikalisierungen, die so weit gingen, daß die institutionelle Form der Schule nur noch als Einengung der „Seele" des Kindes wahrgenommen wurde. Gleichzeitig wurden schulpolitische Forderungen fortgesetzt, die nicht die psychologische Differenz, sondern die organisatorische Einheit in den Mittelpunkt stellten. Die entsprechenden Forderungen sind nach dem Krieg nicht zufällig einem Großstadtpublikum präsentiert worden. Die durch die Großstadt veränderte Öffentlichkeit war *das* Forum der Reformpädagogik, natürlich auch da, wo sie die Großstadt bekämpfte. Nur hier war eine moralische Publizistik möglich, die sich der traditionellen pädagogischen Motive annahm und daraus suggestive Reformpostulate in der bildungspolitischen Auseinandersetzung machte. Zugleich entstand auch vornehmlich hier der institutionelle Unterbau der Reform, eine vielfältige Vereinstätigkeit und eigene Diskussionsorgane.[15]

Doch ist die öffentliche Diskussion keineswegs so vorzustellen, als erhalte das liberale Bild vom Kind sehr rasch Auftrieb und Anerkennung, ohne den entsprechenden gesellschaftlichen Wandel vorauszusetzen. Bis zum Ersten Weltkrieg hatte nicht nur das Establishment der Pädagogik Mühe, der Avantgarde der Diskussion zu folgen. Häufig ist vom „pädagogischen

Anarchismus“ die Rede (WENDLING 1913), mit dem nicht etwa die (wenigen) Anarchisten, sondern die bürgerlich-liberalen Ansätze diffamiert werden sollten. Die Reformbewegung provozierte einen Bereich sehr stabiler Überzeugungen, die, auf die Breite gesehen, eigentlich erst der Krieg erschütterte. Die Reformbewegung schaffte eine Art *glasnost,* Transparenz für neue Ideen, und beeinflußte die intellektuelle Öffentlichkeit, ist aber bis 1914 weit mehr bekämpft als unterstützt worden und war nur rückblickend eine Erfolgsgeschichte.

Ein aufschlußreiches Beispiel für starke Widerstände auch in der Öffentlichkeit sind FRIEDRICH PAULSENS pädagogische Betrachtungen für das „Jahrhundert des Kindes“, die 1908 erschienen. Die Anspielung auf ELLEN KEYS psychologische Erziehungskritik ist natürlich gewollt und soll auf einen entschiedenen Gegensatz zur liberalen Erziehungstheorie hindeuten. PAULSEN empfiehlt eine Rückkehr zur *„educatio strenua,* der ernsten und strengen Erziehung früherer Tage“. Den „Überbürdungs- und Verweichlichungstheoretikern“ soll der „Abschied“ gegeben werden. Die „wahre Erziehung“ hat ganz andere „Imperative“, nämlich „Lerne gehorchen! Lerne dich anstrengen! Lerne dir versagen und deine Begierden überwinden!“ (PAULSEN 1908, S. 87 f.). Zweifellos waren diese Maximen in der Elternschaft, unter den Lehrern und bei der Schuladministration vor 1914 weit populärer als alle reformpädagogischen Ideen liberaler Erziehung und wenn sie noch so sehr mit nationalpolitischen Zielsetzungen verknüpft waren.

LUDWIG GURLITT bemühte sich zwar, in FRIEDRICH PAULSEN den Vertreter der „absterbenden Generation“ „pädagogischer Reformkämpfe“ zu erkennen, aber PAULSENS, wie ihn GURLITT nannte, „aufgeklärter Despotismus“ beschreibt die pädagogische Mehrheitsmeinung im ausgehenden Kaiserreich weit besser als die liberale Erziehungstheorie. GURLITT (1908, S. 411) faßt die Mehrheitsmeinung so zusammen: „Die Lehrpläne und den Bildungsgang bestimmen die Behörde, Eltern und Erzieher. Die Jugend hat sich zu fügen und zu bescheiden; sie soll hart angefaßt werden und doch nicht klagen“. Doch es macht den langfristigen Erfolg der Reformpädagogik aus, daß diese Einstellungen ihre Selbstverständlichkeit verlieren und sogar mehr und mehr in die Tabuzonen der öffentlichen Diskussion gerückt werden. Auch das zeigt aber, wie wenig „Reformpädagogik“ eine historische *Epoche* ist; man muß sie als Projekt begreifen, das in bestimmten Schüben, aber durchaus folgerichtig wirksam wird und zwar als Erziehung über „Erziehung“. Erziehungsreform wird Mitte des 18. Jahrhunderts zum öffentlichen, nicht länger konfessionell gebundenen Thema; die zentralen Forderungen sind unausgesetzt, wenngleich in verschiedener Dosierung Gegenstand von Auseinandersetzungen, deren Theoriekontexte sich ändern, ohne daß die Richtung der pädagogischen Argumentation sich wirklich ändert. Und indem sie Erziehung als Reformthema dauerhaft plazieren kann, erzieht sie selbst.

Dabei muß aber auch auf die Differenzen geachtet werden, denn neben der Kontinuität der Motive und Postulate des pädagogischen Denkens sind zu Beginn des 20. Jahrhunderts auch Diskontinuitäten zu verzeichnen, eigentümliche Wendungen der Problemlage, die vor allem die Stilisierung des Kindes betreffen. Die Erziehungstheorie erlebt hier einen radikalen *Bruch* und es gehört zu den Pointen der „Reformpädagogik", daß dieser Bruch nicht erkannt wird und zugleich die eigentlich originelle Leistung der Diskussion darstellt.

## 3.2. Kindorientierung: Psychologie und Mythos

Wie Ende des 19. Jahrhunderts in Europa vornehmlich über Kindheit und Jugend nachgedacht wurde, zeigte CHARLES WAGNERS berühmtes Buch „Jeunesse“, das 1891 in Paris erschien und von der Académie Française preisgekrönt wurde. WAGNER spricht von der *„jeunesse commode“* und klagt die neue Arbeitsteilung zwischen den Generationen an: „Les pères se sont fatigués pour les fils, les fils se reposent pour les pères“ (WAGNER 1892, S. 92/93). Gegen Verweichlichung und die schleichende Aufkündigung des pädagogischen Verhältnisses der Generationen hilft Disziplin, denn die Disziplin verhält sich zur Energie wie die Logik zur Intelligenz oder die Ökonomie zu den Finanzen (ebd., S. 255). Derartige Vergewisserungen autoritärer Erziehung zeigen aber Unsicherheit an: Die Distanz der Jugend zur Erwachsenengesellschaft ist gewachsen, nicht zuletzt durch zunehmende Verschulung, und der Sozialisationsmodus ist nicht mehr einfach die Weiterführung kultureller oder familiengeschichtlicher Traditionen. Die Disziplinierung der nachwachsenden Generationen wird immer schwieriger, sonst hätten pädagogische Appelle der *educatio strenua* keine Konjunktur.

Mit der Pädagogisierung der Gesellschaft wächst ihr Anspruch an Kindheit und Jugend, zugleich aber auch die Distanz zwischen den Generationen. Wachsender Anspruch und wachsende Kluft bringen Mythen hervor, der „Jugend“ ebensowohl wie der „Kindheit“. Die Mythisierung aber ist durchaus unterschiedlich, „Jugend“ wird sehr stark instrumentell verstanden, in einer politischen Funktion, wie sich an der zahlreichen Kolportageliteratur zu diesem Thema ablesen läßt. Diese Literatur ist von großem Einfluß gewesen und zeigt sozusagen die akzeptable Seite des Jugendmythos. Ein Beispiel ist OTTO ERNST’ „Bildungsroman“ „Semper der Jüngling“, der 1908 erschien und bis 1914 in einer Auflage von 60.000 Expemplaren verbreitet war. Das klassische Werther-Thema ist vergessen: Asmus Semper, der Protagonist des Romans, leidet nicht an einem inneren Konflikt, sondern an der Entfremdung von der Heimat, die mit trivialen, aber wirksamen Gefühlen besetzt wird (ERNST 1908, S. 206 ff.). Die abgespannte Odyssee endet in einer Art gelehrter Harmonie: „Nicht nur die unmittelbare Gewißheit des Sittengesetzes war ihm (Semper; J.O.) aufgegangen, er fühlte auch unmittelbare Gewißheit im Denken und Schaffen, und er nannte dies Gefühl, das die Entwicklung eines Menschen begleitet, das Richtungsgefühl“ (ebd., S. 446/447). Es gibt keinen tragischen Konflikt, sondern die Jugend ist für die Welt offen und muß nur lernen, die Gefahren richtig einzuschätzen. Wo dies geschieht, setzt sich die Natur durch. Dadurch kommt alles auf das *innere* „Richtungsgefühl“ an.

Der gezähmte Mythos der Jugend entspricht *nicht* dem radikalen Mythos des Kindes, der etwa zur gleichen Zeit entsteht. Sein literarischer Ausdruck ist ungleich ästhetischer, auch kunstvoller, zugleich weniger instrumentell als der der „Jugend", wenigstens im Blick auf die unübersehbare Kolportageliteratur vor 1914.

*Jugend* ist natürlich auch ein Thema der Dekadenzliteratur, aber Dorian Gray hat pädagogisch keine Wirkungen gezeigt. Anders dagegen der literarische Mythos des *Kindes,* der genau die Empfindungslinien der Reformpädagogen zeichnet: „Kinderaugen geben den Dingen einen Stil, den wir dann vergebens wiederzufinden streben: sie stilisieren das Alltägliche zum Märchenhaften, zum Heroischen, so wie Angst, Fieber oder Genialität stilisieren" (HOFMANNSTHAL 1979, S. 152). Das Kind *ist* ein Genie (OTTO 1903, S. 300), eine literarische Majestät (COMPAYRÉ 1911/12), damit ist eigentlich nur „anti-pédagogique" zu verstehen (PEETERS 1910, S. 5) und doch zugleich ein neuer Maßstab der *pädagogischen* Kritik.

Der populäre Mythos „Jugend" konstatiert eine Zeit des Aufbruchs, nimmt dann aber die Konfliktlage zurück oder kanalisiert sie auf politischem Wege. *Jugend* wird zur Hoffnung der Nation, zur irrationalen Spitze von Erwartungen, die sich nur mythisch ausdrücken lassen. Dies wird sich etwa an der „Meißner-Formel" von 1913 zeigen lassen (vgl. S. 187), deren Sinn der Jugendideologie GUSTAV WYNEKEN im Ersten Weltkrieg[16] dann so definierte: „Der Jugend ist der Krieg in erster Linie nicht ein politisches, sondern ein ethisches Erlebnis". Er bringt der Jugend „einen Sinn und einen Ernst ihres Lebens, eine Eingliederung ins Leben ihres Volkes" (WYNEKEN 1915, S. 20, 37). Eine solche Instrumentierung kann mit dem Mythos des Kindes nicht versucht werden, wenigstens nicht, soweit sich dieser Mythos reformpädagogisch artikuliert hat. „Das Kind", nicht das konkrete Individuum, sondern das mythische Bild, übernimmt eine Schlüsselrolle in der pädagogischen Diskussion Anfang des 20. Jahrhunderts. *Vom Kinde aus* sei die Erziehung einzurichten, und das meinte nicht etwa nur die Wendung des Blickes auf die Möglichkeiten eines kindlichen Individuums, sondern eine *peinture* aus diffusen Wünschen und Hoffnungen, die sehr schnell religiöse Züge annahm. Das *Bild* des Kindes wird verändert, die Vorstellungen über das Kind im kollektiven Bewußtsein; ein Mythos der öffentlichen Kommunikation wird herausgebildet und dafür steht die „Pädagogik vom Kinde aus" (DIETRICH 1982), jene Richtung der Reformpädagogik, die am umstrittensten und zugleich am erfolgreichsten war. Was die Zeitgenossen als Utopie oder pädagogischen Anarchismus bezeichneten, stellte sich als folgenreiche Veränderung der gesellschaftlichen Definition des Kindes heraus, die einzig über einen Mythos[17] zu erreichen war.

Die Berufung auf die Kinderpsychologie kann die Mythisierung des Kindes nicht verdecken. Die Psychologie ist für das neue Bild des Kindes keineswegs der wissenschaftliche Garant. Mythen entstehen eher dort, wo wissenschaftliche Erklärungen ungenügend oder unzutreffend sind. Ein solcher Fall liegt vor, wenn bestimmte Teile der Reformpädagogik *das*

*Kind* zum Gegenstand grenzenloser Erwartungen erheben, die sich nicht wissenschaftlich kontrollieren lassen. Für diese Tendenz nenne ich zwei Beispiele, bevor ich auf die Analyse des Mythos eingehe. Das erste Beispiel ist einem berühmten Buch entnommen, das 1887 als „L'arte dei Bambini" in Italien erschien und 1906 in deutscher Übersetzung veröffentlicht wurde. CORRADO RICCI beschreibt hier die künstlerischen Fähigkeiten des Kindes, vor allem anhand einer Untersuchung von Schülerzeichnungen. Dabei wird die Produktion des Kindes als *Kunst* ernst genommen, weil dem Kind ein reines, wenngleich noch nicht voll entwickeltes „Schönheitsgefühl" zugeschrieben werden muß (RICCI 1906, S. 38 ff.).

Die „Ehrfurcht vor dem Schönen" (ebd., S. 53) korrespondiert mit dem ethischen Gefühl für das Gute. „Eben diese unbewußte Begeisterung für das Gute und Schöne; dieser noch mehr unbewußte Glaube an das Leben macht die Kinder, sobald sie über die erste Zeit rein physischen Lebens hinaus sind, so liebreizend und herzgewinnend" (ebd., S. 54). Empirisch läßt sich leicht immer auch das Gegenteil nachweisen, aber entscheidend ist die Stilisierung eines neuen Bildes: Ein Kind, dem man unterstellen muß, es sei unbewußt begeistert für das Gute und das Schöne, behandelt man anders als ein Kind, dem das Gegenteil zugeschrieben wird. Das Kind kann so zum Künstler eigener Würde (vgl. Lehrervereinigung 1898), aber auch zum moralischen Vorbild des Erwachsenen stilisiert werden.

Das zweite Bild hat BERTHOLD OTTO 1906 gezeichnet: „Die sittlichen Anforderungen, die das Kind an die Welt, an seine Mitmenschen und auch, *soweit nicht augenblickliche Stimmungen dagegen sprechen,* an sich selbst stellt, sind ganz außerordentlich viel strenger und höher als der Erwachsene sie zu stellen gewohnt ist. Der Erwachsene hat sich gewöhnlich von der Moral, die ihm dereinst sein eigenes Herz vorschrieb, von der Welt schon einen ganz gehörigen Rabatt abhandeln lassen" (OTTO 1906, S. 105). Wieder gibt es hierfür nur Emphase, nicht etwa einen objektiven Beweis; die Empirie könnte das Gegenteil plausibel machen, ohne daß sich aber die Emphase für das gute, das unschuldige Kind korrigieren müßte. Auch wenn alle Kinder einer empirischen Stichprobe sich als sittlich überhaupt nicht hochstehend erweisen (schon weil sie „Sittlichkeit" erst ausbilden müssen), bräuchte OTTO von seiner Behauptung nicht abzurücken, weil er immer noch auf die pädagogische Aufgabe verweisen könnte, wie angesichts dieser schlechten Realität das Ideale hervorzubringen sei. Offenbar bedarf es dafür auch und nicht zuletzt eines *idealen* Bildes vom Kind. Die Idealisierung des Guten ist aber nicht gleichbedeutend mit der Bildung eines Mythos, denn der ist doppelbödig, er muß zugleich auch den möglichen Schrecken symbolisieren.

Wer nun fragt, wie der Mythos „Kind" in der Reformpädagogik beschaffen sei, der kann sich an eine eigenartige Passage von MARIA MONTESSORI halten, an das Schlußkapitel ihres 1950 – zwei Jahre vor ihrem Tode – erschienenen Buches „Il Segreto dell'Infanzia", in dem sie die Bilanz ihrer

Pädagogik zieht und das Geheimnis der Kindheit in den Mittelpunkt stellt. Das Schlußkapitel ist überschrieben mit „ecce homo“ (MONTESSORI 1967, S. 301-303) und bezieht sich auf jene Stelle im Johannes-Evangelium, die das Opfer Jesu einleitet (Joh. 18, 19). Angesprochen wird damit das *leidende Kind,* eine Vorstellung, die grundlegend ist für den Mythos, den MARIA MONTESSORI aufbaut. Gleichbedeutend mit dem Großen und Guten ist das Kind nur dann, wenn eine Stilisierung seines Leidens vorausgesetzt werden kann. Daher beginnt das Schlußkapitel mit folgenden Sätzen:

> „Das Kind wird den Leidensweg Christi zu gehen haben. Der Beginn aber von alledem liegt (im) . . . *Ecce homo.* Hier steht ein Mensch, er trägt nicht Gott in sich, er ist wie entleert und ist bereits gedemütigt und gezeichnet worden von solchen Gewalten, die ihn hätten verteidigen können. Dann wurde er vor die Menge, vor die Autorität der Gesellschaft geschleppt“ (MONTESSORI 1967, S. 301).

MONTESSORI *verkennt* die biblische Geschichte[18], aber das ist wichtig für ihren Mythos. Es genügt eine Analogie, nämlich der Satz, daß das Kind, wie Jesus, der Gewalt der Gesellschaft ausgesetzt werde und darum einen vergleichbaren Leidensweg zu gehen habe. Hier scheint zusammenzupassen, was sich im Vergleich mit dem biblischen Text als gewaltsam herausstellt. MARIA MONTESSORI sagt nämlich, daß die beiden gesellschaftlichen Instanzen für die Erziehung des Kindes, die Familie und die Schule, ein ähnliches Unverständnis herausbilden wie die Menge gegenüber dem als abgründige Parodie seiner selbst vorgeführten Jesus. Die Schule ist autoritär und repressiv, ohne Sensorium für die Bedürfnisse und Perspektiven des Kindes, während die Familie das Kind in dieser Institution allein läßt, es also verrät, statt ihm, und zwar bedingungslos, zu helfen.

Das Kind erlebt eine danteske Hölle (ebd., S. 302) und das paßt genau zur Semantik der Reformpädagogen, die von „Seelenmorden“ in den Schulen sprechen (KEY 1908, S. 221 ff., auch GANSBERG 1906a, S. 160), von schablonenhafter, öder Uniformierung im Unterricht (RICHTER 1909, S. 162) oder von der „Kommando“gewalt des Lehrplans (SCHARRELMANN 1912, S. 38), ganz so als sei die öffentliche Schule identisch mit einer geschlossenen Anstalt, die von Militaristen betrieben wird. Schulen sind sadistische Labyrinthe (MONTESSORI 1967, S. 302), der Weg durch die Schule ist eine *via dolorosa,* eine Passion, die das Kind schädigt für sein Leben. Das und nur das rechtfertigt MONTESSORIS Übertragung des Christus-Mythos auf das Kind (ebd., S. 302/303). Sie stilisiert das absolute *Leiden,* denn die *via dolorosa* endet im Grab der Seele, aber die Seele entzieht sich ihren Wächtern: „Das Kind ersteht immer wieder und kehrt immer wieder, frisch und lächelnd, um unter den Menschen zu leben. Wie EMERSON sagt: das Kind ist der ewige Messias, der immer wieder unter die gefallenen Menschen zurückkehrt, um sie ins Himmelreich zu führen“ (ebd., S. 303).[19]

Die Bibel gibt das keineswegs her; daß die Menschen so werden sollen wie die Kinder (Matth. 18, 1-4), ist nicht so zu verstehen, als verkörperten die Kinder den Messias. In einem sehr dezidierten Sinne hängt der christliche Glaube von der *Einmaligkeit* des Messias ab; sein Leben wiederholt sich nicht, auch nicht in Kindern. So hat MARIA MONTESSORIS Analogie des Kindes mit dem christlichen Messias alle Züge eines *Mythos:* Sie stilisiert ein Bild des Kindes, in dem ein Geschehen erklärt werden soll, das nur mythisch zugänglich ist. Und dieses Bild hat zwei Züge, das leidende und das messianische Kind; *beide* Züge sind mythisch, nicht etwa nur der Grundzug des messianischen Kindes. Wenn MARIA MONTESSORI die Schule als „Hölle" beschreibt, dann ergibt das nur in der Schicht des Mythologischen Sinn, denn Schulen sind, empirisch gesehen, *nie nur* „Höllen"erfahrungen. Aber darauf kommt es nicht an, denn diese Stilisierung ist die Negativfolie für das neue Bild des Kindes. Sie ist notwendig, um überhaupt einen dramatischen Effekt zu erzielen, doch der hat zur Konsequenz, daß es einen Mythos des Kindes nicht ohne einen Mythos seines Leidens geben kann.[20]

Das Leiden des Kindes ist strukturell bedingt, durch das Erziehungsverhältnis selbst: Der Erwachsene verhält sich zum Kind „egozentrisch" (MONTESSORI 1967, S. 27). „Alles, was die Seele des Kindes angeht, beurteilt er nach seinen eigenen Maßstäben, und dies muß zu einem immer größeren Unverständnis führen" (ebd.). Folgt er seinen Maßstäben, und nur das kann er, heißt diese These, dann ist der Erwachsene nicht imstande, das Kind, so wie es ist, zu erkennen, sondern legt immer nur seine Projektionen an. Das Kind erscheint ihm als ein *„leeres",* als ein *„träges und unfähiges* Wesen" (ebd.), dem er erst zur Gestaltung verhelfen muß. Der Erwachsene sieht sich so als Schöpfergott, aber das ist eine Karikatur, während das Kind als ewiger Messias dies nicht ist. Und die Differenz ist dramatisch: Als Schöpfer des Kindes „glaubt der Erwachsene um das Wohl des Kindes eifrig, voll Liebe und Opferbereitschaft besorgt zu sein. In Wirklichkeit aber *löscht er damit die Persönlichkeit des Kindes aus"* (ebd.).

Das Kind leidet also schon unter dem Erziehungs*anspruch* der Erwachsenen, sofern diese das pädagogische Verhältnis rein von sich aus definieren und unfähig sind, die autonome Welt des Kindes zu respektieren. Dabei gibt es gute Gründe für die Überlegenheit des *Kindes*[21], so daß die neue Pädagogik, will sie den Fallen der Erwachsenenprojektion entgehen, ein Bild des Schadens entwickeln muß. Erziehung, die nicht vom Ideal des *Kindes* ausgeht, wäre Zerfall, der Verlust der besten Kräfte des Menschen. Dieser irritierende Gedanke[22] steht hinter dem Mythos des leidenden und zugleich messianischen Kindes. Er drückt ein Schuldbekenntnis aus, eine Minderwertigkeit der *Erwachsenen.* BERTHOLD OTTO hat dies 1904 unter dem Stichwort „Kinderkreuzzug" als Idealisierung der *Erziehung* verstanden (OTTO 1904 S. 22 f.).

Die gute Natur des Kindes wird unter der Erziehungspraxis der Erwachsenen *leiden,* wenn sich die Erwachsenen nicht auf die Eigenart des Kindlichen einstellen. Die „Achtung vor der *Kindheit*" ist die Achtung „vor der *Menschheit*" (OTTO 1908, S. 139). Aber das ist nicht so gedacht, als könnte das Allgemeine der Menschheit das Besondere der Kindheit bestimmen. Vielmehr muß man „jedem Menschenleben in all seinen Äußerungen selbständigen Wert (zuerkennen)" und den Gedanken „verwerfen", „jedes solche menschliche Wesen nach Normen, die woanders hergenommen sind, gewaltsam zu modeln auf die Gefahr hin, es zu verstümmeln" (ebd., S. 129). Die *leidvolle* Repression soll vermieden werden, doch das gelingt nur mit einem neuen *Bild* des Kindes[23]: „Jedes neugeborene Kind (ist) schön" (ebd.) und jedes Kind ist auch bedeutsam. *„Die Kinder sind ja doch die lebendige Nachwelt"* (OTTO 1904, S. 15).

Aber das gilt nur dann, wenn ihre Natur nicht „verstümmelt", ihre Potentiale nicht beschnitten werden, wenn, anders gesagt, ihnen kein Leid zugemutet wird. Zugleich muß behauptet werden, daß die realen gesellschaftlichen Tendenzen eben *darauf* gerichtet sind, auf die „Zerstörung der Kindheit" (SCHULTZE 1911/12), und daß besonders die herkömmliche Erziehung dazu beiträgt (KAWERAU 1920, S. 105 ff.). Der Mythos des leidenden hat das Bild des ursprünglichen Kindes, der unverdorbenen und darum glücklichen Natur, zur Voraussetzung. Aber die Natur zu unterstützen, impliziert zugleich die Kritik der gesellschaftlichen Praxis von Erziehung. Das Bild der glücklichen Natur schafft nicht den Mythos des leidenden Kindes, sondern der Mythos des Leidens muß mit dem Bild des Glücks zusammengehen, um den erzieherischen Effekt, der gemeint ist, zu erreichen.

Der Mythos des leidenden Kindes soll die Erwachsenen erziehen. *Sie* sollen lernen, ihr Bild vom Kind zu revidieren, nämlich nicht länger davon auszugehen, das Kind sei „leer" und müsse angefüllt werden (mit Wissen und Können), es sei „träge" und müsse aktiviert werden (in Richtung auf seine Interessen) oder es sei schwach und müsse erzogen werden (im Blick auf die Werte der Gesellschaft). Demgegenüber votiert MARIA MONTESSORI für eine radikale Wendung auf die Individualität des Kindes, die sich letztlich biologisch begründet. Die Erziehung dient der Natur im Kind, aber die ist hochgradig individuell, es gibt kein Duplikat eines „Individuums". Das heißt aber zugleich, die Erziehung dient keinen *anderen* Mächten. Es ist klar, daß sich eine solche Konzeption auch gegen die christliche Erziehungstradition richten kann, die in der Verpflichtung auf die kirchlichen Dogmen der Individualität des Kindes nicht gerecht zu werden vermag. Auch und gerade hier ist das *leidende* Kind stilisierbar (vgl. nur BOCKEMÜHL 1925/1926).

MONTESSORI hätte dagegen nichts einwenden können. Sie fordert ja eine radikale Veränderung der pädagogischen *Maßstäbe,* deren Grundwert die Natur des Kindes und keine Institution sein soll. Aber ihre Einsicht ist noch radikaler und wendet sich letztlich gegen sie selbst: Wie können wir die Maßstäbe der Erziehung verändern, wenn wir das Kind *immer nur,* auch in biologischer Betrachtung, mit den Augen des Erwachsenen sehen? Wenn wir *unsere* Projektion zur Grundlage des Urteils machen, gerade über das leidende Kind? Das ist freilich ein Tabu, das den erzieherischen Erfolg der Regel MONTESSORIS anzeigt: In aller Erziehungskritik wird das leidende Kind vorausgesetzt, ohne daß dies empirisch eindeutig wäre. Doch das Gegenteil, das glückliche Kind, ist theoretisch gesehen nur Objekt der Utopie, nicht Teil des Bildes der Realität. Aber wie können wir das wissen, wenn wir das Kind von *seiner* Natur her verstehen und es damit in eine radikale Distanz zu uns setzen?

Das ist die kritische Frage an die psychologische Forschung am Jahrhundertende, nachdem gerade die Reformpädagogik sehr viele Hoffnungen auf die etwa seit 1880 sich international entfaltende Kinderpsychologie setzte. Wer jedoch eine eigene Psychologie des *Kindes* entwickeln will, sieht sich besonderen Erkenntnisproblemen ausgesetzt, die die Kritik auch immer wieder artikuliert hat (parallel zur Emphase der Reformpädagogen: OELKERS 1989, Kap. 4.2). Der Verdacht war, daß wir über die Kategorien des Kindes nichts wissen und sie lediglich nach Maßgabe der Vorurteile von Erwachsenen konstruieren. Weniger destruktiv, aber auch den Gegenstand der Kinderpsychologie bestreitend war die Meinung von Hauptvertretern der empirischen Psychologie (CARL STUMPF oder HUGO MÜNSTERBERG), wonach die Objektivität psychologischer Aussagen von der Gültigkeit der Erwachsenenpsychologie abhänge. Gleichwohl wurde „Kindheit" als Forschungsobjekt reklamiert und zwar für eine ausdrückliche Tatsachenwissenschaft.

Diese Zielsetzung vertrat etwa STANLEY HALL (1902, S. 37), einer der Pioniere der empirischen Kinderpsychologie, der die „seichten" (pädagogischen) Begriffe über Erziehung und Kindheit kritisierte und sie mit Hilfe einer psychologischen Erziehungstheorie ersetzen wollte (ebd., S. 223). Eine ähnliche Hoffnung drückte ELLEN KEY aus, wenn sie von der neuen Kinderpsychologie die wissenschaftliche Bestätigung pädagogischer Einsichten erwartete, die nicht mehr einfach für sich Geltung beanspruchen könnten. ELLEN KEY hat genau markiert, was die Verwissenschaftlichung des Problems leisten soll: „Es ist zu hoffen, daß wenn man . . . durch empirische Forschung anfängt, etwas über die wirkliche Natur der Kinder zu wissen, die Schule und das Haus von ihren absurden Begriffen über das Wesen und die Bedürfnisse des Kindes befreit werden, den absurden Begriffen, die jetzt jene empörende physische und psychische Mißhandlung veranlassen, die noch auch von gewissenhaften und denkenden Menschen in Schule und Haus – Erziehung genannt wird" (KEY 1908, S. 202/203).

Doch wie können wir die „wirkliche Natur des Kindes" erkennen, wenn wir doch immer nur, auch als Kinderpsychologen, unsere eigenen Kategorien und Vorurteile abbilden? Es ist interessant, daß die frühe Kinderpsychologie diese Frage höchstens methodologisch, nicht aber in ihrer Forschungspraxis bedenkt. STANLEY HALL (1902, S. 41) sieht das besondere Interesse der Kinderpsychologie darin zu fragen, „was ein Kind eigentlich ist". Seine Grundprämisse setzt fort, was ROUSSEAU vorgedacht hat, nämlich die Betonung der pädagogischen Differenz: Kinder sind „keine kleinen Erwachsenen mit allen ausgebildeten Fähigkeiten in verkleinertem Maßstab, sondern einzigartige" und von den Erwachsenen „sehr verschiedene Geschöpfe" (ebd., S. 41/42). Ihre Welt ist dem Erwachsenen verschlossen, in dem Sinne, daß er „durch Selbstbeobachtung" nicht „in die Seele des Kindes zurückkehren" kann. Die Kinderpsychologie verwendet daher „indirekte Methoden", um ihr Erkenntnisproblem lösen zu können (ebd., S. 42). Das hindert HALL freilich nicht daran, sehr weitgehende Aussagen über die Entwicklung von Kindern vorzulegen und auch deren praktische Applikation zu behaupten.

Die praktischen Vorschläge folgen freilich einem bekannten pädagogischen Schema und haben wenig mit den Ergebnissen der psychologischen Forschung zu tun. HALL (1902, S. 227-247) beschreibt die *ideale* Schule und den *idealen* Kindergarten, deren Konstruktion auf einem einfachen Schema der kindlichen Entwicklung basiert, das einem Idealbild zugrunde zu legen, keiner psychologischen Forschung bedurft hätte („Kindergartenalter"; „Übergangsperiode" von sieben oder acht Jahren; Vorpubertät: acht bis zwölf Jahre; „Jünglingsalter"). Wichtiger aber ist, daß die Leitannahmen alle gerade mit empirischen Mitteln bestritten werden können, etwa wenn es über das „Kindergartenalter" heißt, in dieser Zeit bedürfe „der Körper die meiste und die Seele die wenigste Aufmerksamkeit" (ebd., S. 229), oder wenn der „ideale Lehrer" der Vorpubertät als „ernster Zuchtmeister" beschrieben wird, „der ebensowohl heiter sein kann als auch streng und unnachgiebig in seinen Forderungen und unduldsam gegen schlechte Arbeiten" (ebd., S. 239).

Da aber die Position des Erwachsenen irreversibel ist, entsteht das Problem der richtigen Einstellung. Wie nähert man sich einer unbekannten Welt, die einem zugleich fremd und vertraut erscheint? Diese Frage ist radikal, wenn sie nicht einfach methodisch verstanden wird (KIRSTE 1916). Man muß sich vorstellen können, daß man nicht weiß und nicht wissen kann, was „kindgemäß" ist, wenn mit dieser Formel behauptet werden soll, eine bestimmte pädagogische Maßnahme kann sich tatsächlich auf die Bewußtseinslage oder den Entwicklungsstand eines Kindes gezielt wirksam einstellen. Demgegenüber verstand die entschiedene *Pädagogik* »vom Kinde aus« (GLÄSER 1920, GLÄSS 1961) ihren Leitsatz: »Alle Kräfte des Kindes werden gelöst, gepflegt und entwickelt« als geheimnisvolle Intuition (LOTTIG 1961, S. 65 f), aus sich die »freie Kunst des Lehrers« (ebd., S. 70) ergibt. Dieses kunstvolle Ahnen und Handeln bezieht sich auf die inneren »Kräfte« des Kindes, die eben »gelöst, gepflegt und entwikkelt« werden wollen. Doch das ist nur noch mythisch vorstellbar, mit einer Psychologie, die nicht empirisch, sondern intuitiv, gar divinatorisch, verfährt.

Nicht beschränken soll der Lehrer, erst recht kein »Zuchtmeister« sein, sondern die Kräfte entwickeln, die Potentiale oder Anlagen des Kindes möglichst ungehindert zur Entfaltung kommen lassen. Dafür, so bemerkte JOHANNES GLÄSER, sei eigentlich nur eine Psychologie notwendig, nämlich die der „Menschenkenntnis" (GLÄSER 1920, S. 19). Und, so muß man hinzufügen, jener Mythos des Kindes, den die Psychologie nicht liefern kann. Die strikte Empirie der „Kräfte" oder „Vermögen" des Kindes ließ wenig mehr zu als eine Analogie zu den „Kräften" oder „Vermögen" der Erwachsenen (z.B. TRACY/STIMPFL 1912) oder aber verlangte eine eigene Perspektive, nämlich die der *Entwicklung,* über die im nächsten Kapitel zu handeln ist.
An dieser Stelle soll nur festgehalten werden, daß die Mythisierung des Kindes nicht zufällig erfolgte und in ihrer Funktion begriffen werden muß. Weil die Kinderpsychologie gerade nicht zur *„unentbehrlichen Grundlage der Pädagogik"* wurde (ebd., S. III), da ihre praktische Anwendung offen blieb oder zu den pädagogisch üblichen Mitteln der Idealisierung greifen mußte, blieb die *Stilisierung* des Bildes vom Kind einem Mythos überlassen. Das war unumgänglich, weil es der Pädagogik, die vom Kinde aus dachte, um eine neue Ethik, eine neue öffentliche Moral zu tun war, die das pädagogische Bewußtsein verändern sollte. Es ging nicht so sehr um die *wirkliche* als vielmehr um die *ideale* Natur des Kindes, die weder biologisch noch psychologisch beschrieben werden konnte, sondern mythisch imaginiert werden mußte. „An unreflecting intuition" nannte das JAMES SULLY (1903, S. 15) in seinem berühmten „Studies of Childhood", einer Entwicklungspsychologie, die sich um Realismus bemühte und doch nicht umhin kam, das ferne *Andere* der kindlichen Welt zu betonen, dem man sich nur dann angemessen nähert, wenn man die Position des Erwachsenen überwindet und zum „Kinderfreund" („childlover") wird (ebd.).

Wissenschaft und neue Erziehung werden zunächst nicht als Gegensätze betrachtet; eher wird, wie gesagt, von der wissenschaftlichen Wahrheit die Begründung der Erziehung erwartet (vgl. nur BUGNION 1910). Doch diese Erwartung, das psychologische Studium des Kindes sei die Basis für „exact education" (HALL 1893), erfüllte sich im Bewußtsein der handelnden und schreibenden Pädagogen nicht. Nicht Messung und induktive Verallgemeinerung war das, was sie mit dem neuen Bild des Kindes verbanden, sondern *Einfühlung,* ein psychologisches Konzept, das nicht zufällig am Ende des 19. Jahrhunderts vor allem in der Ästhetik diskutiert wurde (STERN 1898). Vorausgesetzt war dabei keine formale, sondern eine *symbolische* Kunstauffassung[24] (WERNAER 1905). Die Einfühlung gilt einer symbolischen Wirklichkeit oder, psychologisch gesprochen, der inneren Welt eines anderen Menschen, die sich nur durch symbolische Phantasie erschließen läßt.

THEOBALD ZIEGLER hat diese Kategorie als Perspektivenwechsel und damit als zentralen Begriff für die Ablösung der älteren Assoziationspsychologie verstanden: Einfühlung ist „jener seelische Akt, vermöge dessen die Phantasie bei der ästhetischen Betrachtung ... in alles den Menschen hineinschaut, in der Weise, daß wir uns, unsere Seele, unser Eigenstes in die äußeren Erscheinungen hineinlegen oder besser: hineinfühlen und sie dadurch beleben und beseelen. Dadurch unterscheidet sich diese Einfühlung von der Assoziation, der gegenüber sie ein viel Innerlicheres, Tieferes, Intimeres ist: jene bleibt in der Zweiheit und Äußerlichkeit stecken, hier dagegen ist Einheit und Innerlichkeit, Vermittlung durch das Ich, durch das eigene Lebensgefühl, ein persönliches Mitdabeisein, ein von innerstem Herzensgrunde aus Interessiertsein" (ZIEGLER 1894, S. 113/114). Damit ist die neue *pädagogische* Einstellung dem Kind gegenüber genau beschrieben: Nicht von außen („assoziativ") soll die Beziehung gefaßt werden, sondern von innen, eben durch das Medium der Einfühlung oder wie es später hieß, des pädagogischen Verstehens.[25]

Die Pädagogen vom Kinde aus verstanden sich *„kindertümlich", „lebensvoll"* und *„produktiv"* (CHMIEL 1923, S. 481; gesagt über SCHARRELMANN). Doch das läßt sich nicht als exakte Erziehung oder experimentelle Pädagogik betreiben, sondern verlangt eine besondere Einstellung zum Kind[26], für die eine Verstehensbehauptung angenommen werden muß. *Vom Kinde aus* kann man dann erziehen, wenn eine „tiefere" Einfühlung in die Seele des Kindes angenommen wird. Diese Einfühlung ist die Fiktion des Erwachsenen, aber der kann die Überzeugung gewinnen, der inneren, symbolischen Wirklichkeit des Kindes besonders nahe zu sein. Die fiktive Nähe stabilisiert sich aber nur dann zu einer festen Disposition, wenn sie sich auf starke Motive berufen kann. Der Kern des reformpädagogischen Motivs ist nun an dieser Stelle das leidende Kind: Es muß, so die neue Disposition, alles getan werden, dem Kind die *via dolorosa* durchs Leben zu ersparen, ganz so als ginge dies tatsächlich und könnte der Erwachsene, aufgrund der richtigen Einfühlung, der Entwicklung des Kindes Folge leisten.

Der Mythos des leidenden Kindes stabilisiert also den pädagogischen Willen, der einem Bild folgt, das nicht neu ist – die unschuldige, kräftige und zugleich, wie die Romantik sagte, „ahndungsvolle" Natur des Kindes (SCHLEGEL 1971, S. 49 f.) – aber erst in dieser Verbindung und Rezeptionslage gesellschaftliches Bewußtsein verändert und zu einem großen, öffentlichen Thema wird. Nur auf diesem Wege wird MARIA MONTESSORIS Leitformel populär: „Dem Leben helfen, heißt nie, es gestalten, sondern seine Entwicklung erleichtern, und endlich, die gefährdete Entfaltung der Kleinen zu verteidigen" (MONTESSORI 1930, S. 2). Visionen des glücklichen setzen so den Mythos des leidenden Kindes voraus. Dies ist eine Grundüberzeugung nicht nur der pädagogischen Avantgarde, wie sich etwa an der Wiener Tiefenpsychologie leicht zeigen ließe.[27] Ich wähle zwei andere Beispiele, RILKES Beschreibung des „Sklaventums" der Kinder und HEINRICH LHOTZKYS „Naturgeschichte der Erziehung". Beide geben eigentlich Visionen, wie Kinderglück, damit Lebensglück, möglich ist, aber sie setzen voraus, daß dies erst *gegen* eine Praxis des Leidens durchgesetzt werden muß. RILKE findet dafür dramatische Sätze:

> „Freie Kinder zu schaffen, wird die vornehmste Aufgabe dieses Jahrhunderts sein. Ihr Sklaventum ist schrecklich und schwer; es beginnt, noch ehe sie geboren sind, und endet damit, daß sie schließlich Erwachsene und Eltern, das heißt wieder Unterdrücker von neuen Kindern werden. Wie die Verhältnisse heute liegen, kann man ruhig sagen, daß sowohl die guten wie die schlechten Eltern, sowohl die guten wie die schlechten Schulen, Unrecht haben dem Kind gegenüber. Sie verkennen das Kind überhaupt, sie gehen von einer falschen Voraussetzung aus, von der Voraussetzung des Erwachsenen, der sich dem Kinde überlegen fühlt, statt zu erkennen, daß es das Streben der größten Menschen war, dem Kinde in gewissen Augenblicken gleich und ebenbürtig zu sein" (S.W. Bd. 5/S. 586/587).

RILKE schrieb dies am 8. Juni 1902 in einer Rezension von ELLEN KEYS „Das Jahrhundert des Kindes". RILKE, kurz darauf mit ELLEN KEY befreundet, besprach ihr Buch nicht zufällig so positiv. Eines seiner poetischen Hauptmotive ist das leidende und zugleich überlegene Kind. Dies merkt ELLEN KEY in ihrem Essay über RILKE ausdrücklich an (KEY 1911, S. 158 ff.). RILKE selbst äußert in einem Brief vom 12.11.1901, es wäre im Blick auf die Schönheit der Welt das beste, „wenn alle Menschen in dieser Beziehung immer wie aufmerksame und gute Kinder bleiben wollten" (Br. Bd. 1/S. 31). 1906 stellt er öffentlich dar, wie dieser Grundsatz schulisch umgesetzt werden sollte: „Der ganze Unterricht muß . . . sich verändern: anstelle der Überlegenheit, die den Lehrenden von den Kindern entfernt, tritt eine neue Zusammenfassung und Einheit" (S.W. Bd. 5/ S. 685). Dies, erläutert er in einem Brief an FRITZ GANSBERG, und *nur* dies, mache den Fortschritt zum Guten aus (ebd., S. 686).

Das glückliche Kind aber hat seine institutionelle Bedingung. RILKE beschrieb diese Bedingung als *kindgerechte* Schule, abgelesen am Beispiel einer „Samskola" im schwedischen Gothenburg, die er im Oktober 1904 besuchte. Den Besuch schilderte er ELLEN KEY brieflich als ein „großes, großes Ereignis" (RILKE 1930, S. 224), weil er glaubte, die Schule der Zukunft gesehen zu haben. Diese Schule ging auf Gründungen von KARL EDVARD PALMGREN zurück, die dem Gedanken der Koedukation und zugleich einer praktischen Arbeitspädagogik verpflichtet waren.[28] RILKES Bericht eröffnete mit den Jahrgang 1905 der wichtigen Diskussionszeitschrift „Die Zukunft", worin durchaus Programmatik zu sehen ist, denn RILKE beschrieb die Schule als Organon der Freiheit (S.W. Bd. 5, S. 674), das keinen Platz mehr hat für eine imperative Pädagogik: „Sie (die Schule; J.O.) ist nicht in ein Programm eingeschlossen, sie ist nach allen Seiten offen. Und es ist gar nicht vom ‚Erziehen' die Rede. Es handelt sich gar nicht darum. Denn wer kann erziehen? Wo ist der unter uns, der erziehen dürfte?" (ebd., S. 675).

Stattdessen begleitet die Schule die Entwicklung der *Natur;* sie folgt darin dem romantischen Prinzip der *Nicht*störung: „Was diese Schule versucht, ist dieses: nichts zu stören. Aber indem sie dies auf ihre tätige und hingebende Weise versucht, indem sie Hemmungen entfernt, Fragen anregt, horcht, beobachtet, lernt und vorsichtig liebt, – tut sie alles, was Erwachsene an denen tun können, die nach ihnen kommen sollen" (ebd., S. 675/676). Besser ist die Schule vom Kinde aus sicher nie beschrieben worden; aber auch und gerade RILKE stilisiert ein mythisches Kind, das einsam ist und an der Erziehung leidet, weil sie nicht dem Weg *seiner* Natur folgt und folgen kann (S.W. 5, S. 13 ff.). Die „verlorene Natur" der Kindheit ist eine Elegie für den Erwachsenen, der dieser Spur aber nur in der Spitze der Kunst wirklich folgen kann (ebd., S. 14). „Kinder müssen wir werden, wenn wir das Beste erreichen wollen", zitiert RILKE PHILIPP OTTO RUNGE in seinem berühmten Essay über Worpswede 1902 (ebd., S. 32).

Von ästhetisch ganz anderer, im Kern des Arguments aber ähnlicher Natur war das Buch „Die Seele Deines Kindes", ein Bestseller und Publikumserfolg des Schriftstellers HEINRICH LHOTZKY, der stark religiös gefärbte Ratgebertexte veröffentlichte, sich auch literarisch versuchte und in seiner Entwicklung vom Sektentheologen zum „völkischen" Propheten einen eigentümlichen und doch für die deutsche Reformdiskussion nicht atypischen Weg einschlug.[29] LHOTZKYS Buch über die „Seele" des Kindes erschien 1908 unter dem Motto: „Die beste Erziehung ist keine Erziehung" (LHOTZKY 1908, S. 10). Gleichwohl spricht LHOTZKY von einer „Naturgeschichte der Erziehung" (ebd., S. 41 ff.), um damit die zentrale Bedeutung des Entwicklungsbegriffs zu markieren, der natürliche und nur sehr begrenzt pädagogische „Stufen" beschreiben soll. Der Witz bei LHOTZKYS Entwicklungskonzept ist das, was er die „naturgemäße, gesunde Selbstsucht" des Kindes nennt (ebd., S. 42). Sie ist der Sitz der Seele oder der „Urzustand" des Kindes (ebd., S. 42/43). Der „Eigennutz" muß im Laufe der „seelischen Entwickelungskreise" überwunden werden, doch das verlangt nicht eigentlich Erziehung, sondern „Hingebung" der Eltern. Pointiert heiß es: „Je größer die Selbstsucht der Kleinen ist, um so größer muß die Selbstzucht der Großen werden. . . . Die Gesittung muß also bei uns sein, der Eigennutz ist bei den Kleinen" (ebd., S. 43).

Auf diese Weise wäre eine natürliche Entwicklung zu gewährleisten, die stärker ist als jeder denkbare „Erziehungsfehler" (ebd., S. 46). Stabilisiert wird die Entwicklung durch die rechte Einfühlung zwischen Kind und Eltern (ebd., S. 59 ff.), darunter kann das Kind nicht leiden; dagegen ist gerade die pädagogische Einstellung die Quelle des möglichen Übels: „Mache . . . dein Kind nicht zum Versuchsgegenstand irgendwo aufgelesener Erziehungsgrundsätze. Erziehe lieber gar nicht, aber laß dich erziehen. Du wirst immer das Rechte treffen, wenn du in deinem Kinde immer den ebenbürtigen Geist achtest und liebst" (ebd., S. 76). Der Mythos des leidenden Kindes kann letztlich nur in Antipädagogik enden: Niemand kann sich anmaßen zu erziehen, weil niemand über einen Gottesstandpunkt verfügt, den die klassische Pädagogik voraussetzt. So jedenfalls kann man RILKE und LHOTZKY, jeden auf seine Weise, verstehen, die das Kind zur heiligen, unantastbaren Größe stilisieren, um das Leiden *durch* Erziehung zu vermeiden.

Das neue Bild des Kindes kann nur dann rein stilisiert werden, wenn der Kontrast zur Realität möglichst groß ist. Dabei verbindet sich der romantische Mythos mit der christlichen Passion: Das Kind muß als Glücksträger und *zugleich* als Leidender mythisiert werden, sonst kann kein neues Bild entstehen, das ältere und rohere Vorstellungen ablöst. Ohne einen Mythos des Kindes würden nur empirische Differenzierungen greifen, die nicht (oder nur in abstrakter Theorie) synthetisiert werden könnten und so für die öffentliche Diskussion ohne pädagogischen Effekt blieben. Für die Pädagogik *vom Kinde aus* spielt daher der *Mythos* „Kind" die ausschlaggebende Rolle; diese Tendenz der Reformpädagogik veränderte kollektive Dispositionen über ein neues Bild des Kindes, das nicht durch Ergebnisse psychologischer Forschung gewonnen wurde. Die Frage ist, ob dies von der Theorie der *Entwicklung* des Kindes auch gesagt werden kann.

## 3.3. „Entwicklung“ als pädagogischer Leitbegriff

Die Entwicklung des Kindes setzt ein bestimmtes Modell der Bewegung voraus. Gemeint ist die fortschreitende Veränderung der Instanzen, Organe und Eigenschaften im Verlaufe relativ langer Zeiträume von Kindheit und Jugend. Diese Bewegung wird in der pädagogischen Literatur zumeist mit Hilfe von Phasen- oder Stufenmodellen beschrieben, also genetisch, im Unterschied zum statischen Bild des Kindes, das der Mythos anzeigte. Damit die Abfolge von gestuften Perioden nicht ohne Richtung, und damit ohne Konsequenz, erscheint, wird „Entwicklung“ fast immer *teleologisch* gedacht. Und das ist natürlich am Ende des 19. Jahrhunderts in keiner Weise ein neues Konzept.

Gleichwohl nennt DOLF STERNBERGER (1974, S. 87-121) *Entwicklung* das Zauberwort dieses Jahrhunderts, das fasziniert gewesen sei vom Gedanken der Veränderung oder eben der Entwicklung über das gegebene Sein hinaus, wie sie vor allem CHARLES DARWIN in seiner „Entstehung der Arten“ von 1859 beschrieben habe. Der Entwicklungsgedanke ist älter, gerade auch in pädagogischer Verwendung[30], aber DARWIN gebrauchte den Begriff in radikal veränderter Weise, nicht mehr anthropologisch bezogen auf das menschliche Individuum, sondern biologisch im Hinblick auf die Evolution der Gattungen und damit des Lebens.[31] Erst *nach* DARWIN wird „Entwicklung“ über die Biologie hinaus zu einem Schlüsselbegriff der gesamten Theoriediskussion, der aber, wie zu zeigen sein wird, die pädagogische Nutzung des Konzepts nicht wirklich beeinflußte. Wie radikal die Evolutionstheorie angesetzt war, zeigte sich vor allem dort, wo die theologischen Dogmen berührt waren. Mit „Entwicklung“ als Grundbegriff der Theorie des Lebens kann *alles* wandelbar erscheinen, selbst die physikalischen oder psychologischen Strukturvoraussetzungen einer Bewegung. Auch sie – „Materie“ oder „Geist“ – entwikkeln sich und es ist nicht mehr gesagt, in welche Richtung.

So radikal ist die pädagogische Verwendung der Entwicklungsvorstellung zunächst nicht, weil sie, wie gesagt, überwiegend als Teleologie des Kindes adaptiert wird. Was vor allem nach 1918 *„Dienst am Werdenden“* (der Gesellschaft) genannt wurde (ROTTEN/WILKER 1930, S. 5), war nicht kontingenztheoretisch gedacht, wie man es etwa aus DARWINS Prinzip der „natürlichen Zuchtwahl“ hätte herauslesen können. Das *„genetische Prinzip“* war, worüber es ein deutliches Bewußtsein gab, der pädagogischen Tradition entnommen (HOLTSCH 1889, S. 32). Hier werden, was im ganzen 19. Jahrhundert immer erneut überliefert wurde, wohl Entwicklungsphasen angenommen (vgl. nur SCHMIDT 1865, Bd. II/S. 436 ff.), zugleich aber die Erziehung des Individuums immer als *„Glied im Ganzen“* konzipiert und auf den *„Dienst“* am *„Allgemeinen“* bezogen (ebd., S. 594). Dieser Grundzug der pädagogischen Reflexion änderte sich auch dann nicht, als *psychologische* Entwicklungstheorien aufkamen. Sie wurden überwiegend über das traditionelle Stufenschema rezipiert, um zum Beispiel die Idee des „Kindgemäßen" abzustützen (SCHMIDKUNZ 1900, S. 13 ff.). Die Logik dieser ganzen Argumente hatte HEINRICH GRÄFE bereits 1845 in der wünschenswerten Klarheit dargelegt:

> „Ohne die frühere Entwickelung kann die spätere nicht zur Realität kommen, und diese ist die Realität jener als eines Gewesenen ... Das Gewordene geht in dem Werdenden auf, ohne daß es völlig vernichtet wird; es lebt vielmehr darin fort, aber als ein Anderes, nicht in allen seinen Momenten, die ja zum Theil durch den Entwickelungsprozeß sich abscheiden, aber doch seinem Wesen nach. Denn das wahre Wesen einer früheren Entwickelung liegt eben darin, zu einer andern zu werden" (GRÄFE 1845, Bd. I/S. 109/110).

Doch kann man so die Entwicklung eines *Kindes* verstehen? GRÄFE begreift das „Wesen der Entwickelung" als *Bewegung,* die sich nach außen kehrt, aber immer zugleich auch nach innen zurückwenden muß: „Durch Evolution entfaltet sich ein Wesen aus der Einheit zur Mannigfaltigkeit, weil es nur dadurch sich äußerlich darstellen, Dasein gewinnen kann; durch Involution dagegen sucht es in der Mannigfaltigkeit die Einheit festzuhalten, weil ... in dieser sein individuelles Sein begründet ist. *Evolution* und *Involution* sind die Momente, *deren Totalität* die *Entwickelung* ausmacht" (ebd., S. 112). Ganz anders denkt die Psychologie am Jahrhundertende. Ich zitiere nur ein berühmtes Beispiel, GUSTAVE LE BONS „Psychologie de l'éducation". Hier heißt es definitorisch: „L'éducation doit avoir pour but de développer certaines qualités du caractère", nämlich solche der Aufmerksamkeit, der Reflexion, des Urteils, der Initiative, der Disziplin, des Willens usw. (LE BON 1902, S. 202). Man entwickelt derartige Qualitäten nur, indem man sie übt, und man muß diejenigen besonders üben, mit denen die Schüler am wenigsten ausgestattet sind (ebd.).

Diese empirische Sichtweise hat den Vorteil, analytische Differenzierungen zuzulassen und *nicht* von einer seelischen Totalität sprechen zu müssen. Was sich entwickelt und psychologisch beschrieben werden kann, sind *einzelne* Instanzen oder innere Fakultäten, nicht das „ganze Kind". Die frühe Kinderpsychologie (PEREZ, PREYER u.a.) hat daher Entwicklung als „Synthese" gedacht (OELKERS 1989, Kap. 4.2), die sich stets aus *einzelnen* Fortschrittslinien zusammensetzt, zum Beispiel der abstrakten Ideen (RIBOT 1891), der Wahrnehmung (BINET 1890) oder der Moralität des Kindes (SCHINZ 1898). Diese Diskussion vor allem in der französischen Psychologie erreichte die deutsche reformpädagogische Auseinandersetzung so gut wie nicht. Auch aussichtsreiche Adaptionen empirischer Forschung, etwa im Genfer „Institut Jean-Jacques Rousseau"[32] scheiterten an der Kulturgrenze oder waren mit dem besonderen pädagogischen Denken unvereinbar. EDOUARD CLAPARÈDES, auf ROUSSEAU zurückgeführte „conception fonctionelle de l'enfance" (1912) wenigstens blieb in Deutschland weitgehend unbekannt, ähnlich wie die frühe Version von PIAGETS Entwicklungspsychologie.

Diese Ansätze stießen freilich auch auf tieferliegende Sperren, die mit Grundüberzeugungen der Pädagogik zu tun haben (vgl. OELKERS 1988a). Dies hat ADOLPHE FERRIÈRE *gegen* die „psychologie expérimentale" festgehalten: Sie formuliert Gesetze, während es die Erziehung mit dem Individuum zu tun hat, dessen Einmaligkeit durch kein psychologisches Gesetz erfaßt oder abgebildet werden kann (FERRIÈRE 1930, S. 49). Der Ausgangspunkt der Erziehung sind daher die „activités spontanées" des Kindes (ebd., S. 50), nicht abstrakte Regeln, die sich aus allgemeinen Gesetzen der Wissenschaft ableiten. Einen anderen wichtigen Punkt der Differenz hat schon früh ALBERT SCHINZ markiert: Die Mehrheit der heutigen Pädagogen nehmen an, daß es sich in der Moralerziehung vor allem um eine Erziehung der Gefühle handele und unterstellen, „l'éducation morale est parfaitement indépendante du développement intellectuel" (SCHINZ 1898, S. 293/294). Der im wörtlichen Sinne sentimentale Grundzug vieler reformpädagogischer Konzepte *verkennt* die „élaboration progressive de la conscience *par l'intelligence*" (ebd., S. 290). Er entsteht aufgrund der unbeirrten Weiterverwendung vorempirischer Seelenlehren, die nicht nur Ganzheit, sondern zugleich den Vorrang des Gefühls vor dem Verstand behaupten, im Blick auf das Kind und damit aber auf die Erziehung des späteren Erwachsenen. Das setzt eine ganz andere Entwicklungstheorie voraus, die nämlich, die das Kind als *eigenes Wesen* annimmt, das sich immer ganzheitlich auf seine Zukunft vorbereitet. Mitte des 19. Jahrhunderts stand für diese Idee der Ausdruck *„Kindergeist"* zur Verfügung, der praktisch von der Reformpädagogik so übernommen wurde, wie ihn KARL SCHMIDT 1865 beschrieb: Das „Eigensein" des Kindes spricht sich „theoretisch als Naivität, practisch im Spiel" aus (SCHMIDT 1865, Bd. II/S. 443):

> „Die Naivität ist das ungehinderte, freie, originelle Sichaussprechen des Kindergeistes . . . Sein (des Kindes; J.O.) Denken und Wollen geht unmittelbar in's Sprechen über . . . Seine innere Fülle fließt nach Außen . . . Auch spielt es nun mit seinen Vorstellungen, – es phantasirt . . . Alles wird unter seinen Händen zur Poesie. Das Spiel – die Thätigkeit ohne anderen Zweck, als thätig zu sein – ist die Kinderpoesie, das Epos, die Iliade und Odyssee, die jedes Kind durchlebt und jedes Kind schreibt" (ebd.; Hervorhebungen im Text entfallen).

Im Durchleben dieser Phase der Naivität und des Spiels bereitet sich das Kind auf das Leben vor. Unter Rückgriff auf DANIEL SCHREBER lautet die zentrale Formel dann: „Die Spielzeit ist . . . die Elementarklasse der Lebensschule" (ebd.). Das Spiel nämlich erweckt „körperliche und geistige Gewandtheit, Sinn für Ordnung und Reinlichkeit, für Schönheit, Genauigkeit, Ausdauer in Erstrebung eines Zieles", usw. (ebd.; Hervorhebung entfällt).

Was diese anthropologische mit der empirischen Pädagogik der „Entwicklung" gemeinsam hat, ist der Verzicht auf religiöse Vollkommenheitsideale, wie sie aber im Kontext der Reformpädagogik sehr häufig wieder aufgenommen wurden. Sie denkt vielfach „Naivität" und „Spiel" vor dem Hintergrund einer perfekten Teleologie. Läßt man den Kindern ihre entwicklungspsychologische Eigenart, dann besteht Hoffnung auf *„Vervollkommnung"* (KEY 1913, S. 35), also auf eine „neue Gesellschaft und ein höheres Menschentum" (ebd., S. 28). Die Entwicklung darauf hin ist nur durch eine kindgerechte Erziehung möglich; „kindgerecht" ist die Erziehung aber einzig dann, wenn sie die Kinderzeit als eigenständige Phase der Entwicklung begreift, ohne sie noch einmal empirisch zu zerlegen. Entwicklung ist so nicht folgenreiche Veränderung, sondern zielgerichtete Bewegung; die Erziehung muß sich auf das *Ziel* der Natur (und nicht einfach auf sie selbst) einstellen, will sie legitim sein. EWALD HAUFE hat dies paradigmatisch so ausgedrückt: „Alles ist nur scheinbar ein Vollkommenes und Gewordenes, objective und subjective Natur müssen sich fort und fort entwickeln. Alles, der Theil wie das Ganze, strebt als ein Werdendes und sich Entwickelndes dem Absoluten zu, dem Vollkommenen und Urheber der unbegreiflichen individuellen, sich ewig fortentwickelnden organischen Einheit, welche Natur genannt wird" (HAUFE 1889, S. 10/11).

HAUFES expliziter Rückgriff auf DARWIN (ebd., S. 43 ff.) scheint angesichts dieser Prämisse nicht sehr plausibel, weil für DARWIN „Entwicklung" tiefer liegt als „Natur": Natur ist Leben, aber Leben ist Entwicklung; alle Zustände des Lebens sind prinzipiell durch andere ablösbar, sofern nur der Mechanismus der Verbesserung durch die „natürliche Zuchtwahl" greift; keine Verbesserung aber führt zur Vollkommenheit (DARWIN 1976, S. 275). „Natur" ist bei DARWIN nicht mehr selbst Kraft, keine substantielle Realität, sondern biologische Beschreibung, nämlich Variation und Prozeß. Die einzige Konstante ist die biologische Bewegung selbst. Auf keinen Fall läßt sich die Bewegung der Evolution auf substantielle oder teleologische Vorannahmen beziehen, die den Prozeß zum richtigen Ziel hin steuern.

Das ist ein weitreichender Befund, der erklärbar macht, warum HAUFE, stellvertretend für viele pädagogische Konzepte, eine Zwittertheorie entwickelte: Die Grundannahme ist die einer Teleologie. Die Entwicklung der Natur ist zwar allumfassend, doch sie steuert auf ein „letztes" oder „höchstes" Ziel zu. Dieses Ziel wird religiös gedacht und mit dem Absoluten bezeichnet, nimmt aber die Plausibilität der biologischen Evolution für sich in Anspruch und gerät eben darum in eine Zwitterstellung. Denn wird die Natur als eine sich entwickelnde bezeichnet, dann müssen die Substanzannahmen der älteren Theorie preisgegeben werden. Das aber hat zur Folge, daß die Natur keine Einheit mehr ist, denn die kann nur substantiell gedacht werden. Eine solche uneinheitliche Natur kann nicht *sich* „entwickeln", weil sie gar kein Wesen mehr hat, keinen „Kern", der sich auf etwas zubewegen könnte. So ist es konsequent, wenn DARWIN *Entwicklung* zur Grundkategorie der Biologie erhebt, denn über die Natur kann dann nur noch ausgesagt werden, daß sie eine Funktion der Entwicklung (nicht etwa die Entwicklung eine Funktion der Natur) ist. Wenn, wie HAUFE sagt, alles sich entwickelt, dann ist aber auch nichts mehr substantiell verfügbar, da Entwicklung einen unabsehbaren Prozeß freisetzt, in dem nichts mehr ein für allemal konstant gesetzt werden kann. Alles ändert sich, und nur der Prozeß des Änderns selbst bleibt konstant.

Dagegen sträubt sich die gewohnte Bedeutung des Begriffs „Entwicklung", die insofern auch nicht erfassen kann, was DARWINS Theorie eigentlich meinte. Sie beschreibt retrospektiv Stufen eines Prozesses, aber keine Entwicklung, die ihr Ziel bereits in sich trägt und auch keine Stufenfolge, die in die Zukunft hinein verlängerbar wäre. Was die Evolution in Zukunft macht, ist unabsehbar, weil sie so langsam ist, daß sie allen Zeitvorstellungen des Menschen widersteht. HAUFE macht genau diesen Fehler: Er deutet Entwicklung als Prinzip, aber nicht der bloßen Bewegung des Lebens, sondern als erfahrungsgesättigte Hypothese für *zukünftige* Evolutionen. Nur so, läßt sich hinzufügen, kann daraus überhaupt eine *pädagogische* Kategorie entstehen, die darunter immer mehr vorstellen muß, als DARWIN im Auge haben konnte. Bis in die heutige Entwicklungspsychologie hinein meint Evolution in pädagogischer Hinsicht *prospektiven Fortschritt,* nicht etwa biologische Kontingenz.

Grundlage der pädagogischen Argumentation ist seit dem 18. Jahrhundert eine ethisch begründete Zwecksetzung, die mit psychologischen Beschreibungen über die „Kräfte" oder „Anlagen" des Kindes zusammengebracht wird. Die Potentiale des Kindes entwickeln sich nicht als psycho-physische Konfigurationen kontingenter Erfahrungen, nicht radikal plastisch also, sondern gemäß der in den Anlagen vorgezeichneten Entwicklungsrichtung. Genau darum muß der Erzieher die Kräfte der Natur achten, weil *sie* (und nicht er oder das Leben) die Entwicklung vorzeichnen. Entwicklung ist daher noch an Natur gebunden, nämlich an die biologische Mitgift jedes Individuums, die sich in der richtigen Erziehung verwirklicht oder von der schlechten Erziehung verfehlt wird. Der Maßstab der Erziehung ist darum auch von ihr unabhängig, eben die Natur des Kindes, die sich folgerichtig, jedoch nicht frei von potentiellen Störungen und Verbiegungen entwickelt.

*Folgerichtig* ist eine Entwicklung dann, wenn sie Stufen oder Phasen durchläuft, also Veränderungen über momentane Grenzen hinweg vollzieht, die nicht reversibel sind und nur eine Richtung kennen. Die Natur fällt nicht hinter eine einmal erreichte Stufe zurück, sondern strebt nach *Höher*entwicklung, die die unangemessene oder falsche Erziehung aber verhindern kann. Selbst dann retardiert das Kind nicht auf eine frühere Stufe, sondern erreicht nur keine höhere. Es durchläuft keine Phase erziehungsfrei, nur bringen eben unterschiedliche Handlungsweisen der Erzieher unterschiedliche Wirkungen hervor, solche, die der Entwicklung nützen und solche, die ihr schaden. „Entwicklung" ist hier immer Entwicklung der *Natur,* nicht etwa die retrospektive Deutung eines an sich kontingenten Geschehens, bei dem prospektiv nur gesagt werden kann, daß die Bewegung weitergeht. *Wie* sie weitergeht, bleibt unbestimmbar.

Um diese Kontingenz zu *vermeiden,* operierte die pädagogische Theorie im 19. Jahrhundert sehr oft mit organischen Wachstumsmetaphern: Der Mensch entwickelt sich aus elementaren Anfängen, aber nicht in einem offenen Horizont, sondern zyklisch. Die Entfaltung seiner Vermögen gleicht insofern der Entwicklung des organischen Lebens, freilich angereichert durch die Idee der Vollkommenheit, die die Richtung der Erziehung angibt. Diese Idee bleibt aber zurückgebunden an die Natur des Menschen, so daß sehr oft auch die Teleologie des Geistes mit biologischen Metaphern vorgestellt wird. Darin liegt gegenüber der Kräftepsychologie der Aufklärung eine entschiedene Sicherung des pädagogischen Handelns, denn gleicht das Kind der sich entwickelnden Pflanze, dann kommt für den Erzieher nur *eine* Handlungsweise in Frage, nämlich *der* Entwicklungsrichtung zu folgen, die mit der Anlage des Kindes gegeben ist (so etwa LANGE 1884, S. 114 f.).

Psychische Vermögen oder Kräfte können nicht hervorgebracht, sondern müssen in ihrer autonomen Entwicklung respektiert werden. Der Erzieher operiert mit einem *Gesamtbild,* das eine eindeutige Moral ermöglicht. Auch das erklärt die Mythisierung der Erziehung; nur im Mythos, nicht aber in der Wissenschaft, ist die Moral des Handelnden *eindeutig.* Das *romantische* „Entwiklungsgesetz" (ESCHENMAYER 1982, S. 146) steht hier Pate. Seine grundlegende Maxime ist die der Reformpädagogik, die sich nicht einmal darauf berufen muß, um sie ganz fraglos verwenden zu können: „Wir sind nicht berechtigt, das, wozu die Natur den Menschen gestempelt hat, zu unterdrüken oder irgend eine vorherrschende Richtung in dem jungen aufstrebenden Bilde auszulöschen. Wir sollen das Kind nicht nach unserer Weise modeln und unsere individuelle Richtung ihm aufdringen" (ebd., S. 145). Die Natur des Menschen ist gut, sofern sie sich *harmonisch* und *ganz* entwickeln kann; der Erzieher hat diese Entwicklung zur Voraussetzung und kann also dem Guten im Kinde nur dienen, wenn er dieser Richtschnur folgt. „Er lasse seinen (des Kindes; J.O.) Naturanlagen ein freyes Spiel, und sehe zu, wie sie sich entwickeln" (ebd., S. 148).

HAUFE dachte ähnlich: Man kann *nur* natürlich erziehen oder eben die pädagogische Aufgabe verfehlen (HAUFE 1889, S. 138). Die „natürliche Entwicklung" allein bestimmt die „allgemeine Methode" der Erziehungsarbeit (ebd., S. 145) und sie wird nach romantischem Vorbild konzipiert: „Die natürliche Entwicklung ist die Stufenleiter des Werdens, weßhalb nur die werdende Gesammtnatur der allgemeine Wegweiser der wahren Menschenbildung sein kann" (ebd.). Ein Vergleich mit „Grundlagen zur naturgemäßen Umgestaltung" der Schule, die zur gleichen Zeit zwei Herbartianer vorlegten (WIGGE/MARTIN 1888), zeigt, daß an dieser Stelle offenbar ein starker Konsens herrschte, denn auch die Herbartianer nahmen eine *„Gesamtentwickelung"* in Anspruch, die Individuum und Gattung gleichermaßen beschreiben soll: „Wie das *Individuum wird,* so ward die *Menschheit"* (ebd., S. 41). Doch der Eindruck trügt, in Wahrheit ist die Rückwendung auf einen romantisch begründeten Entwicklungsbegriff mit radikaler Kritik am Herbartianismus verbunden, die die gesamte (deutsche) Reformpädagogik geprägt hat (OELKERS 1986a). Es geht nicht länger einzig darum, das Kind als *„Glied der Kulturgesellschaft"* (WIGGE/MARTIN 1888, S. 49) vorzubereiten, sondern jede derartige Initiation soll mit dem Maßstab der Natur des Kindes überprüft und notfalls verworfen werden. Natürlicher Unterricht (spielerisches Lernen, genetisch aufgebauter Lehrplan, etc.) läßt sich auch herbartianisch begründen (ebd., S. 42 ff. u. pass.), so daß Schulkritik keine Sache allein der romantischen Reformpädagogen war. Aber ihre Kritik erhält durch das Konzept der „natürlichen Entwicklung" eine ganz andere Grundlage, als sie die auf den „erziehenden Unterricht", also die *sittliche* Bildung, fixierten Herbartianer haben denken können.

Die Reformpädagogen haben ihren Grundgedanken sehr oft nicht weiter expliziert, vor allem um die Kollision des Naturbegriffs mit den nationalpolitischen Optionen zu vermeiden. Aber in diesem Gedanken formulieren sie eine starke Überzeugung: Tiefer als die Notwendigkeit kultureller Assimilation liegt für die pädagogische Theorie die Autonomie der Natur des Kindes und ihrer Entwicklung. Natürliche Erziehung ist mehr und anderes als Anschauungsunterricht im Sinne PESTALOZZIS (ebd., S. 19); sie ist der Versuch, die Entwicklung des Kindes und *nur* sie zur Bedingung pädagogischen Handelns zu erheben. Vor allem eines soll geleistet werden, schrieb LUDWIG GURLITT in seiner „Erziehungslehre", nämlich „daß die Entwicklung jedes einzelnen Menschen seiner Natur gemäß und im großen Strome der nationalen und menschlichen Entwicklung sich frei gestalten kann". „Natur" soll dabei ausdrücklich biologisch verstanden werden; *sie* gibt vor, wie die Erziehung zu reformieren sei (GURLITT 1909, S. 63/64).

Doch was fordert die „Natur" des Kindes? GURLITTS Bestimmung ist gerade nicht biologisch, weil sie eine Teleologie des *Geistes* unterstellt, die sich in der Bewegung des Lebens nicht feststellen läßt. An dieser Annahme einer zielgerechten Entwicklung aber hängt der ganze Anspruch der besseren Erziehung, die die Natur zu ihrem guten Ende bringen oder eben sie vollenden will, ganz so als könnte man das. Nicht zufällig enden daher manche reformpädagogischen Konzepte in naturreligiösen Spekulationen über die „Gott-Natur" des Menschen (JÖDE 1920, S. 52 f.) und die mögliche Neuschöpfung durch Erziehung. Eine solche pädagogische Theologie muß einen radikalen Erneuerungsanspruch vertreten, nämlich die Entwicklung des *neuen Menschen* (SCHREYER 1920). Derartige Zielsetzungen haben die Pädagogen immer fasziniert und sie entsprechen auch zu Beginn des 20. Jahrhunderts, und mehr noch nach dem Ersten Weltkrieg, einer Grundströmung unter den deutschen Intellektuellen und ihren pädagogischen Gefolgsleuten.

Freilich ist hier die biologische Evolutionstheorie verabschiedet, einfach weil jede wissenschaftliche Weltdeutung in Zweifel gezogen wurde. In diesem Diskussionsspektrum rechts und links der Moderne galten Natur und Seele mehr als „Ratio und Logik“ (BUCHHOLD 1920, S. 16). Nur so schien es noch die Sicherheit eines Maßstabes oder Gewißheit geben zu können, nach denen die pädagogische Reflexion offenbar notorisch verlangt (ebd., S. 16/17). „Entwicklung“ allein liefert diesen Maßstab nicht, versteht man darunter die unvorhersehbare Bewegung des natürlichen Lebens, so wie sie DARWIN rekonstruiert hat. Insofern sind viele pädagogische Bezugnahmen auf die Biologie (vgl. RÖHRS 1983, S. 225 ff.) konsequente Mißdeutungen, weil sie entweder teleologische oder substantielle Konzepte anlegen, die die biologische Beschreibung weder selbst hervorbringt noch etwa sanktioniert. Hierzu noch ein letztes Beispiel, nämlich HUGO GAUDIGS berühmtes Buch „Die Schule im Dienste der werdenden Persönlichkeit“, das 1917 in erster Auflage erschien. GAUDIG stellt den Gedanken des *Werdens* und also die Entwicklung in den Mittelpunkt seiner Pädagogik: Die Schule muß von der Persönlichkeit des Kindes aus organisiert werden, jedoch nicht der statischen, sondern der dynamischen Persönlichkeit. Der „Prozeß der Selbstentwicklung“ ist also der Fixpunkt für die Aufgabenbestimmung der Pädagogik (GAUDIG 1922, Bd. II/S. 246). „Unser fester (!) Ausgangspunkt ist . . . die Kinderseele als ein Inbegriff von Kräften, die nach Entwicklung drängen und der eigentätigen Entwicklung fähig sind, wenn ihnen nur die Entwicklungsbedingungen gegeben werden“ (ebd.). In schöner Deutlichkeit unterscheidet GAUDIG den „Ausgangs“- und den „Zielpunkt“ einer Entwicklung, „bei der die Kräfte sich in einer eigens für Selbstbetätigung organisierten Wirkenssphäre frei auswirken“ (ebd.).

Gemeint ist mit der freien „Wirkenssphäre“ die neue Schule, in der es möglich werden soll, Lehren und Lernen nach den Entwicklungsbedürfnissen der Schüler zu organisieren. Was sich „entwickelt“, sind nach GAUDIG seelische oder natürliche „Kräfte“, ein eigentümliches „Ganzes“, „das wir Individuum nennen“. Also kein bloßes Aggregat, sondern ein psycho-physisches Gefüge, das aus sich heraus wächst, dabei aber adäquate Entfaltungsmöglichkeiten vorfinden muß (ebd.). Neben „Kraft“ und „Entwicklung“ verwendet GAUDIG noch einen weiteren Grundbegriff, nämlich „Gesinnung“ (ebd., S. 247), um so eine Abgrenzung von der bloß kindorientierten Pädagogik zu erreichen und weitergehende, vor allem nationalpolitisch begründete Zielsetzungen der Erziehung vertreten zu können. Gesinnungspädagogik muß freilich zur Psychologie der Entwicklung passen, sonst könnten derart weitgehende Erwartungen an die Erziehung gar nicht vertreten werden. Das erklärt den Rückgriff auf vorempirische Konzepte der Psychologie.

„Entwicklung“ heißt also in der Reformpädagogik, von Ausnahmen abgesehen, kaum radikal Neues, wie es eigentlich mit einem Anspruch verbunden sein müßte, der den „neuen Menschen“ oder mindestens die völlig neue Erziehung postuliert und ins öffentliche Bewußtsein rückt. Die dafür verwendeten Denkmittel sind überwiegend nicht neu. Vor allem das Leitkonzept der „Entwicklung“ wird ausgesprochen traditionell gebraucht, nämlich in einer teleologischen und einer substantiellen Variante, die sich gerade nicht, wie viele Reformpädagogen vermuteten, empirisch begründen ließen, weder biologisch noch psychologisch. „Entwicklung“ als Teleologie oder als Realisation einer „Substanz“ bezieht sich auf ältere Theorien der Naturphilosophie und vorempirischen Psychologie, die alle auf religiöse Denkmuster zurückzuführen sind. Sie sind nicht radikal kontingent gedacht und beschränken sich auch nicht auf die rückblickende Beschreibung eines im Prinzip unabsehbaren Geschehens, bei dem nur die Mechanik der Bewegung generalisierbar erscheint.

Dieser Befund läßt sich mit der These in Verbindung bringen, daß es der Mythisierung des Kindes bedurfte, um überhaupt eine radikale pädagogische Veränderungsabsicht öffentlich sanktionieren zu können. Daß die Reformpädagogen durchweg und ohne große theoretische Skrupel an dem Naturbegriff des 18. Jahrhunderts festhalten, ja diesen noch durch theologische Deutungen zu überbieten suchen, ist nur die andere Seite dieser Mythisierungsstrategie. Das neue Bild des Kindes hätte ohne eine stabile Vision seiner Natur gar nicht herausgebildet werden können. „Natur“ aber ist darin nicht biologische Beschreibung, sondern Substanz oder eben Entwicklung, nur nicht eine solche, die sich lediglich als Resultat beschreiben läßt. Sie hat ihr Ziel in sich und das verlangt eine Substanzvorstellung, eine *natura naturans,* die die Bewegung des Lebens steuert. Das Kind ist nicht einfach empirisches Ich, sondern teleologisches Subjekt, das sich entwickeln muß, weil die Grundrichtung dieses Prozesses ihm substantiell eigen und somit vorgegeben ist.

In diesem Sinne ist in der Reformpädagogik fast immer nur programmatisch stark von „Entwicklung“ die Rede, ohne die Tücke des Begriffs so recht zu bedenken. *Entwicklung* ist so mehr Postulat als Theorie, Teil eines weitreichenden Sentiments und ausgedrückt in einer oft visionären Sprache, die emotionale Dispositionen beeinflußt. Auch hier soll die Formel *erziehen,* wiederum den Erwachsenen, der lernt, die Entwicklung des Kindes zur Grundlage seines Handelns zu machen, ohne daß ein neues Theoriekonzept ins Spiel kommen muß. Einen Begriff außerhalb der Tradition, und das sind die Ausnahmen, haben eigentlich nur MARIA MONTESSORI und JOHN DEWEY vorgelegt. Beide rücken ab von einer *pädagogischen* Teleologie, sofern darunter die Einwirkung auf die zielgerechte Entwicklung des Kindes verstanden wird. Beiden, MONTESSORI wie DEWEY, so unterschiedlich ihre Theorieansätze auch sein mögen, ist klar, daß diese Vorstellung eine Introspektion (oder Einfühlung) verlangt, die es so nicht geben kann, wenigstens nicht als Sanktionierung der pädagogischen Absicht.

MARIA MONTESSORI hat schon 1909 von der radikal *biologischen* Individualität des Kindes gesprochen (MONTESSORI 1913, S. 100). Paten dieses Konzepts waren die „modernen Entwicklungstheorien“ (ebd.), aber nicht so sehr die DARWINS oder SPENCERS, die beide vom Vorrang der Gattung ausgingen, als vielmehr die Mutationstheorie des Pflanzenphysiologen HUGO DE VRIES[33], der über das Konzept der *Abweichungen* in der Vererbung den Vorrang des Individuums ausmachte (ebd.; vgl. MONTESSORI 1967, S. 60 ff.). *Individualität* ist dann gleichzusetzen mit Einzigartigkeit der Entwicklung: Jeder Mensch hat seinen eigenen *„natürlichen Bauplan"* und nur das Kind selbst vermag einem Beobachter diesen Plan zu enthüllen (MONTESSORI 1967, S. 31/32). Stütze des Konzepts ist auch 1950 noch die Biologie: Es ist „ähnlich" wie bei der Zellteilung. „Hier wie dort vollzieht sich die Entwicklung nach einem unsichtbaren Plan, der auf keine Weise zu erfassen ist und sich erst enthüllt, wenn die Bildung des Organismus in seinen Einzelheiten vor sich geht" (ebd., S. 32). Eben darum ist für den Beobachter „in der kindlichen Seele ein Geheimnis, in das wir nicht eindringen können, wenn das Kind selbst es uns nicht dadurch offenbart, daß es allmählich *sich selbst* aufbaut" (ebd.; Hervorhebung J.O.).

Die Teleologie ist hier rein auf die inneren Abläufe zurückgenommen, die von außen nicht beeinflußt oder gesteuert werden können. Der natürliche Bauplan offenbart sich in der Entwicklung, aber ist nicht sichtbar und zugleich ganz und gar individuell. Gleichwohl spricht MARIA MONTESSORI von *Erziehung* als von „einer Unterstützung der seelischen Entwicklung des Kindes" (ebd., S. 48). Wie aber kann die, so heißt es ausdrücklich, *Selbst*schöpfung des Individuums wirkungsvoll unterstützt werden? (ebd., S. 51). Diese Frage stellt sich um so gravierender, als MARIA MONTESSORI den Überlegenheitsgestus der Erwachsenen zurückweist: Das Kind trägt „den Schlüssel zu seinem rätselhaften individuellen Dasein von allem Anfang an in sich. Es verfügt über einen inneren Bauplan der Seele und über vorbestimmte Richtlinien für seine Entwicklung. Das alles aber ist zunächst äußerst zart und empfindlich, und ein unzeitgemäßes Eingreifen des Erwachsenen mit seinem Willen und seinen übertriebenen Vorstellungen von der eigenen Machtvollkommenheit kann jenen Bauplan zerstören oder seine Verwirklichung in falsche Bahnen lenken" (ebd., S. 55/56).

Die Antwort geht nicht auf die Folgen ein, die der Rätselstatus des Kindes für das pädagogische Verstehen schafft, sondern bemüht die besondere *Verantwortung* des Erziehers angesichts der vielfältigen Möglichkeiten des Scheiterns (ebd., S. 57 f.). Zugleich setzt MARIA MONTESSORI auf die richtige Gestaltung der Umwelt (ebd., S. 56/57) und damit auf das klassische Konzept der *Methode* (hierzu Kap. 4.2). In der Konsequenz ihrer Emphase für *Il Segreto dell'Infanzia* liegt diese Lösung allerdings nicht, denn wenn das Kind – mindestens der „geistige Embryo" (ebd., S. 56) – ein Geheimnis ist, dann gibt es keinen Weg, seinen „Bauplan" *in actu* zu erleben; vielmehr kann er immer nur rückwirkend erschlossen werden, dann, wenn seine „Offenbarung" psychische Realität geworden ist. Folgerichtig wäre es gewesen, auf jede Behauptung „richtiger" Introspektion zu verzichten, aber das wäre gleichbedeutend gewesen mit dem Ende der Erziehung. Die Methode muß demgegenüber richtige Wirkungen behaupten und setzt damit, indirekt, Einfühlung und die pädagogische Annäherung an den inneren Bauplan voraus, der sich doch *nur selbst* offenbaren kann.

Auch in DEWEYS Theorie, in der Erziehung *als* „Entwicklung" behauptet wird, ist der Erwachsene kein „Schöpfer des Kindes" (ebd., S. 27), aber DEWEY verzichtet auf jegliche Restteleologie, weil er die Verlegenheit der Wachstumsmetapher durchschaut: In den „falschen Vorstellungen von Wachstum oder Entwicklung" wird angenommen, daß es eine „Bewegung auf ein festgelegtes Ziel hin" gäbe (DEWEY 1964, S. 76). In Wirklichkeit gibt es nichts, „worauf sich der Begriff des Wachstums bezieht, ausgenommen *weiteres* Wachstum", und das bedeutet, auch der Begriff der Erziehung läßt sich „keinem anderen unterordnen – ausgenommen weiterer Erziehung" (ebd., S. 77). Erziehung nämlich *ist* „Wachstum" oder „Entwicklung" (ebd., S. 64 ff.), aber dies versteht DEWEY nicht so, daß ein externes *telos* den Prozeß leitet, sondern daß der Vorgang der Erziehung sein eigenes Ziel *ist* (ebd., S. 75). Erziehung bedeutet „beständige Neugestaltung, dauernden Neuaufbau, unaufhörliche Reorganisation" der Erfahrung (ebd.), nicht aber zielgerechte Einwirkung, die in der Lage wäre, um so mehr die Kontingenzen der Erfahrung auszuschließen, je länger sie dauert.

Dieser Schritt hat Konsequenzen für die pädagogische Aspiration, die radikaler und tiefgehender sind als die mehr moralische Kritik MARIA MONTESSORIS („Der Erwachsene als Angeklagter": MONTESSORI 1967, S. 23 ff.). DEWEY verfügt über die philosophischen Mittel, die reformpädagogische Intuition auf einen adäquaten Ausdruck zu bringen, der zugleich einen entschiedenen Bruch mit der Tradition darstellt. Er ist *anti*teleologisch[34], denn der Bezugspunkt ist nur noch die lernende Erfahrung, kein Streben nach einer pädagogisch definierten Vollkommenheit. Dieser Gedanke verlangt eine Unterscheidung von Optimum und Defizit sowie eine Stilisierung des Erziehungsprozesses nach Maßgabe seiner Perfektion (vgl. OELKERS 1989a). Wenn aber Erziehung nichts weiter ist als „beständige Reorganisation" der Erfahrung, in der Gewohnheiten (habits) aufgebaut werden, weil sie das Ergebnis „erfolgreichen Tuns" sind (DEWEY 1964, S. 70), dann kann sich die Richtung je nach Gestaltung der Umwelt beständig verändern, so daß nicht *ein* Ziel den ganzen Prozeß bestimmt. Auch Ziele sind nur Resultate von Handlungserfahrungen; ändert sich die Erfahrung, dann ändert sich auch die Zielsetzung für die folgenden Handlungen. So kann DEWEY tatsächlich ohne Widerspruch sagen, das „Ziel" der Erziehung sei sie selbst, weil sie – organisiert durch Handlung und Lernen – sich nur auf sich selbst beziehen kann.

Dieser radikale Pragmatismus ist allerdings in der europäischen Pädagogik so gut wie nicht beachtet worden. Wenn der Entwicklungsgedanke die Reformpädagogik wirklich fundieren (und damit sichern) soll, dann braucht die Zielperspektive eine andere Realitätskonstruktion als die allein von

Handlung und Lernen. Hinzukommen muß, immerhin geht es um den „neuen Menschen“ oder die werdende Gesellschaft, eine Vorstellung der *richtigen* Entwicklung des Kindes, die Anschluß hält an den klassischen Naturbegriff, ohne seine Verlegenheiten bloß fortzusetzen. An dieser Stelle setzt das pädagogische Interesse für die Entwicklungspsychologie ein, wie sich an einem letzten Beispiel zeigen läßt: Der Genfer Pädagoge EDOUARD CLAPARÈDE unterschied zwischen körperlichem Wachstum und geistiger Entwicklung (CLAPARÈDE 1911, S. 105 ff., 123 ff.). Das körperliche Wachstum folgt keiner Präformation im Embryo oder gar in den Anlagen, sondern gleicht einer „Aufeinanderfolge von Schöpfungen, Neubildungen, die bald hier bald dort hinzutreten ohne wahrnehmbare Ordnung“ (ebd., S. 106). Nur so sind die *„Wachstumskrisen“* erklärbar (ebd., S. 107), die zum normalen Reifungsprozeß eines Kindes gehören und zeigen, daß nicht einfach ein genetisches Programm abläuft, wenn Organe und Kräfte des Kindes „wachsen“.

Die geistige Entwicklung des Kindes vollzieht sich über psychische Medien, nämlich Spiel und Nachahmung (ebd., S. 123 ff., 142 ff.). Darin ist das Kind aktiv, ohne daß seine Aktivitäten einfach die Folge eines Mangels wären, nämlich der Erfahrung des Kindes oder der Unzulänglichkeit seiner Entwicklung. CLAPARÈDE hat für diesen Zusammenhang eine berühmte Formel gefunden: „Le propre de l'enfant n'est donc pas d'être un insuffisant, mais d'être un candidat“ (CLAPARÈDE 1909, S. 115). Das Kind ist ein Kandidat seiner Entwicklung, das nicht auf Mangel oder Defizite reagiert, sondern auf Zuwachs: „Nicht weil es keine Erfahrung hat, ist das Kind ein Kind, sondern weil es ein natürliches Bedürfnis hat, diese Erfahrung zu erwerben. Nicht weil es nicht groß ist, ist das Kind ein Junges, sondern weil ein geheimnisvoller Instinkt es treibt, alles zu tun, dessen es bedarf, um groß zu werden“ (CLAPARÈDE 1911, S. 149/150).

Damit ist zunächst einmal der Standpunkt des Kindes eingenommen, das wächst, um zu lernen und lernt, um zu wachsen. Die geistige Entwicklung wird nicht aus dem Unterlegenheitsstatus des Kindes gegenüber den Erwachsenen erklärt, sondern mit dem natürlichen Streben, den Zustand des Kindes zu überwinden, ohne diesen bereits in den pädagogischen Grundannahmen zu entwerten, also Defizite vorauszusetzen. „Entwicklung“ ist freilich auch bei CLAPARÈDE nicht die bloße Bewegung des Lebens, die sich immer nur rückblickend erfassen läßt. Seine bisweilen ressentimenthaften Rückgriffe auf die Evolutionstheorie (ebd., S. 151 u.ö.) betreffen die Unterschiede der Geschlechter, nicht aber den Entwicklungsbegriff selbst. Das „natürliche Bedürfnis“ zu wachsen oder der „geheimnisvolle Instinkt“ sich zu entwickeln („un besoin naturel“ und „un instinct naturel“: CLAPARÈDE 1909, S. 114) sind gegenüber der Bewegung oder dem Prozeß des psychischen Geschehens nicht frei, denn CLAPARÈDE unterteilt die Entwicklung in Phasen, die die Entwicklung notwendig bestimmen und nicht gegeneinander reversibel sind. Grundlegend für die geistige Entwicklung sind dabei die Phasen des *Interesses,* wobei CLA-

PARÈDE einen „psychobiologischen" Interessenbegriff zugrundelegt (CLAPARÈDE 1911, S. 166 ff.), der in dem Grundsatz zusammengefaßt wird, „daß *leben für ein Geschöpf heißt, in jedem Augenblick nach der Richtung seines größten Interesses zu handeln*" (ebd., S. 168). Die Interessen aber entwickeln sich und sind nicht mit der Geburt komplett vorhanden, nicht einmal in Form embryonaler „Anlagen". Nur so gibt es überhaupt ein pädagogisches Problem.

CLAPARÈDE unterscheidet drei Stadien der Entwicklung („Erwerbung" der Fähigkeiten, „Abschätzung" und „Produktion"), die sich in insgesamt sechs Altersperioden unterteilen (ebd., S. 178). Heutige Phasenmodelle der Entwicklungspsychologie sind in diesem Entwurf unschwer zu erkennen, aber wichtiger an dieser Stelle ist der Zwang zu teleologischen Konzepten, der sich auch bei CLAPARÈDE bemerkbar macht, selbst wenn er zunächst keine *pädagogischen* (externen) Ziele an die Spitze seines Modells setzt. Aber seine Phasen haben eine und nur eine Reihenfolge, sie sind nicht umkehrbar und müssen durchlaufen werden, so jedoch, daß die höchste Stufe oder die letzte Phase als *Ziel* konfiguriert. Alles in der Entwicklung der Interessen, die so grundlegend gefaßt werden, daß sie mit der geistigen Entwicklung überhaupt identisch sind, alles in dieser Entwicklung also ist darauf abgestellt, die oberste Stufe zu erreichen.

Das Phasenmodell CLAPAREDES hat genau an dieser Stelle eine pädagogische und keine psycho-biologische Teleologie, weil aus der psychischen oder körperlichen Entwicklung nicht hervorgeht, ob und wie ethische und soziale Interessen sich höheren Werten oder Idealen unterordnen, d.h. ob und wie Erziehung gelingt. Das Modell erweckt freilich den Anschein, und das macht es für *reform*pädagogische Bemühungen attraktiv, als gäbe es eine *immanente* Teleologie zum Höheren, die letztlich nicht einfach mit der Entwicklung, sondern mit dem, was sich entwickelt, also die Natur des Menschen erklärt werden kann. Damit schließt sich der Kreis. Selbst dort, wo die psychologischen Grundannahmen der Reformpädagogik verändert werden, vor allem im französischen Sprachraum, bleibt das traditionelle Problem der *Entwicklung* bestehen. Irgendwie *muß* sich Erziehung auf eine „Entwicklung" beziehen, die als teleologische oder substantielle behauptet wird, damit sie über einen Maßstab verfügt. Genauso wirken Modelle der Entwicklungspsychologie im pädagogischen Kontext (vgl. OELKERS 1987a), die nicht, wie die Generation CLAPARÈDES meinte, biologisch angelegt sind, sondern ältere Modelle der Teleologie und Substanzenlehre in veränderter Form fortsetzen und genau darum auf pädagogische Resonanz stoßen. Auch „Entwicklung" wird zum Mythos, zum festen Bild einer Realität, die sich faktisch immer weniger einheitlich fassen läßt.

# 4. Konzepte der Schulreform

„Reformpädagogik“ in der Bedeutung der Jahrhundertwende war mehr als Schulreform, weil die grundlegenden Postulate auf eine allgemeine Reform des Lebens hinausliefen. Die sittliche Verbesserung der Welt kann naturgemäß nicht auf die Schule beschränkt werden; doch dieser traditionelle Gedanke der Pädagogik erlebte eine eigentümliche Wendung, indem und soweit Reformabsicht und schulische Organisation nicht mehr automatisch zur Deckung kamen. „Schulreform“ wurde als *Kritik der Schule* denkbar, jenes Systems, das im 19. Jahrhundert nach dem Willen der Pädagogen entstanden war, aber am Ende des Jahrhunderts deren Ansprüche nicht mehr befriedigte. „Schulreform“ sollte tiefer ansetzen als nur bei der vorgefundenen Struktur einer staatlichen Organisation.

Die nur „äußerlich imponierende Schulorganisation“ (SCHNEIDER 1916, S. 11) mußte daher als *negative* Leistung des 19. Jahrhunderts hingestellt werden. Darauf läuft die gesamte kritische Diskussion hinaus: Erziehung und Unterricht seien fixiert gewesen auf die Bedingungen *dieser* Organisation, nämlich Methode und Disziplin, ohne daraus eine Schule gemacht zu haben, die den Bedürfnissen und Möglichkeiten *kindlichen* Lernens entspricht. Die Schulorganisation des 19. Jahrhunderts war im Kern lehrerorientiert und verfehlte daher ihren eigentlichen Zweck, nämlich die Emporbildung der Kräfte des *Kindes* (ebd.). „Methode“ und „Disziplin“ mögen die Voraussetzungen gewesen sein für die Funktionsweise der *Institution* Schule, aber sie sind nicht die entscheidenden Bedingungen für das Lernen und die Entwicklung der Individuen.

Dieses Bild ist natürlich ungerecht, denn wie gesagt, es sind im 19. Jahrhundert unablässig Ansätze zur Schulreform diskutiert worden, die in unveränderter Gestalt auch am Ende des Jahrhunderts gehandelt werden: Kindorientierter Unterricht, entwicklungsgerechte Methode, Arbeitsschule, „ganzheitliches“ Lernen oder die besondere Bedeutung des Schullebens.[1] Diese Konzepte interessierten auch die Schulaufsicht, mehr und mehr jedoch erlangten sie Aufmerksamkeit in einer kritischer werdenden Öffentlichkeit.[2] Wenn also Konzepte der Schulreform im Rahmen der „Reformpädagogik“ darzustellen sind, dann muß auch und gerade hier eine große Kontinuität vorausgesetzt werden. Die Grundmotive waren in der Kommunikation der Lehrerschaft präsent und erhielten nach 1890 nur eine besondere Relevierungschance.

Im folgenden soll nun aber gezeigt werden, daß trotz dieser kontinuierlichen Motivlage auch originelle Entwicklungen zu verzeichnen sind, die neue Synthesen versuchten und sich auch auf neue Rahmentheorien bezogen. Beinahe wichtiger noch ist die Tatsache, daß sie auf praktischen Experimenten beruhten, die vielfach außerhalb des staatlichen Schulwesens unternommen wurden. Diese Art Schulreform beeinflußt die heutige Diskussion nachhaltig und zwar in dreifacher Hinsicht: Neue Modelle der *Schule* fordern die staatliche Einheitsorganisation heraus; neue Formen des *Unterrichts* zeigen Möglichkeiten auf, wie der frontale Buchunterricht verändert werden kann; und neue Prinzipien der *Erziehung* zeigen auf, daß die Beziehungen und Tätigkeiten in der Schule eine alternative Gestaltung erfahren können. Alle diese Erfahrungen gehen auf die Reformpädagogik zurück, *nicht nur* auf sie, weil sie ja ältere Motive verarbeitet hat, aber in der praktischen Synthese dieser Motive doch *wesentlich* auf sie.

Die drei Diskussionslinien bestimmen meine Darstellung im folgenden: Ich werde zunächst aufzeigen, wie neue *Schulmodelle* begründet und erprobt wurden, wobei ich meine Auswahl auf fünf typische Modelle beschränke, nämlich DEWEYS Laborschule in Chicago, die Landerziehungsheime, BERTHOLD OTTOS „Hauslehrerschule", die Arbeitsschule und PETERSENS „Jenaplan-Schule", die man in gewisser Weise als eine Synthese aus den Schulversuchen der Reformpädagogik begreifen kann (4.1). Als zweites werde ich neue *Unterrichtsmodelle* darstellen, dabei wiederum auf fünf Beispiele beschränkt, nämlich das aktive Lernen der Bremer Schulreformer, BERTHOLD OTTOS „Gesamtunterricht", MARIA MONTESSORIS Methode des kindlichen Lernens, DEWEYS „learning by doing" und KILPATRICKS „Projektmethode" (4.2). In einem dritten Schritt diskutiere ich dann noch *Erziehungsmodelle,* und zwar auch die anhand fünf Beispielen: das pädagogische Prinzip der Arbeit, bzw. der Arbeitsgemeinschaft, die „Selbsttätigkeit" des Kindes, die Achtung vor der kindlichen Natur, die Maximen des Dialogs und schließlich die Experimente mit dem pädagogischen Eros (4.3).

# 4.1. Schulmodelle

In vielen literarischen und semiphilosophischen Entwürfen und Versuchen am Jahrhundertende findet sich ein Bild der Schule, in dem die *Institution* nicht vorkommt. Der *pädagogische Bezug* regiert das Geschehen, und zwar so, daß die Kultur der Seele den Vorrang erhält gegenüber dem bloß äußerlichen Erziehen und Unterrichten (vgl. nur MESSER 1899). Das Rollenverhältnis wird aufgelöst, Seele trifft auf Seele, so jedoch, daß die Freiheit des Schülers nicht eingeschränkt wird. Die „Persönlichkeit" des Lehrers ist gefragt, nicht seine „Autorität", und auf diese Lehrer, sagen dann auch die Reformpädagogen, warte die Jugend (ebd., S. 84 f.), nicht länger auf die Schule des 19. Jahrhunderts mit ihrer bloß formalen Organisation, für die die Seele des Kindes gleichgültig war. Man kann geradezu sagen, die Schule sei krank, weil *sie selbst* keine Seele habe (KEMENY 1910).

„Seele" steht gegen „Organisation" wie „Kultur" gegen „Zivilisation" oder eben *Individuum* gegen *Institution:* Diese harten Gegensätze prägen die gesamte Schulkritik vor und nach dem Ersten Weltkrieg. Als Schule des 19. Jahrhunderts erschien *nur* die autoritäre Institution der bloßen Wissensvermittlung, des Lehrplans und der inneren wie äußeren Hierarchie. Dann aber wird es zur entscheidenden Frage, ob es hierzu überhaupt eine sinnvolle Alternative geben kann oder ob der Traum der richtigen Schule ausgeträumt ist und durch die Vision freier Sozialbeziehungen ersetzt werden muß. Das Gros der Schulreformer dachte so radikal nicht, aber die Dichotomien der pädagogischen Reflexion ebneten den Weg für eine solche Radikalisierung, vor allem dort, wo ein unversöhnlicher Gegensatz zwischen „alter" und „neuer" Pädagogik begründet wurde.

Dieser Gegensatz wird institutionell als Gegensatz der kindgemäßen zur *Lern- und Buchschule* gedacht, in der fertiges Wissen gelehrt werde, ohne daß dies tote Wissen der Bildung des Kindes wirklich diene (GÖTZE 1904, S. 6 f.). Ein solcher Unterricht trifft nicht die Bedingung kindlichen Verstehens, das sich selbst aufbaut (ebd., S. 13) und nicht etwa nach Plan oder methodisch erzeugt werden kann. CARL GÖTZE, der als führender Vertreter der Hamburger Reformpädagogik diese Thesen vertrat, verwies nun auf eine gelungene praktische Alternative zur „Lern- und Buchschule", nämlich JOHN DEWEYS „Laboratory School", deren Erfahrungen auch im deutschen Sprachraum Beachtung finden sollten (ähnlich etwa: MÜNCH 1913, S. 121 ff. oder KERSCHENSTEINER 1906, S. 108 ff.).[3] Die Aufmerksamkeit der deutschen Reformer galt der dezidiert *sozialen* Definition, die DEWEY der Schule gab (GURLITT 1907, S. 50), vor allem aber dem, was DEWEY die Verlagerung des Schwerpunktes nannte. Die neue Schule soll vom Kinde aus organisiert werden und das, so DEWEY, komme einer Kopernikanischen Wende gleich, weil nämlich der Schwerpunkt der alten Schule „außerhalb des Kindes“ gelegen habe und nicht der Ort war, wo das Kind tatsächlich leben und lernen konnte (DEWEY 1905, S. 23).

Zum Ausgangspunkt der Schule muß das *Leben* des Kindes genommen werden (ebd.), also nicht einfach sein Entwicklungsstadium oder gar seine Seele, wie deutsche Reformer vielfach paraphrasierten, sondern sein sozialer Kontext, einschließlich natürlich der Berücksichtigung der kindlichen Entwicklung. DEWEY setzt die genuine Aktivität des Kindes voraus, aus dem nichts „herausgeholt“ und dem nichts „eingetrichtert“ werden muß, sondern das immer schon selbst „lebhaft tätig“ ist. „Die Erziehungsaufgabe besteht nur darin, diesen Tätigkeitsdrang zu fassen und ihm die Richtung zu geben“ (ebd., S. 25). Damit ist aber nicht mehr die innere Formung, sondern die soziale Gestaltung gemeint. Das Kind lernt selbsttätig, aber stets unter der Voraussetzung gesellschaftlicher Kontexte und in Richtung darauf. Die Schulen werden nur dann ihrer Aufgabe gerecht, wenn *sie selbst* geeignete Kontexte für das Lernen des Kindes darstellen.

Lernen ist, für DEWEY, gebunden an Handeln (vgl. 4.2) und kann nicht einfach als innerpsychische Aktivität begriffen werden. „Lernen“ ist keine Funktion der kindlichen „Entwicklung“, auch nicht seiner Triebdynamik, sondern seiner Erfahrung, und Erfahrung heißt immer *selbsttätige* Erfahrung oder Handlung. Weil das Kind aber unaufhörlich handelt und also lernt, kann seine Erfahrung von der Schule aus nicht exklusiv gehalten werden. Umgekehrt muß gerade die Isoliertheit der Schule gegenüber dem Leben des Kindes bekämpft werden. Wenn das Kind „nicht imstande ist, im täglichen Leben das zu verwerten, was es in der Schule lernt“ (ebd., S. 43), dann ist das das Problem der Schule und nicht des Kindes. Was den institutionellen Erfolg der Schule ausmachte, ihre Künstlichkeit, wird hier herausgefordert und zwar mit einer praktischen Alternative.

Die künstliche Institution wollte durch langgestreckte Bildungsprozesse, also indirekt, auf das Leben vorbereiten. Die Schulreformer am Jahrhundertende kritisieren die damit verbundene Organisation (z.B. GURLITT 1908, S. 118), aber zugleich auch die grundlegende Vorstellung einer langwierigen, mittelbaren und darum künstlichen Vorbereitung auf eine Zukunft, die zunehmend unabsehbarer wurde. Das erklärt die Abkehr von Methode und Disziplin, die ja nur Sinn machen, wenn die Schule tatsächlich planmäßig und effektiv auf das Leben vorbereiten kann. Wird diese Wirkung über *Bildung* zweifelhaft, dann erscheint eine Alternative übermächtig zu sein, nämlich die *pädagogische* Wirkung in der freien sozialen Erfahrung, in der Begegnung der Persönlichkeiten, zu erzielen. Doch derartige Wirkungen sind oft nur flüchtig, zudem distanzlos und jedenfalls kein Garant für ein besseres Verhältnis von „Schule“ und „Leben“, das nicht einfach im guten pädagogischen Verhältnis erreicht werden kann. LUDWIG GURLITT, einer der frühen Bewunderer DEWEYS, warnte daher vor allzu radikalen Schritten der praktischen Veränderung (ebd.,

S. 120), schon weil ganz unsicher war, mit welchem Modell diese Veränderung geschehen sollte.

Freilich, das Neue, besonders die es tragende Grunddichotomie, *war* „umstürzlerisch“ (ebd.), was DEWEY mit dem Wort von der Kopernikanischen Wende in der Erziehung auch richtig erfaßte. Die Dichotomie von „neuer“ und „alter“ Schule war nicht mit Hilfe eines allmählichen Übergangs zu versöhnen, bei dem offenbleiben muß, zu welchem Ergebnis er führt. Die Reformer *mußten* negieren, was die traditionelle Schule ausmachte, nämlich die Priorität des Wissens gegenüber dem Können, die Fixierung auf die Methode und den Lehrplan, die bürokratische Struktur und die Festlegung der Lehrerpersönlichkeit auf ein stereotypes Rollenspiel. Aber sie wollten doch zugleich noch *Schule* halten, also eine neue Form *organisierten* Lehrens und Lernens begründen, die die Fehler der alten Form vermeiden, jedoch nicht einfach nur Beziehungen pflegen sollte. Aus der ganzen Argumentation entsteht ein Dilemma, das HUGO MÜNSTERBERG wie folgt zusammenfaßte: Auf der einen Seite soll die Schule dem Leben dienen, was angesichts der gesellschaftlichen Umstände eine stärkere Anpassung der schulischen Arbeit an das praktische Leben, vor allem an das Berufsleben, bedeuten würde. Auf der anderen Seite aber soll die Schularbeit den Talenten und Wünschen der Kinder nachkommen, was nur heißen kann, daß in der schulischen Erfahrung kein Raum mehr für das sein darf, was auf den *Widerstand* der Kinder stoßen würde (MÜNSTERBERG 1900, S. 662). Die Schule soll also dem Leben *und* dem Kind dienen, und das ohne Widerspruch.

DEWEY glaubte, in der Laborschule von Chicago eine Lösung dieses Problems gefunden zu haben. Rückblickend schrieb er: Wir fingen das Unternehmen mit vier zentralen Fragen der Reform an: Wie kann die Schule „in engere Verbindung mit dem Leben des Kindes“ treten? Wie können die Lehrstoffe eine „wirkliche Bedeutung“ für das Kind erlangen? Wie können die formalen Fähigkeiten – Lesen, Schreiben, Rechnen – so ausgebildet werden, daß die tägliche Erfahrung des Kindes dabei den Hintergrund abgibt? Und wie kann die schulische Erziehung „individualisiert“ werden? (DEWEY 1905, S. 59 ff.) Diese Fragen haben im Laufe des Schulversuchs drei Antworten gefunden, für die die Schlagworte lauten: *Praktische Tätigkeit* als Basis des Lernens, *Projektmethode* zur Organisation des Lehrstoffes und der Lehrverfahren sowie die Herausbildung eines *Schullebens*, welches „Familiencharakter“ angenommen hat (ebd., S. 67). Vgl. S. 104 unten

Alle drei Schlagworte haben ihren Bezug in der pädagogischen Reformtradition, etwa bei PESTALOZZI, werden von DEWEY aber durchaus originell gefaßt. Ausgangspunkt ist die *Selbsttätigkeit* der Schüler, die sich mit Handarbeiten beschäftigen, künstlerischen Betätigungen nachgehen und nicht zuletzt Sport treiben. Dabei ist die *Handarbeit* „in großer Abwechslung und Menge die leichteste und natürlichste Weise . . ., das Kind zu einem gleichen Verhalten in- und außerhalb der Schule zu veranlassen“

(ebd., S. 63). Hier liegt also schon eine entscheidende Verbindung der Schule mit dem Leben, denn es ist „das Ziel der Schule, diese Tätigkeiten zu leiten, sie wissenschaftlich zu ordnen, zu organisieren, so daß sie nicht so zufällig, so ungeregelt und zerflattert bleiben, wie sie es außerhalb der Schule sind“ (ebd.).

Die Schule behält also ihren Primat, nur soll Wissen und Können nicht lehrplanförmig, sondern praktisch vermittelt werden, darum aber nicht etwa unterhalb des schulischen Bildungsniveaus. DEWEYS Idee ist nur, daß Wissen sich besser vermitteln läßt, wenn es *in praxi* gelernt wird, aufgrund eigenen Tuns, das dort ansetzt, wo die Lebenserfahrung es nahelegt. Daher lernen die Kinder handwerkliche Tätigkeiten, bevor sie mit Büchern konfrontiert werden; DEWEY geht davon aus, daß gerade praktische Arbeiten Geschicklichkeit verlangen, ein bestimmtes geistiges Verhalten, das die Grundlage abgibt für die abstrakte intellektuelle Tätigkeit. Die herkömmliche Schule versucht den umgekehrten Weg, denn sie setzt bei formalen Kompetenzen an, losgelöst von praktischer Arbeit, und verknüpft damit intellektuelle Schulung, die wiederum unabhängig von nützlicher Tätigkeit erfolgt. Dabei lernen gerade Kinder um so leichter und effektiver, je praktischer die Lernaufgabe ist, was nicht bedeutet, daß sie einfach zu lösen ist. Nur verlangt die Aufgabe Geschick und Können, in denen sich dann die formalen Fähigkeiten wie von selbst herausbilden.

Die Methode, mit der diese Unterrichtsarbeit organisiert werden soll, ist später „Projektmethode“ genannt worden (DEWEY/KILPATRICK 1935). An dieser Stelle soll zunächst ihr Prinzip und ihre schulpädagogische Bedeutung dargestellt werden (Einzelheiten unter Kap. 4.2): Der Grundgedanke ist, daß das Lernen einem praktischen Anlaß folgt, nicht einem vorgegebenen, notwendig theoretischen Lehrplan. Der Stoff ordnet sich der durch Lernanlaß geschaffenen Lernrichtung zu, wobei die Stoffauswahl dem Entwicklungsstand des Kindes gerecht werden muß. So beginnt in DEWEYS Schule der Geschichtsunterricht mit den häuslichen Erfahrungen des Kindes und endet mit der antiken Geschichte, weil diese der Erfahrung des Kindes am fernsten liegt (DEWEY 1905, S. 64 f.). Oder der wissenschaftliche Unterricht beginnt mit alltäglichen Beobachtungen der Natur, an denen die „Beobachtungskraft“ der Schüler geschult wird; erst über diese eigene Tätigkeit wird der Unterricht dann zu einem wissenschaftlichen Gegenstand geführt (ebd., S. 65 f.). „Geführt“ darf freilich nicht mißverstanden werden: Nicht der Lehrer „führt“ den Schüler auf den vom Lehrplan vorgegebenen, richtigen Weg, sondern der Schüler muß die Richtung seines Lernens selbst entwickeln und sehen, wie weit er dabei kommt. Ein abschließendes Ziel gibt es nicht.

Der „Familiencharakter“ der Schule entsteht durch dreierlei Maßnahmen, das Prinzip der *Lerngruppe* (im Gegensatz zum „Stufenleitersystem der Klassenschulen“), die *Angleichung* des schulischen an das alltägliche Lernen der Kinder (einschließlich der Übernahme von Verantwortung für das eigene Lernen) sowie die *Rekrutierung* geeigneter Lehrer, die sich von der Aufgabe her verstehen müssen, dem Lernen der Kinder „zu dienen“ (ebd., S. 68). Natürlich müssen auch die Eltern mitspielen und diese Schule mittragen; sie müssen, wie DEWEY sagt, „einer Erziehungsform geneigt (sein), welche die individuelle Entwicklung zu ihrem einzigen, alles beherrschenden Ziele macht“ (ebd., S. 69). „Entwicklung“ wird dabei nicht, wie in der europäischen „Pädagogik vom Kinde aus“, sentimental-psychologisch gedacht, sondern erscheint als pragmatische Leitformel für Lernen: Entwicklung ist unaufhörliche Differenzierung, vor allem des Verstehens, die sich aus Handlungserfahrungen ergibt; das bedeutet nicht, daß man um so mehr lernt, je mehr man handelt, sondern nur, daß die *Methode* des Lehrens sich vom Lernen her begreifen muß. Lehren ist so wesentlich *Selbst*lehren, wobei die Schule für die geeignete Lernumwelt sorgen muß. Sie ist dann optimal, wenn sie den Schülern genügend Raum gibt, selbst tätig zu werden und dabei zu lernen.

Dieses Konzept ist an der *laboratory school* der Universität Chicago ab 1896 ausprobiert worden, zunächst mit sechzehn Schülern und zwei Lehrern und bis 1902 anwachsend auf 140 Schüler, 23 Lehrer und 10 Assistenten (CREMIN 1961, S. 135). DEWEY sah seine Basisannahmen durch dieses Experiment bestätigt (ebd., S. 140) und die Schule entsprach den hohen Erwartungen, „a first-rate school run by a first-rate staff“ (ebd., S. 141). Mit DEWEYS Weggang an die Columbia-University[4] war das Experiment beendet. Die Bedingungen einer Universitätsschule sind gewiß exzeptionell gewesen, aber gerade weil es sich um einen Versuch mit einer sehr weitgehenden Theorie handelte, waren die Wirkungen beträchtlich. Die amerikanische *progressive education* nahm von ihm ihren Ausgang, weil DEWEYS Beispiel deutlich machte, wie Erziehungstheorie, pädagogische Forschung und politische Zielsetzung der Schulreform eine fruchtbare Verbindung eingehen können. Das Credo dieser Richtung hat HELEN PARKHURST so ausgedrückt: „The old type of school may be said to stand for *culture,* while the modern type of school stands for *experience*“ (PARKHURST 1926, S. 15). Ihr Dalton-Plan, ein entschiedener Versuch mit DEWEYS Prinzipien, sollte die moderne Schule, die Schule des 20. Jahrhunderts, beschreiben, anwendbar auf jede institutionelle Praxis mit Kindern älter als neun Jahre (ebd., S. 37).[5]

Diese Zusammenhänge sind in der deutschen Diskussion kaum bekannt geworden, auch nicht die Entwicklungen in den zwanziger und dreißiger Jahren, der eigentlichen Erfolgsperiode der progressiven Erziehung. Die *pädagogischen* Überzeugungen der deutschen Reformpädagogen (im Unterschied zu den politischen Zielsetzungen) waren jedoch sehr ähnlich, so daß ähnliche Versuche mit einer alternativen Praxis unternommen wurden, wenngleich nicht auf dem Niveau von Universitätsschulen. Trotz der vielen Forderungen und der nicht wenigen praktischen Versuche entwikkelte sich aber keine Normalform staatlicher Schulen in Deutschland, die den Prinzipien der Arbeit, des Lebens und der Individualisierung in ihrem *institutionellen* Aufbau gefolgt wäre. In den gut 40 Jahren von Versuchen mit alternativen Schulen in Deutschland ist bis 1933 keine Bewegung entstanden, die in Größe und Einfluß dem amerikanischen „progressive education movement" vergleichbar gewesen wäre. Insbesondere fehlte die breite Verankerung im Bewußtsein der Lehrer und die institutionelle Form für die Reformschule. Im Blick auf die gesellschaftliche Realität der Schule blieb die tatsächliche Reformerfahrung marginal.

Die öffentlichen Schulen in Deutschland am Ende des 19. Jahrhunderts hatten nicht die Bedingungen von DEWEYS Versuchsschule. Auch war die die Erprobung der Reformideen nicht im Universitätsmilieu angesiedelt.[6] Die zunächst ausschlaggebende Diskussion hatte keinen urbanen Charakter, sondern war kulturkritisch in dem Sinne angesetzt, daß die Zivilisationsform der *Großstadt* angegriffen und als unpädagogisch hingestellt wurde. Nicht wenige Reformer plädierten aus diesem Grunde für die Errichtung pädagogischer Anstalten als Lebensformen außerhalb der großen Städte. In diesen Konnex gehört die Gründung der *Landerziehungsheime,* einer Konzeption von Schule, die Lernen, Leben und Arbeit in *einer* institutionellen Form verwirklichen wollte. „Erziehung", schrieb HERMANN LIETZ 1897, „besteht in richtiger Entwicklung der Natur des Zöglings nach allen ihren Seiten hin"; das aber könne nur noch auf dem Lande verwirklicht werden (LIETZ 1897, S. 85 ff.). Landleben wird gleichgesetzt mit natürlichem Leben; Leben in der Natur ist die Voraussetzung für eine natürliche Erziehung. LIETZ' Aufruf zur Gründung eines Landerziehungsheimes beginnt daher mit der These, daß die neue Erziehung nur dann gelingen könne, wenn sie nicht länger an den Raum und die Sozietät der Stadt gebunden ist. Sie muß aufs Land verlagert werden (LIETZ 1967, S. 15).

LIETZ, ein Schüler von WILHELM REIN, dem einflußreichsten Vertreter der Herbart-Pädagogik, hatte vor diesem Gründungsaufruf zwei Jahre lang in der privaten Internatsschule von Abbotsholme in England hospitiert, wo CECIL REDDIE – beeinflußt ebenfalls durch Konzepte des Herbartianismus (REDDIE 1900, S. 114 ff.) – ein *„Educational Laboratory"* (ebd., S. 135) organisiert und unterhalten hatte. Diese Schule für elf- bis achtzehnjährige Jungen wurde von REDDIE allgemein so begründet: Ihr oberstes Ziel sei „an all-round *Education* of an entirely modern and rational character based upon the principles of Educational science, and adapted to the needs of the English cultured class" (ebd., S. 133/134).[7] Beide Kriterien sind im Kontext des heutigen Bildes der Reformpädagogik vielleicht überraschend, aber in fast allen europäischen Ländern beginnt die reformpädagogische Bewegung mit einem starken Glauben an die Erziehungswissenschaft, ohne darum immer sofort auch demokratische Prinzipien zu vertreten. Elitäre *und* demokratische Konzepte wurden entwickelt, und die Landerziehungsheime gehörten zunächst ganz eindeutig einer elitären Pädagogik an.

REDDIE beschreibt seine Schule im einzelnen wie folgt: Das „Abbotsholme Estate“ sei ein ideales Königreich im kleinen, gelegen in reizvoller Landschaft, die allein schon Gegenstände genug abgäbe für den natürlichen Unterricht oder das, was REDDIE „object lesson“ nennt (ebd., S. 134). Die Schüler lernen an den natürlichen Gegenständen ihrer Erfahrungswelt, aber auch an der sozialen Gemeinschaft, in der sie sich befinden. Das Lernen wird ganz im Sinne DEWEYS von den Anlässen her eingerichtet, auf die sich das Lehren und Unterrichten beziehen. Nicht Fächer werden gelernt, sondern Fragen beantwortet; und nicht abstraktes Wissen wird vermittelt, sondern nützliches, das praktischen Bedürfnissen entspricht und nicht dem Schema der Schule folgt. „The *whole Life* at the school is planned as to develop harmoniously all the powers of the boy – physical, intellectual, artistic, moral, and spiritual – to *train* him, in fact, *how* to *live,* and become a wholesome, reasonable, and useful member of Human Society“ (ebd., S. 135).

Die pädagogische „community“ ist klein (nicht mehr als hundert Mitglieder: ebd.) und zugleich anspruchsvoll. REDDIE versteht sie als Lernmedium mit lebenslangen Wirkungen: „Its central purpose is to bring the boy into conscious harmonious relation with this miniature world, as the surest way of making him into a *Man* and a *Citizen*“ (ebd.). Die Anspielung auf ROUSSEAU ist nicht zufällig, weil REDDIE glaubt, die zentrale Aporie der bürgerlichen Pädagogik, die Erziehung des Menschen *zum Menschen,* über die Organisationsprinzipien der neuen *Schule* lösen zu können. Das unterscheidet ihn grundlegend von ROUSSEAU, der seinen Zögling allein mit der Natur konfrontierte und dazu lediglich einen Arrangeur des Lernens benötigte, nicht jedoch eine Schule, die immer in der Gefahr steht, ihre Prinzipien zu verselbständigen. Anders REDDIE und mit ihm fast alle Reformer der Jahrhundertwende: Die Organisationsform der Schule muß nur in die richtige Richtung verändert werden, um eine natürliche Erziehung und einen kindgerechten Unterricht zu ermöglichen.

„Richtig“ ist die schulische Organisationsform aber nur dann, wenn sie das Lernen nicht länger bürokratisiert: Weder dürfen die Inhalte schematisch und nivelliert vorgegeben werden, noch auch darf die Zeit des Lernens einem rein äußerlichen Takt folgen, der sich durch das Lernen gar nicht rechtfertigen läßt. Als Alternative zu dieser überkommenen Form denkt REDDIE die „object lessons“ oder den natürlichen Unterricht. Anlaß dafür ist mit der Umgebung und der Sozialform der Schule permanent gegeben, so daß es nur noch darauf ankommt, die Anlässe für ein produktives Lernen der Schüler zu nutzen (ebd.). Das Curriculum der Schule ist entsprechend weit angelegt, bestimmt von dem Grundsatz, daß es vor dem 18. Lebensjahr überhaupt keine Spezialisierung der Schüler geben dürfte. Die schulische Bildung, so REDDIE, kann nicht zur gleichen Zeit „breit“ *und* „spezialisiert“ sein, wenn nicht die Fehler der traditionellen Schule in Kauf genommen werden sollen, „an overburdened curriculum, overstrained brains, and ultimate collapse“ (ebd., S. 137). In Abbotsholme regierte zwar ein Zeitplan das Geschehen, einfach aus Gründen der sozialen Organisation, aber nicht ein Lehrplan.[8] Was gelehrt wurde, entsprach den Anlässen und Bedürfnissen, nämlich praktische Tätigkeiten, intellektueller Unterricht, ästhetische Erziehung und moralisch-religiöse Unterweisung (ebd., S. 145 ff.), ohne an Stundentafeln, Lehrerdeputate oder Verwaltungshierarchien gebunden zu sein.

Angesichts einer steigenden Schulkritik, die, wie gesagt, vermehrt medizinische Gründe gegen die „alte“ Schule geltend machte, war ein solches Konzept attraktiv, wenigstens für die Bourgoisie oder das, was REDDIE die „cultured class“ nannte. Seine Schule versprach eine gesunde, liberale und zugleich geordnete Erziehung, die die Schüler selbsttätig lernen läßt und sie doch auf nationale und religiöse Prinzipien zu verpflichten weiß (ebd., S. 155 f.). Hinzu kommt, daß die Schule nicht mehr durch Pauken („cram“) vorbereitet und darum um so besser den Anschluß an die Universität sichert: „The work of the university is *specialisation.* The work of the school is *general culture“* (ebd., S. 159). Pauken ist nur da nötig, wo die Schule eine falsche Spezialisierung pflegt und damit die Schüler überfordert.

Die internationale Resonanz auf diesen Versuch war beträchtlich. REDDIE (1900, S. 193-504) hat viele der Kommentare und Kritiken gesammelt, darunter ein Buch, das sich auf eigenwillige Weise, nämlich mit einem Anagramm im Titel, auf Abbotsholme bezog, HERMANN LIETZ' „Emlohstobba – Roman oder Wirklichkeit“ (1897) (vgl. REDDIE 1900, S. 258-380). LIETZ beschreibt hier seine Erfahrungen in Abbotsholme und entwirft den Plan zu einer eigenen „Erziehungsschule“.[9] Dieses Modell wird scharf von der alten „Unterrichtsschule“ abgegrenzt, der ein offener Sadismus vorgeworfen wird (LIETZ 1897, S. 88 f.), weil sie das „oberste Gesetz“ der Erziehung, die „Berücksichtigung der Natur des Zöglings“, systematisch vernachlässigt und darin auch noch eine sinnvolle Tätigkeit sieht. LIETZ spricht von einer „negativen Polizei- und intellektuellen Unterrichtsanstalt“, der die „intensive, positive, allseitige Erziehung der Jugend“, „die Bildung nicht bloß des Intellekts, sondern vor allem auch des Körpers, der Glieder, der ästhetischen, moralischen, religiösen Natur“, entgegengestellt wird (ebd., S. 117/118).

Nicht in Kopie, aber nach dem Vorbild von Abbotsholme hat HERMANN LIETZ dann 1898 im Harz, in der Nähe von Ilsenburg, das erste deutsche „Landerziehungsheim“ gegründet, dem rasch weitere Gründungen in Thüringen, in der Rhön und am Bodensee folgten.[10] Der Titel *Deutsches Landerziehungsheim* sollte den stark nationalpädagogischen Grundzug der Konzeption zum Ausdruck bringen (LIETZ 1935, S. 144 ff.) und zugleich die entschiedene Abwendung von der Großstadt signalisieren.[11] Ilsenburg, eine ehemalige Gutsanlage, wurde von LIETZ, der PESTALOZZI bewunderte (ebd., S. 43), nach dem Familienprinzip organisiert, das „alles Schablonenhafte“ der Normalschule ausschließen sollte. „Man lebte zusammen wie ein Gutsherr mit seinen Kindern, seinen Geschwistern und Angestellten“ (ebd., S. 81 f.).

Die Zielsetzung der Landerziehungsheime ist entsprechend „national“, „sozial“ und „sittlich-religiös“ (LIETZ 1913, S. 9), wobei das Nationale besonders wichtig erscheint, betont LIETZ doch immer wieder den „deutschnationalen und germanischen Charakter“ seiner Heime (LIETZ 1935, S. 115).[12] Die „Erziehung zu *nationaler Gesinnung und Tat*“ wird als die „selbstverständliche Voraussetzung und Grundlage unseres Lebens“ bezeichnet (LIETZ 1913, S. 9); sie wird ergänzt durch die ethisch-sittliche Erziehung, die aber auch auf das „nationale Ideal“ bezogen bleibt (ebd., S. 10). Die „Erziehung zu *religiöser Gesinnung und Tat*“ beschließt die Zielsetzungen, die hier, an ihrer höchsten Stelle, für die Verpflichtung sorgen sollen, „am Werden des Gottesreiches“ mitzuarbeiten (ebd.).[13]

Wie das erreicht werden kann, stellt LIETZ anhand einer Analyse der Erziehungsmittel der Landerziehungsheime dar: Das „erste und letzte“ Mittel ist die *„Liebe zum Kinde“,* also ein Grundsatz PESTALOZZIS, der das Prinzip der Selbstlosigkeit begründen soll. „Echte Liebe“ veranlaßt den Erzieher, „um des Kindes selbst willen“ tätig zu werden. Sie findet „ihren Lohn im Bewußtsein“, dem Kinde „etwas genutzt zu haben“ (ebd., S. 10/11). Daneben wird die Erfahrung des Landlebens als wichtiges Erziehungsmittel genannt, das Beispiel und Vorbild des Erziehers, Spiel, Sport und körperliche Arbeit, schließlich auch, aber nicht zuerst, die *„wissenschaftliche Arbeit“* (ebd., S. 11 ff.). Ausdrücklich lehnt LIETZ den „Lehrplan des alten Gymnasiums“ ab (ebd., S. 14), aber ebenso auch die zu frühe und zu oberflächliche Spezialisierung in den Schulen, die weder Breite noch Tiefe vermittelt: „Das heute übliche System läßt keine gründliche ernste Arbeit in den Sachgebieten zu, begünstigt oberflächliches Wortwissen und Phrasentum und schablonisiert nach äußerlichen Gesichtspunkten“ (ebd., S. 16). Das Curriculum der Landerziehungsheime sieht daher grundlegend anders aus:

> „In den ersten fünf Schuljahren (lassen wir) alle Kinder in Muttersprache, Natur, Sage und Geschichte heimisch werden (Unterstufe). Auf der Mittelstufe bringen wir dann diese Gebiete zu einem gewissen Abschluß (desgl. die Mathematik) und vermitteln zugleich Kenntnis einer und zwar der englischen Fremdsprache. Wer dann die Oberstufe besuchen will, hat seiner nun erkennbaren Befähigung und Neigung entsprechend die Wahl zwischen der naturwissenschaftlich-technischen Gruppe (Landwirtschaft, Industrie, Medizin) oder der wirtschaftlich-neusprachlichen (Handel) oder der geschichtlich-staatswissenschaftlich-altsprachlichen (Beamte, Rechts- und Staatswissenschaftler, Offiziere)“ (ebd.; ausf. LIETZ 1911).

Wichtig ist dabei, daß die Schulerfahrung nicht allein aus diesen Lerninhalten besteht. Die wissenschaftliche Arbeit ist nur *ein* Erfahrungskreis, und nicht einmal der höchste, denn LIETZ läßt noch zwei weitere Medien der ganzheitlichen Erziehung folgen, nämlich die *„echte Kunst“* und das

*„religiös-sittliche Leben"* (LIETZ 1913, S. 16 ff.). Die Beschäftigung mit Kunst soll den „Sinn für das Schöne" erwecken, während die Erfahrung des Gemeinschaftslebens im Heim zu Grundeinsichten über Sittlichkeit und daran anschließend über Religion führen soll. Dabei spielt die Übernahme von Verantwortung in der Selbstverwaltung der Heime eine ebenso wichtige Rolle wie die Erfahrung sittlicher Vorbilder. Als Grundsatz gilt: „Alles, was das Kind selbst finden und leisten kann, *muß* man es selbst finden und leisten lassen und ihm nicht abnehmen; denn nur so kann man zur Entwicklung sittlicher Tatkraft beitragen" (ebd., S. 17). Die „Gewöhnung an Gehorsam und Anerkennung von notwendiger Autorität" (ebd.) ergeben sich aus den Anforderungen des täglichen Lebens dann ganz von allein.

Die Ordnung des Heimes kennt aber nicht nur die soziale Organisation, sondern auch den Rhythmus des Tages, der gekennzeichnet ist vom *„Wechsel zwischen theoretischer und praktischer Beschäftigung, zwischen Spiel,* freier ungehemmter Betätigung und *pflicht*mäßiger Arbeit" (ebd., S. 18). Genau wird der Tagesablauf so beschrieben:

> „Natur lehrt uns früh aufstehen, den Tag zur Arbeit und zwar im Wechsel zwischen geistiger und körperlicher, den Abend für Spiel und Erholung, die Nacht von früher Stunde an zu ergiebigem Schlaf zu benutzen. So ist der Vormittag dem wissenschaftlichen Unterrichte gewidmet, wobei wir uns hüten, ihn unzweckmäßig zu zerreißen, vielerlei Verschiedenes nacheinander bringend. Sondern wir behandeln im allgemeinen nur 2, höchstens 3 Gegenstände in etwa je zweimal 45 Minuten. Mehr als fünf Stunden werden am Vormittag nicht erteilt. Den Unterricht unterbrechen wir durch ausreichende Pausen, Dauerlauf in einer, Spiel in andern. Nach einer zweistündigen Mittagspause ist der erste Teil des Nachmittags praktischen Arbeiten in Garten, Werkstätten, Laboratorien und dem Unterricht im Zeichnen und der Musik gewidmet. Der zweite Teil dient dem Spiel, Turnen, den Geländeübungen u.a., sowie der Vorbereitung auf den Unterricht (Arbeitsstunde). Der stille Abend dann gemeinsamem Gesang, dem musikalischen Vorspiel und der Erzählung oder Vorlesung von solchen Dingen und Begebenheiten, die zu Herz und Gemüt sprechen (Kapelle)" (LIETZ 1913a, S. 17/18).

Dieses Konzept ist außerhalb des staatlichen Schulwesens international einflußreich gewesen, allerdings immer nur als schmale Alternative, die von der kleinen Zahl lebte. FRIEDRICH GRUNDER (1910, S. 2 ff.) listete 54 Gründungen auf, die alle mehr oder weniger dem Vorbild von Abbotsholme folgten und den Theorien von REDDIE und LIETZ verpflichtet waren. Erfolgreich war die Idee vor allem in Deutschland, aber auch in Frankreich (BÄCKER 1913) und in der Schweiz (GRUNDER 1987). REDDIES Wirkung in England ist beträchtlich und an den Gründungen abzulesen, die Abbotsholme nachfolgten (vgl. STEWART 1968). Die bekannteste dieser Gründungen ist ALEXANDER NEILLS „Summerhill" (1924) gewesen, deren pädagogisches Konzept in eine deutlich andere Richtung als REDDIES Spätherbartianismus ging, nämlich ganz auf die „child nature" setzte und die Organisation der Schule von daher bestimmen wollte (NEILL 1945, S. 98 ff.), die aber gleichwohl in die Reihe der Landerziehungsheime gehört, die sich nach 1918 änderten, jedoch nur so, daß die Prämissen der Kindorientierung stärker und eindeutiger gefaßt wurden.

Keines dieser Modelle erreichte die Normalschule, weil sie den Grundgedanken REDDIES nicht aufgaben, eine private Alternative zu entwickeln, die sich gerade in diesem Kontrast als der staatlichen Schule überlegen herausstellen würde. Das gilt auch für die deutsche Entwicklung: Die bekannten Sezessionen der Landerziehungsheimbewegung, WYNEKENS und GEHEEBS Abspaltung von LIETZ und die Gründung der Schulgemeinde Wickersdorf (1906) sowie der Odenwaldschule (1910), waren Entwicklungen innerhalb der Privatschulbewegung. Die Differenzierung der Landschulheime – KURT HAHNS Schloßschule Salem am Bodensee (1920), MARTIN LUSERKES „Schule am Meer" auf Juist (1925) oder BERNHARD UFFRECHTS „Freie Schul- und Werkgemeinschaft" Letzlingen in der Mark (1919) verfolgten zum Teil eigenständige Konzepte und unterschieden sich in der Gewichtung der Praxis voneinander – ist zu diesem Tatbestand kein Widerspruch. Gemeinsam sind diesen Versuchen ihre zentralen Ideen, auch die Ablehnung der „alten Schule", ohne daß sich daraus ein einheitliches Konzept ergeben hätte, das als Reformmodell für die staatliche Schule geeignet gewesen wäre.

Unabhängig von den vielen Variationen, die Grundüberzeugungen der Reformer insgesamt, nicht nur der Landerziehungsheimbewegung, sind relativ konform, trotz der starken ideologischen Unterschiede zwischen etwa einem demokratischen Pragmatisten (DEWEY), einem elitären Erziehungsreformer (REDDIE) und einem deutschnationalen Reformpädagogen (LIETZ). Wenigstens die Übereinstimmung in deren *Schulmodellen* ist frappierend: In allen drei Entwürfen ist das Hauptanliegen, die Struktur der pädagogischen Institution des 19. Jahrhunderts zu verändern, also den Zeittakt der Schulstunde, die Hierarchie der sozialen Beziehungen, den Formalismus der Methode, die Vorschrift des Lernens durch den Lehrplan und nicht zuletzt die Distanz der Schule vom Leben. Die vorgeschlagenen Mittel sind sehr ähnlich: Der Unterricht soll der Zeit des Lernens, nicht das Lernen der Zeit des Unterrichts folgen; daraus ergibt sich eine flexible Zeitstruktur, die an Lernaufgaben und nicht an der rein äußerlichen Abfolge von Unterrichtsfächern orientiert wird. Die sozialen Beziehungen werden von zwei Faktoren her grundlegend verändert, einem pädagogischen Verhältnis zwischen Lehrern und Schülern sowie einer bedürfnisorientierten Gestaltung des Schullebens, das Platz hat für Gemeinschaftserfahrungen, Freizeitgestaltung und Eigentätigkeit. All das ist gebunden an die Schule, ohne mit der typischen Unterrichtserfahrung gleichgesetzt zu werden. Aber auch diese Erfahrung wird einer Änderung unterzogen: Die Versuchsschulen der Reformpädagogik verzichten sehr weitgehend auf die stereotype Unterrichtsorganisation. Vorherrschend ist das Lernen *aus Anlaß,* also die Methode des *Projekts,* nicht mehr die Präparation des lehrerorientierten Unterrichts. Das führt dann auch zur Aufgabe strikter Lehrpläne, die durch allgemeinere Richtlinien ersetzt werden. Dabei ist das Entwicklungsalter der Schüler wichtiger als die überkommene Struktur der Schulfächer, wie am Curriculum der Landerziehungsheime zu beobachten war. Das Schulleben schließlich soll die Schule psychologisch und ästhetisch attraktiv machen, etwa über die die Organisation des Schuljahres, das Rhythmen und Höhepunkte kennt, in welchen die Gemeinschaft inszeniert und erfahren wird.

Das dritte Schulmodell, BERTHOLD OTTOS „Hauslehrerschule" in Berlin-Lichterfelde, scheint diesen Kriterien nicht zu entsprechen, denn OTTO gründete 1906 keine Universitätsschule, kein Eliteinternat und auch kein Landerziehungsheim, sondern einen freiheitlichen Unterrichtszirkel, der wie eine Familiengruppe aufgebaut war und somit zu Recht den Namen „Hauslehrerschule" erhielt. OTTO wählte diesen Titel freilich aus Gründen der Schul*kritik:* Das 19. Jahrhundert hat eine Großorganisation „Schule" hervorgebracht, die bei allem Bemühen um die richtige Methode und die angemessene Ausbildung der Lehrer doch nicht mehr imstande ist, für die *Intimität* des Lernens zu sorgen. Dies kann nur eine kleine Gruppe, die ohne Zwang und äußere Regulierung zusammenkommt und vom Bedürfnis zu lernen ausgeht. Ihr Vorbild ist die vorstaatliche Organisation von Schule, nämlich der Hauslehrerunterricht in den bürgerlichen und feudalen Familien des 17. und 18. Jahrhunderts. Hier gibt es keine staatliche Schulpflicht, keine bürokratische Struktur und vor allem keinen Lehrplan, der das Lernen der Kinder verbindlich vorschreibt.

Die „Hauslehrerschule" setzt auf die Freiheit des Kindes, weil sie für das Lernen des Geistes die Voraussetzung ist. Zwang ist nur berechtigt auf den Gebieten des *Willens,* aber nicht im Bereich des *Geistes:* „Der Geist wird unter dem Zwange unter allen Umständen schlechter, als er ohne den Zwang wäre" (OTTO 1912, S. 17). Zwang in der Erziehung wäre *„Kraftvergeudung",* weil er nur Abwehr hervorruft, ohne wirkliches Interesse zu erzeugen. Aus dieser Dichotomie[14] läßt sich ein effektvolles Argument gegen die staatliche Schule gewinnen, eine Art Schibboleth zur gesamten Schulkritik: Die *„Schule im traditionellen Sinne"* wird definiert als „eine *Zwangsanstalt, in der geistige Leistungen als sittliche Pflicht gefordert werden"* (OTTO 1898, S. 10). Eine Schule *„in diesem Sinne"* wird „wirklich das Ende des zwanzigsten Jahrhunderts nicht erleben" (ebd.), so daß die Zukunftsschule ganz anders bestimmt werden muß. Allgemein versteht OTTO darunter die Verpflichtung des Unterrichts auf die Zukunftsaufgaben der *Kinder* (OTTO 1912, S. 6/7), was dann aber verlangt, daß die Freiheit des Kindes zur eigenen geistigen Entwicklung respektiert werden muß. Es darf nicht einfach mit „Schulweisheit" belästigt werden (ebd., S. 7/8).

Die „Hauslehrerschule" setzt die Neigung und Neugier des Kindes voraus, die sich aber nicht einfach auf das Leben beziehen, sondern dem psychologisch aufbereiteten Angebot[15] der Schule gelten sollen (OTTO 1910, S. 282 ff.). Der Lehrer verfügt nicht mehr über die Autorität eines Amtes, sondern ist Freund und Vertrauter des Kindes, aber immer noch *Lehrer,* der in der Hauptsache für die geistige Bildung der Schüler sorgen soll und dies nicht einfach als Animateur erledigen kann. Er beobachtet den „geistigen Entwicklungsgang“ der Kinder und Jugendlichen, so wie er sich im Lernangebot der Schule vollzieht (ebd., S. 283 f.). Hier liegt ein entscheidender Unterschied etwa zu DEWEY: In der Schule, so OTTO, gibt es „erheblich mehr Gelegenheit zu schönen Spielen als zu Hause“ und „reichlichere Befriedigung für alle Wißbegierde“ (ebd., S. 284), vorausgesetzt aber, die Schule ist so eingerichtet, daß sie tatsächlich das Lernen der Kinder befördert.

Gegründet hat OTTO seine „Hauslehrerschule“ 1906 in seiner Privatwohnung. Ein eigenes Schulhaus wurde erst erforderlich, als die Schülerzahl auf über 30 gestiegen war (zum folgenden: FERBER 1925, S. 54 ff.). Diese Anlage war dann pädagogisch durchdacht: OTTO erwarb ein größeres Gelände, „auf dem das Schulhaus, die Gartenanlagen und Spielplätze eingerichtet wurden“. Im Schulhaus lagen „die hellen, luftigen Schulräume alle zu ebener Erde“, in jedem einzelnen Raum gab es „an der Wand entlanglaufende Holzbänke und einfache leichte Schreibetische“ (ebd., S. 54). Die innere Struktur der Schule ist durch „Stufen-oder Kurseinteilung gekennzeichnet“: Die gleichaltrigen Kinder bilden eine Stufe und gruppieren sich in lockerer Art um eine Lehrperson, „die sie meist während der ganzen Schulzeit über die verschiedenen ‚Stufen‘ hin begleitet“ (ebd., S. 55).[16] Die ganze Schule nimmt am „großen Gesamtunterricht“ teil, aber jede Stufe erhält auch ihren „besonderen Gesamtunterricht“ (ebd.). Daneben werden für individuelle Interessen Kurse eingerichtet und bearbeiten Arbeitsgemeinschaften die Hauptfächer des Lehrplans der Regelschule, soweit dies erforderlich erscheint.

Unterricht wird nicht nur im Klassenzimmer, sondern auch im Freien erteilt. Die Zeit des Unterrichts ist sakrosankt und darf von außen nicht gestört werden. Die Zeiten vor allem des Gesamtunterrichts sind nicht genau festgelegt und werden oft in die Pausen ausgedehnt. Jeder Mittwoch wird freigegeben für Besichtigungen und Ausflüge. Am Ende eines Jahresquartals werden von den Kindern Aufführungen und Ausstellungen veranstaltet, die dem Schulleben und der Elternarbeit dienen. Als „unerläßliche Aufgabe“ galt OTTO, „daß die Eltern mit den theoretischen Grundsätzen der Schule bekannt und und einverstanden sind und niemals im Sinne des Zwangsunterrichts auf ihre Kinder einwirken“ (ebd., S. 56). Das ist um so bemerkenswerter, als OTTO die innere Schulverwaltung ganz in die Hände der Schüler legte. Die berühmten Schülergesetze der Berthold-Otto-Schule[17] gehen auf diese Entscheidung zurück und sie sind gewiß die strengsten Regeln, die sich eine Schule selbst geben kann.[18] Sie basieren auf OTTOS Grundregel der Freiheit und waren eben darum erfolgreich.

Die Methode dieser Schule nannte OTTO den freien geistigen Verkehr mit Schülern im „Gesamtunterricht“. Auf die methodischen Feinheiten komme ich zurück; an dieser Stelle interessiert zunächst wiederum nur das Prinzip: Der Lehrer geht „ohne alle Voraussetzung“, also ohne Pensum und Lektion, an die Schüler heran und tritt mit ihnen in geistige Auseinandersetzung, in eine, wie OTTO sich ausdrückte, *„Gesellschaft für wissenschaftliche Unterhaltung“,* als die jede Unterrichtsstunde gestaltet wird (OTTO 1963, S. 105). Dahinter verbirgt sich ein einfaches, aber wirksames Prinzip: OTTOS „Unterricht“ geht aus von den *Fragen* der Kinder, aus denen sich die freie Entwicklung der Themen des Lehrens und Lernens ergibt. Der übliche Unterricht ist gerade umgekehrt strukturiert: Er beginnt mit den Fragen des *Lehrers* und läßt nur die Antworten zu, die dazu passen, die im strengen Sinne also nicht echt sind. OTTOS Methode vermeidet die rhetorischen Fragen und die künstlichen Antworten und beginnt mit dem, was die Schüler tatsächlich zu fragen haben, ohne darin thematisch begrenzt zu sein. Die Fragen sind oft solche der Lebenserfahrung, so daß die Schüler sie mit Wißbegierde äußern. Die Aufgabe des Lehrers besteht nun darin, daraus Unterrichtsthemen zu entwickeln und die Mittel für die Bearbeitung bereitzustellen, soweit die Schüler die Themen auch tatsächlich bearbeiten wollen. Gezwungen zur Arbeit wird niemand, denn Lernen und Zwang sind eben unvereinbar.

Das Vorwissen des Kindes wird respektiert (OTTO 1912, S. 21), aber auch seine Lernkapazität. Der Unterricht darf nicht überfordern, sondern muß ein „müheloses Verständnis“ erwirken (ebd., S. 22). Alles Neue muß in kleinen Gruppen und kurzen Zeiträumen gelernt werden; nur „Wiederholungen und Einübungen (können) im Klassenunterricht erfolgen“ (ebd., S. 259). Gerade kleine Kinder sind außerstande, sich einen ganzen Schulvormittag zu konzentrieren, so daß für die Schule viel kürzere Zeiträume anzusetzen sind, in denen aber viel effektiver gelernt werden kann (ebd., S. 24). Das gilt vor allem für den Sprachunterricht, dem OTTO besondere Aufmerksamkeit zuwandte (ebd., S. 26 ff., 28 ff. u. pass.), läßt sich aber verallgemeinern und auf umfassende „Lehrgänge“ beziehen, die, ausgehend von den Fragen der Schüler, für eine umfassende geistige Bildung sorgen. Zentrales Anliegen dabei ist, daß die freiheitliche Methode nicht auf Kosten des Niveaus geht und die Gewährung von Freiheit den Lernerfolg steigert, gerade weil die Methode hohe Anforderungen an die Selbsttätigkeit stellt (OTTO 1903, S. 257 f.).

Im Umfeld zwischen Landerziehungsheimen und Versuchen wie den DEWEYS oder OTTOS sollte die *neue Schule* entstehen, wenigstens war dies die Meinung vieler Reformer vor 1914. LUDWIG GURLITT hat diese Erwartung so ausgedrückt: „Das Landerziehungsheim mit Familiencharakter ist die Schulart, der man die beste Entwicklung voraussagen kann. Dort findet die Jugend vor allem wieder engen Verkehr mit der Natur und die Möglichkeit, durch tägliches Spielen im Freien, durch Wanderungen, durch Gartenarbeit, durch Baden und Schwimmen, Rudern und Spielen auf der Wiese die Sinne und körperlichen Kräfte zu wecken und zu stärken“ (GURLITT 1907, S. 95). Das aber deckte sich nicht mit den Vorstellungen des Establishments, so daß Reformen wie die „des Dr. *Lietz*... nur außerhalb der staatlichen Schule möglich“ seien (ebd., S. 95/96). Die „neuen Schulen“ wollten „keine Anstalten“ mehr sein (FERRIÈRE 1914, S. 624), aber genau das war für die staatliche Administration das Problem. Schulen, die kein „vorgefaßtes System“ haben und „keine andere Methode“ als die, die „sich ganz natürlich ergibt“ (ebd.), sind nicht administrierbar und schwer zu beaufsichtigen.

Wie nun Reform der staatlichen Schule ohne Preisgabe der staatlichen Aufsicht realisiert werden kann, das war das Problem der *Arbeitsschule*. Auch sie sollte die Effektivität des Unterrichts steigern, aber nicht, wie etwa bei OTTO, durch sprachliches Wissen und Verbalisierung[19], sondern durch die Pädagogisierung der Handarbeit (SEIDEL 1885, S. 110 ff.). Die „Arbeitsschule“ ist, wie gesagt, keine Erfindung der Reformpädagogik, sondern gehört zum Kernbestand der Schulreformdiskussion des 19. Jahrhunderts. GEORG KERSCHENSTEINER, zu dieser Zeit Stadtschulrat in München, knüpfte hier auch an, als er am 12. Januar 1908 in Zürich seinen berühmten Vortrag „Die Schule der Zukunft eine Arbeitsschule“ hielt. Er fragte darin nach den Möglichkeiten der Umgestaltung der Schule, so daß „sie ihre guten Eigenschaften nicht verliert, gleichwohl aber dem Wesen des Kindes mehr gerecht wird“, also in ihm „auch jene aktive Seelenverfassung entwickelt, die sie heute vernachlässigt, ja verkümmern läßt“ (KERSCHENSTEINER 1968, S. 30). Die Antwort erinnert an DEWEY, denn KERSCHENSTEINERS programmatische Forderung: aus der *„Lernschule muß eine Arbeitsschule werden“,* wird mit der Einebnung der Differenz zwischen Schule und Leben begründet. Die Schule der Zukunft muß sich mehr als bisher „an die schaffenden Kräfte des Kindes wenden, und zwar tunlichst in dem gleichen Wirkungskreis, an den es vor und während der Schule durch seine persönlichen Anlagen und wirtschaftliche Umgebung gebunden ist“ (ebd.). Die Lernschule vernachlässigt nicht nur praktische Begabungen, sondern ist auch außerstande, die Arbeit als pädagogisches Prinzip zu nutzen. Die „Arbeitsschule“ setzt dagegen bei praktischen, handwerklichen Tätigkeiten an, aber nicht zum Zwecke der Produktion, sondern des Lernens. „Was die neue Arbeitsschule braucht, ist ein reiches Feld für *manuelle* Arbeit, das nach Maßgabe der Befähigung des Schülers auch zum *geistigen* Arbeitsfeld werden kann“ (ebd., S. 31). Nur eben verkehrt sich die Priorität und damit auch die Reihenfolge: Vorrangige Aufgabe der Schule ist nicht mehr das intellektuelle Training, sondern die Einübung von manueller Fertigkeit. Das Erlernen praktischer Arbeit ist andererseits nicht ohne intellektuelle Anstrengung möglich, so daß sich wiederum aus dem Anlaß das mögliche Curriculum ergibt, nur daß es in der „Arbeitsschule“ eingeschränkt ist auf die Probleme, die mit handwerklich-manuellen Lernerfahrungen verbunden sind.

Ein eigentliches *Schulmodell* ist das freilich nicht, eher ein pädagogisches Prinzip oder die Begründung für ein Schulfach (das hat die Kritik deutlich gesehen: WIGGE 1913, S. 7; vgl. auch KERSCHENSTEINER 1928, S. 130 ff.). KERSCHENSTEINER hat sich, unter dem Einfluß EDUARD SPRANGERS, in seinen späteren Schriften bemüht, den Arbeitsunterricht vom rein Handwerklichen loszulösen und ihn kulturphilosophisch zu definieren, mit Hilfe eines Begriffes *pädagogischer* Arbeit, der von der Wertsetzung der Erziehung ausgeht: „Nur jene Arbeit dürfen wir als pädagogisch wertvoll bezeichnen, die sich in den Dienst eines geltenden Wertes stellt, der unsere Seele erfüllt" (KERSCHENSTEINER 1968, S. 55). Der Pragmatismus in den Anfängen des Schulreformers KERSCHENSTEINER scheint hier überwunden; dort aber wurde „Arbeit" eindeutig technisch-manuell verstanden und schulorganisatorisch so verortet, daß sie die intellektuelle Schulung mehr ergänzt als herausfordert.

KERSCHENSTEINERS große Wirkung[20] erklärt sich nicht aus der Einheit seiner Theorie oder gar aus einem revolutionären Schulmodell, sondern aus dem Zusammenspiel von schulpraktischer Organisationsarbeit, erfolgreicher Lehrplanrevision und eine dazu passende, pragmatische Erklärung der pädagogischen Zwecke. Es ging um die *Vereinbarkeit* von Volksschulreform und manuellem Lernen, um eine schulpädagogische Definition der Handarbeit, mit der Strukturveränderungen der Schule möglich sein würden, ohne das Prinzip der staatlichen Verschulung in Frage zu stellen. KERSCHENSTEINERS Erfolge als Stadtschulrat in München waren so auf konkrete Projekte bezogen, die Lehrpläne der Volksschulen, die Einrichtungen von Werkstattklassen oder die Organisation des Fortbildungswesens. Aus der Publikation dieser Erfahrungen ist eine bedeutende Reformdiskussion entstanden, nicht aber ein eigenes Schulmodell. KERSCHENSTEINER schloß an die älteren Traditionen der „Arbeitsschule" an und zeigte auf, wie dieser Gedanke in der staatlichen Volksschule verwirklicht werden kann. Sein Grundgedanke, die intellektuelle und die manuelle Seite des Lernens würden sich in einer gewandelten Schule verbinden lassen, setzte *nicht* voraus, das Schulsystem zu verändern.

Wo unter dem Stichwort „Arbeitsschule" tatsächlich *Schulmodelle* entworfen und verwirklicht wurden, da handelte es sich in aller Regel um politische Gründungen, vor allem um solche, die der Theorie des polytechnischen Unterrichts folgten. Sie sind in zweifacher Hinsicht *keine* „reformpädagogischen" Schulen: Einerseits gehen sie nicht von der Natur des Kindes, sondern vom gesellschaftlichen Verwendungszweck aus, der nur anders, polytechnisch, erreicht werden soll, andererseits definieren sie diesen Zweck von der werdenden Gesellschaft her, die durch eine veränderte Erziehung geschaffen werden soll. Dieser zweite Gedanke ist nicht neu, er wird schon im Umkreis des Frühsozialismus und seiner starken pädagogischen Erwartung einer neuen Gesellschaft entwickelt, und der erste Gedanke hat wenig mit „Reformpädagogik" zu tun. Das unterscheidet zum

Beispiel BLONSKIJS Entwurf einer Arbeitsschule (vgl. Kap. 4.2), die der Qualifikation für die Industriearbeit dient, von DEWEYS Laborschule, die vom Lernen der Kinder ausgeht und die demokratische Gesellschaft von der Gestaltung dieses Lernens abhängig macht.

Die deutsche Reformpädagogik, das bleibt an dieser Stelle festzuhalten, hat unter „Arbeitsschule“ kein dezidiertes Schulmodell, sondern ein gegenüber der Schule des 19. Jahrhunderts alternatives Erziehungsprinzip verstanden, das sich in sehr unterschiedlicher Weise schulpraktisch realisieren ließ. Die ausgedehnte Diskussion um die „Arbeitsschule“ (REBLE 1979) zeigt höchst verschiedene Anwendungsbereiche, vom Werkunterricht über die Organisation verschiedener Fächer nach dem Arbeitsprinzip bis hin zu außerschulischen Einrichtungen, die den Schulunterricht ergänzen sollten. Ein wirkliches Schulmodell entstand so aber nicht.

Mit der „Arbeitsschule“ war die Reformerfahrung verbunden, daß die Schule, wie es die Reichsschulkonferenz von 1920 formulierte, das *„schaffende Lernen“* der Kinder zum „Lehrgrundsatze“ erheben müsse, wenn sie ihrer Aufgabe wirklich gerecht werden wolle (FLITNER/KUDRITZKI 1967, S. 255). Andererseits demonstrierten die Versuche, in der überkommenen Organisationsform „Schule“ dieses Prinzip zu verwirklichen, sehr rasch dessen Grenzen. Offenbar ist Schulreform und Organisationsreform nicht zu trennen: Die Schule des 19. Jahrhunderts war nach gänzlich anderen Gesichtspunkten organisiert, als die Schulkritik vor Augen hatte. Daher stieß die Reform der „Lernschule“ solange auf Grenzen, wie nicht neue *Schulmodelle* andere Organisationsprinzipien einsichtig machten. Das Prinzip der Arbeit würde erst so in seinem schulpädagogischen Stellenwert erkennbar werden. Schulreform ist vor allem Reform des *Bauplans* der Schule. Das hat als einer der ersten PETER PETERSEN gesehen und durchdacht: Sein Entwurf der Jenaplan-Schule von 1927 ist als Entwurf der neuen Schule intendiert, aber nicht der Schule unter privilegierten Bedingungen, sondern der normalen Staatsschule. Hier schieden sich die Geister: Während die Landerziehungsheime von der Odenwaldschule bis Summerhill sich ausdrücklich als Alternativen zur Normalschule begriffen, entwickelten die Schulreformer *blueprints* für die Reform eben dieser Normalschule. HELEN PARKHURSTS „Daltonplan“ reiht sich hier ebenso ein wie die Hamburger Lebensgemeinschaftsschule, an die PETERSEN anschloß (Übersichten im Blick auf die Weimarer Diskussion finden sich bei KARSEN 1923 und HILKER 1924).

PETERSENS „Kleiner Jenaplan“ läßt sich in gewisser Weise als Synthese der reformpädagogischen Kritik und Praxis der Schule begreifen. Er vereint OTTOS Idee der Stufen mit REDDIES Konzept der „object lessons“, berücksichtigt LIETZ’ Wechsel zwischen theoretischer und praktischer Beschäftigung, adaptiert das Gemeinschaftsprinzip und zugleich den „erziehenden Unterricht“, ohne auf herbartianische Begründungen zurückzugreifen und also die Schule auf eine enge Version der Methode zu verpflichten. Die Synthese aus diesen und ähnlichen Elementen ist originell und praktikabel zugleich, auch wenn notiert werden muß, daß PETERSENS Erziehungsphilosophie stark nationalpädagogische Implikationen hat, die verhindert haben, daß sein Bauplan der für eine wirklich *demokratische* Schule geworden ist.[21] Der Bezugspunkt ist auch hier die Gemeinschaft und nicht die Öffentlichkeit. Ein Hinweis auf DEWEYS Schule für die demokratische (und nicht einfach die „werdende") Gesellschaft fehlt daher im Jenaplan nicht zufällig.[22]

PETERSEN verstand unter Schulreform ein Gestaltungsproblem und also die Notwendigkeit, eine Art Architektur zu entwickeln, einen Konstruktionsplan, mit dessen Hilfe die neue Schule gebaut werden kann. Diese Aufgabe ist aber nur dann lösbar, wenn sie auf die *institutionellen* Bedingungen des modernen Bildungssystems eingestellt ist, also nicht einfach die Gemeinschaftsformen der Jugend auf die Schule überträgt (PETERSEN 1937a, S. 53). Die Gestaltung der reformpädagogischen Schule muß daher unweigerlich mit *Beschränkungen*[23] rechnen, die nicht durch eine Erziehungsutopie verdrängt werden können. Damit ist eine „realistische" Position eingenommen, die die Fehler der radikalen Schulreformer vermeiden soll. Der zulässige Ansatzpunkt der Reform betrifft zunächst und ganz grundlegend die Schule, so wie sie existiert. Sie muß freilich neu begriffen werden, als „Lebeganzes" im Sinne FRÖBELS oder als „Gemeinschaftsleben" (ebd., S. 24).

Hier liegt die zentrale Stelle des Plans: Die Schule als *Ganzes,* nicht der einzelne Lehrer oder der Unterricht, muß wirken, die Schule als *pädagogisch* gestalteter Zusammenhang. Unterricht ist eine Funktion des gelingenden Schullebens, nicht etwa umgekehrt; die grundlegende Frage der Reform ist daher: Was können wir aus den gegebenen Bedingungen machen, der Sozialität der Schule, aber auch ihres Umfeldes, „um den pädagogischen Forderungen zu genügen?" (ebd., S. 25). Die schulische Wirklichkeit nach *„pädagogischen* Gesichtspunkten" aufzubauen (ebd.), ist eine Kunst, aber diese Kunst hat Regeln und Paradigmen, und die hat PETERSEN im „Kleinen Jenaplan" dargelegt. Wesentlich ist dabei die Idee der *Gemeinschaft,* verstanden als Tat-Gemeinschaft im aristotelischen Sinne (PETERSEN 1937, S. 51 ff.). „Tat" ist niemals nur Aktion, sondern verantwortete Handlung und damit geistige Leistung. Für PETERSEN, analog zu OTTO, ist der „geistige" stets der „geistig gereifte Mensch", dessen Freiheit an den „Vorgang der Vergeistigung" geknüpft ist (ebd., S. 55).

„Vergeistigung" ist gleichbedeutend mit *Erziehung,* die an besondere Bedingungen geknüpft ist, wenn sie auf dem Niveau der *Schule* stattfinden soll. Ihre Voraussetzung ist ein „Bildungsgefälle" (PETERSEN 1937a, S. 26), im Regelfall (aber nicht notwendig nur) zwischen Lehrer und Schüler. Dies stiftet die „erzieherische Situation", die also von einem geistigen

Gegensatz her gesehen wird (ebd., S. 26 f.). Der Pädagoge ist daher der geistige „Führer“ des Kindes, aber das impliziert nur die Führung zum Gegenstand. Die Schule steht im Dienste der *Sache* der Vergeistigung und insofern ist sie eine Erziehungsschule. Sie ist nicht einfach liberale Begegnung. Deutlich sagt PETERSEN: „Es gibt keine Erziehung, auch nicht die unbewußte, ohne ein den anderen irgendwie Zwingendes. Nur der und das macht mich frei und wirkt zu meiner Vergeistigung, meiner Menschwerdung, der und das mir autoritativ wird“ (ebd., S. 27/28).

Die Schule muß also in ihrem institutionellen Aufbau den Bedingungen geistiger Erziehung gerecht werden. Das setzt Freizügigkeit und Selbsttätigkeit voraus, jedoch auch zwingende Regeln und die Erfahrung der Begrenzung durch die Gemeinschaft. Gemäß diesen Vorgaben setzt sich die Jena-Plan- oder, wie PETERSEN sie auch nannte, die *Lebensgemeinschaftsschule*[24] aus verschiedenen Elementen zusammen, die ein harmonisches Ensemble ergeben (vgl. auch DIETRICH 1986, S. 64 ff.). Einige von diesen Elementen, wie etwa die Auflösung der Jahrgangsklassen oder die selbsttätige Einteilung der Pensen, sind auch im Dalton-Plan enthalten (STEINHAUS 1925, S. 6 ff.). Das Ensemble des Jenaplans aber ist neu und originell. Seine architektonische Ordnung läßt sich wie folgt beschreiben: Die grundlegende Einheit sind nicht „Klassen“ von Jahrgängen, sondern *Stammgruppen,* die nach Altersstufen zusammengefaßt werden. Das erlaubt vielfältigere pädagogische Wirkungsmöglichkeiten, zum Beispiel im Blick auf das Helfersystem unter den Schülern, aber auch bezogen auf den Lehrplan und die Differenzierung der Unterrichtsarbeit. Die Einteilung in mehrjährige „Stammgruppen“ entlastet die Schularbeit vom Jahreswechsel und damit auch von den jährlichen „Versetzungen“. Die Schüler werden beurteilt, aber nicht mehr gegeneinander aussortiert.

Dieser „organischen“ Lösung entspricht die Gestaltung der Tage und Wochen im Schulleben: Statt eines in einzelne Fachstunden zerstückelten Tages-Stundenplans kennt die Jena-Plan-Schule nur einen flexiblen *Wochenarbeitsplan,* der Zeiteinheiten vorsieht, aber keine starren Stundentakte. Er kann weit mehr inhaltlich auf die jeweilige pädagogische Situation reagieren, als dies in der Stoffverteilung der Normalschule möglich ist. Die hauptsächliche Unterrichtsform ist die selbsttätige Gruppenarbeit, die durch *Kurse* ergänzt werden kann, in denen dasjenige Wissen vermittelt wird, das die Gruppenarbeit selbst nicht hervorbringt. Außerdem kann hier die Verschiedenheit der Begabungen anders berücksichtigt werden als in der Stammgruppe, die nicht intern differenziert ist.

Das *Schulleben* komplettiert die Konstruktion. Gemeint ist die Beteiligung der Eltern an der schulischen Arbeit in der „Schulgemeinde“, die besondere Bedeutung von Festen und Feiern, die der Gemeinschaftsbildung dienen, und nicht zuletzt die ästhetische Gestaltung des Schulraumes, durch die die Schule zum Wohnraum werden soll. Sie ist damit weder nur Arbeits-, noch bloß Lernschule, sondern eben ein „Lebeganzes“ und damit eine beständige Gestaltungsaufgabe, die nicht nachlassendes Engagement verlangt. Sie wird als Gemeinschaft, als zwischenmenschliches Geschehen (PETERSEN 1968, S. 11 f.), verstanden, nicht als Laboratorium; die „Menschenschule“ (ebd., S. 12/13) soll *erziehend* wirken, nicht einfach nur Lernen organisieren oder Kreativität fördern. Das Ziel dieser Erziehung weist über den Einzelnen hinaus auf die Gemeinschaft, so jedoch, daß die Gemeinschaft in der Erziehung immer schon wirksam wird.

Die Gefahr dieses Konzepts liegt darin, daß die Erziehungsgemeinschaft mit der politischen „Volksgemeinschaft“ in eine kausale Beziehung gesetzt wird, ganz so, als könne eine hinreichend dichte Gemeinschaftserfahrung in der Erziehung die Einheit des sozialen Ganzen hervorbringen, was immer dies sein möge. Andererseits ist nicht zu bestreiten, daß Schulen soziale Organisationen sind, deren Hauptproblem es ist, Lehren und Lernen altersspezifisch angemessen zu verbinden und zugleich Bildung zu befördern. PETERSENS Modell zeigt auf, daß dieses Problem mit einer Konstruktion lösbar ist, die Gruppenarbeit und selbsttätiges Lernen verbindet, eine altersgemäße Anordnung trifft und sehr stark die sozialen Beziehungen zwischen allen Beteiligten für die Erziehungsarbeit zu nutzen versteht. Die Pointe dieses Konzepts liegt darin, daß die entschiedene Schulkritik in eine *institutionelle* Alternative überführt wird. Schule und Kind, erkennt PETERSEN, sind nur mythisch Gegensätze; für die Zukunft kommt es darauf an, diesen Gegensatz zu überwinden.

PETERSEN, und nicht etwa RUDOLF STEINER oder MARIA MONTESSORI, beschreibt mit seinem Modell eine Quintessenz der reformpädagogischen Schuldiskussion. Er reduziert das Problem nicht auf die richtige Methode oder das angemessene Verhalten des Lehrers, weitet es aber auch nicht, wenigstens nicht an dieser Stelle, auf eine Kosmologie oder den Versuch einer Letztbegründung aus.[25] Vielmehr diskutiert er Schulreform vor dem Hintergrund der institutionellen Besonderheit, die die Schule gegenüber dem Alltag haben muß, wenn sie ihren pädagogischen Zielsetzungen gerecht werden will. PETERSEN hat in seiner eigenen Pädagogik weltanschauliche Positionen bezogen (OELKERS 1985), aber diese werden, in der Theorie, nicht auf die Schule projiziert. Die Erziehung in der Jena-Plan-Schule ist an keine politische Weltanschauung gebunden, aber auch nicht, wie bei RUDOLF STEINER, von einem kosmologischen Universalmodell abhängig gemacht, sondern bestimmt sich allein von der überlegenen Organisationsform her. Diese ist nicht, wie bei MARIA MONTESSORI, auf ein operatives Verhältnis zwischen Kind und Methode beschränkt, sondern thematisiert die Schule insgesamt als Reformsystem oder, wie es zeitgebunden hieß, als „Lebensgemeinschaft“.

*Darin* vor allem zieht PETERSEN die Summe der (deutschen) Reformpädagogik, denn sein Schulmodell arbeitet zugleich kind- *und* schulgerecht. Er zeigt, wie der Gegensatz von Kind und Schule aufgelöst und Individuum und Institution in ein widerspruchsarmes Verhältnis gesetzt werden können. Zugleich ist das Modell übertragbar, also nicht an exzeptionelle Bedingungen gebunden. Es ist ein Reformmodell der Normalschule und damit die eigentliche Pointe der Schulreformdiskussion nach 1918. Sie beginnt, unmittelbar nach dem Krieg, mit der radikalen, vor allem ästhetisch radikalen Erlebnispädagogik und endet in effektiven Schulmodellen, auch wenn diese keine Breitenwirkung erlangt haben. Aber viele Ideen der Jena-Plan-Schule sind im schulischen Normalbetrieb verwirklicht worden, selbst wenn das eigentliche Schulmodell PETERSENS hier keine Anwendung fand oder ein Bezug auf PETERSEN nicht mehr gesehen wurde.

## 4.2. Unterrichtsmodelle

Die Reformpädagogik war nicht nur *Schul-,* sie war auch *Unterrichts*reform. Sie suchte erneut, wie die Schulpädagogik des 19. Jahrhunderts, nach der „natürlichen Methode", nur sollte sie gänzlich anders definiert werden. Die Schule des 19. Jahrhunderts war in den Augen der Reformpädagogen orientiert am *Lehrstoff* (statt am Lernen), am *Lehrer* (statt am Schüler) und an der Logik des *Verfahrens* (statt an der Psychologie der Situation). Wenn die Reformpädagogik von „Methoden" spricht, dann in der Regel, um diese Fehler zu vermeiden und also das Gegenteil zu tun. Lehren soll auf Lernen eingestellt werden, aber nicht allgemein, sondern bezogen auf die kindliche Individualität und die natürliche Weise, die Welt anzuschauen und damit eben zu lernen. Dabei muß die Lernsituation weit mehr berücksichtigt werden, als dies in den „Lehrstunden" der alten Schule möglich sein konnte. Und das, so schien es, würde den Lehrer als Künstler und nicht als Wissenschaftler, als Gestalter und nicht als Vermittler, erfordern. Er muß sich auf das „Eigenleben der kindlichen Seelen" einlassen (GANSBERG 1921, S. 31).

Der normale Unterricht, schrieb FRITZ GANSBERG 1902, ist reproduktiv und mechanisch, zugleich aber auch so weit elementarisiert, daß die durchschnittliche „Darbietung" „winzig" wird, also zu klein, um wirklich interessant zu sein, und zugleich so uneffektiv, daß der hohe Zeitaufwand nur als überflüssig bezeichnet werden kann. Die „winzige" Darbietung könnte „in einigen Minuten gesprochen werden", „wenn nicht ein umständlicher und sich äußerst wichtig gebärdender Entwickelungs- und Herausfrageprozeß sich darüber ausbreitete" (ebd.). Das entwickelnde *Lehren* ist die Standardmethode des Unterrichts bis heute. Der Lehrer fragt, die Schüler antworten, aber der Lehrer fragt nicht aufgrund von situativen Gegebenheiten, sondern in entwickelnder Absicht. Er will die Antworten der Schüler auf die nächstfolgende Frage beziehen und am Ende dann ein Ergebnis präsentieren, welches den Anschein hat, als sei es durch die Fragetechnik entwickelt worden. In Wahrheit stand es längst fest und waren die Fragen nur rhetorisch auf dieses Ziel gerichtet. Entsprechend künstlich sind die Antworten und müssen es sein.

Was aber wären Alternativen? GANSBERG empfiehlt, den Kindern „keinen großen Zusammenhang, kein organisches Ganzes, keine strenge . . . Darstellung" mehr vorzugeben oder zu bieten, sondern sie möglichst „alles . . . *selbst* finden" zu lassen (ebd., Hervorhebung J.O.). Die entscheidende Vorgabe des Unterrichts ist nicht der Stoff und die didaktischen *Apparate* der Anschauung, sondern die Erfahrung, die jedes Kind immer schon mitbringt. An sie muß der natürliche und der lebendige Unterricht anknüpfen, wenn sich wirklich etwas ändern soll. „Veranschaulichungsapparate", so GANSBERG, fordern höchstens – „wenn alles gut geht!" – die

„Sinnentätigkeit“ heraus, aber so lange „ist ein Denk- und Vorstellungsprozeß nahezu unmöglich“ (ebd., S. 32). Die künstliche Anregung der Sinne führt, unter den Bedingungen der Schule, kaum wirklich zum Denken, weil die Alltagserfahrung des Kindes nicht angesprochen, vielmehr nur versucht wird, fremdes und abstraktes Bildungsgut dem Kinde nahezubringen, das damit, trotz aller Bemühungen, wenig oder gar nichts anfangen kann.

Die Anschauung besteht nicht einfach im Bild, sondern in der eigenen Erfahrung; nur so werden die Sinne angeregt *und* das Denken herausgefordert. Die Bilder, sagt GANSBERG „müssen gewonnen werden, wir dürfen sie nicht einfach auf den Nagel hängen – da gibt es zwei Minuten blödes Staunen und lustiges Daraufherumvagieren – und dann ist der bildende Einfluß schon erschöpft. Wir müssen auf einem *langen Wege* und durch *eigene Versuche* die Schulbilder gewinnen“ (ebd., S. 33; Hervorhebung J.O.). Am Anschauungsobjekt sieht man nichts, wenn man es *nur* ansehen soll und die Lehre, die es repräsentiert, abstrakt vermittelt bekommt. Anschauung ist überhaupt nicht im Verhältnis von „Objekt“ und „didaktischer Repräsentation“ zu gewinnen, vielmehr ist sie Ergebnis eigener Versuche, die ein Objekt nicht spiegeln, gar verkleinert wiedergeben, sondern es herstellen. „Herstellen“ kann vielerlei bedeuten, Produzieren in einem manuellen Sinne, aber auch Entdecken, Auffinden, durch eigenes Suchen die richtigen Wege erkennen.

Ein Grund für diese Umkehrung der bisherigen Verhältnisse besteht für GANSBERG darin, daß die alte Methode, also das Verfahren des Lehrers, zum *Richtigen,* zur *einzig* möglichen Lösung, führen wollte. Das konnte nur so realisiert werden, daß von Anfang an „richtig“ und „falsch“ unterschieden wurden. Es gibt nur einen Weg der Lösung und der ist vom ersten Lösungsschritt an konsequent. Er beschneidet dann aber jede abweichende Vorstellung als falsch. „Falsche Vorstellungen“, so GANSBERG, töten jedoch nicht, „sondern erzeugen, ja, sie allein gebären die richtigen Vorstellungen“ (ebd., S. 43). Nur Irrtümer korrigieren die Erfahrung, und wer sich im Lernen nicht irren kann, vermag keine Vorstellungen des Richtigen zu entwickeln, es sei denn, er übernimmt dieses „Richtige“ als dogmatische Lösung. Dann aber findet er sie nicht selbst heraus, sondern wird methodisch darauf verpflichtet. Der Lehrer oder vielmehr die Lehr*methode* führt ihn auf ein Ziel, das er übernehmen *muß,* und zwar um den Preis dessen, was „Unterrichtserfolg“ genannt wird. Dieser bringt nicht etwa ein unabsehbares Lernen zum vorläufigen Abschluß, sondern vergleicht Lernziel mit Lernprozeß und bemißt den Erfolg des Lernens daran, daß und inwieweit das Ziel als Endzustand im Lernenden verwirklicht wurde. Von einem „Endzustand“ kann aber nur dann die Rede sein, wenn man eine bestimmte Lösung gegenüber allen anderen absolut setzt. Nur sie kann richtig sein, aber das glaubt man nur, wenn das Lernen nicht weitergeht und der Lehrer die Lösung sanktioniert.

Die formale Unterrichtsmethode ist also gefährlich, legt man die Kriterien der Reformpädagogik zugrunde: Sie geht nicht von der Erfahrung eines Lernenden aus, also nicht von der Gegenwart und der *Situation* des Lernens, sondern dekliniert den Stoff, so daß er schulförmig wird, aber das heißt eben, sie bearbeitet fertige Ergebnisse, also Stoff der Vergangenheit, der vom Lernen gerade ausgenommen wird. Was nicht mehr selbst durch Lernen verändert wird, *das* ist Gegenstand der Schule. Und die Methode ist dafür nur die willige Magd. Sie impliziert die Verpflichtung des Schülers auf ein Wissen, das er nicht durchschaut und das er selbst nicht erzeugen, sondern nur reproduzieren kann. Und eine solche Verpflichtung ist, entgegen den alltäglichen Erfahrungen der Kinder, nicht selbsttätig, sondern nur autoritativ möglich. Es braucht die Autorität der staatlichen Institution, um dogmatisches Wissen unabhängig von seinem eigenen Lernkontext wirkungsvoll vermitteln zu können.

HEINRICH SCHARRELMANN hat 1912 unter dem Stichwort „Arbeitsschule" – ein *Lern*prinzip – einige Kriterien genannt, wie dieser Weg der Methode vermieden und zugleich noch Unterricht ermöglicht werden kann. Der Preis ist hoch, aber attraktiv, nämlich die weitgehende Umgestaltung der lehrer- und lehrplanzentrierten Schule zugunsten einer „Schulreform", in welcher

„1. der Lehrer mit seinen Schülern die *innigste Gemeinschaft* bildet, die auf gegenseitigem Vertrauen und Verstehen begründet ist;
2. in welcher in gemeinschaftlicher Arbeit (Kindermajoritäten unter Mithilfe des Lehrers) die Lösung *selbstgewählter Ziele* auf *selbstgewählten Wegen* erstrebt wird;
3. in welcher die wichtigsten Aufgaben des Lehrers das *Anregen, Darstellen* und das *ständige Vereinigen* der auseinanderstrebenden Kräfte der Kinder auf gemeinsame Aufgaben sind;
4. in welcher das *lebendige Interesse der Kinder* der Ausgangspunkt aller erziehlichen und unterrichtlichen Maßnahmen bildet;
5. in welcher in erster Linie den *produktiven Kräften im Kinde* Aufgaben zugewiesen werden, wodurch indirekt alle anderen Kräfte mitentwickelt werden;
6. in welcher die wichtigste Lehrform das *freie, zwanglose Gespräch* bildet, das, wie in der guten Unterhaltung zwischen Gebildeten, jeden Einwurf gestattet und alle wertvollen Mitteilungen würdigt;
7. in welcher die *letzten* didaktischen und sittlichen *Ziele* in der Hand des Lehrers liegen und seine Privatangelegenheit bleiben, über welche er nur den Elterngemeinschaften Rechnung schuldig ist, die er aber vor den Kindern sorgfältig verbirgt;
8. in welcher aber *das Kind* glaubt, alle Fäden des Unterrichts *selbst* in der Hand zu haben;
9. in welcher Strafen und Verbote des Lehrers ersetzt werden durch *selbstgemachte Gesetze* innerhalb der Machtbefugnis der Klasse;
10. in welcher der Lehrer bestrebt ist, alle allgemeinen Erkenntnisse, Begriffe und Abstraktionen – der induktiven Denk- und Empfindungsweise des Kindes zufolge – zurückzuhalten, um die Kinder vor *zu frühen Verallgemeinerungen* zu schützen, die anschauliche Basis ihrer Welterkenntnis aber zu erweitern und zu vertiefen;

11. in welcher sich der Lehrer bemüht, in allen Disziplinen das *Prinzip der Toleranz* hochzuhalten, aus Liebe zur Religion für keine Konfession, aus Liebe zu wissenschaftlicher Arbeit für keine Partei oder Weltanschauung Propaganda zu machen;
12. in welcher die herkömmlichen Schuldisziplinen mehr und mehr in *Gesamtunterricht* aufgelöst werden;
13. in welcher alle manuelle Tätigkeit nur insofern eine Rolle spielt, als sie zur Vertiefung und Lösung *geistiger Fragen* notwendig und nützlich ist;
14. in welcher die Schüler rationell zum *Gebrauch unserer Kulturmittel* erzogen werden;
15. in welcher der *Gelegenheitsunterricht* eine weit größere Rolle spielt als aller systematische Unterricht" (SCHARRELMANN 1912, S. 149/150; Hervorhebungen J.O.)

SCHARRELMANN entwirft kein strenges Schulmodell, sondern legt allgemeine Prinzipien der Schulreform dar („Gemeinschaft" zwischen Lehrern und Schülern, Prinzip der Toleranz, „selbstgemachte Gesetze" usw.) und erörtert spezielle Regeln des Unterrichts. Diese sind von besonderem Interesse, weil der Gedanke der *Selbsttätigkeit* des Kindes im Mittelpunkt steht. Der „systematische" wird zugunsten des „Gelegenheitsunterrichts" zurückgenommen, also das Lehren und Lernen wird vom *Anlaß* her konzipiert, von der Fragestellung in der *Situation,* ohne Vorgabe des Lehrplans. Die herkömmlichen Schulfächer sollen aufgelöst werden, und zwar in Richtung auf BERTHOLD OTTOS *Gesamtunterricht,* also die Organisation allen Unterrichts um den Fragehorizont der *Kinder* herum.[26] Der Gesamtunterricht ist wegen dieser Wendung „das gerade Gegenteil von allem, was man bisher Unterricht genannt hat" (OTTO 1912, S. 84). Er ist nicht beschränkt nach den Regeln der schulischen Institution: „Die Initiative (geht) grundsätzlich vom Schüler aus. Der Schüler bestimmt, was behandelt werden soll, wie lange es behandelt werden soll und in welcher Reihenfolge die Sachen behandelt werden sollen. Es gibt grundsätzlich keine Beschränkung auf bestimmte Fächer. Die Welt steht als *Gesamtheit* vor uns, und *wir* suchen uns als *Gesamtheit* ihrer zu bemächtigen. Aber auch für die *Art und Weise* der Bemächtigung gibt es keinerlei Vorschriften. Es ist durchaus unangebracht zu verlangen, daß etwa nach jeder Diskussion geprüft werde, ob etwas daraus ‚bleibender Besitz der Schüler' geworden sei. Das alles würde einen Eingriff in das natürliche Wachstum der Einzelgeister und des Gesamtgeistes sein" (ebd.).

OTTO setzt einen natürlichen „Forschertrieb" des Kindes voraus (OTTO 1907, S. 25), eine konstitutionelle Neugier, die nur die Schule selbst beeinträchtigen kann (ebd.). Diese Antriebe stehen hinter dem Wachstum des Geistes, und läßt man das Wachstum frei, dann ist *„keine Spur von Zwangsunterricht* mehr nötig" (ebd., S. 26). Auf diese Weise kann man von einem natürlichen Verhältnis des Lehrens und Lernens sprechen, der sich auf die „Fragelust" der Kinder bezieht (OTTO 1963, S. 121) und nicht auf einen abstrakten didaktischen Zusammenhang. Der normale schulische Unterricht stellt künstliche Fragen, solche, die das kalkulierte Stoffpensum längst beantwortet hat; die Schüler müssen den Stoff lernen, auch wenn sie sich gerade nicht dafür interessieren, also den Unterrichtsgegenstand nicht zum Objekt *ihrer* Frage machen. Und „wenn das Kind sich für das, was in einer Unterrichtsstunde dran ist, nicht interessiert, rechnet man das dem Kinde als moralischen Defekt an“ (ebd., S. 121/122).

Man sollte, so OTTO, umgekehrt urteilen, also der Schule anlasten, was das Kind aufgrund *ihrer* systematisch falschen Verfaßtheit ertragen muß. Der Grundfehler der Schüler ist aber der *Lehrplan,* also die didaktische Organisation des Stoffes *unabhängig* von der Lernbereitschaft und Fragestellung des Kindes. OTTO greift das *Apriori* des Lehrplans an, seine sachlogisch begründete Existenz, die den Vorgaben der wissenschaftlichen Disziplinen folgt, ohne an die Lernweisen der Kinder gebunden zu sein. Alle Berücksichtigung der Altersstufe der Schüler erfolgt hier immer nur ungefähr, weil in der Lehrplankonstruktion kindliche Individualität *grundsätzlich* keine Berücksichtigung finden kann. Der lehrplanmäßige Gang der Physik oder der Geschichte folgt immer seiner eigenen Logik, nie jedoch der Fragehaltung jener Kinder, die der Lehrer gerade zu unterrichten hat.

BERTHOLD OTTO empfiehlt ein radikal anderes Verfahren, das mit dem bricht, was im 19. Jahrhundert hauptsächlich unter dem Stichwort „Methode“ diskutiert worden ist, nämlich Anleitungen des Lehrerhandelns. OTTOS „Gesamtunterricht“ geht ganz anders vor: In der Lerngruppe meldet „sich einer mit irgendeinem Thema. Es ist gänzlich gleichgültig, was das für ein Thema ist. Es kommen die einfachsten Erlebnisse, Tageserlebnisse, es kommen die tiefsten philosophischen Fragen, und öfters kommt es vor, daß diese beiden verschiedenen Arten sich unmittelbar“ ablösen (ebd., S. 127). Wenn das Thema angeregt ist, „dann wird darüber solange diskutiert, wie das Interesse der Gesamtheit dafür rege bleibt. Das zu bemerken und zu beurteilen ist Sache des Leiters“ (ebd.). *Jedes* Thema kann berührt werden und *jeder* Anwesende kann teilnehmen, „so wie es am Familientisch allgemein bekannt ist“ (ebd.).

*Gesamtunterricht* in diesem Sinne ist ein allgemeines Unterrichtsprinzip, gilt also nicht nur für die kleine Gruppe. Zu den Bedingungen des Gelingens zählt auch die Verteilung der Verantwortung und die Zurücknahme der Lehrerrolle; OTTO nutzt dabei den gemischten Charakter seiner Schulgemeinschaft, die nicht nach Jahrgängen getrennt ist. Viele Fragen werden einfach durch ältere Schüler beantwortet, die sich darin auch „sehr geschickt“ anstellen (ebd.). Erst wenn ihre Kenntnisse nicht ausreichen, bemüht sich der Lehrer um eine Antwort, so jedoch, daß klar wird, wie auch seinen Kenntnissen Grenzen gesetzt sind. Er ist nicht länger der Allwissende, sondern selbst ein Lernender, wenngleich ein fortgeschrittener.

Der Vorteil ist also zweifach, der Unterricht nutzt die Fragehaltung der Kinder aus und verwendet weitgehend die bereits vorhandene Wissenskapazität, ohne sie einem Lehrerexperten allein anzuvertrauen. Ähnlich wie GANSBERG und SCHARRELMANN vertraut auch OTTO darauf, daß

Kinder sich unaufhörlich mit ihrer Welt auseinandersetzen und die Fragen, die sie stellen, auf bereits vorhandenes Wissesn, welches nur unterschiedlich verteilt ist, zurückgehen. In OTTOS Gesamtunterricht lernen Sechsjährige zusammen mit Siebzehnjährigen und bilden so eine „geistige Gemeinschaft verschiedener Lebensalter“ (ebd.). Der Lehrer muß darauf achten, daß – wie am Familientisch – so gesprochen wird, daß es alle verstehen, und wenn die Verständigung erreicht wird, dann ist der wesentliche Effekt, daß die Kinder in der Gesamtunterrichtsstunde *sich gegenseitig* erziehen (ebd., S. 128).

OTTO fordert dann, der Gesamtunterricht solle „zum Rückgrat alles Unterrichtens“ werden (ebd., S. 131), weil sich hier die besonderen Interessen der Kinder zeigen und dann auch besonders bearbeitet werden können. Der Fachunterricht vertieft so das, was sich an dauerhaften Interessen herangebildet hat, nicht aber nötigt er alle Kinder dazu, die gleichen Interessen entwickeln oder wenigstens erfolgreich heucheln zu müssen. Im Gesamtunterricht erkennt der Lehrer, weil die Kinder konstant fragen können, welche Interessen vorhanden sind; er kann so entscheiden, in welche Richtung der „Fachunterricht“ gehen soll. Basis dieses Unterrichts sind also Interessen und nicht Lehrpläne; die Interessen werden vom Gesamtunterricht „erzeugt“ (ebd.) und sind daher der Interpretationswillkür des Lehrers in gewisser Weise enthoben.

Dieses Ziel verfolgt auch, wenngleich mit ganz anderen Mitteln, MARIA MONTESSORI, deren Methode der *Selbsterziehung* des Kindes man zu den bekanntesten Errungenschaften der Reformpädagogik rechnet. Grundlegend ist hierbei die Annahme, daß sich das psychische Leben des Kindes entwickelt, jedoch nicht nach vorgegebenen „Stufen“ oder „Phasen“, sondern aufgrund einer inneren Tätigkeit, die beständig versucht, *Ordnung* zu schaffen. Die psychologische Leitannahme geht also dahin, daß Kinder permanent bestrebt sind und bestrebt sein müssen, Ordnung in das Chaos ihrer Wahrnehmungen zu bringen; sie bilden „Kristallisationspunkte“, und zwar indem sie lernen, Aufgaben zu lösen. Sie üben sich in die Lösung von Aufgaben ein und gewinnen dadurch Verhaltenssicherheit; das zentrale Mittel dafür ist die *Wiederholung* (MONTESSORI 1926, S. 72 ff.). Kinder lernen also gleichsam über mentale Knotenbildungen, die ihnen jene Sicherheit bereitstellen, welche für das Weiterlernen unerläßlich ist. Sie bewältigen dabei spezifische Aufgaben, bei denen die Lösungswahrscheinlichkeit nicht zu niedrig sein darf; zugleich muß die Aufgabe Anreize genug enthalten, um überhaupt vom Kind in Angriff genommen zu werden. Macht sich das Kind daran, die Aufgabe zu lösen, so müssen die Randbedingungen des Lernens genügend stabil sein. Es muß, heißt das, immer schon eine innere Welt aufgebaut sein, wenn Lernen Veränderung hervorbringen soll. Die Veränderung ist niemals total.

Die Rede vom „natürlichen Bauplan“ (vgl. S. 95 f.) darf nicht mißverstanden werden. Gemeint ist gerade keine biogenetische Determination, sondern eine innere und individuelle (einmalige) Teleologie, die von der Erziehung unterstützt werden muß. Die Teleologie betrifft das geistige Wesen des Menschen, so daß die Erziehung den „geistigen Embryo" voraussetzen muß (MONTESSORI 1967, S. 48 ff.). Vorrangig für die pädagogische Aufgabe ist dann aber nicht natürliches Wachstum, sondern geistige Ordnung.[27]

Wie geistige Ordnung zu schaffen ist, bestimmt das Problem der *Methode,* der schon früh „starrer Intellektualismus" (STERN 1928, S. 10) und immer wieder ein „mechanisches" Verfahren vorgeworfen wurde (HESSEN 1936, S. 14 f.). „Übung der Sinne – und durch die Sinne Übung des Intellekts: das ist der Hauptweg, auf den Frau Montessori die Gesamterziehung des Kleinkindes zu bewerkstelligen sucht" (STERN 1928, S. 10).[28] Dieser Eindruck drängt sich tatsächlich auf, wenn man die zentrale Prämisse MARIA MONTESSORIS untersucht: *„Die psychische Entwicklung organisiert sich mit Hilfe von äußeren Anreizen, die auf experimentellem Wege bestimmt werden müssen"* (MONTESSORI 1926, S. 74). Das Experiment dient der Mittelbestimmung der Erziehung; der Erzieher soll herausfinden, wie, mit welchen Mitteln, die „Umgebung des Kindes" arrangiert werden muß, damit optimale geistige Entwicklung möglich wird (ebd., S. 77). Mittel sind Lerngegenstände, das berühmte MONTESSORI-Material, an dem die Sinne geübt werden, um das Denken zu schulen. Und dafür ist ein Merkmal besonders wichtig: „Der Gegenstand muß so gearbeitet sein, daß eine Kontrolle der Fehler möglich ist" (ebd., S. 80).

Bei GANSBERG war zu lernen, daß Irrtümer produktiv sind, weil wir richtige Vorstellungen nur im Durchgang durch falsche erwerben; MARIA MONTESSORI dagegen empfiehlt, die Fehler beim Lernen zu minimieren und so Irrtümer möglichst auszuschließen. Nicht zuletzt aus diesem Grunde ist ihre Methode, trotz aller Betonung der Selbsttätigkeit, älteren Unterrichtsverfahren durchaus ähnlich. Das zeigt sich auch in der Begründung: „Um einen Prozeß selbsttätiger Erziehung auszulösen, genügt es nicht, daß das Stimulans eine Tätigkeit anregt, es muß sie auch *richtig* leiten. Das Kind soll nicht nur lange bei einer Übung verweilen, sondern es soll dabei verweilen, *ohne Fehler zu machen.* Die äußeren und inneren Eigenschaften der Stimulantien werden außer durch die unmittelbare Reaktion der bei dem Kinde hervorgerufenen Aufmerksamkeit, auch durch die Stärke des wesentlichen Merkmals, der Kontrolle der Fehler, bestimmt, d.h. also der Kraft, die aktive Mitarbeit höherer Verstandestätigkeiten (Vergleich, Urteil) hervorzurufen" (ebd., Hervorhebung J.O.).

Das Unterrichtsmaterial ist so angelegt, daß es *„jeden Irrtum von selbst (nachweist)"* (MONTESSORI 1913, S. 160). Das Kind wird nicht durch Erwachsene belehrt, sondern lernt über seine anfänglichen Irrtümer selbsttätig mit dem Material umzugehen. Das Material ist daher der Lehrer, etwa so wie heute Computerprogramme angelegt sind. Die Erwartung MARIA MONTESSORIS geht dann dahin, daß sich über die Steigerung des

Schwierigkeitsgrades derartiger Materialien eine Beeinflussung der geistigen Entwicklung des Kindes erreichen läßt. Hat das Kind Kontrolle über einen Lerngegenstand gewonnen, irrt es sich also nicht mehr, dann ist es „über diese Übung hinausgewachsen, und dieses Material hat weiter keinen Wert mehr" (ebd., S. 160/161). Die Schwierigkeit muß also gesteigert werden, durch den *Vergleich* verschiedener ähnlicher Materialien einerseits, *höhere Anforderungen* an den Gegenstand andererseits. Es geht ja nicht darum, daß das Kind nur den *„Gebrauch der Dinge lerne"* (ebd., S. 161) und mit dem Lernen dann aufhört; vielmehr soll es im Gebrauch seine eigenen geistigen Kräfte verbessern, also, anders ausgedrückt, das Lernen lernen, und das geht nur über eine kontinuierliche Steigerung der Anforderungen. Das Kind erzieht sich so weitgehend selbst; dem Lehrer bleibt nur die Aufgabe der Protokollierung und Beobachtung, nicht aber des direkten Eingriffs, so daß auch jegliche formale Unterrichtsmethode, die *vom Lehrer* im Blick auf den Lehrstoff anzuwenden ist, überflüssig erscheint. *Das Material ist die Methode:* Die, wie MARIA MONTESSORI es nennt, „methodische Erziehung der Sinne" beruht *nicht* „auf der Geschicklichkeit" des Lehrers, „sondern auf dem didaktischen System, durch welches Gegenstände dargeboten werden, die die spontane Aufmerksamkeit des Kindes erregen und eine zweckmäßige Abstufung der Sinnesreize enthalten" (ebd., S. 164). Das psychologische Hauptmittel, jedenfalls in der Kleinkindererziehung, ist die Wiederholung (MONTESSORI 1922, S. 29).

Im Blick auf die Schule ist zu sagen, daß dieses methodisch reduktive Konzept gleichzeitig Anlaß zu einer allseitigen Reformvision gegeben hat: Die Schule muß gerade auch von ihrer Architektur her kindgemäß eingerichtet sein und der „freien Bewegung" des Kindes Platz geben (MONTESSORI 1926, S. 144 ff.). Das Prinzip der Selbsterziehung greift auch hier; etwa im Blick auf die Innenarchitektur sagt MARIA MONTESSORI: „Die Möbel der Kinder ... müssen leicht sein, nicht nur damit die Kinderarme sie leicht hin- und hertragen können, sondern auch, damit sie durch ihre Zerbrechlichkeit selbst erziehlich wirken" (ebd., S. 149). Ähnlich die Bewegungsfreiheit: Der schulische Raum darf nicht beliebig groß sein, sondern muß beschränkt, aber sinnvoll gestaltet werden (ebd., S. 151). „Wenn das Kind keinen vernünftigen Zweck für seine Bewegungen hat, dann fehlt ihm die Leitung, und die Bewegung ermüdet es" (ebd., S. 152). Die Reform folgt also immer demselben Prinzip, der pädagogisch perfekten Arrangierung der Lernumwelt, in der das Kind dann frei und selbsttätig lernen kann. Die Einwirkung ist indirekt, darum aber nicht weniger wirksam und zugleich auch nicht weniger manipulativ (so schon KILPATRICK 1914, S. 33 f.). Der Schein der Freiheit setzt eine ganz präzise gestaltete Lernwelt voraus (MONTESSORI 1926, S. 153); nur so, behauptet MARIA MONTESSORI, sei der Aufbau der geistigen Ordnung möglich.

Die Übungen der Sinne dienen also nicht einfach dazu, ein bestimmtes Können zu erreichen, sondern die ganze Persönlichkeit auszubilden, vornehmlich das Denken und die geistigen Kräfte. WILLIAM STERNS Formel ist daher im wesentlichen zutreffend: Durch die Übung der Sinne Übung des Intellekts. Das erinnert an JOHN DEWEY, der ja Gewohnheiten als Folgen erfolgreichen Tuns beschrieben hat. Wenn durch Lernen Veränderung bewirkt wird, so ist dies, wie gesagt, nur vor einem stabilen Hintergrund der Randbedingungen möglich. Wir können niemals die *ganze* Umgebung Lernens verändern, sondern setzen vieles als gegeben voraus, wenn Lernen Veränderung bewirkt. Wir verlassen uns sozusagen auf Gewohnheiten, um neue Gewohnheiten zu erzeugen. Anders gesagt: Der Aufbau einer geistigen Ordnung verlangt Struktur und Veränderung gleichermaßen, nur kann das Lernen nicht jede Gewohnheit betreffen, weil von Gewohnheiten gerade die Stabilität der Struktur abhängt. Im Unterschied zu MARIA MONTESSORI negiert DEWEY aber die Behauptung, daß Gewohnheiten durch einen natürlichen Bauplan entstehen und verändert werden. Der Referenzpunkt ist *nur noch* Lernen und Handeln.

Aus einem Lernprinzip folgt aber nicht schon ein Prinzip der *Methode:* Heben Methoden auf die planmäßige Bildung von Gewohnheiten ab, so liegt in ihnen stets die Gefahr, daß sie zu mechanisierten und starren Mächten werden, die den einzelnen beherrschen, anstatt zu Kräften, die ihm für seine eigenen Zwecke zur Verfügung stehen (DEWEY 1964, S. 227). Und DEWEY sagt auch, wo der Fehler – mindestens der philosophische Fehler – in der Konzeption MARIA MONTESSORIS steckt. Nicht nur ist es gerade für die Flüssigkeit der weiteren Entwicklung gefährlich, Methoden zu verwenden, die auf Gewohnheiten abzielen, auch ist es riskant, mit Verallgemeinerungen über den Intellekt oder den Geist des Kindes an sich zu arbeiten und darauf dann die Methode abzielen zu lassen. DEWEY spricht von einem philosophischen „Aberglauben", wenn wir von dem Begriff des „Geistes im allgemeinen" ausgehen und dann eine für *alle gleiche* intellektuelle Methode entwickeln (ebd., S. 229), während es doch auf die Individualisierung ankommt, die sich nicht dadurch ergibt, daß man die Fähigkeiten einzelner Schüler von einem allgemeinen Begriff aus beurteilt. „Erforderlich" ist vielmehr, „daß jeder einzelne die Gelegenheit haben soll, *seine* Kräfte in sinnvollen Betätigungen anzuwenden" (ebd., S. 230; Hervorhebung J.O.).

Das Schlagwort dafür ist, wie schon gesagt, *learning by doing* oder das Lernverfahren des *Problemlösens.* Das erinnert an MARIA MONTESSORI, die ja auch von Aufgaben ausging und über Irrtümer zur Lösung kommen wollte. Aber DEWEY gibt die Lösung nicht material vor, d.h. er verwechselt nicht die Methode des Lernens mit der des Lehrens. Das Problemlösen entspricht einfach einer bewährten Methode des Erkennens und damit des methodischen Lernens. Ihre Merkmale sind einfach genug: „Eine nach Lösung verlangende Aufgabe, Sammlung und Zergliederung von gegebenen Tatsachen, Entwurf und Entwicklung von Plänen und Gedanken für mögliche Lösungen, versuchsweise Anwendung und Erprobung, abschließendes Urteil" (ebd.). Das ist im Kern die Beschreibung praktischen oder zweckrationalen Handelns, auf das sich Lernen bei DEWEY immer richtet. *Learning by doing* heißt also nicht, daß der Schüler bloß aktiv sein soll, etwa indem er fragt oder beobachtet; vielmehr sind Probleme oder Aufgaben die Grundlagen des Handelns, das sich danach bemißt, ob es zielgerecht und effektiv zu Ende geführt werden kann und ob der Handelnde in der Lage ist, aus seinen Fehlern zu lernen. Auch DEWEY rechnet also mit einem Verbesserungseffekt durch Irrtum, doch nicht im Blick auf didaktische Übungen, sondern auf freie Handlungen, die lediglich durch ihre Aufgabe bestimmt sind. Ihr Ergebnis, die Lösung der Aufgabe, ist der nächste Lernanlaß, nicht das richtige Resultat, an dem nur die Entwicklung der inneren Kraft geübt werden sollte. „Denken" ist für DEWEY (wie für den gesamten Pragmatismus) keine innere Instanz oder Eigenschaft; vielmehr zeigt sich Denken im Tun, nämlich im intelligenten Problemlösen. Eine Teleologie der Entwicklung muß nicht in Anspruch genommen werden.

Von einer „Methode" *an sich,* einem quasi-technischen Verfahren, mit welchem innere Zustände verändert werden sollen, kann nur dann gesprochen werden, wenn man jenen Fehler macht, den DEWEY als philosophischen Aberglauben bezeichnete: „Die Behauptung, daß die Methode etwas für sich Stehendes sei, hängt damit zusammen, daß zwischen dem Geiste und dem Ich einerseits, der Welt der Dinge andererseits eine Scheidewand angenommen wird. Diese Behauptung macht das Lernen formelhaft, mechanisch und verkrampft" (ebd., S. 239). DEWEY ist damit weit radikaler als MONTESSORI, denn der Aufbau des Geistes setzt jene Scheidewand voraus, von der DEWEY annimmt, daß sie überhaupt erst das Problem verursacht. Intelligenz, Denken und auch Gewohnheit sind für den Pragmatisten keine Instanzen in einem imaginären inneren Raum, sondern *zeigen sich* in der Handlung. Sie sind daher auch nicht „Gegenstand" einer Methode, wie etwa MONTESSORI annehmen muß, wenn sie sich vom Verfahren oder vom Material Wirkungen auf die Persönlichkeit oder die Intelligenz des Kindes verspricht. Man kann diese Wirkungserwartungen aber nur dann haben, wenn man einen Weg sieht, *von außen innere Instanzen* zielgerecht und effektiv zu beeinflussen. Nach DEWEY baut sich Erfahrung selbst auf, veranlaßt durch erfolgreiche oder scheiternde Handlungen nicht des Lehrers, sondern des Schülers. Daher ist Selbsttätigkeit für DEWEY die Grundkategorie, aber in einem ganz anderen Sinne als bei MARIA MONTESSORI und vielen anderen Schulreformen.

Die Formeln klingen freilich ähnlich, etwa wenn DEWEY schreibt, das Kind und nicht der Lehrplan sei „der Anfang, der Mittelpunkt und das Ende" der schulischen Erfahrung. „Der Stoff kann ... niemals von außen in das Kind hineingebracht werden. Das Lernen ist aktiv. ... Wir müssen buchstäblich unsere Stellung beim Kinde beziehen und von ihm ausgehen. Es und nicht der Stoff bestimmt sowohl die Güte als auch die Menge des Lernens" (DEWEY/KILPATRICK 1935, S. 145 f.). WILLIAM KIL-

PATRICK hat 1918[29] daraus den Schluß gezogen, daß das schulische Lernen nach der Logik von *Projekten* anzuordnen sei, also nicht mehr von Fächern, sondern von Handlungserfahrungen ausgehen soll; „Projekt“ ist nur der andere Name für *planvolles Handeln* (ebd., S. 162).

Ein Projekt kann alles mögliche sein, sofern nur drei Bedingungen erfüllt sind: ein Plan, starkes individuelles Interesse und geeignete Handlungsmöglichkeiten. Absichtlich beschreibt KILPATRICK einen Beispielskatalog, der von Hausarbeiten wie Kleidernähen, schulischem Engagement wie das Herausbringen einer Schülerzeitung bis hin zu Unterrichtsgegenständen reicht. Projekte können individuell geplant sein, aber auch von einem Kollektiv unternommen werden: „Eine Klasse führt ein Spiel auf, eine Gruppe von Jungen stellt eine Baseballmannschaft auf, drei Schüler bereiten sich vor, ihren Kameraden eine Geschichte vorzulesen“. Projekte können aber auch entstehen, wenn ein Kind einem physikalischen Problem oder einer moralischen Frage begegnet, die sein Interesse wecken, oder wenn ein Schüler „mit erlebtem Plan eine Lehrsatzaufgabe in Geometrie“ lösen will (ebd., S. 163). Immer wird in hoher Motivation planvoll gehandelt, und es ist „klar, daß Projekte jede Abart darstellen können, die Pläne im Leben darstellen“ (ebd., S. 163/164).

Dieser einfache Gedanke hat erneut umwerfende Konsequenzen, denn wiederum regiert nicht der Lehrplan das Geschehen, sondern das Interesse der Schüler. Das Interesse zeigt sich am *Anlaß,* und vom Anlaß her wird das Projekt entwickelt. Je nachdem, was es für eine Aufgabe bewältigen will, erfolgt seine Instrumentierung mit dem geeigneten Wissen und Können. KILPATRICK unterschied 1918 vier verschiedene Typen von Projekten, die in unterschiedlicher Weise schulrelevant werden können, immer jedoch vom konkreten Handeln und nicht vom abstrakten Lehrplan ihren Ausgang nehmen:

> „Typ 1, wo der Plan ist, irgendeinen Gedanken oder Plan in *äußerer Form* zu verkörpern, wie das Bauen eines Bootes, das Schreiben eines Briefes, die Aufführung eines Spiels,
> Typ 2, wo der Plan ist, irgendeine *(ästhetische) Erfahrung* zu genießen, wie das Lauschen beim Geschichtenerzählen, das Anhören einer Symphonie, das Würdigen eines Bildes,
> Typ 3, wo der Plan ist, irgendeine geistige Schwierigkeit in Ordnung zu bringen, *irgendein Problem zu lösen,* wie herausfinden, ob Tau fällt oder nicht, sich zu vergewissern, wie (historisch; J.O.) New York Philadelphia überflügelte,
> Typ 4, wo der Plan ist, irgendeinen *Grad des Könnens oder Wissens* zu erreichen, wie (zum Beispiel; J.O.) . . . die unregelmäßigen Verben im Französischen zu lernen“ (ebd., S. 176; Hervorhebung J.O.).

In allen diesen Formen – Entäußerung, innere Erfahrung, Problemlösung, Aneignung von Wissen und Können – kommt zweierlei nicht vor, *Zusammenhang* und *Dauer:* Projekte sind offenbar immer vereinzelt und kurzzeitig; wenn ein Zusammenhang entsteht, dann nur durch individuelle Synthesen, nicht als didaktische Lernhilfe und schon gar nicht als Lernziel; und kein Projekt kann eine bestimmte Zeit überschreiten, also länger, als die jeweilige Interessenlage darauf abgestimmt ist, andauern. Anlässe kann es unbegrenzt viele geben, so daß noch ein weiteres Problem entsteht, nämlich das der *Auswahl,* gepaart mit der Frage nach der *Reihenfolge* der Bearbeitung.

KILPATRICK sagt zwar, daß sich die vier von ihm genannten Typen des Projekts überschneiden, also interagieren können, aber er sagt nicht, was geschehen soll, wenn die Zeit begrenzt und die Mittel knapp sind, also unter den Voraussetzungen jeder denkbaren Ökonomie. Man kann *nicht zugleich* ein Boot bauen, eine Symphonie anhören, ein physikalisches Problem lösen und die unregelmäßigen Verben lernen. Man ist aber allein mit der Kunst des Bootbauens, hinreichende Standards vorausgesetzt, solange und so intensiv beschäftigt (schon, um die Kunst zu lernen), daß die Zeit für anderes knapp wird, will man in der Kunst wirklich vorankommen. Und die Frage, wie New York Philadelphia, immerhin die Stadt der amerikanischen Unabhängigkeitserklärung, überflügelte, kann soviel Zeit in Anspruch nehmen, daß selbst für andere Studien kaum noch Engagement übrig bleibt, auch wenn sehr starkes Interesse vorhanden ist.

Dieser Einwand trifft die ganze Methodendiskussion der Reformpädagogik: Sie ist nicht fähig, sich auf Auswahlprobleme konstruktiv einzulassen, wenn diese *nicht* vom Bedürfnis oder vom Interesse des Kindes aus diskutiert werden können. Die *Ökonomie* des Lehrens und Lernens zeigt aber, daß es Fragestellungen gibt, die sich *nicht* „vom Kinde aus" entscheiden lassen, versteht man darunter eine Verlagerung der Entscheidung auf das Kind oder das, was der erwachsene Lehrer von ihm wahrnimmt. Andererseits ist die falsche Ökonomie fatal für jeden Lernprozeß, der sich verzettelt oder vereinzelt oder einfach vor der Komplexität kapituliert, die dann sichtbar wird, wenn das anfängliche Interesse sich durch Lernen über die Tragweite, Tiefe und Dichte der eigenen Fragestellung im klaren geworden ist.

Hier liegt ein zweiter Einwand: Reformpädagogische Methoden lassen sich nur noch auf Situationen, nicht aber auf Prozesse ein; sie hoffen einfach, daß Lernerfahrungen Folgen haben, aber machen sie lediglich am „Wachstum" (DEWEY) des Kindes fest, ohne Anstrengungen zu unternehmen, wie die alte Schule, *Prozesse* des Lernens institutionell zu ermöglichen. Der verketzerte Lehrplan hat genau diese Aufgabe, die Strukturierung von Zeit angesichts der allseitigen Flüchtigkeit jeder Lernsituation. Dieses Problem der *Kontinuität* berühren reformpädagogische Methoden so gut wie nie und wenn doch, wie etwa im Spielmaterial MARIA MONTESSORIS, dann mit ungelösten normativen und psychologischen Problemen. Denn daß die Übung der Sinne den Geist schult ist eine unbewiesene und wohl auch unbeweisbare Annahme, die mehr einer Projektion als einer tatsächlich langfristig wirksamen Methode gleicht.

Und noch ein Drittes: Nicht nur die Ökonomie der Zeit und die Kontinuität des Lernens sprechen gegen die reformpädagogische Methodik, auch ihr Verzicht auf Didaktik und also System. Die Methode bezieht sich zumeist nur rhapsodisch auf Inhalte, weil der Bezug, was ebenso sympathisch wie unzureichend ist, *allein* vom Schüler und seinen Interessen aus gedacht wird. Eine ästhetische Erfahrung machen zu lernen, beginnt sicherlich mit dem Interesse, aber nicht der ganze Lernvorgang läßt sich auf Interesse begründen, sondern bedarf didaktischer Regeln und, in vielen Fällen jedenfalls, des didaktischen Zusammenhangs. KILPATRICK setzt diesen Zusammenhang voraus und benutzt ihn, aber thematisiert ihn nicht mehr. Wer jedoch die unregelmäßigen Verben im Französischen lernen will, muß ihren didaktischen Ort wissen, weil ihm dieses Lernen allein nichts nützt und, wichtiger noch, weil dieser Gegenstand allein für sich gar nicht gelernt werden kann. Ein didaktischer Ort aber kann nur systematisch bestimmt werden.

Was die reformpädagogische Methodik sympathisch macht, ist ihr Versuch, tatsächlich vom Lernen des Kindes auszugehen; was sie beschränkt, ist ihre Einseitigkeit. Im Grunde favorisieren alle Richtungen bestimmte Konzepte, indem sie sie vereinzeln, in dieser Stellung generalisieren und dann gegen konkurrierende Prinzipien abgrenzen. Das hat den Nachteil, daß man die ausgegrenzten Methoden nicht mehr verwenden kann, auch dann nicht, wenn sie nützlich sind. Aber das begriffliche Lernen der Herbartianer *ist* an seinem Ort nützlich und kann durch keine Projektmethode ersetzt werden; und die mechanische Übung tut in bestimmten Kontexten ihren guten Dienst und wird durch alles Problemlösen nicht aufgewogen. Es gibt aber, so kann man daraus folgern, keine Methode für alle Fälle, also keine ausschließlich und immer richtige Methode. Die Reformpädagogen vergessen, daß sie immer kontextspezifisch argumentieren und können angesichts des Verzichts auf Systematik den Kontext nicht reflektieren, in dem sie sich aber bewegen: DEWEY geht von typischen College-Erfahrungen aus, GANSBERG und SCHARRELMANN von der deutschen Volksschule Anfang des 20. Jahrhunderts, MARIA MONTESSORI von der Kleinkinderziehung in Kinderheimen. Aus diesen Kontexten ergeben sich höchst unterschiedliche Erfahrungen, die immer nur um den Preis anderer Erfahrungen generalisiert werden können.

Doch gravierender ist die Einsicht, daß alle fünf Methoden, der natürliche Unterricht der Bremer Schulreformer, BERTHOLD OTTOS „Gesamtunterricht“, MARIA MONTESSORIS Material zur „Selbsterziehung“, DEWEYS „Problemlösen“ und KILPATRICKS „Projektmethode“, den Kern schulischen Unterrichts nicht treffen, weil sie gar keine schulspezifische Form annehmen. Sie beschreiben Lernen unter Bedingungen von Interesse und Bedürfnis, nicht aber, wie Lehren mit Lernen verbunden werden kann, *wenn* Interesse, aber auch wenn *kein* Interesse vorhanden ist. Sie geben, mit anderen Worten, der Frage des *Lehrens* keine Priorität, sondern reduzieren sie auf den Lernanlaß; aber die entscheidende Frage an jede Methode wäre, ob sie auch Lernen ohne Anlaß (und ohne Interesse) bewirken und regulieren kann. Und diese Frage läßt sich nur im Blick auf die Inhalte lösen, weil sich je nach inhaltlichem Kontext die Methode des Lehrens und die Art des Lernens *anders* darstellt. Doch das ist allein *vom Kindes aus* nicht zu denken.

## 4.3. Erziehungsmodelle

Schulreform ist im 19. Jahrhundert von der klassischen Formel des *erziehenden Unterrichts* aus gedacht worden. Das änderte sich in der Reformpädagogik am Ende dieses Jahrhunderts nicht grundlegend. Auch hier sind Erziehungsmodelle auf die Institution Schule projiziert worden, um moralische Dispositionen zu verändern und über den gewohnten Unterricht hinaus ethische Zielsetzungen zu verfolgen. Diese Zielsetzungen sind vornehmlich christlichen Ursprungs, erfahren im 19. Jahrhundert aber eine starke nationalpädagogische Einfärbung und werden mehr und mehr auch mit politischen Weltanschauungen verbunden, die die Schule zu ihrem Zweck instrumentieren wollen. Unabhängig von dieser politischen Konstellation der Erziehungsreform (vgl. Kap. 5) kann auch ein engerer Zusammenhang beschrieben werden, nämlich die Erziehungsmodelle der Schulreform, die der Schule eine dezidiert pädagogische Aufgabe zuwiesen, diese aber nicht mehr nach Maßgabe des 19. Jahrhunderts definiert sehen wollten. In diesem Sinne ist „Arbeitsunterricht" ein Erziehungs- und kein Schulmodell.

Hierzu ist eine Voraussetzung zu machen: Der klassische Begriff von „Erziehung" setzt mindestens dreierlei voraus, ein Ziel, einen Weg und ein Defizit. Alle drei Kriterien sind weitgehend variabel, also nicht etwa auf die Erziehung von *Kindern* festgelegt. PESTALOZZIS Konzept der Volksbildung ist ein *Erziehungs*konzept, weil es ein Defizit annimmt, das durch das Verfolgen der richtigen pädagogischen Ziele und den Einsatz geeigneter Mittel behoben werden könne. Die Defizitannahme geht in der gesellschaftlichen Dimension der Erziehung stets einher mit einer Gegenwartsdiagnose, die eine des *Zerfalls* sein muß, weil sich sonst keine pädagogische Aufgabe definieren ließe. Die Erziehung soll also nicht nur persönliche, sondern gesellschaftliche Defizite ausgleichen und der Adressat ist immer die Schule. Die aber erscheint selbst defizitär, so daß die reformpädagogischen Erziehungsmodelle auch so zu verstehen sind, daß sie die Schule in ihrer bestehenden Praxis verändern sollen. Sie sind, modisch gesprochen, selbstreferentiell.

PESTALOZZIS Volksbildung war im Kern eine Erziehung der *Armen,* hatte also das denkbar größte Defizit vor Augen. Das pädagogische Konzept zur Behebung dieses Defizits betonte die Notwendigkeit, für die künftige *Tätigkeiten* auszubilden und erwartete zugleich einen *versittlichenden* Effekt gerade dieser Erziehungspraxis. Die Behebung des einen Defizits (mangelnde Ausbildung) war nicht legitim ohne die Behebung des anderen (mangelnde Sittlichkeit) und *diese* Denkfigur wird auf Dauer gestellt (WW II/S. 208 ff, 211 f.). Allerdings wird im 19. Jahrhundert das pädagogische Prinzip der Arbeit aus dem Kontext der Armenerziehung herausgelöst und entstehen schulpädagogische Modelle, in denen die manuelle Tätigkeit in den Mittelpunkt gestellt und zugleich national- statt standespolitische Zielsetzungen vertreten werden. Die Arbeitspädagogik war in diesem Sinne ein allgemeines Erziehungsprinzip zur Reform der Schule, deren intellektuelle Einseitigkeit zugunsten der Ganzheit des kindlichen Lernens aufgehoben werden sollte. Von dieser Ganzheit versprach sich die Pädagogik vor allem moralische Wirkungen. Arbeit ist so nicht die Ergänzung zum schulischen Unterricht, sondern das eigentliche Erziehungsmittel.

Der Begriff „Arbeitsunterricht", schrieb GEORG KERSCHENSTEINER (1928, S. 128), bezeichnet mehr als nur die Anregung zu *„rein manueller* Beschäftigung". „Kindergartenbeschäftigung, Handfertigkeitsbewegungen, die alten (manuellen; J.O.) Forderungen von Selbsttätigkeit usw. führten von vornherein zu einer Veräußerlichung des Arbeitsunterrichts als Prinzip" (ebd., S. 119). Demgegenüber muß der Arbeitsunterricht als geistige Initiation und zugleich als moralische Aufgabe verstanden werden, mithin als Medium der *Erziehung.* PESTALOZZI würde dieser Ausweitung des Begriffs zugestimmt haben, weil auch er Arbeitserziehung nicht ohne religiös-moralischen Sinn gerechtfertigt hätte (WW II/S. 215). Aber KERSCHENSTEINER hat mehr im Sinn als nur die Formung der Kräfte und damit die Vorbereitung auf eine bestimmte Lebenstätigkeit. Er spricht von *Charakterbildung,* die als Grundmerkmal der Erziehung auch und gerade vom Arbeitsunterricht zu erwarten sei (KERSCHENSTEINER 1928, S. 113 ff.). Dieser Unterricht aber verliert sein Spezifikum, er wird so allgemein gedacht, daß sein Prinzip zum Prinzip jeglicher Bildung wird: „Das Arbeitsprinzip ist nur dann gewahrt, wenn die Arbeit beim Eindringen in die Vorstellungskreise und in die Denkungsweise (eines Arbeitsgebietes) den *Arbeitsmethoden angepaßt ist, die sich innerhalb jener Geistesgebiete mit logischer Notwendigkeit entwickelt haben"* (ebd., S. 120).

In diesem Bezug der Arbeit auf geistige Bildung[30] liegt ein deutliches Erziehungsprogramm, weil KERSCHENSTEINER am Defizit orientiert ist und den Ausgleich des Defizits mit Wirkungen auf die Persönlichkeit und den Charakter des Kindes verbindet. „Arbeit" freilich wird sozusagen „entmanualisiert"; ein solches Unterrichtsprinzip „produktive Arbeit" entspricht weitgehend dem, was KERSCHENSTEINERS großer Gegner HUGO GAUDIG das Prinzip der *„Selbsttätigkeit"* genannt hat (GAUDIG 1922, Bd. I/S. 93). Auch GAUDIG erwartet die Erziehung zu intellektuellen und moralischen „Dispositionen" (ebd., S. 94) dadurch, daß der Schüler zu selbsttätiger Arbeit freigesetzt wird. „Arbeit" ist nicht verengt auf manuelle Tätigkeit, sondern wird vom *Verfahren* her verstanden (ebd., S. 95), das in den verschiedenen Fächern der Schule ganz unterschiedlich sein kann. Entscheidend ist der Faktor der Eigenaktivität des Schülers: Alle schulische „Arbeit" muß so angelegt sein, daß in den Unterrichtsmitteln selbst „auf dem Wege zur freien Tätigkeit das größtmögliche Maß von Selbsttätigkeit erreicht wird. Alles ‚gebundene' Arbeiten muß geradenwegs zu freier Arbeit führen" (ebd., S. 95/96).

Der Unterschied zwischen KERSCHENSTEINER und GAUDIG, die beide einer Arbeitsschule das Wort redeten, liegt in den Zielsetzungen: Die Arbeitsschule wird als *Erziehungsmittel* begriffen, jedoch bei KERSCHENSTEINER bezogen auf den sittlichen Zweck des Staates und bei GAUDIG auf die Persönlichkeit des Kindes (GAUDIG 1911). Dieser Gegensatz war ein scheinbarer, weil KERSCHENSTEINER die Charakterbildung von *„selbständiger geistiger Arbeit"* (KERSCHENSTEINER 1968, S. 44) abhängig sah, die sich nur auf die Persönlichkeit des Kindes beziehen konnte, und GAUDIG nationalstaatliche Erziehungsziele vertreten hat. Wenn GAUDIG gegen KERSCHENSTEINER schrieb, das „einigende Prinzip" der Erziehung liege in der *„Persönlichkeit"*, also in dem individuellen Menschen, der sich auf verschiedenen geistigen Gebieten lernend betätigt (GAUDIG 1911), so hätte KERSCHENSTEINER später kaum widersprechen können.

Diese Kontroverse um die „Arbeitsschule" ist aber in mehrfacher Hinsicht interessant: Zunächst offenbart sie den typischen Erziehungsanspruch, der sich auf ein großes und bedeutendes Defizit bezieht. Vom Prinzip produktiver Arbeit erwartete man nicht nur eine Verbesserung der geistigen Bildung, sondern auch eine Hebung der Volksmoral. Zweitens macht die Kontroverse deutlich, wie sehr „Arbeit" *schulförmig* gedacht war; „produktive" Tätigkeit konnte in jedem Unterricht erreicht werden, ohne daß eine radikale Schulkritik ins Spiel kommen mußte. Wogegen sich KERSCHENSTEINER lediglich wehrte, war das „manuelle" Mißverständnis der produktiven Arbeit; sie sollte als geistige Bildung verstanden werden und war damit weitgehend identisch mit dem klassischen pädagogischen Prinzip der *Selbsttätigkeit.* Doch daran wird – drittens – der Abstand zur Tradition deutlich. PESTALOZZI verstand schulische Erziehung als Kompensation der Beschränkungen der häuslichen Erziehung, so jedoch, daß Schulen lediglich die „Kräfte und Fertigkeiten" *vervollkommnen,* die sich in der Familie entwickeln und daran (an Haus und Stand) auch gebunden bleiben (S.W.9/S. 313). KERSCHENSTEINER und GAUDIG sprechen von geistiger Bildung, die *nur* die Schule erreichen kann.

Daß die Volksschule eine nationale Erziehungsschule ist (SCHMIDT 1912, S. 33), darüber herrscht in der pädagogischen Diskussion vor 1914 weitgehender Konsens. In vielen Schriften wird als zentrales Erziehungsmittel die produktive Arbeit empfohlen, aber schon was darunter vorzustellen ist, bleibt außerhalb des Konsens. In der Regel ist nicht die Herstellung von Waren gemeint, Lohnarbeit also, aber auch nicht die Vorbereitung auf einen Beruf; wenn das Arbeitsprinzip auf die allgemeinbildende Schule projiziert wird, dann eher im Sinne einer „ganzheitlichen" Bildung, die nicht mehr einseitig intellektuell erfolgen soll. Die Schule der Zukunft soll „das Tätigkeitsprinzip, die manuelle Fertigkeit, das produktive Schaffen, die Ausbildung einer allseitigen technischen Gewandtheit" beachten und berücksichtigen (ebd., S. 40). Doch wie das verwirklicht werden kann, darüber gingen die Meinungen naturgemäß weit auseinander. Ich nenne drei typische Beispiele, die alle mit einem Erziehungsanspruch begründet sind: KERSCHENSTEINERS „Arbeitsgemeinschaft", eine Lehrplanrevision aus der Schulpraxis sowie BLONSKIJS Arbeitsschule, den vielleicht berühmtesten Entwurf der sozialistischen Pädagogik.

Der Ausdruck „Arbeitsgemeinschaft" steht für ein Erziehungsprogramm, nämlich für die Aufgabe, daß und wie man „eine Arbeit ... zum Wohle der Gemeinschaft ausführt, der man angehört" (KERSCHENSTEINER 1928, S. 95). Diesen Gedanken projiziert KERSCHENSTEINER auf die Schule. Der Schulbetrieb soll *„im Geiste der Arbeitsgemeinschaft"* begründet und organisiert werden (ebd.). Die Begründung folgt einem praktischen Zweck: Arbeitsgemeinschaften sind kein Selbstzweck, sondern werden durch eine „sittliche Idee" definiert, die aber nicht allein, sondern nur in Gemeinschaft erreicht werden kann. Ein zweites Kriterium ist Freiwilligkeit: Arbeitsgemeinschaften sind keine Zwangsgruppierungen und genau davon verspricht sich KERSCHENSTEINER einen großen erzieherischen Effekt, wenn dieses Prinzip auf die Schule angewendet wird (ebd., S. 96 f.). Es kontrastiert sozusagen heilsam mit der Schulpflicht.

Die Gemeinschaftserfahrung nämlich dient der Versittlichung der Schüler, der *„Feinfühligkeit"* und vor allem der *„Verantwortlichkeit"* (ebd., S. 101 f.). Und diese letzte Erwartung ist grundlegend für den gesamten Erziehungsanspruch der Arbeitsgemeinschaft; sie sollen den *„Begriff* der Verantwortlichkeit im Schüler" wecken und diese als „Grundeigenschaft des brauchbaren Staatsbürgers" herausbilden (ebd., S. 102/103). Der pädagogische Hauptzweck ist daher die politisch-sittliche Erziehung des Staatsbürgers, der in der konkreten Erfahrung der Arbeitsgemeinschaft zentrale Werte des staatlichen Zusammenlebens lernen und glaubwürdig finden soll. Dabei kann es der Volksschule, für die KERSCHENSTEINER primär schreibt, nicht um Belehrung der Schüler gehen, welches im allgemeinen und abstrakt die „Aufgaben des *Staates"* seien (ebd., S. 105), sondern nur darum, die Schüler daran zu gewöhnen, *„an der Versittlichung des großen Gemeinwesens"* mitzuarbeiten. Was die Volksschule „mit gutem Erfolg" durchführen kann, ist dies: „die Schüler an der Versittlichung ihres eigenen kleinen Gemeinwesens der Klasse oder der ganzen Schule, ihrer eigenen kleinen schulischen Lebensgemeinschaft durch Zweckverbände, die dazu aus den Schülern organisiert sind, praktisch arbeiten zu lassen" (ebd., S. 104/105).

Vom „Schulstaat" (ebd.) werden also Wirkungen auf den Gesamtstaat erwartet, ähnlich wie von der kleinen Gemeinschaft einer Schülergruppe auf die Gemeinschaft des Volkes oder der Nation geschlossen wird, ganz so, als habe das eine mit dem anderen zu tun, nur weil in beiden Fällen der gleiche Begriff verwendet wird. DEWEY, auf den sich KERSCHENSTEINER ausdrücklich beruft (ebd., S. 96), sprach von der *embryonic society* (DEWEY 1899/1905), als welche die Schule anzusehen sei; Gesellschaftsreform müsse von der erneuerten Schule ihren Ausgang nehmen, denn nur die Schule könne jenes Laboratorium sein, in dem weniger die konkrete Gesellschaft der Zukunft als vielmehr deren Basiswerte gelernt werden. Genau das erwartete auch KERSCHENSTEINER, nur daß er 1912 eine Monarchie und nicht, wie DEWEY, eine Demokratie vor Augen hatte.

Ähnlich großflächig argumentierte auch der unbekannte Schulmann O. SCHMIDT, dessen Vorschlag zur „erzieherischen" Lehrplanrevision hier als zweites Beispiel angeführt werden soll. Er begreift allgemein die Arbeitsschule vom Prinzip der Charakterbildung her (SCHMIDT 1912, S. 29 f.) und spricht dann von der Harmonie und Vollendung aller Kräfte, die als „allgemeines Entwicklungsziel der Menschheit" anzustreben seien (ebd., S. 33 ff.). In der praktischen Ausgestaltung dieses Ziels geht es dann etwas bescheidener zu: Ansatzpunkt der Veränderung der Schule ist der *Lehrplan* und ihr Grundzug ist die Revision des Wissenschaftsmonopols. Statt Kompendium der Wissenschaften zu sein (ebd., S. 62), soll der Lehrplan von der Anschauung des Lebens ausgehen. Die „Arbeitsschule" steht dabei für ein einfaches Konzept: Das Kind soll in eigener Anschauung die „*Arbeits*ziele und *Arbeits*gebiete" der Gesellschaft kennenlernen und aus dieser Anschauung die Probleme und Pläne der *eigenen* Arbeit erkennen (ebd., S. 63).

Schüler und Lehrer – die Gemeinschaft der Klasse – lernen wichtige Arbeitsfelder der Gesellschaft kennen und imitieren dabei die Wirklichkeit der Arbeitswelt, nicht rein intellektuell, sondern nach Maßgabe der Tätigkeitsstruktur einzelner Berufe. Der Arbeitsunterricht wird also nicht, wie bei KERSCHENSTEINER, vom Bildungsprinzip her verstanden und als Initiation in Gebiete des Wissens gedeutet. Vielmehr sollen sich die Schüler „in den Gedanken- und Tätigkeitskreis der einzelnen Arbeitsgenossenschaften" einleben und sich auf diese Weise auf die spätere Berufswirklichkeit vorbereiten. Diese Idee hat Folgerungen für den Lehrplan, denn eine derartige „Arbeitsschule", die sich aus der Anschauung und dem eigenen Erleben aufbaut, kennt „keine Stoffächer im Sinne der heutigen Schule" (ebd., S. 65), weil sie nicht nach der Logik von Sachgebieten, sondern projektförmig verfährt.

SCHMIDT geht aus von allgemeinen Unterrichtsstoffen und Darstellungsformen, die, „unbekümmert um ihren sonstigen wissenschaftlich-systematischen Zusammenhang", dem „Entwicklungsstandpunkt des Kindes" entsprechen (ebd.). Der Lehrplan im alten Sinne wird als Steuerungsmechanismus aufgegeben und durch die je „methodische Behandlung" des Stoffes ersetzt (ebd.), eine andere Bezeichnung für die Projektmethode. Verstärkt werden soll damit die erzieherische Kraft der Schule, idealtypisch so gedacht, daß der Unterricht der Unterstufe einer neunklassigen Volksschule auf „Heimatkunde" und „konkrete Anschauung" der Umwelt basiert, der Unterricht auf der Mittel- und Oberstufe im Kern „realistischen" und „ethischen" Themen gewidmet ist. „Aus diesem gemeinsamen Kern wachsen der deutsche Sprachunterricht, Rechnen und

Raumlehre und die technischen Gebiete wie Zweige aus dem Stamm hervor“ (ebd., S. 97).

Dieser radikale Gedanke fand keine Verwirklichung, obwohl er die Lösung von mindestens drei klassischen Problemen des Lehrplans versprach, nämlich die Konzentration des Stoffes, seine genetische Anordnung und die Rücksichtnahme auf Anschauung und Selbsttätigkeit, also die beiden Grundforderungen der Methode. SCHMIDT wollte diese notorischen Probleme durch *Auflösung* des Lehrplans zum Verschwinden bringen, aber das war *zu* radikal, weil die Vorteile des Lehrplanorganisation nur negiert wurden, ohne an Ersatz zu denken. Freilich ist eine Pointe dieses Vorschlages, daß als *Bedingung* für die „erzieherische“ Schule die Beseitigung des Lehrplans erscheint, also gerade die Minimierung von Organisation pädagogische Effekte verspricht, zumal solche, die der Aufhebung moralischer Defizite gewidmet sind.

Das Gegenteil, nämlich die Verstärkung organisierter Erziehung, kennzeichnet PAVEL BLONSKIJS Entwurf einer „Arbeitsschule“, der – 1919 erstmalig veröffentlicht – den Grundriß des revolutionären Bildungswesens in der neuen russischen Gesellschaft abgeben sollte. Dieses Konzept war nur in der Frühphase der sowjetischen Pädagogik einflußreich, danach nicht mehr, zumal nicht im Blick auf den tatsächlichen Aufbau des Schulsystems. BLONSKIJ stand durchaus in der europäischen Tradition der Reformpädagogik, mindestens in dem Sinne, daß er die „traditionelle Lernschule“ ablehnte (BLONSKIJ 1973, S. 17), die er auf die mittelalterliche Klosterschule zurückführte, in der bis in das Gymnasium und die Volksschule des 19. Jahrhunderts hinein kein Platz war für die Idee, die Arbeit sei die entscheidende Kraft der Erziehung (ebd., S. 17/18). Andererseits lehnte BLONSKIJ auch eine Arbeitsschule im Sinne KERSCHENSTEINERS ab, weil sie Arbeit mit Handwerk gleichsetzt und damit „einer veralteten Arbeitsweise“ entspricht, „denn unsere Epoche ist die Epoche der maschinellen Industrie und nicht die des Handwerks“ (ebd., S. 13).

Das pädagogische Konzept, das auf die Industriegesellschaft passen soll, übernimmt BLONSKIJ von MARX, also die polytechnische, disponible Schule, die wissenschaftlich-technische mit intellektueller Bildung verbinden und sich auf beständige Innovationen des Wissens einstellen kann. Nur sie bereitet wirksam auf die Industriearbeit vor. In diesem Sinne soll BLONSKIJS „Arbeitsschule“ die Schule der neuen Industriekultur sein (BLONSKIJ 1973, S. 12). Die „Zentralfrage der Pädagogik der Arbeitsschule“ besteht mithin darin, „wie man das Kind, ausgehend von seinen angeborenen Eigenschaften, in die Beherrschung der gegenwärtigen industriellen Kultur einführen kann“ (ebd., S. 21/22). Die Antwort ist ein *Erziehungsmodell* oder die Schule mit einem neuen pädagogischen Auftrag, der nicht nur gegebene, sondern prospektive Defizite betrifft. Indem und soweit die „Arbeitsschule“ für eine Ausbildung zur Industrie sorgt, leistet sie eine optimale, moralische wie intellektuelle Anpassung an die *neue* Gesellschaft, die zugleich in Abhängigkeit von diesem Erziehungsprozeß gerät. Die Gesellschaft der „Großen Industrie“ (nicht diese selbst) entsteht, indem und nur weil die Arbeitsschule ein Defizit *verhindert,* das nämlich zwischen der Qualifikation der Arbeitskraft und den Bedingungen der Produktion. Nur wenn dieses Verhältnis pädagogisch (vorbereitend) zusammengefügt wird, kann die neue Gesellschaft überhaupt entstehen. Die Schule dient damit nicht einfach der individuellen Entwicklung, sondern soll primär und total *erziehen,* auf eine Gesellschaft hin, die es noch nicht gibt, deren Werden aber gerade vom Gelingen der neuen Erziehung abhängig gemacht wird.

Die Schule dieses „erziehenden Unterrichts“ hat drei Stufen, nämlich den Kindergarten und die erste und zweite Stufe der eigentlichen Arbeitsschule. Das Modell enthält einige Elemente der Schulreformdiskussion, läßt sich selbst aber nicht als reformpädagogische Schule bezeichnen. Es ist weder von einem Landerziehungsheim, noch von einer Hauslehrerschule oder einer „Laborschule“ die Rede, sondern von einer Organisation, die dem Erziehungsprinzip Industriearbeit folgt. Der Kindergarten dient der spielerischen Einführung in die Welt der Arbeitswerkzeuge und Mechanismen (ebd., S. 33 ff.); er umfaßt Kinder von 3 bis 7 Jahren. In der ersten Stufe der Arbeitsschule werden elementare Kenntnisse der Produktion vermittelt, jedoch nicht durch wissenschaftlichen Unterricht, sondern durch Anschauung und praktische Erfahrung. Diese Tendenz setzt sich auch auf der zweiten Stufe der Arbeitsschule fort, die sich als Fabrikschule versteht, so daß Jugendliche (14 bis 18 Jahre) dort lernen, wo die Produktion stattfindet. Die Arbeitsschule der zweiten Stufe ist „in ihrer idealen Form eine organische Vereinigung von Werkstattarbeit und Beschäftigungen und Freizeit im Haus der Jugend“, wo die Jugendlichen für die Dauer der Ausbildung untergebracht sind. Damit ist aber die Pädagogisierung *total,* sie betrifft Arbeit und Freizeit gleichermaßen, durchsetzt beide mit organisierten Bildungsangeboten und erlaubt keine unkontrollierte Tätigkeit. *Alles* muß seinen pädagogischen Zweck erfüllen. Zumal die „Freizeitgestaltung der Jugendlichen“ wird auf Bildung eingestellt. Sie „zerfällt ... in zwei Teile: wissenschaftliche Arbeiten in Verbindung mit der Erläuterung der Produktionsarbeit und sportlich-ästhetische Beschäftigungen“ (ebd., S. 145 f.).

Alles wird *sinnvoll* organisiert, aber dann findet BLONSKIJ eben auch kein Wort über eigene Interessen der Jugendlichen, über unbeeinflußtes Denken, freie Sexualität oder gar Protestformen, die sich spontan ergeben. Er nimmt den bildungswilligen, ja den bildungshungrigen Jugendlichen an, der nichts lieber tut, als sich der polytechnischen Erziehung zu unterziehen. Mit der Widerständigkeit der Jugendlichen gegen jede, auch die beste, Form schulischer Organisation rechnet BLONSKIJ ebensowenig wie vor ihm MARX (und die gesamte sozialistische Pädagogik).

Was für die Freizeit gilt, gilt naturgemäß für den eigentlichen Werkstattunterricht der Jugendlichen um so mehr, auch er ist total verplant. Und hier ist wiederum das Prinzip des *Wechsels* jenes Mittel, mit dem der allseits entwickelte Mensch hervorgebracht werden soll: „Unser Jugendlicher wechselt die Arbeitsarten, indem er z.B. zweimal im Jahr in verschiedene Werkstätten überwechselt und auf diese Weise annähernd die Hälfte der gesamten schulischen Arbeitszeit verbringt. Im Endergebnis lernt er einerseits die verschiedenen Produktionsarten kennen, andererseits aber hat er die Möglichkeit, sich in irgendeinem bestimmten Beruf zu spezialisieren" (ebd., S. 146). Aber wieso wird er auf diese Weise, komplettiert durch die Studien und Arbeiten der Freizeit, zu einem allseits entwickelten Menschen, dem gar noch das Prädikat „ganzheitlich" zukommen soll?

Die Antwort kann nur lauten: Man lernt in der Industrie Produktionsverfahren und deren wissenschaftlich-technische Grundlage, also hochgradige *Spezialisierungen;* die Addition verschiedener dieser Lernbereiche ergibt keine *Ganzheit,* sondern nur einzelne Kompetenzen, die aufgrund ihres Spezialisierungsgrades nicht synthetisiert werden können; auch die Hinführung zu wissenschaftlichen Gebieten steigert nur die Spezialisierung, selbst wenn dabei allgemeine Gesetzmäßigkeiten vermittelt werden. Es gibt also keine „allseitige Entwicklung" des Menschen, wenn man nicht mehr, wie PESTALOZZI, alle seine *Kräfte* schulen, sondern ihm möglichst viele Kenntnisse und Fähigkeiten vermitteln will. Wer das vorhat, bezieht sich auf eine rein fiktive Größe, nämlich ein Bildungsspektrum, von dem angenommen wird, es sei umfassend, während es in Wahrheit immer selektiv ist. In diesem Sinne ist PESTALOZZIS Konzept unübertroffen, denn die Kräfte des Menschen sind begrenzt (auch seine Fakultäten), die Gegenstände seines Lernens jedoch nicht.

Schon aus diesem Grunde ist die Entwicklung des sowjetischen Schulsystems BLONSKIJ nicht gefolgt, so sehr auch eine polytechnische Bildung angestrebt wird; aber diese Bildung ist zunächst und primär Schulbildung, d.h. sie geht aus von der Arbeitsteilung der Fächer und der Spezialisierung von Berufen. „Allseitigkeit" im revolutionären Verstand ist hier schlicht nicht organisierbar, weil der Preis zu hoch wäre, nämlich Dilettantismus. Aber unabhängig davon, BLONSKIJS Konzept ist totalitär, weil es Arbeit und Freizeit des Jugendlichen so komplett organisiert, daß schon allein dadurch der pädagogische Erfolg gefährdet sein muß. Wer Kinder und Jugendliche *nur* „erziehen" will, und zwar mit *organisierter* Erziehung, wird vermutlich um so weniger seine hochgespannten Ziele erreichen, je perfekter sein Plan in die Realität umgesetzt wird.

Arbeitserziehung ist damit ein eigenartig widersprüchliches Reformprogramm: Einerseits bezieht sie sich auf den großen Gedanken der Einheit von Arbeit und Leben oder von geistiger und körperlicher Tätigkeit, andererseits sind alle praktischen Modelle auf eine Schule bezogen, die allein schon aufgrund ihrer inneren Differenzierung diese Einheit nicht mehr herstellen kann. Auch fällt die relative Trivialisierung auf, die vielen Modellen eigen ist, etwa wenn die sittliche Vervollkommnung der Kultur von der schlichten Tatsache der Selbsttätigkeit der Schüler erwartet oder wenn die Zukunft des Staates von der Errichtung freiwilliger Arbeitsgemeinschaften abhängig gemacht wird. Sind die Vorwürfe nicht trivial, so drohen sie, wie bei BLONSKIJ, total zu werden, eine Art Kollektivierung der Erziehung um die Industriearbeit herum.

Damit steht in Frage, ob „Arbeit" als *pädagogisches* Konzept überhaupt geeignet ist; bevor ich auf diese Frage eingehe, stelle ich vier andere Erziehungsmodelle der Reformpädagogik dar, die überwiegend nicht die Beachtung gefunden haben, wie die „Arbeitsschule"[31], die den Kern des reformpädagogischen Anliegens aber womöglich besser treffen, wenn dieser Kern in beidem *nicht* gesehen werden kann, in der Erziehung zum Handwerk oder zur großen Industrie. Was den vier Modellen – Selbsttätigkeit, natürliche Erziehung, Dialog und Sinnlichkeit – gemeinsam ist, läßt sich aber gerade im Blick auf die Arbeitserziehung gut bezeichnen, nämlich der Verzicht auf Defizitannahmen. Die Erziehung gleicht kein pädagogisch definiertes Defizit aus, sondern dient der Entwicklung von Kompetenzen, die im Kern immer schon gegeben sind.

*Selbsttätigkeit* ist in diesem Sinne eine Grundeigenschaft des Kindes, die in der neuen Erziehung nur besser oder überhaupt erst angemessen berücksichtigt wird. Diese Kategorie ist freilich längst vorhanden, als die Reformpädagogik sie aufgreift und erneut ins Spiel bringt. Ihr systematischer Ort ist die Philosophie FICHTES, so daß es nicht zufällig wie eine Vorwegnahme der reformpädagogischen Postulate klingt, wenn FICHTE 1804 in seinen „Aphorismen über Erziehung" notiert: Der Charakter der neuen Erziehung besteht darin, „dass der Zögling in der That und stets selbst arbeite, Alles durch eigene Geisteskraft sich erwerbe, keineswegs aber nur mechanisch etwas anlerne" (WW VIII, S. 356). Den gleichen Gedanken findet man hundert Jahre später etwa bei ALFRED LICHTWARK, der im Blick auf die Methode des schulischen Unterrichts folgendes Postulat anbringt:

> „Überall ist die unmittelbare Berührung mit den Dingen anzustreben. Das Gedächtnis darf nicht nur als ein mechanisches Werkzeug zur Bewältigung toten Stoffes ausgebildet werden, sondern ist vielmehr als eine lebendige Kraft im Dienst des prüfenden und vergleichenden Verstandes zu erziehen. . . . Aller Unterricht sollte eine Anleitung sein, der Welt *selbständig und unabhängig* gegenüberzutreten und in befestigter Gewohnheit das erarbeitete Wissen zum Erwerb neuer Kenntnisse zu benutzen. . . . Können ist die höhere Macht. *Verstehen* und *selbständig untersuchen* können, mitzuempfinden und nachzuempfinden vermögen geht über alles mechanische Wissen weit hinaus" (LICHTWARK 1902, S. 4/5; Hervorhebung J.O.)

Der Kontext dieser Sätze ist die „Kunsterziehungsbewegung" (LORENZEN 1966)[32], also die Bestrebung, ästhetische Bezüge und Dimensionen des schulischen Unterrichts stärker als bisher oder überhaupt erst richtig herausarbeiten und für die neue Erziehung einzusetzen. Auch hier kann man nicht von einer einheitlichen Bewegung sprechen, wohl aber von einer mehr oder weniger einheitlichen Begründung, die GEORG HIRTH (1887) und KONRAD LANGE (1893) vorbereitet hatten. LICHTWARK, der prominente Sprecher der „Kunsterziehungsbewegung", knüpft hier an und formuliert zentrale Punkte des gemeinsamen Anliegens, nämlich die Kritik der mechanischen Unterrichtsmethode und die Freisetzung der Selbsttätigkeit des Kindes vor allem durch künstlerische Erziehung. Die für dieses Anliegen günstigste *ästhetische* Konzeption hat JOHN RUSKIN geliefert, für den die Bildung des Geschmacks immer zugleich als Bildung des *Charakters* gelesen werden muß (Werke, Bd. III/ S. 82 ff.). RUSKINS Kunstauffassung hat auch die deutsche pädagogische Diskussion beeinflußt, weil sie erlaubte, das freie Ideal des Künstlers und das moralische Ideal der Erziehung zu kombinieren. Gerade die künstlerische Erziehung kann so als entschiedener Beitrag zur Entwicklung der Sittlichkeit betrachtet werden, ohne darin, wie die Avantgarde des *fin de siècle,* den entscheidenden Widerspruch sehen zu müssen.

Grundsätzlich war den Pädagogen „Kunst" nicht „Selbstzweck", sondern wurde vom allgemeinen „Zweck der Menschenbildung" her begriffen (WEBER 1914, S. 24 f.). Neu war an diesem Konzept aber, daß das Kind in seiner ästhetischen Produktion ernst genommen wurde. Im künstlerischen Ausdruck liegt geradezu das Zentrum der *Selbsttätigkeit,* die also nicht mehr für den Ausgleich eines Defizits instrumentiert wird, sondern als Signum innerer Aktivität genommen wird, die kreative Selbstentwicklung anzeigt, nicht jedoch für die Aneignung fremden Wissens methodisiert wird. WEBER geht sogar so weit, daß er für diese Aufgabe den *Lehrer-Künstler* stilisiert, dessen Grundeigenschaft darin zu sehen ist, daß er *„selbst wieder zum Kind werden kann"* (ebd., S. 27). Das Kind ist ihm eine Art Gesamtkunstwerk, das die pädagogische Beziehung bestimmt; sie wird nicht durch den Stoff oder durch die Methode, sondern durch ästhetische Regression des Lehrers ermöglicht: „Wir werden . . . erfahren, daß *das Kind selbst,* sobald es uns als Persönlichkeit zum inneren Erlebnis werden soll, in unserm eignen Innern eine Art künstlerischer Gestaltung, eine Art Vereinfachung seiner menschlichen Kompliziertheit, eine Art Stilisierung erfährt, die unser Verhalten ihm gegenüber grundsätzlich bestimmen wird" (ebd., S. 33/34).

Das Kind *als Künstler* (Lehrervereinigung 1898) hat die Reformpädagogik fasziniert, wie kaum ein anderes Konzept. Dabei ist eine Differenzerfahrung grundwesentlich: „Das Kind (hat) seine eigene Weise zu fühlen, zu denken und zu wollen . . . und . . . daher (dürfen) die Gesetze des Geisteslebens Erwachsener nicht ohne Vorbehalt auf die Kinderseele übertragen werden" (ebd., S. 4). Zentraler Beleg für diese These waren Kinderzeichnungen (HESPE 1985), also Produkte, die vom Kinde spontan und unbeeinflußt gezeichnet wurden (ebd., S. 63 ff., 143 ff.). Die *ästhetische Selbsttätigkeit* ist freilich mehr als nur Spontaneität; sie setzt zugleich die besondere Kreativität des Kindes voraus. So heißt es in einem Kommentar zu einer Ausstellung von freien Kinderzeichnungen in der Hamburger Kunsthalle von 1898: Was die Erwachsenen „als leblos und seelenlos betrachten, erscheint dem Kinde belebt und bewußt. . . . Das Kind begreift alles von sich aus, teilt von seinem Leben und Körpergefühl den Dingen mit, belebt und beseelt sie, indem es von seinem eigenen Innern etwas hineinlegt" (Lehrervereinigung 1898, S. 7).

Selbsttätig ist hier also vor allem das, was THEODULE RIBOT (1902, S. 72 ff.) die *schöpferische Phantasie* des Kindes nannte. RIBOT spricht deutlich von der „Form des Animismus", als die sich die kindliche Phantasie zeige (mit Bezug auf SULLY 1903, Ch. II); „Animismus" ist für RIBOT eine Entwicklungsphase, die von der „Neigung, alles zu beleben und zu personifizieren" bestimmt wird, „und die sich, je nach dem Grade der Phantasie, schnell oder langsam, erfindungsarm oder -reich erweist" (RIBOT 1902, S. 75). Beim kleinen Kind also „ist die Phantasie Herrscherin und höchste Form der geistigen Entwicklung" (ebd., S. 81). Diese ästhetisch-kreative Form der Selbsttätigkeit kann aber nicht von außen erzeugt, sondern muß für alle Erziehung immer schon vorausgesetzt werden. Nimmt man die Grundannahme der *éducation esthétique* ernst, „l'enfance est . . . par excellence l'âge du rêve et de la ficton" (BRAUNSCHVIG 1910, S. 72), dann läßt sich kaum noch von Erziehung sprechen. Gerade die ästhetische Wahrnehmung des Kindes ist selbsttätig und für den Erwachsenen kommt höchstens noch in Frage, den „günstigen Moment" der Wahrnehmung des Schönen zu bestimmen (ebd., S. 100).

Auch die kindliche Phantasietätigkeit ist nicht das Produkt von pädagogischen Einwirkungen, gar solchen, die sie an *„feste Formen und Gesetze"* bindet (SPRANGER 1918, S. 95), sondern kann nur begriffen werden als wie immer unvollkommener, so doch selbsttätiger Akt des *Verstehens* (SULLY 1903, S. 28), also als eigene Leistung des Kindes. „Selbstttätigkeit" ist nicht ein Instrument der Erziehung, sondern ihre Voraussetzung. Kreativität kann man nicht erzeugen und Verstehen nicht determinieren, sondern nur unterstützen, und diese Unterstützung erfolgt nicht als *Erzeugung* von psychischen Dispositionen, sondern nimmt deren *Entwicklung* an, die in freier und offener Form gefördert werden müssen. Daher fällt es schwer, die geeignete pädagogische Methode zu bestimmen, weil diese Voraussetzung jeder Methodisierung des Lernens eigentlich widerspricht.

Das läßt sich an einem Versuch von JOHANNES VOLKELT gut zeigen, der die Psychologie der *Einfühlung* für die Erziehungstheorie verwenden wollte und damit – wie gezeigt – eine zentrale Kategorie der neuen Einstellung zum Kind thematisierte. Doch er unterscheidet ästhetische und pädagogische „Einfühlung" und bestimmt die *pädagogische* Einfühlung als „Mittel zu einem außerhalb der Einfühlung gelegenen Zweck" (VOLKELT 1917, S. 39). Kein instrumentelles Verstehen aber erreicht die innere Kreativität des Kindes, das faktisch nur vorausgesetzt werden kann, wenn pädagogische Maßnahmen bestimmt werden sollen. Sie bringen die Kreativität nicht hervor, sondern können nur geeignetes oder ungeeignetes Material bereitstellen, die Entwicklung der ästhetischen Selbsttätigkeit zu unterstützen.

Man sieht, wie das Defizitmodell der Erziehung versagt: Kreativität oder schöpferische Phantasie können dem Kind nicht abgesprochen und dann auf pädagogischem Wege hergestellt werden; sie bilden kein Defizit, sondern eine Bedingung, eine solche freilich, die für jede Erziehungsabsicht grundlegend ist. Kreativität ist nicht verfügbar, sondern kann nur bessere oder schlechtere Bedingungen für ihre Entfaltung vorfinden; einzig hier liegt die Aufgabe der Erziehung, ohne daß die Bereitstellung geeigneter Erziehungsmilieus eine Erfolgsgarantie implizieren würde. Zeichnen ist so, wie CARL GÖTZE formulierte (1902, S. 27), „sinnliche Bearbeitung der Außenwelt" – unter der, wie man hinzufügen muß, unverfügbaren Bedingung der inneren Kreativität des Kindes.

Eine ähnliche Paradoxie – Erziehung des Unverfügbaren – liegt auch der *natürlichen Erziehung* zugrunde, eine Formel, die auf ROUSSEAU zurückgeführt wird, die aber am Ende des 19. Jahrhunderts weitgehend unabhängig von einer Anthropologie des Kindes als „ganzheitliches Prinzip" einer neuen Pädagogik verwendet wurde und bald den Rang einer Leitformel der öffentlichen Diskussion einnahm. 1904 fungierte in EWALD HAUFES „Evangelium der natürlichen Erziehung" „Natur" als ein allumfassendes Prinzip der Erneuerung der Arbeit, der Gesundheit, der Wahrheit, der Schönheit und des Guten (HAUFE 1904, S. 9 ff.). Und was HAUFE als polemische Spitze dieses Konzepts formulierte – Wahrheit steht nicht in Büchern (ebd., S. 20/21) – entsprach einem verbreiteten Denken, das unmittelbar in die Ansätze der Lebensreform einmündete.

Die Natur ist pädagogisch nicht instrumentierbar, etwa indem über sie geschrieben wird; vielmehr erzieht allein die originale Begegnung mit ihr, weil nur darin Wahrheit liegt, da ja Wahrheit als Funktion der Natur (nicht der Erkenntnis) definiert wurde (ebd.). Aber diese Gleichsetzung ist problematisch, weil „Natur" *an sich* weder der sinnlichen noch der intellektuellen Erkenntnis zugänglich ist. HAUFE setzt einen Zugang zur „reinen" Natur voraus, der nicht gegeben sein kann; aber das interessiert hier nur am Rande, denn wesentlich ist wiederum, daß kein pädagogisches Defizit vorausgesetzt wird: „Natur" ist an keine Voraussetzungen gebunden, sondern kann von jedermann erfahren werden. Nach HAUFE ist dann auch Wahrheitserfahrung möglich, ohne eine intellektuelle (Buch-)Schulung vorauszusetzen. Das Kind hat ein Defizit gegenüber der Wahrheit, aber nicht gegenüber der Erziehung; und das Defizit zur Wahrheit wird nicht durch Erziehung ausgeglichen, sondern durch Erfahrung der Natur, die die eigentliche Erziehungsmacht darstellt (ebd., S. 29). Auch auf diesem Wege ist nur ein Abschluß der Theorie in der Antipädagogik möglich, denn die „Natur" des Kindes kann sich wohl entwickeln, aber sie ist nicht erziehbar.

Das Einssein mit der Natur (ebd.) ist in bestimmten Zirkeln kosmologisch verstanden worden, drückt aber eine weitergehende Stimmung aus. Die Widersprüchlichkeit der These interessiert dabei nur peripher, denn daß „Natur" und „Mensch" in keinem direkten Verhältnis stehen, hat die Reformpädagogen nicht gehindert, an die „natürliche Erziehung" zu glauben. Die Formel steht für eine Erziehungsabsicht, die sich mit der guten Natur (OTTO 1906, S. 40) oder dem freien Individuum rechtfertigt, das schon auf den „ersten" und „einfachsten" Stufen seiner Entwicklung jene „Wahrheiten" offenbart, die zum „Verständnis der höheren und komplizierteren Lebensäußerungen führen werden" (MONTESSORI 1926, S. 158). Aber das sind, um es noch einmal zu betonen, Dispositionen für die Erziehung der *Erwachsenen.* Die Rede von der „natürlichen Erziehung" soll Regeln des Respekts, die *Achtung* vor dem Kinde, begründen, was allein auf empirischem Wege kaum möglich sein dürfte. Ohne die Vorstellung, die falsche Erziehung könnte die Natur des Kindes *verletzen,* ohne Mythos des *leidenden* Kindes, wäre es vermutlich nicht möglich gewesen, gesellschaftliches Bewußtsein über Erziehung, einem heiklen Tatbestand kollektiver Identität, zu verändern. Auch hier liegt eine Paradoxie zugrunde: Ohne Vorstellung des sakrosankten Kindes, also der Heiligkeit seiner Natur, läßt sich die neue Erziehung nicht begründen; aber „Erziehung" ist nur denkbar als Eingriff in die Natur, die sich, pädagogisch gesehen, nie nur von selbst in die richtige Richtung entwickelt.

Man könnte nun annehmen, daß derartige Prämissen gleichsam von selbst auf den *Dialog* als der entscheidenden sozialen Dimension der neuen Erziehung hätten führen müssen. Aber das war nicht der Fall, denn die frühe Reformpädagogik in Deutschland und nicht zuletzt die Jugendbewegung vor dem Ersten Weltkrieg prägten ganz andere Sozialmodelle, die organische Gemeinschaft und auch das Verhältnis von Führer und Gefolgschaft. ELLEN KEY sprach von der „organischen", statt der „mechanischen" Auffassung von Gesellschaft, die die Arbeiterjugend an die „neue Moral der Klassensolidarität" binden werde (KEY 1913, S. 24 f.). Auf der anderen Seite des politischen Spektrums attackierte HANS BLÜHER die demokratische Idee der Führung und propagierte das entschiedene Gegenteil im Blick auf die Jugendbewegung: „Das Volk wird dadurch Volk, daß ein Führer es erwählt" (BLÜHER 1917, S. 4). Entsprechend sei der Wandervogel auch die „Schöpfung . . . eines geborenen Führers" (KARL FISCHER) gewesen (ebd., S. 11). Er bildete die Gemeinschaft, indem er die Mitglieder auswählte und führte (ebd., S. 11/12). Wo *„freie Diskussion"* gefordert wurde, da eher als didaktisches Prinzip, etwa im Arbeitsunterricht (RISSMANN 1911, S. 78), und nicht als grundlegendes Erziehungsmodell. Auch nach dem Kriege war der Gemeinschaftsgedanke weit stärker akzentuiert als die pädagogische Theorie des Dialogs (vgl. nur DEITERS 1925).

Der Unterschied von Dialog und Gemeinschaft ist grundlegend: Dialog setzt Distanz voraus, Gemeinschaft verlangt Bindung; während im Dialog

Distanz überbrückt werden kann, ist Bindung für die Gemeinschaft konstitutiv. „Gemeinschaft" im romantischen Verständnis ist unabhängig vom Dialog, der nicht objektivieren dürfte, was sie ausmacht, nämlich eine emotive und traditionelle Verbundenheit jenseits von Sprache und Argument. Dialoge dagegen setzen nur ihr *eigenes* Prinzip voraus und sind gerade darum ein entschiedenes Medium der Erziehung. Sie kann *sich selbst* zum Thema machen und also ihre eigenen Irrtümer korrigieren; Gemeinschaft dagegen kann die Wirkungen der Erziehung nur auf sich fixieren. Wenigstens ist das die Logik der meisten pädagogischen Konzepte, die mit einem emphatischen Begriff von „Gemeinschaft" operieren. Sie nehmen um der Einheit willen Totalität in Kauf (vgl. Kap. 5.1).

Ein pädagogisches Konzept der Erziehung *im* Dialog hat MARTIN BUBER 1922 im zweiten Heft der Zeitschrift „Das werdende Zeitalter" vorgestellt. Hier wird in eigentümlicher Weise versucht, „Dialog" und „Gemeinschaft" zusammenzubinden: „Dialog" erscheint als die eigentliche (interpersonale) Bindung, die mit einem utopischen Begriff von „Gemeinschaft" verknüpft wird. Erziehung ist so das „erschließende" Ereignis in der dialogischen Beziehung zwischen zwei Menschen (BUBER 1922, S. 34), zugleich aber auch ein Vorgriff auf die wahre Sozietät.[33] Dieser Vorgriff widerstreitet einer politischen Instrumentierung der Erziehung (ebd., S. 33); Erziehung erscheint in einer religiös definierten Autonomie: „Erziehen kann nur, wer in der ewigen *Präsenz* steht; er erzieht, indem er in sie einführt" (ebd., S. 34). BUBERS berühmte „Rede über das Erzieherische" (1925) beschreibt das „erzieherische Verhältnis" als ein *rein dialogisches* (BUBER 1986, S. 40), abgegrenzt vom Machtwillen, aber auch vom Eros (ebd., S. 25 ff.) und damit von der autoritären und der libertären Pädagogik. Deren Verhältnisse sollen gerade *dialogisiert* und also umgekehrt werden (ebd., S. 39). Die Grundkategorie für BUBERS Dialogtheorie der Erziehung ist aber nicht Gespräch oder Diskussion, sondern *Umfassung,* die Verbindung zwischen Ich und Du trotz der Autonomie der Persönlichkeiten. „Umfassung" wird von „Einfühlung" abgegrenzt (ebd., S. 37/38), von der „puren Ästhetik" eines Erlebens, das sich auf das Innere eines Anderen bezieht, ohne es „konkret" erreichen zu können (ebd., S. 38). „Umfassung" ist das Gegenteil, nämlich Erweiterung der *eigenen* „Konkretheit" in der dialogischen Erfahrung des Anderen. Entscheidend ist „das Faktum, daß diese eine Person den gemeinsamen Vorgang, ohne etwas von der gefühlten Realität ihres eigenen Tätigseins einzubüßen, zugleich von der andern aus erlebt" (ebd.).

Vor diesem oft mißverstandenen Konzept des Dialogischen berührt die Auseinandersetzung der Reformpädagogik an verschiedenen Stellen Diskussions- und Dialogmodelle, ohne sie so herausgehoben zu theoretisieren wie BUBER. Und es sind dies stets Modelle, die auf eine Metaphysik des Dialogs verzichten[34] und die Gemeinschaftsidee zur Voraussetzung haben. Die beiden bekanntesten Beispiele sind BERTHOLD OTTOS „Gesamtunterricht" und GUSTAV WYNEKENS „Freie Schulgemeinde". OTTOS Modell setzt, über das bisher Gesagte hinaus, nicht *nur* die Frage des Kindes voraus, sondern verlangt *Diskussion* (OTTO 1912, S. 83 ff). Die Diskussion ist nicht völlig offen, sondern bezieht sich auf den Lehrgegenstand, aber der wird – wie die Unterrichtsprotokolle zeigen (ALBERTS 1925, S. 33ff.) – durch diskursive Schritte konstituiert. Die Frage definiert das Thema und damit die Richtung der Diskussion, aber deren spontane Entwicklung erst definiert die Behandlung des Gegenstandes. Der „Gesamtunterricht" ist damit das Gegenteil eines „Lektionsgesprächs" (KRETSCHMANN 1925, S. 43), setzt aber eine in sich strukturierte Gemeinschaft voraus, die nicht als „Umfassung" zwischen zwei Personen verstanden werden kann. OTTOS „Hauslehrerschule", anfangs verstanden „als eine etwas erweiterte Familie", bildete *Organisation* heraus (OTTO 1912, S. 113 ff.), Regelungen des Umgangs, Verfahren bei Konflikten, Sanktionen bei Übertretungen. Die Didaktik der Diskussion hatte, auf dem Niveau einer Schule, diese Sozialstruktur zur Bedingung.

WYNEKEN spricht von einer *geistigen* Gemeinschaft zwischen Lehrern und Schülern, die zusammengehalten wird durch den Glauben an die „gemeinsame Sache" (WYNEKEN 1914, S. 64). Grundlegend ist hier das Prinzip des „geistigen Arbeitens"; jedes Mitglied der Schulgemeinde[35] muß sich „ohne Rückhalt in den Dienst des Geistes" stellen und die „Wahrheit um der Wahrheit willen lieben" (ebd., S. 66). „Wahrheit" wird prophetisch gedacht, mit einem starken Bezug auf den Führer der Gemeinschaft (ebd., S. 90). Doch zugleich ist der Lehrer ihr *Teil* und kann so nicht mehr die autoritäre Form der „Lernschule" einsetzen, um seine Aufgabe zu erfüllen. Die Funktion des Lehrers wird zumindest an dieser Stelle anders gedacht als die des Führers; WYNEKEN spricht von „Gemeinschaftserziehung" (ebd., S. 85 ff.), weil er nicht von einem Ich:Du-Verhältnis als Grundmodell der pädagogischen Beziehung ausgeht, sondern die soziale Funktion einer lernenden und arbeitenden (zugleich exklusiven) Gruppe vor Augen hat (KLEIN 1921, S. 7 ff.). WYNEKEN skizziert das Zusammenleben der Gemeinschaft als „geistige Atmosphäre", in der eine „öffentliche Meinung" entstehen kann, welche ihrerseits das Medium des „sittlichen Urteils" abgibt (WYNEKEN 1914, S. 90f.). In diesem dialogischen Sinne kann dann *„die sich selbst erziehende Gemeinschaft"* als das „einzige Objekt und Subjekt der Erziehung" bezeichnet werden (ebd., S. 92).

Die „Individualpädagogik" scheint überwunden, die WYNEKEN als „Technik der Seelenaufzucht" bezeichnet, weil sie „die nackte Seele des Zöglings ganz in die Hand des sie beobachtenden, ausspürenden, zweckmäßig beeinflussenden Erziehers" legt (ebd.). Stattdessen ist von der Gemeinschaftserziehung die Rede, die aber mehr ist als Erlebnis von Kameradschaft und Gruppensolidarität. WYNEKEN betont die Erziehung zur Urteilskraft (ebd., S. 92 ff.) und macht diese von der Institution der *„öffentlichen Meinung"* abhängig. Die „Freie Schulgemeinde" ist identisch mit dieser, wie es heißt, „Institution für offene Aussprache" (ebd., S. 99), die für Normendiskussion sorgt und zugleich auch das Medium der Normengeltung ist, mithin eine Erziehungsinstitution, die auf dem Dialog begründet ist und darin weder den Staat noch die Familie nachahmt (ebd., S. 103). Auch dieser Dialog aber ist nicht beliebig offen; vielmehr setzt er – wie WYNEKEN (1922, S. 17) an der Freien Schulgemeinde Wickersdorf deutlich machte – „eine durch gleiche geistige Einstellung verbundene Gemeinschaft" voraus. „Eine solche Gemeinschaft könnte man wohl einen Orden nennen" (ebd.).

Dieses Modell enthält das Prinzip des öffentlichen Dialogs, doch die Öffentlichkeit ist beschränkt auf die *interne* Gruppe. Aber darin ist ein wesentliches Erziehungsmedium der Dialog, weil nur in ihm der Geist des Ordens zum Ausdruck gebracht werden kann. Er läßt sich nicht autoritär verordnen. Freilich ist das nicht egalitär gedacht; die Gemeinschaft bleibt abhängig von den Führern und dies auf eine adialogische Weise. „Die *Liebe* zu den Führern bewirkt, daß getan wird, was sie wünschen. Sie ist eines der wichtigsten pädagogischen Mittel; weil sie ein wirkliches und konkretes Gefühl ist, wirkt sie viel stärker als die abstrakte Einsicht" (KLEIN 1921, S. 16). Diese Instrumentierung des pädagogischen Eros hatte BUBER aus guten Gründen abgelehnt. Sein Prinzip der Umfassung ist nicht erotisch gedacht, weil Eros „eines notwendig einschließt: Menschen genießen wollen. Das Erzieherische schließt eben dies aus" (BUBER 1986, S. 32).

WYNEKEN hat diese Grenze nicht ziehen wollen. Der *erziehende Eros* war für ihn das erotische Experiment einer Sozialbeziehung zwischen Führer und Jugend. Er beruft sich auf die griechische *paiderastia* und bezeichnet sie als die „erotische Bindung" zwischen einem Mann und einem Knaben oder einem Jüngling (WYNEKEN 1924, S. 3). „Liebe" als „geistiges Urphänomen" (ebd., S. 4) sei nicht auf den „Geschlechtstrieb" zurückzuführen, aber das sei der Wertmaßstab, mit dem die „bürgerliche Öffentlichkeit" die *paiderastia* verurteile (ebd., S. 3, 5).

WYNEKEN beruft sich also auf ein geistig-seelisches Verhältnis, das die Formen des Umgangs aus sich heraus entwickeln müsse: Nur darauf kommt es an, „daß das Verhältnis ein wirkliches Liebes-Verhältnis sei, und daß es nur Formen wähle und sich nur in Handlungen darstelle, die von Liebe geboten und von Liebe erfüllt sind und darum von den Beteiligten als schön, heilig und innerlich notwendig empfunden werden. Wenn diese Formen bei den Griechen den Geschlechtstrieb stark in Mitleidenschaft zogen, so kann mit dem Geschlechtstrieb ja nichts Schöneres geschehen, als daß er von Liebe beseelt und geheiligt ist" (ebd., S. 18). Nun war das bürgerliche Publikum vor 1914 gewiß überwiegend nicht geneigt, ausgerechnet in einer „Freien Schulgemeinde" die „antike Bejahung des Körpers" experimentell neu ausprobieren zu lassen und etwa „Nacktheit" als selbstverständliches Erziehungsmittel zu akzeptieren (ebd., S. 22). Freilich gab es einen *fait accompli,* der WYNEKEN die Stellung kostete und für einen öffentlichen „Skandal" sorgte (ebd., S. 28 ff.): WYNEKEN gab zu, daß er zwei Knaben, die zu seinem engeren Kreis gehörten, „einmal nackt . . . umarmt“ hatte (ebd., S. 28). Der eigentliche Skandal aber lag darin, daß er diese Handlung verteidigte: „Für mich liegt nichts vor, als der natürliche Ausdruck eines sehr innigen Liebesbundes eines Führers mit seiner Jugend“ (ebd., S. 35).

Wichtig an diesem eigenwilligen Experiment ist seine systematische Begründung. Mit WYNEKEN sahen auch HANS BLÜHER (1914) oder KURT ZEIDLER (1919) im Eros die stärkste *erzieherische* Kraft, die sich unabhängig von der offiziellen Pädagogik durchsetzt. BLÜHER sprach von homosexueller „Inversion“ und sah darin die *„Centren und Wirbelpunkte“* der Wandervogelbewegung (BLÜHER 1914, S. 42 ff.). Der Wandervogel sei durch *„offenbare Erotik“* attraktiv geworden (BLÜHER 1922, Bd. II/S. 146) und mehr noch, die Erotik sei der Schlüssel für Erfolg und Zerfall des Wandervogel gewesen (ebd., S. 209 ff., 214 ff.). ZEIDLER generalisierte BLÜHERS Thesen zu einer allgemeinen These über die erzieherische Kraft der Liebe (ZEIDLER 1919, S. 19 ff.). Unmittelbar nach dem Ende des Ersten Weltkrieges erwächst aus dieser These folgende allgemeine Forderung: „Die Frage der Menschwerdung ist die Frage an das Schicksal, ob es den Menschen für uns bereit hat, durch dessen Liebe wir eingehen in das Reich des Geistes. Die Erziehung ist der gewollte Versuch, diesen Weg durch Erleichterung der Wahl abzukürzen. Erste und einzige Aufgabe aller Schulorganisation ist, Gelegenheit zu schaffen, daß Erziehungsgemeinschaften aus diesem Geiste entstehen und bestehen können“ (ebd., S. 26).

ZEIDLER hat diese radikale Forderung später zurückgenommen, nämlich in ein Verständnis von „Eros“, welches die Gemeinschaft nicht auflöst oder pervertiert, sondern beide Seiten stärkt, den Führer und die jugendliche Gefolgschaft (ZEIDLER 1926, S. 56 ff.). Kein Zweifel aber, daß die ursprüngliche These die Erotik besser einschätzt als die spätere Abmilderung; weil die Erotik eine herausgehobene Zweierbeziehung bezeichnet, die sich, ob es die Erzieher wollen oder nicht, jene Freiheit der Form herausnimmt, von der WYNEKEN sprach, genau darum ist sie *nicht* pädagogisierbar. Die freie Erfahrung von „Liebe“ in der Konsequenz, die das griechische *eros* hat, ist keine *pädagogische* Erfahrung, weil es nicht um Erziehung – Einwirkung von außen – sondern um ein Erlebnis geht, an das keine Erziehung heranreichen kann. WYNEKEN begeht theoretisch einen Kategorienfehler, wenn er „Eros“ für eine pädagogische Größe hält; und praktisch ebnet er jene Distanz ein, die dem Erzieher eigen sein muß, wenn er seiner Aufgabe gerecht werden will. In diesem Sinne ist das Experiment mit dem Eros kein pädagogisches, wohl aber eines mit den Grenzen der Erzieherrolle. Der Erzieher ist nicht der Freund oder der Liebhaber der Jugend, weil er dann ein öffentliches Amt mit den Mitteln einer privaten Beziehung vertreten würde, und das könnte er nicht in gleicher Weise gegenüber jedermann. Die sprengende Kraft des Eros ist damit natürlich nicht bestritten, nur liegt darin keine pädagogische Größe, so wichtig die damit verbundenen Erfahrungen auch für den Aufbau einer Biographie sein mögen. Aber das lehrt nur, welche Grenzen der Erziehung gesetzt sind.

Selbsttätigkeit, natürliche Erziehung, Dialog und Eros sind Themen einer unterschiedlich radikalen Reformpädagogik. Dort, wo Grenzen getestet werden, wird vor allem sichtbar, was Erziehung *nicht* sein kann, nämlich weder ein direkter Austausch mit der Natur noch eine unmittelbare Erfüllung der Sinnlichkeit. Beides läßt den Prozeßcharakter der Erziehung außer acht und betont nur die herausgehobene Situation, das Einssein mit der Natur oder die sinnliche Einfühlung in den anderen Menschen. Selbsttätigkeit und Dialog aber sind mehr als nur Grenzmarkierungen; sie geben eine andere Pädagogik an als die des 19. Jahrhunderts. „Selbsttätigkeit“ ist die Formel für das aktive Lernen des Kindes, das bei jeder denkbaren Erziehung vorausgesetzt werden muß. Diese Bedingung wirkt gerade im Blick auf Sozialmodelle irritierend, denn keine Selbsttätigkeit, zumal nicht die ästhetische, läßt sich auf Dauer in der Erziehung festlegen. Daher wird Erziehung zum *Versuch,* dessen Ergebnis offen bleibt, weil kein Instrument mehr denkbar ist, das tatsächlich über die innere Selbsttätigkeit des Kindes verfügen könnte. Insofern ist es konsequent, wenn der Dialog zum Medium der Erziehung wird, denn er verweist nur noch auf weitere Dialoge, nicht aber auf ein abschließendes Resultat einer zielgerechten Entwicklung. Der Dialog verlagert das pädagogische Interesse von der Produktvorstellung auf die Idee vernetzter Situationen, deren Ergebnisse unabsehbar sind.

Darauf reagierte die Erziehungstheorie der Reformpädagogik jedoch nicht. Sie nimmt sozusagen ihre eigene Modernisierungstendenz nicht wahr, vor allem weil sie den Duktus ihrer Kommunikation nicht ändert. Dominant sind *Ziel*diskussionen, die Wirkungen versprechen, ohne dafür die geeigneten Instrumente zur Verfügung zu haben. Weil dieses Defizit aber nicht *Teil* der Erziehungsdiskussion werden konnte, lag es nahe, die pädagogische Zielsetzung *politisch* zu konzipieren. Der politische Teil der Reformpädagogik wird oft übersehen, aber ist insofern eine Hauptsache, als er die gesellschaftliche Realität der Reformideen bestimmen sollte und auch, in wechselnden Lagen, bestimmt hat. Die Schwierigkeiten mit der Reformpädagogik resultieren nicht zuletzt daher, daß sie politische Bezüge nahelegte, darin aber alles andere als eindeutig war.

Das läßt sich am Verhältnis von Lernen und Arbeit zeigen, das nicht zufällig seit Mitte des 19. Jahrhunderts eigentümlich umstritten blieb. Es gelang nie, tatsächlich einen *pädagogischen* Begriff von „Arbeit“ zu entwickeln, weil in allen diesen Konzepten, auch bei BLONSKIJ, Arbeit eine Funktion des Lernens war, ohne daß diese Relation umgedreht werden konnte. Die Arbeitsschule ist eine *Lern*schule, nur daß das Medium nicht mehr ausschließlich das Buch, sondern die Selbsttätigkeit und also das Lern*projekt* ist. Die Arbeit dient aber dem Fortgang des Lernens, materialistisch gesprochen der *Qualifikation* der Arbeitskraft, und ist nicht rein ökonomisch zu begreifen. Im übrigen wird gerade in der sozialistischen Theorie der Arbeitsziele eine starke Version von *Erziehung* behauptet, die sich auf die „ganzheitliche" Erneuerung des Menschen und darin seiner Sittlichkeit bezieht, was mit einem autonomen Begriff von „Arbeit" gar nicht denkbar wäre. Andererseits ist die Kategorie „Arbeit" eine der Einlaßstellen für die Politisierung der Reformpädagogik, auch da, wo sie nicht mit der sozialistischen Utopie verbunden worden ist.

# 5. Konzepte der Gesellschaftsreform

Mit der „neuen Erziehung“ ist immer *mehr* verbunden gewesen als nur die Verbesserung der Schulen und des Unterrichts. Erziehung wurde als reformerische Kraft gedacht, die Staat und Gesellschaft verändern sollte. Diese Idee wird gegen Ende des 18. Jahrhunderts mit nationalpolitischen Zielsetzungen verbunden, die in Deutschland in einer regelrechten Staatspädagogik (vgl. nur KRUG 1810) ausformuliert wurden. Die Staatspädagogik war freilich der allgemeinen Idee des menschlichen Fortschritts (ebd., S. 92 ff., 99) verpflichtet und nicht einer engen Sicht des Nationalstaates. Das änderte sich im Verlaufe des 19. Jahrhunderts, wo zahlreiche Begründungsschriften Erziehung als Teil des „nationalen Gesamtbewußtseins“ verstanden (Über nationale Erziehung 1872, S. 6) und die Ausbildung des individuellen Charakters *„im nationalen Sinne“* als obersten pädagogischen Zweck definierten (ebd., S. 7).

Diese Formel läßt sich auch als das wesentliche politische Motto der deutschen Reformpädagogik vor 1914 anführen, die die nationalen Motive aufgreift und sie der „neuen Erziehung“ beifügt. Auf den damit verbundenen Widerspruch ist bereits mehrfach verwiesen worden. Er kommt zustande vor allem durch den Rückgriff auf die Idee der nationalpolitischen „Gemeinschaft“, die pädagogisch hergestellt werden sollte und gleichbedeutend war mit der Einheit des Volkes. Die Anfänge der bürgerlichen Nationalerziehung und die vergleichsweise kosmopolitische „Staatspädagogik“ sind vergessen, wenn in den politischen Optionen der Reformpädagogik die Idee der liberalen Erziehung mit der Konstitution der „Volksgemeinschaft“ verbunden wird.

Dieser Politisierungsform werde ich im folgenden zunächst nachgehen, und zwar unter dem Stichwort „Gemeinschaft, Volk und Erziehung“. Damit will ich zweierlei deutlich machen, die mit diesem Konzept verbundene politische Romantik und die darin liegende Anfälligkeit für weltanschauliche Radikalisierungen. Die Reformpädagogen denken sehr unbefangen in Gemeinschaftskategorien und sind darum, gezwungen zu *Einheits*vorstellungen, relativ weitgehend aufnahmebereit für „völkische“ Ideologien. Wie stark die Kategorie der „Gemeinschaft“ das pädagogische Denken geprägt hat, erweist sich aber vor allem an den Stellen, wo politisch *keine* Affinität zu „völkischen“ Positionen gegeben war. „Gemeinschaft“ ist also nicht nur ein „rechtes“ Konzept.

Das zeigt sich in der Darstellung einiger politischer Schulversuche, die nach 1918 von linksorientierten Pädagogen unternommen wurden und deren wichtigster in Österreich stattfand. „Gemeinschaft“ hat hier jedoch einen anderen Rahmen, theoretisch wie praktisch: Auch hier gibt es eine radikale Ideologie, zugleich aber auch eine öffentliche, kontrollierte Praxis der Reformpädagogik, die als ein Testfall für jene Bemühungen angesehen werden kann, unter demokratischen Voraussetzungen Gesellschaftsreform durch eine neue Organisation der Erziehung zu erreichen. Abschließend komme ich dann auf den Zusammenhang von „Lebensreform“ und kulturellem Wandel zurück, aus dem ein Spektrum „alternativer Erziehung“ entsteht, die den Grundzug der öffentlichen Bildung, die Verpflichtung auf die Prinzipien der Aufklärung, in Frage stellen und eine Pädagogik vor Augen haben, die nicht dem westlichen Rationalismus verpflichtet ist. Hier liegt, zeitgenössisch wenig beachtet, die größte Sprengkraft der Reformpädagogik, eine Implosion von der Peripherie der Lebensreform ins Zentrum der pädagogischen Tradition.

# 5.1. Gemeinschaft, Volk und Erziehung

„Politische Romantik" nannte CARL SCHMITT (1968, S. 172f.) die Ästhetisierung des Sozialen und die poetische Auffassung des Staates. Sein zentraler Gewährsmann für diese These ist der romantische Staatstheoretiker ADAM MÜLLER, dessen Werk tatsächlich auf eine entschiedene Ästhetisierung des Sozialen hinausläuft[1]. Zugleich dachte MÜLLER in Kategorien „organischer" Entwicklung, also in biologischen Modellen. Beides zusammen, der natürliche Organismus und seine ästhetische Anschauung, macht die Brisanz der politischen Romantik aus. Ihr ist *Gemeinschaft* nicht einfach pragmatische Vereinigung, aber auch nicht das soziale Medium der Idee der Menschheit; sie denkt weder ökonomisch noch idealistisch, sondern benutzt die biologische Theorie des Organismus, um ästhetische Vorstellungen der schönen und harmonischen Gemeinschaft zu entwickeln, die zum Leitbild künftiger Politik werden sollen.

Diese Idee wird politisiert, indem und soweit MÜLLERS kategoriale Unterscheidung von „Organismus" und „Antorganismus", die evolutionstheoretisch gemeint war,[2] zu einer Ontologie erhoben wird, in der Gemeinschaft organisch gedacht und von ihrem Gegenteil, der unorganischen und entfremdeten Gesellschaft der Gegenwart, abgegrenzt wird. An dieser Stelle wird der Volksbegriff wichtig, auf der Linie, wie ihn etwa FRIEDRICH LUDWIG JAHN gebraucht hat: Das Volk ist vom „*Volksthum*" her zu begreifen, von seinem inneren „*Wesen*", das sich im kollektiven Gefühl mitteilt (JAHN 1810, S. 7ff.). „Das Ineinanderhineinleben, das stille vertrauliche Sichaneinandergewöhnen, das mit Wechselliebe Sichlebendeinverleiben bildet das Volk, und bewahrt und erhält es durch Volksthum" (ebd., S. 16). Zu diesem steht der Staat in einer äußerlichen Beziehung (ebd., S. 24), während sich das Innere als Gefühlsübereinstimmung darstellt, die *vor* jeder bloß rationalen Organisation der Gesellschaft liegt.

Mit diesem Konzept sind im 19. Jahrhundert pragmatische und idealistische Staatstheorien bekämpft worden, um so der politischen wie pädagogischen Priorität des Volkes Rechnung zu tragen. Dies war mit den Kategorien der politischen Romantik möglich, auch wenn eine explizite Bezugnahme nicht immer gesucht wurde. Aber man muß „Innen" und „Außen" unterscheiden, diese Unterscheidung auf das Gebiet der Staatstheorie übertragen und mit der Psychologie des „Volkes" in Verbindung bringen, um so denken zu können, wie es sich dann am starken rechten Spektrum der Reformpädagogik zeigte. Dabei ging es immer auch um die Ästhetisierung sozialer Ideen: Das Volk soll harmonisch leben, die Nation schön sein; die möglichen Konflikte werden vom Organismus des Ganzen her betrachtet, der einzig durch ästhetische Anschauung gestiftet werden kann. Keine Realität ist „ganz", aber jede Phantasie kann sie so vorstellen. Nach ADAM MÜLLER kann die reale Betrachtung der Welt nur Gegensätze zu Tage fördern; sollen die Gegensätze den Betrachter nicht „zerreißen“ (Schriften Bd. II/S. 276), dann muß er eine künstliche Synthese schaffen; diese Anschauung der Harmonie im Ganzen ist nur ästhetisch möglich. Die Idee der „Gemeinschaft“ ist somit ästhetische Phantasie, die Stilisierung eines schönen Bildes und einer Harmonie, die jeder Wirklichkeit widerspricht und genau darum für die politische Romantik so attraktiv ist. Wer die Vision politisch gebraucht, muß sie aber als nicht nur denkbare, sondern auch mögliche Realität behaupten. Das erklärt die Berührung mit der Volksidee; das werdende Volk, die künftige Einheit, ist dann die konkrete Utopie.

Die Romantisierung ist folgenreich: Die sozialen Institutionen werden dem ästhetischen Blick unterworfen; nur so gelingt es, sich eine Vorstellung vom möglichen Ganzen zu machen. Dieses Ganze ist dann die schöne Einheit der Gemeinschaft, der höhere Zusammenhang des Erhabenen als soziale Projektion, die hinter oder über der erfahrbaren Wirklichkeit angenommen wird, um diese zu transzendieren, aber nicht einfach als Idee, sondern als biologisch-ästhetische Realität. Diese mögliche Realität soll politisch wie pädagogisch hergestellt werden, um die gesellschaftliche Differenzierung und damit die Unverbundenheit der einzelnen Institutionen zu überwinden. An diese Tradition knüpft die politische Reformpädagogik zunächst und ganz grundlegend an, wenn sie die Idee der Gemeinschaft in den Mittelpunkt ihrer Zielsetzungen rückt. Daß sie sich geistesgeschichtlich dieses Bezuges nicht besonders vergewissert hat, spricht nicht gegen diese These; der Bezug lag einfach nahe, als sich Modernitätskritik mit alternativer Pädagogik vermischte.

Die politische Romantik ist überall greifbar, weil fast alle Reformpädagogen in „organischen“ und zugleich ästhetischen Kategorien dachten. Ein Beispiel ist GUSTAV WYNEKEN, der seine Idee der Schule als „Lebensgemeinschaft“ auf die Formel bringen konnte: „Gemeinschaft ist für unsere Erziehung konstitutiv, Individualität nur regulativ“ (WYNEKEN 1922, S. 12). „Gemeinschaft“ wird als innere Ganzheit betrachtet, die in der Erziehung nicht einfach dadurch hergestellt werden kann, daß „auf ungefähre Gleichaltrigkeit und gleichen Besitz an Schulwissen“, also den zentralen Bedingungen der normalen Institution Schule, geachtet wird (ebd., S. 12/13). Vielmehr muß eben, in der Schul*gemeinde*, ein gemeinsamer Geist entwickelt werden (ebd., S. 13). Weltliche „Gemeinden“ sind nie eines Geistes, wenn der religiöse Zusammenhang fehlt. Nicht zufällig wählt WYNEKEN daher eine kirchliche Terminologie, wenn er vom „brüderlichen Orden“ spricht, als der die Schulgemeinde anzusehen sei. Doch gedacht wird dies nicht im Sinne einer rationalen Organisation, sondern mit Hilfe der Denkmuster der politischen Romantik. Gemeinschaft ist hier nicht einfach kirchliche Gemeinde, sondern die Inszenierung des Geistes. „Gemeinschaft“ ist daher auch für WYNEKEN ein ästhetischer Organismus, die Anschauung oder das Erleben einer schönen und harmonischen Ganzheit, die nur „Geist“ sein kann. Jede psychische oder soziale Realität wäre anders.

Die Ästhetisierung gilt für die Schulgemeinde ebenso wie für die größeren sozialen Gebilde. Ganz konsequent ist dann auch vom „Staat“ als dem „großen praktischen Bekenntnis der Menschheit zum objektiven Geist“ die Rede, der den Egoismus der Menschen beschränkt und darum verehrungswürdig erscheint. Er soll, wie bei den Romantikern das Volk, *geliebt* werden, und die „wirkliche Liebe zum Staate . . . zu erzeugen“, ist unter dem Stichwort „politische Erziehung“ „eine der höchsten Pflichten des Erziehers“ (WYNEKEN 1914, S. 111 f.). Wie weit dieses Konzept gehen sollte, zeigt zunächst eine Anwendung auf die pädagogische Theorie der Jugend, für die WYNEKEN ja vor allem steht. Auch hier kommt der Gedanke der *höheren Gemeinschaft* zum Tragen, nur daß er sich nicht auf die Schulgemeinde, sondern auf die Jugend insgesamt bezieht. Wie kein zweiter hat WYNEKEN dem Mythos „Jugend“ Vorschub geleistet, der sich als *politisches* Erziehungsprogramm so fassen ließ:

> „Für (die) Jugend muß es gelten, daß es sich jetzt um eine höher gerichtete Arbeit handelt; es gilt, eine neugeartete Generation zu schaffen, es gilt, eine neue Gesinnung in die Menschheit hineinzuleiten, und da darf man sich nicht mit allerlei einzelnen Ausbesserungen begnügen. Wir müßten unsere Hoffnung auf eine solche *neue Gesamtorientierung* der Gesellschaft zu Grabe tragen, wenn wir nicht der Erziehung und der Selbsterziehung der Jugend diese große Aufgabe stellten und jede geringere unerbittlich ablehnten“ (WYNEKEN 1919, S. 13).

Interessant ist daran nicht die Politisierungsstrategie selbst, denn es ist ein sehr alter pädagogischer Topos, mit Hilfe der neuen Erziehung die Gesellschaft oder gar die Menschheit zu verbessern. Dieser Topos steht hinter der nationalpolitischen Pädagogik des frühen 19. Jahrhunderts ebenso wie hinter der politischen Romantik, und er ist auch WYNEKENS Erneuerung durch Jugendkultur eigen. Interessanter ist ihre Semantik, die weit mehr auf die politische Romantik als auf die bürgerliche Nationalerziehung verweist: WYNEKEN thematisiert nichts Geringeres als den „Kampf ums Ganze“, der aus dem „Wesen der Jugend“ folge, denn es liege „im Wesen der Jugend, daß sie aufs Letzte und Unbedingte geht“ (ebd.). „An Unbedingtes zu glauben und Unbedingtes zu wollen, das ist geradezu die Eigenart des jugendlichen Geistes“ (ebd.). Das sagte WYNEKEN im Oktober 1913 in der „Pädagogischen Abteilung der Münchner Freien Studentenschaft“; ein Jahr später hielt er seine bereits zitierte Kriegsrede[3] und konkretisierte darin, was mit den zitierten Sätzen gemeint war.

Jugend wird zum Instrument der werdenden Gemeinschaft, das zunächst vage „Ganze“ (ebd.), das sich im August 1914 zu konstituieren schien.[4] Aber WYNEKEN tat mehr, als nur einem zeitbedingten Chauvinismus Ausdruck zu verleihen; er redete einer höheren Ganzheit das Wort, einer ästhetischen Phantasmagorie, die als Wesensphilosophie im Gestus des *Führers* artikuliert wurde und so dem Zug der Jugend in den Krieg eine höhere Weihe verlieh. Was krypto-religiös klang, war ästhetisch vorgestellt:

Die „unfaßbare, übermenschliche, fast übernatürliche Wesenheit" Volk (WYNEKEN 1915, S. 12) war der schöne Organismus der politischen Romantik, das erhabene Heilige, für das es sich lohnte, in den Krieg zu ziehen. Ganz ähnlich argumentierte auch EDUARD SPRANGER[5] (1916, S. 31): Das „letzte Ziel" der Jugenderziehung sei die nationale Einheit und das verlange die Einstellung, *„den nationalen Staat als ein Gemeinsames zu empfinden"*. Daß sich diese kollektive Disposition entwickeln werde, dazu gäbe gerade die Kriegserfahrung Anlaß zur Hoffnung (ebd.). Und daß diese Erfahrung der „Volksgemeinschaft" möglich wurde, ist nicht zuletzt mit der Jugendbewegung in einen engen Zusammenhang gebracht worden (SPRANGER 1932, S. 71ff.; vgl. LÜTKENS 1925, S. 29ff.).[6]

Die sozial Gemeinschaft als „Organismus" gedacht, zwingt zu ästhetischen Konzeptionen, wie sich an WYNEKENS zentralem Begriff der „Jugendkultur" rasch zeigen läßt: „Kultur ist . . . eine *Einheit,* ein einheitliches *Empfinden,* ein *Stil,* ein gemeinsamer Instinkt, der sich *schöpferisch* äußert, und das verstehen wir auch unter der Jugendkultur" (WYNEKEN 1919, S. 15; Hervorhebungen J.O.). Die Jugendkultur ist nicht einfach Programm, sondern „leistet den Dienst einer Idee" (ebd., S. 16), die sich konkretisiert in der „Empörung" des jugendlichen Geistes (ebd.) gegen die Zustände der Welt, soweit sie dem „Wesen" der Jugend, an ein *Unbedingtes* zu glauben, widersprechen. Daher kann WYNEKEN von der *„leidenschaftlichen Sehnsucht"* nach dem ganz Anderen sprechen, die aber nicht als *„revolutionärer Anarchismus"* Wirklichkeit werden soll, sondern als ästhetische Bildung, ganz so, wie es die politische Romantik vermutet hatte. In der Leidenschaft der Jugend, schrieb WYNEKEN 1913, drückt sich *„der Wille zu neuem Gesetz, neuen Formen, neuen Führern"* aus (ebd., S. 17).

Noch der greise WYNEKEN spricht von der „Rückkehr zur naturgegebenen Einheit", projiziert auf die Menschheit insgesamt, aber nach wie vor gedacht in der „Gemeinschaft und Solidarität" (WYNEKEN 1965, S. 59, 61). Erziehung ist *„Formung* des Menschen im Sinn einer Weltanschauung" (WYNEKEN 1948, S. 37; Hervorhebung J.O.) und die gibt vor, daß es darum zu tun sei, die „Differenzierung" der Gesellschaft, damit ihre Entfremdung (WYNEKEN 1965, S. 61), aufzuheben. Mit diesem Denkmodell operierten fast alle deutschen Reformpädagogen, auch da, wo sie sich politisch von WYNEKEN unterschieden. OTTO FELIX KANITZ etwa ging „selbstredend" davon aus, daß die sozialistische nur eine *„Gemeinschaftserziehung"* sein könne (KANITZ 1922, S. VI/2). Nur durch eine „konsequente Gemeinschaftserziehung" sei es möglich, den Egoismus zu überwinden und das Kind dem neuen „Ganzen" zuzuführen (ebd., S. VI/4). Auch der Hinweis auf die „letzten kosmischen Ziele der Menschheit" fehlt nicht, wenn die Erziehung im Blick auf die „neue, wohlorganisierte, sozialistische Gesellschaft" begründet wird (ebd., S. VI/24).

Die Überzeugungskraft der politischen Erziehung zur *Gemeinschaft* ergibt sich aus den romantischen Voraussetzungen dieses Konzepts: „Gemeinschaft“ ist das gemeinsame Reformziel von Pädagogik und Politik, die nicht länger gegeneinander arbeiten sollen. Dafür muß aber „Gemeinschaft“ mehr sein als nur ein anderer Name für die Beziehung in Gruppen. Sie muß vorgestellt werden als das *große Innen*, an deren Grenzen sich Zugehörigkeit und Fremdheit entscheiden. Die Aufhebung der Fremdheit nach Innen machte das Faszinosum der Gemeinschaftspädagogik auf. Sie konnte Erziehung ohne Verlust denken: Alle Energie richtete sich auf die Sozietät, aber nicht die reale, sondern die phantasierte, die als „echt“ hingestellt wurde und somit in Gegensatz zur uneinheitlichen Realität geriet. An dieser Realität konnte man nur leiden, aber während der Mythos des leidenden Kindes die Erziehung vereinzelte, konnte die Idee der werdenden Gemeinschaft politische Kräfte freisetzen. „Volk“ und „Nation“ waren nun ständige Aufgaben der Erziehung, die in der Entwicklung zur wahren oder echten Gemeinschaft ihren pädagogischen Rahmen fanden. Sie sind nicht mehr an der kosmopolitischen Idee des menschlich Allgemeinen orientiert, sondern verengen sich auf den konkreten Lebensraum hin. Beides wird zum folgenreichen politischen Schlagwort: „Konkret“ steht für unmittelbar, echt und lebendig, „Lebensraum“ für kollektive Identität, die sich sozialgeographisch definieren läßt.

*Gemeinschaft* gerät so nicht zufällig an die Spitze der pädagogischen Reflexion: Der Begriff „konkretisiert“ Volk und Nation, nicht empirisch, wohl aber konzeptionell. Mit der Idee der Gemeinschaft kann an eine „unmittelbare“ soziale Verbindlichkeit gedacht werden, die es erlaubt, die Erziehung der „Persönlichkeit“ von den Anforderungen der Gemeinschaft aus zu bestimmen, ohne der gesellschaftlichen Entfremdung das Wort reden zu müssen. Die nationalpolitische Zielsetzung (GURLITT 1909, S. 135) wird damit existentell und diese Umformung unumgänglich. Genau darum aber ist „Gemeinschaft“ ein totalitäres Konzept, es erlaubt keine Differenzen; die Erziehung der Persönlichkeit des Kindes kann dagegen nur *als* Differenz gedacht werden.

Die Pädagogisierung der „Volksgemeinschaft“ ist nicht nur ein Konzept der „völkischen“ Ideologie und hat durchaus Beziehungen zum Kern der Reformpädagogik, auch wenn diese bis 1933 überwiegend am liberalen Ideal des Kindes festhielt. Aber sie nahm zugleich teil an weltanschaulichen Auseinandersetzungen, in denen sie Motive und vor allem Theoreme wie das der Gemeinschaft übernahm, die ihren pädagogischen Absichten widersprachen. Nicht nur beriefen sich liberale Schulreformer wie ADOLF GRIMME auf LAGARDE und NIETZSCHE (GRIMME 1930, S. 299ff), obwohl ihr Kontext ein ganz anderer war; auch übertrugen sich, gerade auf dieser Linie der Geschichte, Formeln der Diskussion, die politisch ganz anders intendiert waren.

Die ideologische Auseinandersetzung, zumal nach dem Kriege, war geprägt durch die starke Vision einer *Krise* der modernen Gesellschaft, die durch den Hauptgaranten der Rationalität, die Wissenschaft, ausgelöst worden sei (z.B. SPANN 1929, S. 37).[7] Damit verbunden war oft die Vorstellung einer zunehmenden Trennung zwischen „Kultur“ und „Zivilisation“ und die Prophetie des kommenden Untergangs. Wo von der Wiedergeburt der „Seele“ gesprochen wurde, da kam leicht OSWALD SPENGLERS Version des „Faustischen“ ins Spiel, eine Relativierung vor allem der christlichen Wertüberzeugungen, die Atavismus und Ressentiment nahelegte[8] und auf diesem Wege einer strikt antiliberalen Erziehung das Wort redete, die nach 1933 die Reformpädagogik liquidierte. Grundlegend ist hier eine *politische* Instrumentierung, die die Dialektik von Individuum und Gemeinschaft aufgibt und Erziehung rein funktional versteht. Erziehung ist die Funktion einer *total* gedachten Politik, wie vor allem HANS FREYER dargelegt hat: Die Idee der Volksgemeinschaft hebt die persönliche Emanzipation auf und macht Freiheit abhängig von dem „konkreten Gemeinwillen“ des Volkes (FREYER 1931, S. 65ff.). Das Volk oder die „konkrete“ historische Gemeinschaft wird zum „kategorischen Imperativ“ (ebd., S. 64) der Erziehung, die auf diese Weise nicht nur total, sondern diktatorisch wird (ebd., S. 70f.). Der „konkrete“ Mensch wird eingereiht in die „geschichtliche Front des Volks“ (ebd., S. 71).

Dieses Konzept hat überraschende historische Wurzeln, die selten beachtet worden sind. Wer die Freiheit des Subjekts negiert zugunsten eines „höheren Ganzen“, muß zugleich die Psychologie der Individualseele leugnen, die Basis der christlichen und der humanistischen Ethik gewesen ist. An ihre Stelle tritt eine „monistische“ Theorie, die vor allem ERNST HAECKEL befördert hat. HAECKEL bestritt die logische und empirische Autonomie der Psyche und eröffnete den Weg für eine *physikalische* Seelenlehre (HAECKEL 1908, S. 44ff.). Sie beschreibt inneres „Leben“ als Verhältnis von Zellen und Organismus (HAECKEL 1877, S. 13) und versteht „Beseelung“ als mechanische Bewegung von Zellen (ebd., S. 12). Die Konsequenz dieser Lehre ist ein humanitätsfreies Universum, in dem alle Erscheinungen nach den Sätzen der Thermodynamik erklärt werden können (HAECKEL 1908, S. 45).

Hier schloß die Reformpädagogik *nicht* an; auch und gerade dort, wo sie durch die empirische Psychologie beeinflußt wurde, hatte sie eine Unterscheidung von WILHELM WUNDT zur Voraussetzung, der davon ausging, daß sich die besondere *psychologische* Kausalität nicht physikalisch reduzieren lassen würde.[9] Dieses Prinzip gibt die pädagogische „Revolution von rechts“ auf, die nur noch monistische Sichtweisen akzeptierte. „Volk“ und „Gemeinschaft“ sind höhere Organismen, die gegenüber der individuellen Psyche einzig totalitär gedacht werden können. Das gilt für rassenbiologische und „völkische“ Theorien gleichermaßen, sie sind alle monistisch, auch da, wo sie zu HAECKELS politischem Monismus gar keine Beziehung haben.[10] „Haeckel als Erzieher“ ist pädagogisch jedenfalls eindeutig verstanden worden: Die „Lehrmeister“ der künftigen Erziehung sind die biologischen „Entwicklungs-Gesetze“, nicht mehr die Seele des Kindes (DODEL 1910, S. 64f.; genau so: HAECKEL 1877, S. 15). Von der „modernen Entwicklungslehre“ wurden die „größten Aufklärungen und Fortschritte“ auch für das Gebiet der Pädagogik erwartet (GURLITT 1914, S. 238).

Eine Beziehung zur Biologie ist in der Reformpädagogik immer wieder gesucht worden, vor allem im Blick auf das Konzept der *Anpassung* (vgl. nur etwa FERRIÈRE 1912, S. 12ff.). Nur war dies sozial und psychologisch gedacht; es ging darum, die *„natürlichen Entwicklungsgesetze des Kindes“* (ebd., S. 14) mit der gezielten, jedoch stets ethisch definierten Vorbereitung auf das Leben zu verbinden (ebd., S. 22). Was *„Daseinskampf der Gegenwart“* genannt wurde (ebd., S. 14), war in der Erziehungstheorie gerade nicht biologisch gemeint. Einen Atavismus der Rasse oder ein Ressentiment der nationalen Gemeinschaft kann man nur annehmen, wenn man diesen pädagogischen Denkrahmen verläßt (z.B. KRIECK 1933). Genau das aber versuchte der politische Monismus, der sich an verschiedenen Stellen leicht mit Rassenhygiene und völkischem Darwinismus verbinden ließ.

Eine Affinität zu diesen radikalen Preisgaben pädagogischen Denkens erreichte die reformpädagogische Diskussion gleichwohl, und zwar aufgrund ihrer Fixierung auf die Ideologie der „Gemeinschaft“. Sie läßt sich verstehen als Reflex einer strukturellen Angst vor der Moderne und also der Individuierung des Sozialen. Dagegen wird die „konkrete“ Ganzheit der „Volksgemeinschaft“ gesetzt, die nicht psychologisch gedacht wird, sondern als ästhetische Vision erscheint, welche sich relativ umstandslos mit monistischen Konzepten verbinden ließ. 1878 sprach ERNST HAEKKEL von einer Theorie der „Zellseele“, die die soziale Gemeinschaft begründen soll. Das Vorbild ist der „Ameisenstaat“ (HAECKEL 1878, S. 55). „Unbefangene Zergliederung und Beobachtung der Entwickelung überzeugt uns . . . leicht, daß die anscheinend einfache Seele . . . in Wahrheit nur die Summe der verbundenen Einzelseelen ist“ (Ebd., S. 56). Ähnlich bei „allen socialen Thieren, und also auch beim Menschen“: Auch hier bewegen sich die Einzelseelen durch ihre höhere Summe, die „Volksseele“ oder den „Nationalgeist“. „Auch hier löst sich für den tiefer eindringenden Blick des Zoologen die *scheinbare Einheit der Seele* auf in die Summe der einzelnen *Zellseelen*, die gesonderten Seelenthätigkeiten der zahllosen Zellen, aus denen sich der ganze vielzellige Organismus zusammensetzt“ (ebd.).

Die organistischen Theorien der „völkischen Ganzheit“ taten nichts anderes, als diese Grundannahme politisch zu instrumentalisieren. Erziehung läßt sich dann nur monistisch deuten: Das Kind ist Glied oder Zelle im sozialen Körper, nicht mehr, im eigentlichen Sinne, Individuum, das für sich begriffen werden muß. Die Entwicklung des Teils folgt der Entwicklung des Ganzen, sofern dies eine *höhere* Einheit darstellt. Das kann nur biologisch verstanden werden, so daß sich für Ethik und Erziehung kein autonomes Problem mehr stellt (HAECKEL 1877, S. 19f.).[11] Im Monismus gibt es keinen Platz für die menschliche Vernunft, weil biologische Gesetze das Leben regeln (PAULSEN 1900, S. 67) und das nur einheitlich vorstellbar ist. Individualität und Autonomie sind nicht vorgesehen.

Soziale Ganzheit ist so ein monistisches Konzept, die ästhetische Vision einer geschlossenen Einheit ohne abweichende Differenzen. So aber wurde in der Reformpädagogik die *werdende Gemeinschaft*, in der der „ganze Mensch" zur Entwicklung kommt, allenthalben vorgestellt. Der religiöse Gehalt der politischen Romantik ging weitgehend verloren, so daß „Ganzheit" auch nicht mehr als Idealrelation von „Mikrokosmos" und „Makrokosmos" erscheinen konnte. Das Konzept der „Gemeinschaft" entstand nicht aus einer vormodernen Kosmologie, sondern verdankt sich einer Mischung aus ästhetischer Anschauung und biologischem Modelldenken, die nach wissenschaftlicher Fundierung suchte und sie in der Evolutionstheorie fand. Freilich waren es populistische Versionen dieser Theorie, die die Konstitution des „völkischen" und „rassistischen" Denkens beeinflußten, ein „wissenschaftliches" Wissen, das keine Wissenschaft liefern kann. Es sollte die „*Einheit* der *Weltanschauung*" entstehen (HAEKKEL 1877, S. 14), aber das kann nur mit einer Ersatzreligion erreicht werden.[12]

In HITLERS „Mein Kampf" findet sich die politisch brisanteste Fassung dieses Denkens: Das richtige *Ganze* der Zukunft ist die „Volksgemeinschaft"; sie wird ästhetisch gedacht, nämlich in Begriffen des „menschlich Schönen und Erhabenen", und zugleich biologisch konzipiert. Die Organisation dieses Ganzen soll lebendig und nicht mechanisch sein, doch der biologische Organismus erscheint als Kunstform, die um ihrer selbst willen geliebt werden muß (HITLER 1942, S. 420ff., 492ff.). Alle totalitären Systeme des 20. Jahrhunderts basieren auf Ersatzreligionen und gehen mit einer Ästhetisierung des Politischen einher. Sie soll die Gefühle des Schönen und des Erhabenen an eine Symbolwelt binden und somit die Synthesen des Ganzen in der Phantasie herstellen, nachdem die soziale Wirklichkeit längst keine Einheit mehr darstellen kann. Ein Grund für die Faszinationskraft der politischen Erziehung zur Volksgemeinschaft liegt ohne Zweifel hier, in der ästhetischen Inszenierung von „Ganzheit" und der Bindung sozialer Gefühle an eine überzeugende Symbolwelt.

Erziehung ist so eben doch mehr als nur eine soziale Funktion: Sie kann auf diese Weise, aber auch *nur noch* auf diese Weise, zu einer weltverändernden Kraft stilisiert werden, die vollendet, was sich nicht selbst vollenden kann, nämlich die politische Revolution. Aber keine Erziehung *vollendet* wirklich eine soziale Bewegung, sie kann nur so gedacht werden. Und genau dazu dient die Phantasie der werdenden Gemeinschaft, die dann aber auch eben beliebig politisierbar ist. Jede politische Inszenierung nutzt sich ab, gerade als Erziehungsmittel, aber eine innere Abnutzung würde der politischen Pädagogik widersprechen. Sie kann daher nicht auf die Realität der Erziehung zielen, sondern muß auf eine Vision fixiert sein. „Gemeinschaft" ist hierfür das Schibboleth.

„Gemeinschaft“ kann aber nur dann in diesen Rang eintreten, wenn sie *kategorial* eindeutig gefaßt wird. Eine solche Eindeutigkeit hat sich in der politischen Romantik nicht herstellen lassen, weil „Gemeinschaft“ nicht als Relationsbegriff verstanden wurde, der seine Schärfe durch einen Kontrast auf gleicher Ebene gewinnt. „Gemeinschaft“ war Ideal, auch Utopie, als biologisches Modell ästhetisch vorgestellt, ohne daß sich die Einheit des Begriffs von seinem Gegensatz her definieren würde. Dies leistete erst der Soziologe FERDINAND TÖNNIES, der in einer berühmten Wendung zwischen „Gemeinschaft“ und „Gesellschaft“ kategorial unterschied und für eine Dichotomie sorgte, die in politischen Diskussionen bis heute wirksam ist.

*Gemeinschaft* ist für TÖNNIES die Verbindung zwischen Menschen, während *Gesellschaft* ihre Trennung bedeutet. „Wo immer Menschen in organischer Weise durch ihre Willen miteinander verbunden sind und einander bejahen, da ist Gemeinschaft ... vorhanden“ (TÖNNIES 1972, S. 14). Das kann eine, wie es heißt, Gemeinschaft des „Blutes“, des „Ortes“ oder des „Geistes“ sein (ebd., S. 14f.), zumeist aber handelt es sich um Mischformen, die alle drei Kriterien erfüllen. Entscheidend ist das Vorhandensein von unmittelbarem „Verständnis“ und „Eintracht“ in den Beziehungen untereinander und zur Natur (ebd., S. 21). Der soziale Ort ist das Dorf und das Haus, also der überschaubare Nahraum, der in direkter Weise und ohne großen Aufwand an Verfahren und Verwaltung zugänglich ist (ebd., S. 25ff.). Kunst und Religion harmonieren in „engem Zusammenhang“ (ebd., S. 37) und das Alte und das Neue stehen in keinem unüberwindlichen Konflikt (ebd.). Hemmt das Alte und Gewohnte „das Streben nach Schönheit“, so nur, „weil es *für* die Gewohnheit und das ehrfürchtig-fromme Gemüt eine eigentümliche Schönheit und Heiligkeit an sich trägt“ (ebd.).

Die Ehrfurcht vor der Tradition verschwindet in der Gesellschaft, die nicht länger die Menschen eint, sondern sie spaltet. Die Menschen sind in der Gesellschaft „nicht wesentlich verbunden, sondern wesentlich getrennt“ (ebd., S. 40). TÖNNIES erklärt diesen Zustand politisch, ökonomisch und rechtlich: Die Menschen leben in Spannungen, weil in der Gesellschaft „jeder für sich allein“ und „gegen alle übrigen“ agiert (ebd., S. 40f.); die Vereinzelung erwächst aus dem Vorrang des Tausches, welcher der ökonomische Realtatbestand des „Sozialwillens“ geworden ist (ebd., S. 42); damit nun überhaupt soziale Beziehungen möglich werden, müssen Verträge geschlossen werden (ebd., S. 47ff.), die das Individuum als Rechtssubjekt definieren, ohne eine andere als vertragliche Beziehung zu anderen Rechtssubjekten vorzusehen. Neben dem Recht äußert sich der „gesellschaftliche Wille“ dann noch als Konvention (ebd., S. 52), über die der „allgemeine Nutzen“ vorgestellt und agiert wird. „Gesellschaft also“, so heißt es zusammenfassend, „durch Konvention und Naturrecht einiges Aggregat, wird begriffen als eine Menge von natürlichen und künstlichen Individuen, deren Willen und Gebiete in zahlreichen Verbindungen zueinander, und in zahlreichen Verbindungen miteinander stehen, und doch voneinander unabhängig und ohne gegenseitige *innere* Einwirkungen bleiben“ (ebd., S. 52).

TÖNNIES faßte als kategoriale Dichotomie auf, was in der politischen Romantik als „realer“ Gegensatz von lebendigem Organismus und mechanischem Apparat beschrieben worden war. Die kategoriale Wendung verschärfte das Problem, denn über einen Gegensatz kann man hinausgelangen, über eine Dichotomie nicht. So jedenfalls ist TÖNNIES rezipiert worden: Gemeinschaft stand *gegen* Gesellschaft, weil nur das eine, nicht aber das andere oder beide gut sein können. Allein schon in der Wahl seiner Sprache stellte TÖNNIES die beiden Kategorien so dar, daß „Gemeinschaft“ als unentfremdete, wahre oder „echte“ Erfahrung des natürlichen Lebens verstanden, während „Gesellschaft“ als sozialer Ort der Entfremdung, der strategischen Zwietracht und Vereinzelung sowie des Kampfes jeder gegen jeden (ebd., S. 53) aufgefaßt werden mußte.

Damit wird, wie FRIEDRICH PAULSEN (1888, S. 116ff.) notierte, die kategoriale Unterscheidung in eine Geschichtsphilosophie überführt, die im Blick auf die „Gesellschaft“ nur pessimistisch sein kann. Die moderne Gesellschaft rationalisiert die Gemeinschaft und hebt sie damit auf. Sie obsiegt im Kampf der geschichtsphilosophischen Instanzen, doch nur, um ein lebensfeindliches Prinzip zu installieren, das der Entfremdung von echter Existenz, die nur im Nahraum einer harmonischen Sozietät gefunden werden kann, die es doch, realgeschichtlich, nie gegeben hat. Aber die *Utopie* der Gemeinschaft prägt die Reflexion und indem sie kategorial scharf gefaßt wird, spaltet sie den Blick und legt die kritische Option fest, auch und gerade für die Pädagogik.

Gesellschaft, wie TÖNNIES sie versteht, kann nicht als Voraussetzung oder Objekt der *Erziehung* begriffen werden, weil Entfremdung, Zwietracht und Vereinzelung keine pädagogischen Ziele sein können. TÖNNIES’ Dichotomie wirkte also wie die Begründung einer klaren Option: Die Erziehung kann sich nur auf die Gemeinschaft richten und muß sich dann aber gegen die Gesellschaft stellen. Das liegt in der Logik des Arguments und entspricht zugleich dem genannten Ressentiment gegen die Moderne. „Gesellschaft“ ist bei TÖNNIES nur *moderne* Gesellschaft, also das System rationaler Sozialbeziehungen; wird „Gemeinschaft“ als ihr Gegensatz betrachtet, dann setzt sich beinahe automatisch ein Ressentiment frei, das beliebige Erfahrungen der Großstadtkultur als Beweis für Entfremdung nimmt, die einzig durch eine Wiederherstellung von Gemeinschaft aufgehoben werden kann. Die klassische Entfremdungstheorie wird damit auf eine eigentümliche Weise soziologisiert: Nicht mehr Natur und Gesellschaft stehen sich entfremdet gegenüber, sondern die jetzige Lebensform rationaler Gesellschaft wird als Verfall eines früheren Idealzustandes begriffen, der in Zukunft wiederhergestellt werden soll.

Genau das meint die Rede von der *werdenden* Gemeinschaft, die pädagogisch entwickelt werden soll.

Eine relativ präzise Theorie dieser Verhältnisse hat in der Pädagogik PETER PETERSEN vorgelegt, der 1937 Erziehung als Funktion der geistigen *Gemeinschaft* verstand und dabei folgende Definition zugrundelegte: „Jeder Mensch steht vom Ursprung her auf Gemeinschaft; das ist die mit dem Leben gesetzte und untrennbar vereinte Seinsgegebenheit für alle Menschen. Wie die mannigfachen Akte des Lebens auch ohne Absicht und ohne Bewußtsein davon geschehen, so geschieht auch das Erziehen als geistige Einwirkung der Menschen aufeinander" (PETERSEN 1937, S. 50). Auch wenn PETERSEN hier „geistiges Sein" nicht empirisch verstanden wissen will (ebd., S. 49), so ist doch der Bezug auf TÖNNIES unverkennbar[13], etwa wenn PETERSEN Erziehung als absichtslosen Dienst an der Gemeinschaft versteht, als Handlungszusammenhang, in dem die Menschen „unmittelbar zur Einheit einer dienenden Gemeinschaft" verbunden werden (ebd., S. 51). Dieser Gemeinschaft wird eigentlich nur ein „reines und freies Gemeinschaftsleben von Kindern und Jugendlichen, von Menschen überhaupt", gerecht, dem alle „bewußte Erziehung" nur nachfolgen kann (ebd., S. 53). „Pädagogische Systeme", die den „Primat der *Gesellschaft*" betonen, gehören dem westlichen Rationalismus an, der sich nicht zu einem Gemeinschaftsdenken emporbilden konnte (ebd., S. 156ff.).

Dagegen beschreibt PETERSEN die nationalsozialistische Erziehungsrevolution wie folgt:

> „Es ist *eine* große politische Erziehung, ausgerichtet nach demselben Ziele: der Volksgemeinschaft. Denn alles soll, nach den richtungweisenden Worten des Führers, der Erneuerung, der Erhaltung und der Leistungssteigerung des Volkes dienstbar werden. Damit ist wieder ein oberstes Bildungs- und Erziehungsziel gesetzt, das aus der völkischen Zerrissenheit zur Volkseinheit, aus einer auflösenden, volkzersetzenden Zeit in eine gemeinschaftsbildende Epoche hineinweist. Aus diesem Erleben und dem Mitschaffen an diesem Werke werden der deutschen Pädagogik die nächsten, heute schon erkennbaren Antriebskräfte kommen. In ihrer Mitte stehen die Fragen der Zucht und Ordnung, der Verantwortung und Führung" (ebd., S. 45/46).

Diese Passage spricht für sich, ist aber im Blick auf das Problem der politischen Erziehung, die die Reformpädagogik eben auch beabsichtigte, von besonderem Interesse. PHILIPP HÖRDT, der 1933 PETERSENS „Jena-Plan"-Schule als Musterbild einer „völkischen Schule" hinstellte (HÖRDT 1933, S. 121ff.), hat den Hauptpunkt so bezeichnet: Die pädagogische Theorie hat allzulange am „ungeschichtlichen Rationalismus" des 18. Jahrhunderts festgehalten und konnte so bloß „dem abstrakten Ideal einer Erziehung an sich für das Kind an sich zum Menschen an sich" nachstreben (ebd., S. 20). Demgegenüber muß eine realistische Pädagogik formuliert werden, die sich den *konkreten* Aufgaben der „Gegenwart" zuwendet. Das aber läßt sich nur in Rückwendung auf das *sozial* Konkrete erreichen, also im Blick auf die Wirklichkeit, die Geschichte und Zukunft eines *Volkes*. „Volk ist jedem Schicksal und Aufgabe zugleich" (ebd., S. 21). Alle Erziehungsfragen sind „niemals psychologisch oder sonstwie rational, allgemeingültig aus dem Wesen des Kindes oder des Menschen überhaupt zu erschließen, sondern immer nur aus der konkreten Wirklichkeit des jetzt und hier so beschaffenen Gemeinschaftslebens dieses Volkes in dieser Zeit hinzunehmen: auch die Grund*formen* der konkreten Menschenbildung, die eben stets volkhafte Bildung ist, sind wie die Ziele und Inhalte volkhaft bestimmt, sind organisch aus dem Wesen dieser Ganzheit bedingt" (ebd., S. 30).

Was mit dem „hier-und-jetzt" der Gegenwart argumentiert, ist in Wahrheit einem Ursprungsdenken verpflichtet, das die Gegenwart aus dem „Wesen" des Volkes erklärt und Erziehung so versteht, daß alle Maßnahmen und Absichten an dieses „Wesen" zurückgebunden werden. Genau so dachte auch die politische Romantik, die das organologische Denken vorgibt, welchem sich PETERSEN und HÖRDT verpflichtet fühlten. In diesem Denken ist kein Platz für *Autonomie*, und es ist charakteristisch für die Theorielage der Reformpädagogik, auf die sich HÖRDT (1933, S. 121ff.) wie PETERSEN (1937, S. 38ff.) gleichermaßen berufen, daß dieses Prinzip als „abstrakter Liberalismus" gekennzeichnet und von allem organischen Denken abgegrenzt wird. Diese Art Pädagogik kann sich *nur* auf die „Gemeinschaft" beziehen, weil sie die individuelle Autonomie mit den Entfremdungstendenzen der „Gesellschaft" zusammenbringt und als gleichsam physikalische Vereinzelung liest. Sie ist nicht in der Lage, Individualität als eigene Größe zu akzeptieren und sie *nicht* als erzwungenes Rollenspiel der ökonomisch, politisch und juristisch definierten Gesellschaft zu verstehen.

Hier liegt nun der tiefere Grund für die erfolgreiche, aber, wie die Geschichte zeigt, gefährliche und auch absurde Politisierung des Gemeinschaftsgedankens: Erziehung war, unter der Voraussetzung der politischen Romantik wie des biologischen Monismus, nur als Funktion der Gemeinschaft denkbar und konnte somit nicht wirklich dem *Individuum* dienen, wie es doch die Reformpädagogen so emphatisch postuliert hatten. Aber „Individualität" erscheint als *Entfremdung*, denkt man von der herzustellenden Einheit einer künftigen Gemeinschaft aus, die Abweichungen nicht zuläßt oder, schlimmer noch, überflüssig erscheinen läßt. Auf der anderen Seite bekam ADAM MÜLLER weitgehend recht, denn keine „Gemeinschaft", auch und gerade nicht die „Volksgemeinschaft" des Nationalsozialismus, blieb ohne „Antorganismus" und jede Version des „Ganzen" konnte nur ästhetisch realisiert werden. Gerade das aber war attraktiv, auch für Pädagogen, die den Schein für die Wirklichkeit nahmen und darum Ideen pflegen konnten, die längst jeder Wirklichkeit entbehrten.

In diesen Kontext gehört die politische Erziehung zur „Gemeinschaft": Sie bezieht sich auf eine ästhetische Fiktion, die sich aber wirksam inszenieren läßt und darum eine Plausibilität erfahren kann, die in der Tat *vor* jedem rationalen Zugriff liegt, nämlich die Plausibilität des Gefühls. Nicht zufällig sind alle vier Grundformen „volkhafter Bildung“, von denen HÖRDT spricht, ästhetisierbar: Spiel, Arbeit, Lehrgang und Feier. Es sind *Stil*prinzipien (HÖRDT 1933, S. 71) nicht so sehr der Schule als ihres Gemeinschaftslebens. Und wo die Gemeinschaft, und *vornehmlich* sie, erziehen soll, da sind Inszenierungen das naheliegende Mittel. Sie stehen unter dem Dikat der *Echtheit* und verletzten auf diesem Wege die Bedingungen *öffentlicher* Kommunikation. Die beste Kritik der Gemeinschaftsideologie, HELMUTH PLESSNERS „Grenzen der Gemeinschaft“ (1924), hat genau dies herausgearbeitet. Die soziale Objektivierung des Individviduums geschieht durch Rollen und Masken, hinter denen der Mensch „bis zu einem gewissen Grade unsichtbar wird, ohne doch völlig als Person zu verschwinden“ (ebd., S. 75). Das soziale Spiel der Interaktion ist auf Zeremoniell und Prestige angewiesen (ebd., S. 78ff.) und diese Bedingung stellt radikal in Frage, wer in der Gemeinschaft die Echtheit des Seelenlebens erwartet. Er stellt damit zugleich die bürgerliche Öffentlichkeit als „das offene System des Verkehrs zwischen unverbundenen Menschen“ in Frage (ebd., S. 87), weil der Sinn für Diplomatie und Takt abhanden gekommen ist. Insofern wirkt die Gemeinschaftsideologie wie eine Entsublimierung der Pädagogik: Sie fordert das Individuum *ganz* für die Gemeinschaft und kann es genau darum nicht mehr schonen. „Sozialer Radikalismus“, der das verlangt, ist nichts weiter als die „Ethik der Taktlosigkeit“ (ebd., S. 100). Entsprechend wird die Pädagogik monistisch, sie gilt nur der Gemeinschaft und ihr ganz.

Daß dieser Gedanke nicht nur Theorie blieb, dafür sorgten die vielen Experimente mit einer totalitären Erziehungspraxis im 20. Jahrhundert. Sie waren alle, faschistisch oder stalinistisch, auf eine neue Einheit fixiert und dachten sie in Kategorien der großen Gemeinschaft. Davon zu unterscheiden sind politische Schulversuche, die eine demokratische Gesellschaft voraussetzen, für die *Differenzierung* die grundlegende Kategorie der Beschreibung ist. Aber auch hier gibt es totalitäre Zielsetzung und einen ständigen Unterton des Einheitsdenkens.

## 5.2. Politische Schulversuche

Die eigentliche Zäsur der Reformpädagogik ist der Erste Weltkrieg und die damit einhergehenden gesellschaftlichen Veränderungen. Vor dem Krieg sind nur vereinzelt demokratische Forderungen in der Bildungspolitik vertreten worden, während nationalpädagogische Konzepte – die Erziehung der „Nation“ oder der „Volksgemeinschaft“ – die Diskussion beherrschten. Das gilt vornehmlich für den deutschsprachigen Raum: „Demokratische Pädagogik“ war hier kaum ein politisches Programm und eher eine Formel für die Reform der Methode, ein, wie FRITZ GANSBERG schrieb, „Weckruf zur Selbstbetätigung im Unterricht“ (GANSBERG 1911). Erziehungsreform war oft gleichbedeutend mit Schulreform, deren Spielraum staatlich festgelegt wurde. Nach 1918 hingegen wird Erziehung politisch neu definiert, und zwar nunmehr vor allem im Blick auf die Programme der politischen Parteien. Die Erziehungsreform wird so in einem nicht nur nominellen Sinne Gesellschaftsreform, definiert in parteipolitischer Perspektive und damit tendenziell immer gespalten.

Natürlich gab es schon vor dem Ersten Weltkrieg politische Programmatik in der pädagogischen Diskussion; auch äußerten sich Parteien zu den Fragen der Bildungspolitik, etwa solchen der staatlichen oder kirchlichen Schulaufsicht; doch waren diese Stellungnahmen mehr oder weniger deutlich in den nationalstaatlichen Konsens eingebunden. Das änderte sich nach dem Kriege, mindestens im Blick auf die Weimarer Republik und die Republik Österreich, die beide eine Monarchie beerbten und auf eine demokratische Zukunft verpflichtet wurden. In beiden Republiken wurde die Sozialdemokratie plötzlich zur tragenden politischen Kraft, die die Zukunft der demokratischen Gesellschaft in ganz deutlicher Weise von der Reform des Erziehungswesens abhängig machte.

*Politische Schulversuche* folgten dieser Vorgabe. Sie waren in der Regel an sozialistische Zielsetzungen gebunden und gingen aus von einer mehr oder weniger tiefgreifenden Analyse der kapitalistischen Gesellschaft, die strukturell verändert werden sollte. Ein wesentliches Mittel dieser Veränderung war die neue Erziehung, die *demokratisch* und *sozial* gedacht wurde (vgl. OELKERS 1981). Es ging hier auch um Klassenerziehung, nicht aber um eine strikte Verpflichtung auf die Linie einer bestimmten Partei.[14] Wenigstens war dies immer ein Konflikt, während die kommunistische Parteierziehung das Problem als gelöst erachtete. Der zentrale Versuch dieser „neuen Erziehung“ ist zwischen 1919 und 1934 in Österreich realisiert worden. Im Unterschied zu deutschen Modellversuchen, die überwiegend nur einzelne Schulen oder Schulkooperationen betrafen oder aber das Schulsystem in seiner Struktur voraussetzten,[15] sollte in der österreichischen Bildungsreform die Volksschule insgesamt verändert werden.

Dieser Versuch ist daher als Test auf den Anspruch zu verstehen, gesamtgesellschaftliche Veränderungen in Richtung der sozialistischen Zielsetzungen durch neue Schulen und Erziehungsreformen zu bewirken. Selbst die Reformversuche in Preußen während der Weimarer Republik lassen sich damit nicht vergleichen.

FRITZ KARSEN unterschied 1923 vier Klassen von Schulversuchen, organisatorische Veränderungen (etwa die Einrichtung von Begabtenschulen oder die Wahlfreiheit im Ensemble der Schulfächer)[16], methodische Schulversuche (Arbeitsschule, Gesamtunterricht), dann die „Schulen neuer Gesinnung" (Landerziehungsheime, freie Schulgemeinden, Waldorf-Schulen) und schließlich die „Lebensgemeinschaftsschulen" als die Ansätze einer „revolutionären Schule". Vor allem die Hamburger Erfahrungen[17] dienten als Anschauung für das Grundprinzip der neuen Schule, die nicht einfach organisatorische oder methodische Reform, auch nicht einfach Versuch sein will (KARSEN 1923, S. 130), sondern sich als *„Organ im Organismus der neuen Gesellschaft"* versteht (ebd., S. 116), als *„Lebensstätte der Jugend"*, die *„in die Zukunft hineinwandert"* (Ebd.). Einen entschiedenen Versuch in dieser Richtung hat KARSEN selbst in Berlin unternommen und auf ihn will ich zunächst eingehen, weil mit diesem singulären Experiment der Unterschied zur österreichischen Schulreform verdeutlicht werden kann.

KARSENS politischer und pädagogischer Ausgangspunkt war der „Bund entschiedener Schulreformer", jener von PAUL OESTREICH gegründeten linkssozialistischen Lehrervereinigung[18], deren Hauptziel die Einheitsschule – verstanden als *Produktionsschule* der werdenden Gesellschaft – war. Das gegliederte Schulwesen sollte zugunsten einer einheitlichen Form aufgelöst werden, die dem verpflichtet war, was OESTREICH (1978, S. 57) „geistige Sozialisierung" nannte. Auch hier ist „Sozialismus" eine Funktion der Erziehung, nicht etwa umgekehrt die Erziehung eine Funktion des Sozialismus. (ebd., S. 55). Dies wird aber mit Hilfe einer politischen Theorie der Demokratie gedacht, so daß OESTREICH zwar den Gemeinschaftsgedanken zugrundelegt, aber klar erkennt, daß die „Erziehungsgemeinschaft" nur dann *neu* ist, wenn sie an die demokratische Veränderung der Gesellschaft gebunden wird (OESTREICH 1924, S. 40).

Dieser Auffassung war auch KARSEN, der zunächst bildungspolitisch mit OESTREICH zusammenarbeitete, dann aber zu seinem entschiedenen Gegner wurde (RADDE 1973, S. 29). OESTREICHS Erziehungskonzept war radikaler, politischer und zugleich theoretisch vage, relativ unverbindlich gegenüber einer bestimmten Praxis. KARSEN hatte bei einem ersten Schulversuch in Berlin-Lichterfelde[19] unmittelbaren Anschauungsunterricht erhalten, wie schwierig selbst eine begrenzte Reform sein würde und wußte zwischen der Semantik und der Praxis der Reform wohl zu unterscheiden. Aber der Konflikt war auch theoretischer Natur: OESTREICH wollte die neue Schule auf den Sozialismus (oder was er darunter verstand) fixieren, während „Karsens Schule" „ihre Unterrichts- und Erziehungsarbeit auf kein bestimmtes, für alle gültiges Ziel" ausrichtete (RADDE 1973, S. 59). OESTREICHS Pädagogik ist an der Utopie der Frühsozialisten orientiert und sucht Bezüge vor allem zur politischen Philosophie FICHTES (vgl. BÖHM 1973, S. 201ff.). KARSEN geht theoretisch einen anderen Weg, worüber die gelegentliche Affinität in der Semantik nicht hinwegtäuschen darf.

Programmatisch spricht KARSEN 1921 von der *Schule der werdenden Gesellschaft*, die die bürgerliche Gesellschaft zwar überwindet, darum aber in ihrer Zielsetzung nicht fixiert werden kann. Der Gedanke des *Werdens* wäre nicht radikal genug gedacht, würde man ihn vorab an ein Ziel binden, das nur das ‚Werden' selbst, die Zukunft also, hervorbringen kann. Dabei ist KARSEN in der Ablehnung der bürgerlichen Gesellschaft ähnlich radikal wie OESTREICH (KARSEN 1921, S. 9). Die bürgerliche Schule ist nur das „Abbild dieser Gesellschaft" (ebd., S. 10), also unterschieden nach Klassen, dabei aber durchweg autoritär, orientiert an *„äußerer Ordnung"* und innerer Konkurrenz (ebd., S. 10ff.). Die „berüchtigte Lernschule" (ebd., S. 12) ist einzig an meßbaren Leistungen interessiert und konnte aber genau darum gesellschaftsstabilisierend wirken; ihr Medium ist das Buch, dem höchste Autorität beigemessen wird. „Sie kennt keine Arbeit der Hand an der lebendigen Wirklichkeit, kennt keine Kunst. Kein Wunder, daß besonders die Sprachen zum Zeichen höherer Bildung werden" (ebd.).

Die bürgerliche Gesellschaftsreform aber, so KARSEN weiter, zerbricht und die *„Gesellschaft des arbeitenden Volkes"* entsteht, ohne daß bereits ein politisches Ordnungsmodell absehbar wäre, wie es OESTREICH (1923, S. 83ff.) im Programm des Sozialismus zu sehen glaubte. Dieser Sozialismus war in Wahrheit eine linke Version der Reformpädagogik mit einem starken Ziel in der *„sozialen Solidarität"* (ebd., S. 89), auf das hin die Welt erzogen werden solle. „Aller Sozialismus gipfelt im Individualismus, nur nicht im Raubtieregoisten, sondern in der Eigenheit sozialen Auswirkens" (ebd.).[20] Aber das war politisch als *Ziel* lesbar, so daß eindeutige Stellungnahmen gerade im Blick auf Schulkämpfe der Weimarer Republik möglich waren.

KARSEN äußert sich programmatisch ähnlich, in der Konsequenz für die Praxis der Reform aber viel vorsichtiger: Es seien neue Wirklichkeiten entstanden, die der kapitalistischen Wirtschaftsordnung widersprechen, nämlich die solidarische Gemeinschaftserfahrung der Arbeiterbewegung, insbesondere die proletarische Jugendbewegung (KARSEN 1921, S. 17ff.), das Zusammenwachsen einer „Völkergemeinschaft" auf der Basis des proletarischen Internationalismus (ebd., S. 22f.) und nicht zuletzt ein neues kulturelles Leben, das sich in den drei Schlüsselbegriffen *„Leben, Freiheit* und *Gemeinschaft"* Ausdruck verschaffe. „Leben" steht für die Grunderfahrung verantwortlicher und sinnhafter Existenz, die zukunftsorientiert sich gegen die Künstlichkeit des Rationalismus wendet und der Intuition mehr vertraut als den mechanischen Aggregaten des Verstandes. „Auch Denken ist Leben, aber nur Denken aus der Kraft der Einheit, der Liebe, des Lebensbedürfnisses. Dieses sieht immer in den Teilen noch die Einheit, die sie bindet, der bloße Verstand nur die Teile ohne Sinn“ (ebd., S. 24/25).

„Intuition“ wird von der Lebensphilosophie BERGSONS her gedacht (so z.B. auch GLÄSER 1920, S. 20ff.). KARSEN setzt „Leben“ mit „Einheitsgefühl“ oder gar mit Kosmos gleich (KARSEN 1921, S. 25) und kann nur so einer Abwehr des Rationalismus das Wort reden, die auch seine anderen beiden Grundbegriffe der „werdenden Gesellschaft“ prägen, nämlich „Freiheit“ und „Gemeinschaft“. Beide werden in der Person vereint, die also gedacht wird, als sei sie zugleich frei *und* gebunden. Auf dieser Linie versteht KARSEN dann „Sozialismus“ als freie Bindung an die wahre Gemeinschaft: Die Person „ist nur dann ganz sie selbst, wo sie eine volle, ja die höchste Offenbarung des verbindenden Lebens der Gemeinschaft, enger: der Menschheitsgemeinschaft ist. Sie ist nur dann ganz Gemeinschaft, wo sie ganz frei ist. *Sozialismus und wahre Persönlichkeit bedingen einander*“ (ebd., S. 25/26).

Die Schule, die diesem Postulat entsprechen soll, ist vor allem Lebensschule oder besser: Lebensgemeinschaftsschule. Sie hat *„kein vorher feststehendes, inhaltlich genau zu bestimmendes Ziel“,* sondern entsteht aus der *„lebendigen Gemeinschaft“* und ist daran in allen ihren Aktivitäten immer zurückgebunden (ebd., S. 36ff.). Hinter der „Arbeitsschule“ muß das „Lebensbedürfnis“ stehen (ebd., S. 42), nur dann läßt sich die *„alte Schule“* überwinden (ebd., S. 41). Nach diesem Grundsatz hat KARSEN die „Karl-Marx-Schule“ in Berlin aufgebaut. So hieß ab 1930 das Kaiser-Friedrich-Realgymnasium, dessen Leitung KARSEN im Winter 1921/22 übernahm und das er zielstrebig im Sinne der genannten Prinzipien veränderte. Gestützt hat ihn dabei die Berliner Sozialdemokratie (RADDE 1973, S. 88), die auch relativ radikale Veränderungen politisch absicherte.[21] Schulorganisatorisch zielte der Versuch auf eine Einheitsschule, auf die soziale Öffnung des Gymnasiums und damit zusammenhängend auf eine starke innere Veränderung von Lehrplan und Methode; didaktisch entstand so etwas wie eine „soziale Arbeitsschule“, die aber immer zugleich auch als „Gemeinschaftsschule“ verstanden wurde (ebd., S. 63; vgl. KARSEN o.J., KARSEN 1930).

Begründet wird dieser Schritt auch mit einer dynamischen Begabungstheorie (OESTREICH 1976, S. 95ff.; KARSEN 1924, S. 163f.), die sich gegen die Versuche richtete, „Naturgrenzen geistiger Bildung“ zu definieren (HARTNACKE 1930). Im Kern ging es hier um die Politik der schulischen Selektion, den Anstieg der Abitursabschlüsse und den Vorwurf, daß dieser nicht auf natürliche Begabung zurückzuführen sei. KARSENS „soziale Arbeitsschule" (1930, S. 112) basierte nicht auf einem Verhältnis von „Begabung" und Schulabschluß, sondern definierte die pädagogische Funktion der Schule neu, als Einführung in *„Lebensgebiete"* (ebd.), und dieser „neue Bildungsgedanke" soll in der „Gemeinschaftsschule" verwirklicht werden, die schon vom Begriff her keine Schule sozialer Selektion sein kann. Sie ist „keine Klassen- und Standesschule . . ., sondern die *Stätte wahrer Volksgemeinschaft*" (KARSEN 1924, S. 172), die Einheit im Kleinen, die die große sozialistische Utopie antizipieren sollte.

In diesem Geiste handelte KARSEN, ohne freilich die Grenzen des Machbaren zu mißachten: Unmittelbar nach Amtsantritt 1921 stellte er zunächst die Unterrichtsorganisation um, vor allem im Blick auf die „freie Organisation" der gymnasialen Oberstufe. Dies bedeutete die Einrichtung von Wahlmöglichkeiten für die Schüler, aber auch die Zusammenkunft von Arbeitsgemeinschaften unabhängig von der Klassenzugehörigkeit der Schüler und die Durchführung von Studientagen. Ein weiteres Reformelement war der Gesamtunterricht im Sinne BERTHOLD OTTOS, der probeweise in einigen Klassenverbänden durchgeführt wurde (RADDE 1973, S. 66ff.). ALFRED EHRENTREICH, einer der Lehrer an KARSENS Schule, beschrieb das methodische Prinzip dieser inneren Reform wie folgt:

> „Besuchte man eine Klasse im Unterricht, so hatte man zuerst Mühe, den Lehrer zu sehen oder zu hören: er saß mitten unter den Schülern. Die Front nach vorn, die drückenden Bänke, das Katheder – alles das gab es nicht mehr. Tugend des Lehrers in der neuen Schule war, erst die Jugend reden zu lassen, sein eigenes Urteil zurückzustellen . . . er war der Berater und Arbeitsorganisator seiner Klasse" (EHRENTREICH 1967, S. 135).

Die veränderte Rolle verminderte nicht etwa Verantwortung und Anstrengung des Lehrers, sondern steigerte sie, wie EHRENTREICHS genaue Skizzierung der Methode deutlich macht:

> „Am Anfang des Jahres stand eine umfassende Planbesprechung, ebenso wurden die Zeitabschnitte, etwa jeder Monat, mit solchen organisatorischen Fragen eingeleitet: aus dem Angebot wählte sich jeder Schüler seine Themen, meldete sie dem ‚Wortführer', der die Termine festlegte. Der Lehrer hatte in der Mitwirkung an all diesen individuellen Aufgaben ein hohes Zeitmaß aufzuwenden. Die Ergebnisse der Stunden, die in Referat und Aussprache abgewickelt wurden, fanden sich in Schülerprotokollen wieder, die am Anfang der Stunde die ‚Wiederholung' ersetzten. Der ‚Klassenunterricht' der Lernschule war zugunsten eines individuellen Arbeitsprozesses aufgegeben worden, an dem aber alle Schüler teilnahmen. Die Bearbeitung stärkte die Kräfte des Einzelnen und machte ihn mit den Hilfsmitteln bekannt; die Verarbeitung ergänzte den Bildungsumfang der Klassengemeinschaft. Jeder Schüler war in jedem Fach ‚Spezialist' für ein Thema, mit der Zeit seine Einseitigkeit durch zusätzliche Aufgaben ausgleichend" (ebd.).

Neben der Reform der Unterrichtsmethode und des Schullebens hatte KARSENS Versuch den Zweck, mit Hilfe einer eigenen, dem Gymnasium angegliederten *Aufbauschule* begabte Volksschüler zum Abitur zu führen, also die soziale Auslese des Gymnasiums zu unterlaufen oder jedenfalls wirksam zu korrigieren (RADDE 1973, S. 72ff.). Aus der Zusammenarbeit mit den „abgebenden" Berliner Volksschulen entstanden Kooperationsmodelle, deren institutionelle Form in Richtung Einheitsschule verwies (ebd., S. 82ff.).

Intern war KARSENS Schulmodell dem Gedanken der Gemeinschaft und der Selbsttätigkeit sowie Selbstverantwortung der Schüler verpflichtet. 1921 spricht KARSEN vom *„Gemeinwesen"* der Schule (KARSEN 1921, S. 51), das sich möglichst selbst verwalten und beaufsichtigen soll; die Schule dient damit der „jugendlichen Freiheit" (ebd., S. 52) und nicht dem institutionellen Zwang. Die Formel für diesen Prozeß hieß zunächst „produktive Solidarität" (RADDE 1973, S. 95ff.) und sie verband den Freiraum der Schüler, vor allem auch den zur Kritik, mit „spezifischen Formen (der) Lehrerhilfe", also etwa dem Angebot von Informationsstunden, Klärung von Gesamtthemen oder die Betreuung von freiwilligen Arbeitsgemeinschaften (ebd., S. 95). Der Lehrer nahm, wie EHRENTREICH es beschrieben hat, seine Autorität zurück, büßte seine Rolle als Mentor jedoch keineswegs ein.

Den strikten Gemeinschaftsbezug, verstanden als weitgehende Selbstorganisation der Schüler, hat KARSEN später revidiert, und zwar von der ideologischen Emphase der (emotionalen) Gemeinschaft in Richtung auf „nüchterne Gemeinschafts*arbeit*" (ebd., S. 103ff.). Nunmehr sprach KARSEN von der „sozialen Arbeitsschule" (ebd., S. 107ff.): Die schulische Lernarbeit wurde jetzt kollektiv definiert und an den *„Lebensgebieten"* orientiert, welche das „Fundament des neuen Lehrplans" darstellten, „komplexe Bereiche, die für die Schüler erfahrbar waren und ihre ökonomische und soziale Situation wesentlich bestimmten" (ebd., S. 110). Das methodische Vorbild war DEWEYS „Projektmethode" (ebd., S. 113ff.), die durch „nach parlamentarischen Regeln geführte *Sachdiskussionen"*, Gruppenarbeiten, Stundenprotokolle und ähnliche Mittel ergänzt wurde (ebd., S. 117ff.).

Die Unterrichtsarbeit wurde begleitet von einer entschiedenen Reform des Schullebens: KARSEN ließ regelmäßig Studienfahrten durchführen, vertiefte den Unterricht durch darstellendes Spiel und förderte konsequent die Formen der Schülerselbstverwaltung: Studienfahrten dienten der Erweiterung der Anschauung (EHRENTREICH 1967, S. 142ff.); das darstellende Spiel mündete in regelmäßigen Schüleraufführungen, die für die Schulöffentlichkeit bestimmt waren (RADDE 1973, S. 134) und dabei gesellschaftskritische Themen in den Vordergrund stellten (ebd., S. 137ff.); und die Schülerselbstverwaltung hatte als zentrales Forum die „Klassengemeinde", also die unterste Ebene der Schule (ebd., S. 144ff.), in der Schüler und Lehrer zu gemeinsamer Aussprache und Kritik zusammenfanden, was auch im Lehrplan verankert werden konnte. Auf der Ebene der Schulgemeinde gab es besondere Formen der Institution, die dazu führten, daß in KARSENS Schule die „organisierte Schülerschaft . . . an der Gestaltung sämtlicher Bereiche des schulischen Lebens wesentlich beteiligt und sowohl in Gesamtkonferenzen wie in Versetzungskonferenzen mit beachtlichem Erfolg vertreten“ gewesen ist (ebd., S. 149).

Eine derartige Strukturrevision der „alten Schule“ ist an verschiedenen Stellen im Bildungssystem der Weimarer Republik versucht worden. Die pädagogischen Grund„strömungen“ dieser Bewegung waren überall nahezu identisch: „Die Arbeitsschulbewegung, die Kunsterziehung und der Wille zur Gemeinschaft“ (GEBHARD 1927, S. 33). „Arbeitsunterricht“ war vielfach nur ein anderer Name für die Projektmethode und den Gesamtunterricht, verbunden mit manueller Tätigkeit. Ihn komplementierte die besondere Betonung der ästhetischen Erziehung, sofern sie dem Prinzipien von Anschauung und Selbsttätigkeit folgte (ebd., S. 33ff., 38ff.). Und „Gemeinschaft“ wurde vom Zusammenleben der Schüler und von der Schulgemeinde her gedacht (ebd., S. 48ff., 80ff.) und mit mehr oder weniger starken Tendenzen der Demokratisierung verbunden. Diese Prinzipien galten auch unabhängig von sozialistischen Zielsetzungen[22] und kamen allgemein zur Anwendung. Es blieb in der Diskussion freilich unbemerkt, daß vor 1914 gänzlich andere Zielsetzungen mit eben diesen pädagogischen Prinzipien verbunden waren.

KARSEN unternahm so einen reformpädagogischen und zugleich politischen Schulversuch, der sozialistische Ziele in keinem Widerspruch zur Bestimmung der neuen erzieherischen Praxis sah, deren wesentliche Mittel einem undemokratischen Denken entstammten. Aber diese Feinheit spielte während der gesamten Weimarer Reformpädagogik keine Rolle. Bei KARSEN kam hinzu, daß er keine „indoktrinierende Klassenkampferziehung“ (RADDE 1973, S. 150) versuchte. Entsprechend schwierig war es für ihn, sich von der parteigebundenen sozialistischen Erziehung abzugrenzen und gleichwohl noch deutlich zu machen, daß und wie seine Schule eine Erziehung zum Sozialismus befördere. Am Ende der Weimarer Republik wurde zudem fraglich, welche gesellschaftlichen Kräfte dieses pädagogische Ziel noch tragen würden. EHRENTREICH (1967, S. 134) fragte rückblickend: „Wo blieb die ‚werdende Gesellschaft‘, der (die Schule) dienen sollte?“

Dieses Problem hatten die österreichischen Schulreformer nach 1919 zunächst nicht, schien doch die werdende Gesellschaft im Entstehen begriffen. Der Zerfall der Donaumonarchie ließ aus einem Vielvölkerstaat mit mehr als 50 Millionen Einwohnern eine kleine Republik entstehen, die gerade noch sechseinhalb Millionen Einwohner zählte. Die ersten Wahlen nach dem Kriege sahen die Sozialdemokratie als stärkste Partei, der es sogleich gelang, in einer Art Großen Koalition ihre Forderungen nach Schulreform durchzusetzen. Das erste Ziel dieser Bemühung war die Neugestaltung der Volksschule. Im Sommer 1919 richtete der Leiter des österreichischen Unterrichtsamtes, OTTO GLÖCKEL, eine eigene Reformabteilung ein, die das pädagogische Großexperiment plante und durchführte. Der erste konkrete Schritt war die Einrichtung von Versuchsklassen in ganz Österreich. Als Ergebnis dieser Versuchsarbeit legte das Unterrichtsministerium einen Lehrplanentwurf für das erste bis fünfte Schuljahr der Volksschule vor. Dieser Lehrplan wurde zur Diskussion gestellt und aufgrund von Stellungnahmen und Gutachten, die das Ergebnis von über 100 amtlichen Bezirkslehrerkonferenzen waren, umgearbeitet und abgeändert. Der revidierte Lehrplan wurde im Schuljahr 1920/21 probeweise eingeführt und bis zum endgültigen Entscheid immer wieder verlängert (Angaben nach: FADRUS 1926, S. 119). Politisch umstritten war dieser Lehrplan aufgrund seiner strikt reformpädagogischen Prinzipien, die die „Umgestaltung der früheren Lern- und Buchschule zur *Lebens- und Arbeitsschule*" (Ebd., S. 122) zum Ziel hatten.

Dieses Ziel wurde politisch definiert und damit entstand eine neue Situation. OTTO GLÖCKEL hat dies in seiner posthum zusammengestellten Autobiographie (die 1939 nur noch in Zürich erscheinen könnte) deutlich zum Ausdruck gebracht: Es ging um die Einrichtung der neuen Schule, aber diese neue Schule war durch die neuen Verhältnisse der Republik definiert. „Sie mußte republikanisch, demokratisch und sozial werden, so wahr sie bis dahin das antisoziale Instrument der in der Monarchie regierenden Klassen gewesen war" (GLÖCKEL 1939, S. 85). Auf dieser Linie agierte die Reformabteilung des Unterrichtsministeriums (später „Schulwissenschaftliche Abteilung" genannt) und ihre „Leitsätze für den Aufbau der Schule" (Mai 1920) machten deutlich, wie über die Reform der Volksschule hinaus der politische Strukturwandel weitergetrieben werden sollte. Das Ziel war die Einheitsschule als integriertes System und als entscheidender Schritt in diese Richtung wurde die Etablierung einer *einheitlichen Mittelschule* angesehen, in der, differenziert nach Begabungen, alle Schüler vom 11. bis zum 14. Lebensjahr unterrichtet werden sollten.[23]

An diesem Plan schieden sich die Geister und er war auch für die Sozialdemokratie ein radikaler Schnitt. Vor dem Weltkrieg ist, ähnlich wie in Deutschland, das Parteiprogramm der österreichischen Sozialdemokratie wenig konkret gewesen im Blick auf das, was unter „Schulreform" vorgestellt wurde. Gefordert wurden lediglich Veränderungen des „organisatorischen Rahmens", ohne daß von Inhalten und Methoden der neuen Schule die Rede war (die Forderungen betrafen vor allem die Unentgeltlichkeit des Schulbesuchs sowie die Verstaatlichung der Schulaufsicht: SALFENAUER 1984, S. 228). Erst GLÖCKELS Reform fusionierte Reformpädagogik und Sozialismus auf dem Wege einer politischen Schulreform, die administrativ gestützt wurde. Hier liegt ein entscheidender Unterschied: Vor 1914 war „Schulreform" zwar ein starkes publizistisches Thema, praktisch aber die Sache fast allein der Administration. Nach dem Krieg wurde das Thema entschieden politisiert und Sache der Parteien, die die Administration entsprechend ihren Optionen umbesetzten. In

Österreich gelang dies für die Schulverwaltung weit besser als in Preußen oder gar im Deutschen Reich.

Dafür gab es einige Voraussetzungen, an die die neuen Machthaber nach 1918 anknüpfen konnten: Ab 1890 hatten sich die sozialdemokratischen Lehrer im „Zentralverein Wiener Lehrerschaft" organisiert, in dessen Programm bereits „klare Demokratisierungsbestrebungen" erkennbar waren, wie z.B. „die Wahl der Inspektoren und Schulleiter durch die Lehrpersonen der Anstalt bzw. des Inspektionsbezirks, oder aber auch die Öffentlichkeit der Qualifikation und, was für die Arbeitsschulbewegung sehr wichtig erscheint, die vollkommene Freiheit der Methode" (ebd., S. 228). Sozialdemokraten und Liberale bauten vor dem Weltkrieg auch den „Volksverein für die Freie Schule" auf, in dem der Einheitsschulgedanke propagiert wurde. Dieser Verein gründete in freier Trägerschaft einige Musterschulen, die nach den Prinzipien der Arbeitsschule organisiert wurden und als kritisches Experiment einigen Einfluß auf die öffentliche Diskussion gewannen (ebd., S. 229/230). Zu den Vorkriegsgründungen gehört schließlich noch die sozialdemokratische Organisation der „Kinderfreunde", die 1908 in Graz ins Leben berufen und zunächst ganz unpolitisch als pädagogische Betreuung von Arbeiterkindern begriffen wurde (ebd., S. 230f.). Später entstand daraus eine sozialistische Massenorganisation, die vor allem durch ihre Sommerkolonien für Kinder[24] berühmt wurde (ebd., S. 232ff.).

Der österreichische Wortführer und Organisator dieser Bewegung war OTTO KANITZ, der in dezidierter Weise den Standpunkt des proletarischen Kindes einnahm und zum „aufbauenden Sozialismus" erziehen wollte (KANITZ 1974, S. 104). Damit war aber anderes gemeint als lediglich politische Indoktrination oder bloß organisatorische Reform. Im Unterschied zur Situation vor 1914 standen ganz andere Theorien zur Verfügung, um die politische Erziehung allgemein begründen zu können, ohne den Bezug zur Reformpädagogik zu verlieren. KANITZ' theoretische Mentoren waren der sozialistische Philosoph MAX ADLER und der Psychologe ALFRED ADLER: MAX ADLER vertritt einen ethischen, an KANT geschulten Sozialismus, der zwar die Gesellschaftstheorie des Marxismus akzeptierte, nicht jedoch deren „materialistische" Hintergrundphilosophie, die durch eine im Letzten idealistische Ethik ersetzt werden sollte.[25] ALFRED ADLERS „Individualpsychologie" geht von einer persönlichen Teleologie aus, die den *Lebensplan* des Individuums beschreibt und ihn in das Zentrum der Erziehungsarbeit stellt. In beiden Fällen kann es nicht um Indoktrination gehen, sondern nur darum, der individuellen Persönlichkeit jenen gesellschaftlichen Spielraum zu verschaffen, der für ihre Entwicklung unerläßlich ist. Politisch wird dieser Spielraum durch die Maxime der „*Solidarität*" (ebd., S. 130) definiert; aus ihr folgt pädagogisch der Verzicht der Erzieher auf Überlegenheit (ebd.).

In diesem Geiste wurde die Kinderfreunde-Bewegung organisiert: Sie verfolgte wohl politische Ziele, dies jedoch in ausdrücklich pädagogischer

Absicht. „Erziehung ist zuerst Entwicklungshilfe“, schrieb ANTON TESAREK (1936, S. 97), der Mitorganisator der „Kinderfreunde“ und spätere Gründer der österreichischen „Roten Falken“, also der sozialdemokratischen Jugendbewegung. Auch TESAREK ist stark beeinflußt von ALFRED ADLER, zudem von ANNA FREUD und der Wiener Psychoanalyse: Die wissenschaftliche „Seelenkunde“ soll das Handeln des neuen Erziehers vornehmlich bestimmen, und sie legt eine „beobachtende, abwartende Haltung“ nahe, die Strafen möglichst vermeidet und dem Kind sein eigenes Wachstum und damit seine Entwicklungszeit zugesteht (ebd., S. 111). In diesem Sinne hat SOFIE LAZARSFELD (1929) die „Grundbegriffe“ der *modernen* Erziehung auf ADLERS Individualpsychologie zurückgeführt und den unbedingten Anspruch des Kindes auf Geltung als das grundlegende pädagogische Problem formuliert (ebd., S. 5f., 8). Psychologische Geltung muß freilich sozial nützlich sein (ebd., S. 8f.), darf also nicht das egoistische Geltungsstreben der Erwachsenengesellschaft kopieren (TESAR 1925, S. 17ff.). Auf dieser Grundlage läßt sich von einer psychologischen „Erziehungstechnik“ sprechen (BIRNBAUM 1929) und sie bringt den Geist der Reform sehr treffend zum Ausdruck: Notwendig ist eine seelische Verbindung des Erziehers mit dem Kind; der Erzieher muß sein Handeln vom „Lebensplan“ des Kindes aus leiten, so jedoch, daß das Kind von seinen inneren Konflikten entlastet wird; der Erzieher muß systematisch ermutigen, Strafen jedoch nicht selbst herbeiführen, sondern sie als natürliche Folge einer fehlerhaften Handlung des Kindes ansehen. Das Ziel ist die Ablösung des Kindes, doch dafür muß der Erzieher sein Rollenverständnis grundlegend ändern: „Alle Kunstgriffe nutzen nichts, wenn der Erzieher nicht willens ist, sein Prestigebedürfnis vollkommen auszuschalten! Das ist das A und O der modernen Erziehungstechnik“ (ebd., S. 39).

Die Pädagogik vom Kinde aus wird zu Recht als der „Leitgedanke der österreichischen Schulreform“ beschrieben (WEINHÄUPL 1981, S. 53ff.). Originell ist an den Erziehungskonzepten dieser Reform vor allem die tiefenpsychologische Optik, die sich wesentlich ALFRED ADLERS Theorie[26] zu eigen machte und damit die Entwicklung des Kindes aus sich heraus und unter Respektierung der inneren Teleologie verstehen konnte. ADLERS Psychologie erlaubte außerdem, Neurosen als Fehler anzusehen und ihre Korrektur von Lernprozessen abhängig zu machen. Erziehung läßt sich damit *optimistisch* lesen (LAZARSFELD 1929, S. 6), in der Perspektive des handelnden Erziehers, der von der Entwicklung des Kindes ausgehen will. Die Freudsche Psychoanalyse beschreibt demgegenüber weit mehr die *Folgen* der Erziehung im seelischen Haushalt des Kindes und ist, pädagogisch gesehen, eher pessimistisch angelegt.[27] Die Reformer jedenfalls dachten weit mehr in den Kategorien ADLERS als FREUDS.[28] Sie gingen davon aus, daß die neue Tiefenpsychologie den pädagogischen Optimismus bestätigen würde, eine Erwartung, die nicht zufällig mit einem teleologischen Modell der kindlichen Entwicklung in in Verbindung gebracht wurde. Ähnlich wurde die empirische Kinderpsychologie rezipiert, wie dies etwa KARL BÜHLER (1936) deutlich gemacht hat. Auch sie erlaubte einen Erziehungsoptimismus.

Neben diesem pädagogischen Konzept wurde in der Schulreform das politische Ziel der Demokratisierung verfolgt. Diesem Ziel sollte das Schulsystem insgesamt angepaßt werden. Über den Reformplan heißt es in GLÖCKELS Selbstbiographie: „Wollte man das öffentliche Schulwesen wirklich in den Dienst des ganzen Volkes stellen, so mußte zweierlei erstrebt werden: erstens die möglichste Intensivierung der Bildung für *alle* Kinder des Volkes, zweitens aber die gerechtere Gestaltung der *Auslese* jener Minderheit, die über das Maß der allgemeinen Schulpflicht hinaus einer höheren Bildung teilhaftig werden soll" (GLÖCKEL 1939, S. 85). Zum einen geht es dabei um die innere Schulreform nach den Prinzipien der Diskussion vor 1914, zum anderen aber um eine „tiefgreifende organisatorische Umgestaltung des gesamten Schulaufbaus", zusammengenommen um das Verhältnis von *Arbeitsschule* und *Einheitsschule* (ebd.). Diese Kombination macht den Test auf die Reformpädagogik aus, denn nur wenn es gelingen würde, *beide* Reformmodelle politisch durchzusetzen, könnte das etablierte Schulsystem radikal verändert werden. Nur dann aber wäre es berechtigt, von einer „neuen Schule" zu sprechen, die nicht mehr den Status einer pädagogischen Insel außerhalb des staatlichen Systems hat.

Das erste Ziel, die innere Reform in Richtung auf die „Arbeitsschule", schlug sich in den Lehrplänen nieder, die ab 1927 verbindlich für die Volksschulen eingeführt wurden. Ihre Leitideen entsprechen im wesentlichen dem reformpädagogischen Schulprogramm; der Ausdruck „Arbeitsschule" ist dafür nur das Signalwort. Es ging um Anschauungsunterricht, Gegenwartsschule (Verbindung von Schule und Leben), besondere Bedeutung der Handarbeit und der körperlichen Erziehung, Mitwirkung der Eltern sowie innere Demokratie. Von zentraler Wichtigkeit ist dabei die Reform des Unterrichts, die nicht zufällig in etwa dem entsprach, was auch KARSEN realisieren wollte:

> „Der unterrichtliche Stoff ist *heimatkundlich und lebenskundlich* basiert, der Schüler hat ihn *selbständig* und *selbsttätig zu erarbeiten*, die Zersplitterung in einzelne Fächer wird durch *Gesamtunterricht* überwunden. Die Lehrpläne sind *Rahmenlehrpläne*; sie sind durch *schulindividuelle Arbeitspläne* zu ergänzen, die – für die Woche, den Monat, das Jahr – je nach der örtlichen Lage der Schule von der Arbeitsgemeinschaft der Lehrer, von Hauskonferenzen, vom einzelnen Lehrer selbst ausgearbeitet werden. Die lebendige Mitte des Gesamtunterrichtes ist die ‚Heimatkunde und Lebenskunde', um sie schließt sich – also vom Gesamtunterricht umfaßt – der mündliche und schriftliche und zeichnerische und sonstige Ausdruck des Kindes. Erst im Laufe der Jahre, etwa vom 4. Schuljahr an, kommen die Besonderheiten dieser ‚Lehrstoffe' schon so weit zur Geltung, daß sie zu kleinerem oder größerem Teil – ‚jedoch ständig in der natürlich sich ergebenden *Wechselbeziehung*' – zu getrennten ‚Fächern' wer-

den. Zugunsten solchen Gesamtunterrichts tritt der Stundenplan in den Hintergrund, verschwindet zum Teil ganz. Der Lehrer hat in *‚Lehrausgängen'* die Kinder aus der Schulstube vor und in die Wirklichkeit zu führen – Zahl und Zweck dieser Lehrausgänge werden durch die Arbeitsgemeinschaften oder nach sonst festgelegtem Plan geregelt" (TESAR 1928, S. 314).

Für diese Ideen wurde im großen Stil geworben und praktische Wege der Durchführung aufgezeigt: Neben den Versuchsklassen, die nach 1920 bestimmte Projekte durchführten, wurden Hospitierklassen eingerichtet, in denen Lehrer die neuen Prinzipien lernen konnten. Zu diesem Zweck bildeten sich Lehrerarbeitsgemeinschaften, in denen auch die Reformabteilung zu Worte kam.[29] Zwischen 1920 und 1925 fanden regelmäßig Bezirkslehrerkonferenzen statt, auf denen GLÖCKEL und seine Mitarbeiter die neuen Konzepte vorstellten und verteidigten. Für die ideologische Auseinandersetzung und die pragmatische Ausgestaltung der Reform entstanden neue Zeitschriften und Buchreihen.[30] Hier wurde über den Fortgang des Experiments berichtet, aber auch grundsätzliche Theoriearbeit geleistet, an der sich eine Reihe von vielversprechenden jungen Autoren beteiligten.[31] GLÖCKEL selbst lieferte entscheidende publizistische Stichworte, etwa die polemische Unterscheidung von „Drillschule", „Lernschule" und „Arbeitsschule", die die historische Überlegenheit der Reform wirkungsvoll suggerierte (GLÖCKEL 1928). Aber auch in der praktischen Schularbeit ergaben sich attraktive Neuerungen, etwa auf dem Gebiet der Schülerbeurteilung der „Schülerbeschreibungsbogen", der seit Herbst 1922 in den Wiener Schulen eingeführt wurde (WEINHÄUPL 1981, S. 76ff.). Er sieht eine umfassende Beobachtung und Beurteilung des Kindes vor und soll die bloß situative und oft klischeehafte Beurteilung der Schüler ersetzen. Das Kind wird *pädagogisch* beobachtet und beschrieben, als Persönlichkeit, Glied der Gemeinschaft, im Hinblick auf sein Sozialverhalten, aber auch in der Freizeit und nicht zuletzt bezogen auf die Chancen, es erziehlich und unterrichtlich zu beeinflussen. Als institutionelle Errungenschaft sind schließlich die „Bundeserziehungsanstalten" zu werten, die als Heimschulen eingerichtet wurden und dazu dienten, sozial benachteiligten, aber begabten Schülern den Weg zur höheren Bildung zu eröffnen (BELOHOUBEK 1931). Hier wurde konsequent das Konzept der Landerziehungsheime verwirklicht und diesmal nicht in privater Trägerschaft, sondern als staatliche Organisation.

Die Zustimmung der Volksschullehrer zum neuen Lehrplan und damit zu den Prinzipien der Reformpädagogik war groß. In einer Umfrage des Unterrichtsministeriums gab es 1925 ein eindeutiges Votum: „90 Prozent von den 8000 Wiener Lehrern und 89 Prozent der Volksschullehrkörper sowie 92 Prozent der Arbeitsgemeinschaften stehen hinter dem Lehrplan" (FADRUS 1926, S. 123). Das hat die Kritik freilich nicht beruhigt, die die politische Schulreform als Versuch einer weitgehenden Gesellschaftsveränderung verstand und entsprechend scharf angelegt war. Klerikale Pädagogik und sozialistische Auffassung standen einander unversöhnlich gegenüber

(Der Schulkampf in Österreich, 1925), weil das Monopol der religiösen Zielsetzung gebrochen war. Der führende Kopf der Kritiker war der Wiener Universitätspädagoge RICHARD MEISTER, der 1920 eine dezidierte Kritik des Einheitsschulgedankens vorlegte und ein Jahr später die vier Grundpfeiler der Reformerwartung – soziale Koedukation, Erfassung von Begabungen, Hinausschiebung der Berufswahl bei späterer Selektion und die Erhöhung der Allgemeinbildung – einer ebenso harten wie luziden Analyse unterzog.[32]

Der Kern dieser Auseinandersetzung war die Frage der Vereinheitlichung der Mittelschule. MEISTER gehörte einer Arbeitsgruppe an, die die Erfahrungen der bestehenden Mittelschulen mit der Volksschulreform bearbeitete und den zweiten Schritt der Reform einleiten sollte. MEISTER faßte als Schlußredner die Diskussion zusammen und gewichtete sie aus seiner Sicht: Er attestierte der Volksschulreform einige Vorzüge, insbesondere im Bereich des schöpferischen Ausdrucks und der Schulmotivation, betonte jedoch weit stärker die Mängel. Diese Mängelliste trifft den Kern der pädagogischen und damit zusammenhängend auch der politischen Auseinandersetzung: „Rückgang der Kenntnisse im Rechtschreiben, in der Sprachlehre und im formalen Rechnen, besonders im Dividieren. Von einigen Rednern wurde das mehrfache Vorkommen auffälliger grober Sprachfehler vermerkt. Ferner wurden Klagen geführt über mangelnde Gedächtnisübung, über geringe Fähigkeit, die Aufmerksamkeit bei einem bestimmten Gegenstande festzuhalten, und im Zusammenhang damit über leichtere Ablenkbarkeit der Aufmerksamkeit sowie geringere Geneigtheit zu längerer angespannter Arbeit, weiterhin über Mängel in der Arbeitsdisziplin und damit verbunden gelegentliche Vordringlichkeit lebhafter und Zurückdrängung langsamerer Schüler" (MEISTER 1925, S. 198f.).

In einer persönlichen Stellungnahme kritisierte MEISTER die „mißverständliche Überspannung des Spontaneitätsprinzips" (ebd., S. 203) und damit zusammenhängend die „Unterschätzung des gedächtnismäßigen Lernens" (Ebd.) im Arbeitsunterricht. Der methodische Kern der Reform, der Gesamtunterricht, läßt sich nicht in jedem Stoffgebiet anwenden und ist daher keineswegs ein Königsweg der schulischen Lehre. Namentlich kommen „*Formalien* und *Fertigkeiten*" zu kurz (ebd., S. 210) und gelingt die „*Sichtung und das Festhalten des Arbeitsertrages*" nicht in der gewünschten Weise (ebd., S. 214). Damit war der gymnasialien Mittelstufe die Richtung vorgegeben, wie sie sich gegen die Reform wirkungsvoll verteidigen konnte: Die neuen Methoden sind für den „Anfangsunterricht" geeignet, auch für den „Sachunterricht" der Volksschule (ebd., S. 224, 207), nicht aber für die Kernfächer des Gymnasiums, weil es hier auf andere Lehrprinzipien ankommt, die die Reformpädagogik vernachlässigt.

Dieses Urteil wird in der internationalen Rezeption des österreichischen Experiments nicht geteilt,[33] aber die zunehmend schärfere Politisierung der Diskussion machte es den Reformern schwer, sich gegen die Mängelliste zur Wehr zu setzen, zumal sie dies nur konnten, indem und soweit sie auf die *Unterschiede* des klassischen Gymnasiums und der neuen, reformpädagogischen Volksschule verwiesen. VIKTOR FADRUS (1926, S. 126) hat RICHARD MEISTER auf dieser Linie geantwortet und die Mängelzuschreibung mit der anderen Optik der Gymnasiallehrer erklärt. Der „neue Geist in der Volksschulerziehung zeigt sich vor allem darin, daß nicht mehr die äußere, rein autoritäre Disziplin, sondern die *innere Selbstdisziplin* angestrebt wird". Die bewirkt dann aber auch ein anderes Verhalten und neue Umgangsformen, so daß es unfair ist, aus dem Blickwinkel der alten Schule über sie zu urteilen.

FADRUS gehörte zu den hauptsächlichen Propagandisten der Reform, der auch international für Verständnis und Sympathie warb (FADRUS 1924, 1926a). Seine Rechtfertigung der neuen Volksschule beeindruckte die österreichischen Philologen und die mit ihnen verbundenen politischen Kreise jedoch nicht, weil sie vor dem Hintergrund der viel weitergehenden Umgestaltung des Schulsystems rezipiert wurde. GLÖCKELS zweites großes Ziel, die Herstellung von Chancengleichheit und damit die Entwicklung der Einheitsschule, bedrohte den status quo des Gymnasiums und also die überkommenen Bildungsprivilegien. Die politischen Auseinandersetzungen um die neuen (revidierten) Lehrpläne der Volksschulen, die 1925/26 mit hohem publizistischen Aufwand betrieben wurden, müssen vor dem Hintergrund dieser Frage gesehen werden.

GLÖCKELS künftige Einheitsschule sollte in verschiedenen Phasen der Reform entwickelt werden. Als ihr erster Pfeiler wurde das Konzept der „Allgemeinen Mittelschule" angesehen, die nach den Thesen von 1920 nun organisatorische Wirklichkeit werden sollte (FISCHL 1929, S. 105ff.). Konkret sah das so aus, daß der Lehrplan der Unterstufe der Bundesmittelschulen als „Einheitslehrplan" ausprobiert worden war, zunächst beschränkt auf die Stadt Wien, und daß diese Erfahrungen nun zum Aufbau einer „Allgemeinen Mittelschule" genutzt werden sollten. GLÖCKEL plante für das Schuljahr 1926/27 die Verdreifachung der Zahl dieser Mittelschulen in Wien (von 6 auf 18), um auf diese Weise einen „geschlossenen Block von Reformanstalten" (GLÖCKEL 1939, S. 116) entstehen zu lassen.

Die politischen Kräfte suchten nach einem Kompromiß, der in etwa in den Einflußzonen der sozialistischen und der bürgerlichen Parteien entsprach: Die Schulreform wurde im Kern auf das „rote Wien" eingeschränkt, insbesondere im Blick auf die Lehrpläne der Volksschule. Auch in Wien aber wurde keine Einheitsschule eingeführt, sondern der bisherige Lehrplan der Gymnasien garantiert und zugleich den neuen Schulen Entwicklungsspielraum gegeben (WEINHÄUPL 1981, S. 103ff.). Die politische Auseinandersetzung vollzog sich im wesentlichen um einen konservativen Lehrplanentwurf des christlich-sozialen Unterrichtsministers SCHNEIDER,[34] der klerikale und sozialistische Kräfte auf die Straße trieb und in heftige politische Kämpfe verwickelte (ebd., S. 105ff.). Erreicht wurde tatsächlich ein Kompromiß, der im Haupt- und Mittelschulgesetz vom 2. August 1927 seinen Ausdruck fand. Die Gesetze sehen im Kern eine vierklasse, obligatorische und unentgeltliche *Hauptschule* vor, die an die Grundschule anschließt und im Lehrplan einheitlich organisiert ist. Die „Allgemeine Mittelschule" verschwindet als Ausdruck und wird curricular der Hauptschule angeglichen. In GLÖCKELS „Selbstbiographie" wird dieser entscheidende „Kompromiß" wie folgt beschrieben:

> „Auf dem Gebiete der Pflichtschule war die ‚Allgemeine Mittelschule' verschwunden . . .; die vierklassige Oberstufe der allgemeinen Volksschule hieß fortan *‚Hauptschule'*. . . die alten achtjährigen Typen Gymnasium, Realgymnasium, Realschule lebten wieder auf. Aber – und dies war der *sachliche* Erfolg der Reformbewegung – die Unterstufe aller dieser Typen wird (mit einer geringfügigen Ausnahme in der 4. Klasse des Humanistischen Gymnasiums) völlig einheitlich organisiert, und ihr Lehrplan geht vollkommen parallel mit dem Lehrplan der neuen Hauptschule!" (GLÖCKEL 1939, S. 125)

RICHARD MEISTER (1927, S. 395) kommentierte das Haupt- und das Mittelschulgesetz als Erhalt der „Hauptgliederung" der Schultypen „nach den geschichtlich gewordenen Bildungsidealen". Tatsächlich blieben die höheren Schulen als „achtklassige Vollanstalten" (ebd., S. 391) erhalten, so daß der organisatorische Schritt zur Einheitsschule nicht vollzogen wurde. Die Volksschularbeit aber konnte weiterhin reformpädagogisch betrieben werden, konzentriert in den Städten, vor allem in Wien, so jedoch, daß eine kontinuierliche Entwicklung möglich schien. Die Arbeitsschule stand im Mittelpunkt und damit die Abgrenzung von der „Lernschule" und ihrem unfruchtbaren *„Stoffprinzip"* (POPPER 1931, S. 609). Der Arbeitsschule geht es darum, das *„Lernen zu lernen"* und das verlangt ganz andere psychologische Methoden des Unterrichts, als die, die das Gymnasium oder die Lernschule charakterisieren (ebd., S. 612). Der damalige Hauptschullehrer in Wien, KARL POPPER, unterschied zwischen dem „assoziationsmechanischen Gedächtnis", das die alte Schule an sinnlosem Material erzeugen wolle, und dem „judiziösen Gedächtnis", das in der neuen Schule durch sinnvolles Denken erzeugt werde, um diese entscheidende Differenz zu markieren.

Die Beispiele einer erfolgreichen Arbeit, gerade auch in der theoretischen Reflexion, ließen sich fortsetzen. Das Verbot der sozialdemokratischen Partei 1934 unter der Regierung DOLLFUSS machte allen diesen Ansätzen ein Ende. DOLLFUSS ließ im Februar 1934 einen drei Tage währenden Aufstand des proletarisch-sozialistischen „Republikanischen Schutzbundes" niederschlagen und die führenden Sozialdemokraten, darunter auch GLÖCKEL, verhaften. Diesem „Staatsstreich" (GLÖCKEL 1939, S. 137) fiel auch die Schulreform zum Opfer: Die Verwaltungsstäbe wurden „gesäubert", die Schulgesetze aufgehoben und die reformpädagogischen Unterrichtsprinzipien zurückgenommen. Die Pädagogik vom Kinde aus war kein Thema mehr (ebd., S. 138ff.).

Der Kompromiß zwischen der österreichischen Sozialdemokratie und der katholischen Reaktion war aufgekündigt (TUMLIRZ 1935, S. 203). GLÖCKELS eminent politischer Schulversuch wurde zerstört und hat, trotz aller Bemühungen nach 1945, seine Ideen wachzuhalten, kaum nachhaltige Wirkungen gezeigt. Er ist gleichwohl ein historisches Lehrstück, gerade auch für das Schicksal der Reformpädagogik. Nur hier sind, unter demokratischen Voraussetzungen, die beiden Grundelemente der Reform, die *Arbeitsschule* und die *Einheitsschule*, politisch verbunden und in ein Experiment mit der gesellschaftlichen Institution umgesetzt worden. Nur hier haben sich starke Kräfte hinter dieses Experiment gestellt und darin eine entscheidende Modernisierung der Gesellschaft gesehen. Die hohen Ziele waren politisch notwendig, um überhaupt eine solche Reform einleiten zu können, aber sie waren auf der anderen Seite auch die entscheidende Provokation der Gegner. Gerade weil die Ziele mit den „Leitsätzen“ von 1920 offen zu Tage lagen, konnte eine entschiedene Gegenwehr einsetzen, die die pädagogischen Instrumente ebenso in Frage stellte wie die politische Legitimität der Reform. Es macht das Lehrstück aus, daß die Reform eine Zielebene erreichen *mußte*, die die neue Schule als Mittel der Veränderung der Gesellschaft behauptete.

Angesichts der damit ausgelösten Politisierung war eine Kontinuität der Reform von vornherein unwahrscheinlich. Der Ansatz verlangte eine politische Stabilität, die faktisch nur im Bundesland und in der Stadt Wien über mehr als ein Jahrzehnt gegeben war. Für die weitergehenden Reformen, gab es landesweit keine Mehrheiten. Wohl aber wurde durch die hohe Politisierung eine Diskussion ausgelöst, die das Gesamtkonzept letztlich unakzeptabel erscheinen ließ. Andererseits gelang es, die pädagogische Arbeit in der Volksschule methodisch und organisatorisch folgenreich zu verändern. Daß die Prinzipien des Arbeitsunterrichts, des Gesamtunterrichts und der „Bodenständigkeit“ (anschaulicher Unterricht im Nahraum des Kindes) Mittelpunkt der Unterrichtsarbeit waren und dies vom Lehrplan (und der Schulaufsicht) gefordert wurde (GLÖCKEL 1939, S. 86), konnte an keiner anderen Stelle der Reformpraxis im deutschen Sprachbereich zwischen 1918 und 1938 erreicht werden.

Die Besonderheit des österreichischen Experiments erklärt sich darüber hinaus auch mit einer besonderen Theorielage: Die spezifisch Wiener sozialistische Pädagogik hatte eine bestimmte Nähe zur Wiener Moderne, nicht zur Dekadenz, wohl aber zu den Theoriediskussionen in der Psychologie und Philosophie. Derartige Kombinationen zwischen einem neukantianischen Sozialismus, der Indidualpsychologie ADLERS und den pädagogischen Konzepten der Schulreform gab es in Deutschland nicht. Umgekehrt bedeutete dies auch einen relativ schwachen Einfluß der Kulturpädagogik auf die Reformdiskussion, die sich somit keineswegs auskühlte oder akedemisch vereinnahmt wurde. Die akademischen Positionen *entsprachen* der Reformpädagogik, die also auch theoretisch einen anderen Verlauf nahm als in der Weimarer Republik.

## 5.3. Lebensreform und kultureller Wandel

„Dem System gilt unser Kampf" – Unter diesem Titel veröffentlichte der „Roland", die Zeitschrift der Bremer Schulreformer, im Mai 1912 eine Rechtfertigung der „Schulreformbewegung". Diese Rechtfertigung konstatiert „eine Zeit völliger Erstarrung" im staatlichen Schulwesen und nennt sie eine „sehr gefährliche Epoche", weil sie Wandel nicht zuläßt. „Wandel" wird gedacht nicht als organisatorische Veränderung, sondern als radikale Ablehnung der Überlieferung aufgrund eigenen *Erlebens*: „Neu *erworben* ... wird eine überlieferte Erkenntnis nur dadurch, daß man sie neu *erlebt*. Je radikaler eine Generation daher alle Überlieferung ablehnt und nur *die Erbstücke* hinterher akzeptiert, *die sie neu durch das Erleben sich erworben hat*, um so tiefgründiger arbeitet sie, um so wertvoller ist die von ihr bewältigte Kulturarbeit" (Dem System ... 1912, S. 101, 98/99).

Darin drückt sich eine Radikalisierung aus, die mit der Wendung der reformpädagogischen Reflexion zur Lebensreform zu tun hat. Die Veränderung der Schule wird plötzlich als „Kampf" begriffen, die sie tragende „Bewegung" ist eine des *Lebens* und „Kampf allein ist Leben, er ist das einzig Wertvolle in dem Wirrwarr der sich kreisenden und einander widersprechenden Meinungen" (ebd., S. 99). Das „Suchen und Ringen an sich" erscheint als das Wertvollste der Bewegung, die aber ist selbst von der größten denkbaren Bedeutung: „Die moderne Schulreform-Bewegung ist die umwälzendste auf diesem Gebiet, die es je gegeben hat und geben wird" (ebd.). Daß sie *Bewegung* genannt wird, hat vor allem damit zu tun, daß sie über die institutionelle Reform hinausgreift. Sie wird radikal, aber das kann nur in den Randzonen der Gesellschaft zu einer wirklichen Praxis werden. Nur Teile der Reformer haben sich so begriffen und auch nur diejenigen, die Anschluß fanden an Reformideale *außerhalb* der Schule. Die folgenreichste dieser Praxis der Lebensreform war die Jugendbewegung, die nicht zufällig von einem Gymnasium ihren Ausgang nahm.[35]

In ihren Motiven war die Jugendbewegung anti-institutionell oder „milieulos", wie es in einer frühen soziologischen Deutung hieß (LÜTKENS 1925, S. 54f.; vgl. BLÜHER 1922, S. 162). Ihr Leben sollte aus dem eigenen Konzentrat der Gemeinschaft erwachsen, um auf diese Weise jene organische „Einheit" des Sozialen zu erleben (LÜTKENS 1925, S. 30), für die in der gesellschaftlichen Realität kein Platz mehr war. Dieses Motiv drückte sich auch in der Ästhetik der Bewegung aus. Das berühmteste Beispiel ist das Bild „Hohe Wacht", welches dem Buch über die Vereinigungsfeier der Jugendbewegung 1913 auf dem Hohen Meißner vorangestellt wurde. Dieses Bild stammte von dem Zeichner und Baumeister HUGO HÖPPENER, der sich „Fidus" nannte und vor allem im Kaiserreich ein einflußreicher Illustrator gewesen ist, der den Zeitschriften und Büchern der Lebensreformbewegung ästhetische Form gab.[36]

Das Bild „Hohe Wacht“ sollte die Meißner-Formel ausdrücken, mit der die Einheit der Jugendbewegung beschworen wurde: „Die freideutsche Jugend will aus eigener Bestimmung, vor eigener Verantwortung, mit innerer Wahrhaftigkeit ihr Leben gestalten. Für diese innere Freiheit tritt sie unter allen Umständen geschlossen ein“.[37] Das *eigene* Leben wird betont, also die Abgrenzung, zugleich aber auch der Kampf für deren Erhalt; das Innen ist nach Außen geschlossen, doch das setzt Wehrhaftigkeit voraus. Das Einigungstreffen der verschiedenen Jugendorganisationen, das vom 11. bis 13. Oktober stattfand, sollte in diesem Geiste verstanden werden. Das zeigt der erste Aufruf zum Treffen, den der Verleger EUGEN DIEDERICHS, sicherlich der einflußreichste publizistische Betreuer der Jugendbewegung und ihrer Entwicklung, verfaßt hatte (DIEDERICHS 1936, S. 222). In diesem Aufruf sind die Werte der Jugendbewegung auf dem Hohen Meißner repräsentiert:

> „Ihr Selbst frei zu entwickeln, um es dann dem Dienst der Allgemeinheit zu widmen, ist die höchste vaterländische Aufgabe der Jugend. Allem geschraubten und gezwungenen Wesen stellen wir *Natürlichkeit, Wahrhaftigkeit, Echtheit, Geradheit* gegenüber; aller Engherzigkeit das ernste, freie Gefühl der *Verantwortlichkeit!* Statt des Strebertrums *aufrechte Überzeugungstreue!* Statt der Blasiertheit *Jugendfreude* und *Empfänglichkeit; Ausbildung des Körpers* und *strenge Selbstzucht* statt der Vergeudung der Jugendkraft!“ (Freideutsche Jugend 1913, S. 3; Hervorhebung J.O.)

Fidus’ Bild demonstriert die Grundlage dieser Werte, nämlich *Natur* und *Gemeinschaft*. „Natur“ wird von Fidus durchweg als freie Körperlichkeit betrachtet, als „Freikörperkultur“[38] oder harmonischer Einklang von Leib, Seele und Lebensraum. In ihr kommt die *reine* Gemeinschaft zum Ausdruck: „Hohe Wacht“ zeigt den nackten Männerbund, der bewaffnet ist und somit furchtlos erscheint, unter einer stilisierten Sonne des Lebens und umgarnt von Frühlingsmotiven, die fließend in zwei ebenfalls nackte Frauengestalten übergehen. Die Frauen sind symmetrisch, aber vereinzelt dargestellt, unberührt vom Bund der Männer. Zwischen den Geschlechtern gibt es eine imaginäre Grenze. Das Bild symbolisiert die unerotische „Reinheit“ der Geschlechter, die nicht miteinander in Beziehung treten und also auch kein Objekt der Begierde sind, sondern „Natürlichkeit“ darstellen. „Natürlich“ ist nicht die erotische Sexualität, sondern die ästhetische Körperlichkeit. Es geht nicht um die ebenso befreiende wie zersetzende Dynamik der Liebe, sondern um die Ordnung der Gemeinschaft. Daher *Hohe Wacht*: Natur und Gemeinschaft sind harmonisiert, aber diese Harmonie ist gefährdet. Man muß, streng getrennt nach Geschlechtern, aber füreinander einstehend, beständig auf der Hut sein, nach Außen wie nach Innen.

Fidus hat sein Bild in der Festschrift der „Freideutschen Jugend“ selbst kommentiert: *„Wahrhaftig sollen wir sein! – natürlich dürfen wir sein!* und *– Schönheit bedürfen wir!“* (Fidus 1913, S. 69). Dies wird als naturalistische Heilslehre verkündet, als „Wort zur wahren Sittlichkeit“ (ebd., S. 68). Natürliche Werte sind Werte der körperlichen Natur, also ästhetische Visionen des schönen und jugendlichen Körpers, die moralisch definiert werden. „Unverhüllt“ ist gleichbedeutend mit „ehrlich“, während die Verhüllung durch die „allmächtige Kleidermode“ gerade als „schamlos“ gilt (ebd., S. 70). Das Nackte ist das Reine, doch nur unter der Voraussetzung ästhetischer Betrachtung. Unverhüllt darf sich nur das Gesunde und Schöne zeigen, das Häßliche und Kranke wird ausgeschlossen (ebd., S. 71). Das Natürliche ist das Reine, aber nur wenn das Natürliche auch das Schöne ist. Dann aber ist das Natürliche auch das „notwendig Vorbildliche“, also die Grundlage der Moral. Die aber wird als „deutsche Tugend“ gedacht (ebd.) und einzig sie konkretisiert die Bewegung der Jugend.

Man kann sicherlich die Erfahrungen der Jugendbewegung nicht mit den Ideologien ihrer Mentoren gleichsetzen, zumal von einer irgendwie einheitlichen Richtung keine Rede sein kann.[39] Gleichwohl symbolisiert Fidus' Bild ein wesentliches *Motiv* in der Konstituierung freier „Jugend“ vor 1914: Männlicher Schutz des Eigenen vor dem Fremden, dazu weibliches Ornat, das dem Schutzbund eigentümlich vorgelagert ist und das Eigentliche – das, was es zu schützen gilt – nicht erreicht. Dieses Eigentliche ist als Identität der Jugend vorstellbar, als politisch Allgemeines, aber auch als „Volk“ oder „Rasse“, und die Entwicklung der Jugendbewegung bis 1933 zeigte, daß alle diese Anschlüsse, wenngleich von verschiedenen Gruppen, gesucht wurden.

In einem gewissen Sinne ist die Jugendbewegung ebenso *Flucht* gewesen wie die ganze Lebensreformbewegung (LINSE 1986, S. 16), Flucht nämlich vor den Realitäten der neuen Gesellschaft des 19. Jahrhunderts und ihren Modernisierungen, die als Bedrohung erfahren wurden. Sie erleichterten das Leben, aber machten es zugleich, so schien es den unzähligen Interpreten, die zur allgemeinen Reform aufriefen, sinnlos. Die Gesellschaft der Industrie wurde als bedrohlich empfunden, weil sie tatsächlich neuartige Gefährdungen des Lebens mit sich brachte, aber auch weil sie den Nahraum überschritt und soziale Totalisierung für jedermann erfahrbar machte. Die Generalisierung dieser Erfahrung in den Theorien der Jugendbewegung betraf ausschließlich den Preis der neuen Gesellschaft, nicht auch ihren möglichen Gewinn. Gesucht wird der *Ausweg* nach dem „Schiffbruch der Ideale überall“ (BLÜHER 1922, S. 87).

Für dieses Fluchtmotiv war der Erste Weltkrieg *keine* Zäsur; eher verstärkte er die Tendenzen zum Ausstieg aus der Gesellschaft oder zu ihrer radikalen Überwindung. EUGEN DIEDERICHS hat dies in einem Aufruf vom 11. November 1918 als die Herstellung *„organischer Politik“* bezeichnet: „Wir müssen den Volksstaat organisch aus den Bedürfnissen der geistigen Individualität heraus in genossenschaftlichen Organisationen aufbauen“. Dabei ist „das Verhältnis zum Schöpferischen“ maßgebend, „nicht das Parteischlagwort“ (DIEDERICHS 1936, S. 325). Diese Formeln haben nicht nur die Jugendbewegung bestimmt, sondern auch andere Bewegungen der Lebensreform, innerhalb und außerhalb des pädagogischen Feldes. Gemeinsam ist allen diesen Bewegungen, daß sie die Bedingungen der modernen Gesellschaft nicht akzeptieren, die Formen anonymer Freiheit in der Großstadtkultur, die damit einhergehende Subjektivierung der Moral und Ökonomisierung des Alltags.

Dagegen richtete sich die Lebensreform, aufgeteilt in eine bunte Vielfalt sozialer Formationen: Die „Bodenreformbewegung", die „Körperkulturbewegung", auch der „Wandervogel", die „Heimatkunst"-Bewegung, die diversen Vereine gegen den Alkoholkonsum, für eine Kleiderreform, für die Nacktkultur, die Sexualreform (Eugenik) und die Naturheilkunde oder die Naturkost – Alle diese Bewegungen wollten den Lebensalltag der Industriegesellschaft verändern, weniger als politische Kraft, sondern mehr als private Gruppierung oder als unabhängiger Verein (LINSE 1986, S. 18). Die einzelnen Bewegungen waren unterschiedlich aggressiv, rabiate Bevölkerungspolitik durch Formen der Rassenzüchtung wurde ebenso propagiert wie eine sanfte Revision der Ernährung oder Experimente mit den Sozialbeziehungen.[40]

„Lebensreform" war zunächst Reform des *eigenen* Lebens, die im Zusammenschluß mit Gleichgesinnten erfolgen sollte. Es entstanden „Gemeinschaften", oft auch Sekten, die publizistischen Einfluß suchten und das Bewußtsein veränderten, ironischerweise vor allem beim Großstadtpublikum. Die Publizistik beschrieb nicht nur ein Fluchtverhalten, sondern auch eine Utopie der heilen Welt, mit der eine Distanz gewonnen werden, die für die kritische Beschreibung der Industriegesellschaft und Massenzivilisation notwendig war. Allerdings waren die Orientierungspunkte der Utopie oft obskur, theosophische Lehren, asketischer Vegetarismus, dann wieder „ganzheitliche" Definitionen der „Natürlichkeit" (KRABBE 1974, S. 48ff., 77f., u. pass.) und nicht zuletzt die populären Mythen von „Volk" und „Rasse". Vorausgesetzt wird immer unmittelbare Betroffenheit: Man erlebte, wie sich die Lebensbedingungen veränderten, eine billige Konsumkultur entstand und „Natur" immer mehr aus dem eigenen Erfahrungsraum verschwand. Lebensreform war gleichbedeutend mit einer Rückwendung zur Natur (ebd., S. 48/49).

Das darin sich ausdrückende soziale Problem hatte viele Varianten, so daß auch nicht eine geschlossene Bewegung entstehen konnte. Überregional organisierten Verbänden (wie zum Beispiel der „Deutsche Vegetarier-Verein") und größeren Bewegungen (wie der organisierten Freikörperkultur)[41] standen sektiererische Gruppen gegenüber, die religiöse Ideen verfolgten oder sich an radikalen Beziehungsexperimenten versuchten. An diesen Rändern des Spektrums wurde zum Beispiel eine Vielzahl von Landkommunen gegründet (LINSE 1983), die organisatorisch und ideologisch wenig zu tun hatten etwa mit der 1902 gegründeten „Deutschen Gartenstadtgesellschaft", die eine „Denzentralisierung der Industrie" zum Ziel hatte, um durch siedlungsmäßige „Innenkolonisation" Landwirtschaft und Stadtkultur zu versöhnen (KAMPFFMEYER 1913, S. 27), ohne den Preis der Dekadenz zu zahlen.

Ein Zentrum der avantgardistischen Sekten vor 1914 ist der Monte Verità in Ascona gewesen, wo es anarchistische Traditionen gab, an die so unterschiedliche Geister wie ERICH MÜHSAM oder GUSTO GRÄSER[42] anknüpfen konnten. Sie verbanden ihre Ideen des besseren Lebens mit der Gründung von Kolonien, die alternative Formen des Zusammenlebens ausprobierten (FRECOT 1978), meistens jedoch nur von kurzer Dauer waren. Ideologisch lagen zwischen den „Agrarromantikern" um HEINRICH SOHNREY[43] und den Anarchisten in Ascona sicherlich Welten. Aber in vielen dieser Bewegungen und Experimente entwickelten sich pädagogische Konzepte, die durchaus ihre Gemeinsamkeiten hatten, etwa in der Hochwertung der kleinen, ländlichen Gemeinschaft oder in der Ablehnung der Großstadtzivilisation. Gemeinsam war auch die Sehnsucht nach dem *Ursprung* und das Bestreben, soziale *Einheit* herzustellen, die sich freilich sehr unterschiedlich Ausdruck verschafften. Die Rassenbiologie oder die Eugenik hat in der Wahl der Mittel nichts zu tun mit den romantischen Siedlungsexperimenten oder den Gesundheitsbewegungen. In jedem Fall aber reagierte man auf vermeintliche oder tatsächliche *Bedrohungen*, des „Volkes", der „Rasse" oder der alltäglichen Lebensform.

Viele dieser Ansätze bezogen sich auf die bedrohte *Natur* und darin kommt ein bestimmtes Denkmuster zum Ausdruck, das hinter den politisch oft wirren Vorstellungen vom „neuen Menschen" oder vom „neuen Leben" stand (vgl. HERRMANN 1987). Die Natur ist bedrohlich für den Menschen, aber der Mensch auch bedrohlich für die Natur, ohne daß doch die moderne Zivilisation die Souveränität der Natur wirklich antasten könnte. Sie entfernt sich aber immer mehr von ihren natürlichen Grundlagen, so daß es darauf ankommen muß, die Zivilisation der Natur und nicht die Natur der Zivilisation anzupassen. Mit dem romantischen Bild der Unversehrtheit vor Augen ist jener scharfe Kontrast zu beschreiben, auf den es den meisten Lebensreformern ankam: Der zivilisatorische Eingriff zerstört die Natur der Gesellschaft und nicht nur das, er zerstört zugleich die Harmonie der Natur mit dem Menschen. Mensch und Erde fallen auseinander.

Der dies sagte, der Psychologe und Philosoph LUDWIG KLAGES, war der eigentliche Theoretiker der „Lebensreform", auch wenn diese selten auf ihn Bezug nahm. Aber sein Manifest „Mensch und Erde" wird heute zu Recht als eines „der ganz großen Manifeste der radikalen Ökopax-Bewegung" angesehen (LINSE 1986, S. 60), weil in ihm Fortschrittskritik und Lebensphilosophie eine bis heute (oder erst recht für heute) brisante Mischung eingehen.[44] KLAGES machte dieses Manifest 1913 auf der erwähnten Vereinigungsversammlung der „Freideutschen Jugend"[45] öffentlich, so daß sich eine Beziehung zum Kraftfeld der Jugendbewegung und Lebensreformbewegung von selbst ergibt. KLAGES sprach also zur *Ju-*

*gend*, als er technisch-zivilisatorischen Fortschritt mit der *„Vernichtung des Lebens"* gleichsetzte (KLAGES 1956, S. 12).

Die Veränderung der Natur konnte nur dadurch erreicht werden, daß Wissenschaft und Technik für Fortschritte in der Lebensbequemlichkeit sorgten, in deren Sog vergessen wurde, welches der Preis dieser Entwicklung sein würde. KLAGES spricht von der *„Selbstzersetzung des Menschentums"*, von dem *„Untergang der Seele"* und der „maschinenhaften", sklavischen „Existenz" im Dienste des Geldes (ebd., S. 12ff.). „Die meisten leben nicht, sondern *existieren* nur mehr, sei es als Sklaven des ‚Berufs', die sich maschinenhaft im Dienste großer Betriebe verbrauchen, sei es als Sklaven des Geldes, besinnungslos anheimgegeben dem Zahlendelirium der Aktien und Gründungen, sei es endlich als Sklaven großstädtischen Zerstreuungstaumels" (ebd., S. 15).

Damit war der Gegenstand der Kritik klar benannt: Industrie- und betriebsförmige Organisation der Arbeit, abstrakte Geldwirtschaft und großstädtische Vergnügungskultur, das also, was die gesellschaftliche Moderne wesentlich ausmacht. Sie betrachtet KLAGES als Form der *Existenz*, nicht mehr des *Lebens*, weil die moderne Gesellschaft „aus der Fürsorge für das Leben" den ökonomischen „Kampf ums Dasein" gemacht hat, der sich biologisch (darwinistisch) begründet, aber gerade damit von der Biologie des Lebens abrückt. „Die Natur", so heißt es gegen DARWIN, „kennt keinen Kampf uns Dasein". „Leben" ist vielmehr „beständiger Wiedererneuerung fähige Form; löschen wir diese aus, indem wir die Art vertilgen, so ist die Erde für alle Zeiten um sie verarmt, unbeschadet der sogenannten Erhaltung der Kräfte" (ebd., S. 16/17). Natur ist demzufolge nicht Kampf, sondern Fürsorge, und zwar Fürsorge für das *Leben*. Wenn „Hunderte von Arten in wenigen Menschenaltern" von der Erde „vertilgt" worden sind, so läßt sich das nicht biologisch erklären, sondern verlangt einen Blick auf die Zivilisationsform, in der dies möglich war und als notwendig erachtet wurde.

Diese Zivilisation beschreibt KLAGES als hochaggressive Mischung aus Naturwissenschaft, Technik und Kapitalismus, deren Zusammenspiel nur möglich werden konnte, weil die christlichen Wurzeln unangetastet blieben. Die Träger der kapitalistischen (wissenschaftlich-technischen) Zivilisation sind, so KLAGES, ausschließlich „die Völker der Christenheit" (ebd., S. 19). „Nur innerhalb ihrer wurde Erfindung auf Erfindung gehäuft, blühte die ‚exakte', will sagen die zahlenmäßige Wissenschaft und regte sich rücksichtslos der Erweiterungsdrang, der die außerchristlichen Rassen knechten und die gesamte Natur verwirtschaften will" (ebd.). Als Grund für diese These gibt KLAGES die christliche Vorstellung der Schöpfung an, die den *Menschen* an die höchste Stelle setzt und damit die Symmetrie von Mensch und Natur aufhebt (ebd., S. 19/20). Das Christentum ist für KLAGES die Religion des *Geistes* und damit auch des Verstandes und des Willens; ihnen steht das *Leben* gegenüber, welches vom

„Geist“ nicht zu fassen ist und sich in der Tiefe der „Seele“ Ausdruck verschafft. Daher kann KLAGES sein Hauptwerk nennen: Der Geist als *Widersacher* der Seele (KLAGES 1981). Wenn der Geist als Antipode zur Seele auftritt, dann kann nicht geistig bewirkt werden, was sich seelisch vollzieht. Eine *„innere Lebenswende“* (KLAGES 1956, S. 22), zu der KLAGES auf dem Hohen Meißner aufrief, kann nur aus den Tiefen der Seele heraus erlebt werden; sie ist nicht der Vollzug eines Planes zur rationalen Veränderung von Kultur und Gesellschaft.

Diese Lehre theoretisiert die Stichworte der Bewegung, die nicht zufällig „Lebensreform“ heißt. „Leben“ ist hier, gegenüber Moral und Gesellschaft, die tiefere, die bestimmende Kraft. Jede denkbare Kultur ist nur dann legitim, wenn sie sich in Übereinstimmung mit den Bedingungen des Lebens befindet. „Leben“ ist nicht, wie im 18. Jahrhundert, gleichbedeutend mit Natur (also gesetzmäßigen oder mindestens biologisch beschreibbaren Abläufen), sondern meint ein vorrationales Geschehen, das mit Hilfe einer kosmischen Psychologie beschrieben wird. Dann aber steht „Geist“ *gegen* „Seele“ und distanziertes Urteil *gegen* unmittelbares Erleben; dann wird es möglich, „Sein“ und Geschehen zu unterscheiden und das eine vom „Erleben“ zu trennen, das andere aber darauf gerade zu beziehen; so wird schließlich ein Weltkampf um Fortschritt und Vernichtung konzipierbar, der in radikaler Weise die Fronten verkehrt: Was bislang Fortschritt versprach, nämlich wissenschaftliches Urteil und technische Tat, *bedroht* das Leben, das mit dem Fortschritt des Geistes untergeht und vernichtet wird. Dieses Szenario muß nun nur noch auf die allerdings widersprüchlichen Resultate des 19. Jahrhunderts projiziert werden – Geldwirtschaft, betriebsförmige Arbeit, Vergnügungsindustrie –, um eine wirksame politische Ideologie formulieren zu können.

Dabei ist KLAGES’ Theorie ebenso sperrig und widersprüchlich, um in glatter Weise Ideologie werden zu können.[46] Aber sie rechtfertigt die grundlegenden Intuitionen der Lebensreformer, weil sie „Seele“ und „Kosmos“ zusammenbringt und zugleich von einem „Urgegensatz“ ausgeht. Sie kann damit Entzweiung und Versöhnung denken, ohne Beschränkungen der gesellschaftlichen Wirklichkeit akzeptieren zu müssen. Die Ideologie der Lebensreform findet in KLAGES „Urgegensatz“ ihre eigene Polarität bestätigt, in der „Geist“ identifiziert wird mit wissenschaftlichem Rationalismus, der um die Reinheit des Erlebens willen systematisch abqualifiziert werden muß. „Rein“ ist das Erleben aber nur, wenn auch das Leben „rein“ ist, worunter dreierlei verstanden werden: Schönheit, Unversehrtheit und Harmonie. Ästhetik und Moral gehen auch hier die ausschlaggebende Verbindung ein: „Leben“ wird übersetzt mit der Abwesenheit des Häßlichen und also der Güte des Schönen (Körperkultur); Leben wird aber auch mit der Unversehrtheit der natürlichen Lebensbedingungen gleichgesetzt (Heimatschutz, Artenschutz usw.); und schließlich erscheint Leben als Ideal der Harmonie zwischen Erleben und Handeln oder zwischen Individuum und Gemeinschaft. In allen drei Fällen ist kein wissenschaftlicher Rationalismus erforderlich, um gut und qualifiziert „leben“ zu können.

Im Rahmen dieser Konzepte und Visionen sind auch pädagogische Versuche unternommen worden. Es ist klar, daß diese nicht mit Untergangsvisionen einhergehen konnten, sondern das Verhältnis von „Mensch“ und „Erde“ utopisch neu denken mußten. Dabei kommt erneut der Gedanke der idealen *Gemeinschaft* ins Spiel, aber nicht als großflächige Projektion des „Volkes“, sondern als Kolonie oder Zelle des künftigen Idealstaates, der sich als Organisationsform überflüssig macht, weil alle seine Glieder autonom sind. Die radikale Bedrohung oder die Vision von der zerstörerischen Zivilisation wird so zugleich akzeptiert und nicht akzeptiert. Pädagogisch darf nicht gelten, was doch empirisch wahr zu sein scheint. Aber die Tendenz der Wirklichkeit soll angehalten und eine gänzlich neue Kultur hergestellt werden. Welches Spannungsfeld sich daraus für die Erziehung ergibt, in Theorie und in Praxis, läßt sich an zwei Beispielen verdeutlichen, die pädagogische Kolonie HEINRICH VOGELERS in Worpswede und die Schulutopie des Hamburger Wendekreises.

VOGELER trat 1923 der KPD bei, nachdem die Weltkriegserfahrung ihn und seine Kunst grundlegend verändert hatten. Im November 1918 wurde er zum Arbeiter- und Soldatenrat gewählt (in Osterholz bei Bremen) und verbrachte einige Jahre in linken Sekten. Nach diesen Jahren wurde er Parteikommunist und richtete auch sein Oeuvre auf diese Überzeugung hin aus. Pädagogisch lag seine fruchtbare Zeit aber gerade in den Jahren, in denen er der anarchistischen Lebensreformszene nahestand. Die Kommune Barkenhoff wurde im Winter 1918/19 gegründet und bestand aus etwa zwanzig ständigen Mitgliedern, darunter zehn Kindern. Inspiriert wurde dieses Experiment von anarchistischen Ideen (KROPOTKINS Ethik der „gegenseitige Hilfe“[47] und LANDAUERS Anarchie des unmittelbaren, aber unbekannten Lebens (LANDAUER 1901)), die praktisch als „Suche nach neuen Lebensformen“ verwirklicht wurden (WIEGAND PETZET 1972, S. 128, 134). Grundlegend war dabei die „besitzlose Gemeinwirtschaft“ (ebd., S. 133), die Anlaß gab für Kolonisierung von Ödland und eine Art Tauschwirtschaft mit der Umwelt (ebd.). Innerhalb der Gemeinschaft wurde Erziehung als *Arbeitsschule* organisiert, über die WALTER HUNDT, ein Mitglied der Kommune, rückblickend berichtet:

> „Am Alten August (d.i. der Zimmermann August Freiträger, J.O.) sehen wir, wie die Kinder durch das Erlebnis lernen. Er sagt ihnen auch, wie ein Werkzeug benutzt werden muß, daß zu große Kraftanstrengung dem Gerät schadet ... Er lehrt die Kinder Höhen schätzen und zeigt, mit welch einfachen Mitteln sich das genau machen läßt. Er weist auf die verschiedenen Holzarten hin und erklärt, wie sie zu verwenden sind ... Arbeiten die Kinder im Garten, dann wird jeder Arbeitsvorgang erklärt: warum man Pflanzen verzieht, wie bei schlechter Arbeitsweise beim Säen Saatgut vergeudet wird, wie die Wurzeln in die Erde gebracht werden müssen ... usw.. Das alles lassen wir sie erleben, da-

mit die Kinder lernen, einen Arbeitsvorgang zu durchschauen. Auch das eigene Beet ist da. In den Werkstätten haben sie eine Bastelecke" (HUNDT 1981, S. 76/77).

VOGELER äußerte sich 1921 in der Monatsschrift des „Deutschen Vereins für Knabenarbeit und Werkunterricht" über das Konzept dieses pädagogischen Experiments: „Der Leitgedanke der Arbeitsschule Barkenhof ist der, das Kind durch aktive Arbeit an dem ganzen Wirtschafts- und Handwerkbetrieb der Schule so teilnehmen zu lassen, daß das Kind immer von dem Gefühl getragen ist, ein Mitglied der Gemeinschaft zu sein, auf dessen gestaltende Kraft es ankommt, das durch sein ganzes Lernen und Gestalten dazu beiträgt, die Lebensverhältnisse aller zu entlasten und zu verbessern" (VOGELER 1921, S. 175).

„Gemeinschaft" wird zweifach verstanden, nach Außen in Beziehung zur kapitalistischen Umwelt, nach innen „ruhend auf der Kollektivarbeit eines gemeinsamen Hausbetriebes von Kindern und Erwachsenen" (ebd., S. 176). Hierauf sind Erziehung und Unterricht bezogen: „Überall schließt sich die Lehrtätigkeit an (die) Funktionen der Arbeitsgemeinschaft an und überall zeigen die Lehrenden die inneren Verbindungen zu den Gemeinschaftsbedürfnissen der Menschen und die Bindungen mit den kosmischen Gesetzen, die zu einer Glückserfüllung des Menschen durch das schöpferische Gestalten am Ganzen treibt" (ebd., S. 177).

Was VOGELER in seinen Lebenserinnerungen die „alte Mystik" nannte (VOGELER 1952, S. 281), die mit der materialistischen Philosophie verschwunden sei,[48] war zu diesem Zeitpunkt noch sehr lebendig. „Kosmisches Werden und menschliche Erfüllung" (VOGELER 1921a) sind noch keine Gegensätze und es ist noch nicht die politische Klasse, deren Kampf die neue Gesellschaft hervorbringt, sondern es sind „die Erkennenden, die Friedensgewillten, die Freien, vor allem die Jugend", die den „Willen" haben, „die verwesende Welt, die mit ihrer ganzen Versklavung den Götzen Mammon anbetet, zu verlassen". Sie müssen mit sich selber „ringen", „um die Urnatur des Menschen als soziales Wesen ganz zu erfassen". Dies gelingt nur, wenn die „Autoritäten der alten Welt" überwunden und der Glaube „an die eigene gestaltende Kraft" gewonnen wird, „an das lebendige Beispiel, das alle schöpferischen Menschen aufrichten können" (ebd., S. 9/10).

In diesem Geiste der Utopie ist die Arbeitsschule dann die „Aufbauzelle der klassenlosen menschlichen Gesellschaft" (VOGELER 1921b). Das Konzept dieser „neuen Schule", die unabhängig von jeglicher Autorität, vor allem der des Staates, sein soll (ebd., S. 6), liest sich wie eine Pädagogik der Lebensreformbewegung: Die „kapitalistische Wirtschaftsordnung" führte auf zerstörerische „Irrwege", weil sie den Kontakt mit den „zeugenden aufbauenden Naturkräften" verloren hatte. „Die Menschen haben nun erkannt, daß alle Gleichgewichtsstörungen seelischer und körperlicher, staatsordnender und wirtschaftlicher Art im ursächlichsten Zusammenhang mit dem Kosmos und seinen naturhaften, aufbauenden Gesetzen stehen; auf dieser Erkenntnis baut sich die neue Schule auf. In allen Dingen des Lebens das Gleichgewicht mit den ewigen Gesetzen zu finden, das Bedingte durch die schöpferische Tat dem Unbedingten entgegenzuführen, wird die Bewegung der Schule sein müssen“ (ebd., S. 9).

„Grundlage des menschlichen Werdens“ muß die „Entspannung des körperlichen Krampfes“ sein. Für die pädagogische Arbeit heißt das: „Alles Turnen wird unbekleidet ausgeführt und beschränkt sich möglichst auf eine forschende Entdeckung der körperlichen Hemmungen und ihre Befreiung durch entsprechende Muskelspannung und Entlastung; wobei die größte Aufmerksamkeit auf den organischen Zusammenhang zwischen Atem- und Bewegungsrhythmus gerichtet werden muß. Dazwischen mögen Zeiten liegen tiefster Ruhe und innerer körperlicher Konzentration, bis der unbewußte tiefste Lebensimpuls sich selber löst, und der ursprüngliche Atem den Körper von den Hemmungen befreit“ (ebd., S. 10). Die Spiele der Kinder haben dann einen natürlichen Charakter und können den Erfahrungsvorbildern angeglichen werden: „Die Bewegungen der Schmetterlinge, der Katzen, der Blumen im Winde geben den Kindern aus dem täglichen Leben immer neue Gleichnisse wesensverwandter naturhafter Rhythmen“ (ebd.).

Parallel dazu verläuft die Erfahrung des Arbeitslebens und der Gemeinschaft. Auch hier muß der Rhythmus erfahren werden und das Lernen „aus den Bedürfnissen für die Gemeinschaft“ erwachsen (ebd., S. 10/11). Lernanlaß ist das Leben und jede Frage wird zum Projekt:

> „Der mangelhafte Orientierungssinn einer Kleinen bringt einen geographischen Tag. Er beginnt vielleicht bei der Orientierung des Hockers, auf dem das Kind sitzt; bald zeichnen alle den Grundriß des Schulzimmers, des Hauses, die Wege des Gartens und weiter das Dorf; der Fußboden des Zimmers wird mit Kreide in Anspruch genommen, die Straßen und Häuser entstehen unter der Schöpferkraft des Kindes und den ganzen Tag spielt die Phantasie mit den praktischen Aufgaben zwischen Küche und Acker und die Lehrerin muß erzählen über den Verbleib des Flusses, den man vom Berge aus glänzen sieht; eine Fülle von praktischen Lehraufgaben über Verkehr und Versorgung, über Hausbau, Acker und Wirtschaft wachsen dem neuen Tage entgegen“ (ebd., S. 11).

Dies ist „der naturgeborene Zustand“, „in dem das geistige und das Körperliche sich ineinander ausleben durch die schöpferische Tat – das Kind ist glücklich“ (ebd., S. 15). Und diese „Schulsiedlungen“ sollen „Zellen“ sein, „die in ihrer kleinen autonomen Form die völlige Umgestaltung der Wirtschafts- und Gesellschaftsordnung verkörpern, die größte Glückserfüllung in der freien Arbeit Aller für Alle“ (ebd., S. 16).

Auch als Parteikommunist hatte VOGELER diese Utopie vor Augen, nur daß er seine „mystischen“ Theorien aufgab und sich an der Doktrin der revolutionären Gesellschaft orientierte. Diesen Wandel bewirkte vor allem ein einjähriger Aufenthalt im nachrevolutionären Rußland (VOGELER 1924). In seinem berühmten Bericht über die „Reise durch Rußland“ (VO-

GELER 1925) sieht VOGELER den Kommunismus als pädagogische Neuordnung des Verhältnisses von Individuum und Gemeinschaft. Dieser Weg zum „neuen Menschen“ ist „nur in einer Volksgemeinschaft gangbar“, „in der die Klassenunterschiede zerschlagen sind“ (ebd., S. 27). Die Utopie scheint dann gesellschaftliche Konkretion geworden zu sein: „Die kommunistische Zelle im Betrieb, im innigen Zusammenhang mit der Klubarbeit, diese wieder verbunden mit dem Volkskommissariat für Volksaufklärung (Kultus), geben das feste Gerüst, an dem sich das gesamte gesellschaftliche Leben der neuen Menschen kristallisiert. Das gilt auch für die Arbeitsschule der Kinder. Es wird jeder zum Forscher, zum Sucher und zum Gestalter. Das schöpferische Lebensprinzip . . . wächst im russischen Aufklärungs- und Erziehungswesen, wie ein natürliches organisches Gebilde auf der völlig veränderten Wirtschaftsordnung“ (ebd., S. 28).

Die schwärmerische Emphase – „Hier wird der neue klassenlose Mensch geboren, der sich selbst erlöst durch eine Tat, die zeugend und gestaltend zurückfließt an die Menschheit“ (ebd., S. 29) – geht nach 1923 auf die kommunistische Partei über. Die Kommune Barkenhoff wird aufgelöst, die Liegenschaft an die „Rote Hilfe“ geschenkt, die daraus ein Kinderheim macht. VOGELER hatte erkannt, daß „eine utopische kommunistische Phantasterei als Zelle für das Werden einer neuen Gesellschaftsform in der kapitalistischen Umwelt“ nur zerbrechen kann (VOGELER 1952, S. 313).[49] Aber andere Siedlungen mit alternativen Lebensformen überlebten (vgl. LINSE 1983) und erprobten die Prinzipien der neuen Erziehung weiter, zum Beispiel in der Kibbutz-Bewegung (ebd., S. 293ff.). Vor allem aber überlebte die *Idee,* die sich in der widersprüchlichen und immer weniger idealen Wirklichkeit des „realen Sozialismus“ keineswegs wiederfinden konnte.

VOGELERS Kolonie hatte freundschaftliche Kontakte mit dem Hamburger „Wendekreis“ (HUNDT 1981, S. 74; WIEGAND-PETZET 1972, S. 134), einer Vereinigung radikaler Lehrer, die sich im Sommer 1918 um den ehemaligen Mitarbeiter von GUSTAV WYNEKEN, GEORG JÄGER, gebildet hatte. Sie gründeten den „Wendekreis“, der eine „schulrevolutionäre Gesinnung“ (RÖDLER 1987, S. 151) artikulierte und im „Geiste der Jugendbewegung“ eine radikal andere Schule eröffnen wollte (ebd.). Tatsächlich wurde diesem Zirkel durch die Hamburger Behörde die „Schule Breitenfelderstraße“ zugewiesen, „die fortan die ‚Wendeschule‘ hieß“ (ebd.). Ihre Arbeit war antiinstitutionell, das Ziel war die Überwindung der Schule (ebd., S. 225): Es gab keinen Lehrplan, keinen Stundenplan, keine Pausenregelung, keine Schulgemeinde mit den Eltern, sondern nur die Gemeinschaft zwischen Lehrern und Schülern (ebd., S. 225ff.), die entsprechend stark strapaziert wurde und relativ schnell zerbrach.[50] Schon 1920 verließ der eigentliche „Wendekreis“ um FRITZ JÖDE und MAX TEPP die Schule, um in der Lüneburger Heide den „Wendehof“ zu gründen (ebd., S. 232). Nach weiteren Sezessionen verschiedener Lehrergruppen arbeitete die Schule 1924 wieder überwiegend gemäß dem Lehrplan und verlor das Bild eines radikalen Schulversuchs (ebd., S. 234).

VOGELERS „Arbeitsgemeinschaft Barkenhof" hatte sich „für den Aufbau eines reinen kommunistischen Lebens" eingesetzt (so in einem Flugblatt Oktober 1920: WIEGAND-PETZET 1972, Abb. 90). Der „Wendehof" Holtorf wurde ähnlich mit einer reinen Lehre begründet: „Auf dem Wendehof wollen die Menschen leben und zusammenkommen, die von Parteien abgestoßen, vor der untergehenden Großstadt fliehend, irgendwie nach dem Aufbau neuen Lebens suchen, für sich und die Kraftvollen ihres Volkes" (TEPP 1920b, S. 71). „Sie sagen jeder Institution der Welt- und Menschenverbesserung Kampf an" und wollen nur „in sinnvoller Arbeit, die füreinander geschieht, leben." „Unter solchen Menschen, unter solchem Geschehenswillen leben, bedeutet Kindern Erziehung. Hier werden Kinder ihr Werktum, ihre Stelle, ihr Gesetz finden." (ebd., S. 72)

Die Wende*schule* ist ähnlich begründet worden, als expressionistische „Absage an die vorrevolutionäre Gesellschaft und ihr Bildungswesen" (SCHLÜNZ 1919) und radikale Erlebnispädagogik. Die Schule will „frei von jeder Stoffsklaverei ... eine Stätte reinen Menschentums sein", unabhängig von Interessen jedwelcher Art. *„Sie macht ... nicht den Stoff, sondern den Menschen zum Mittelpunkt.* Also: nicht lehren, sondern *leben* und erziehen ist ihr Wille" (Denkschrift 1920, S. 114). Pate bei dieser Zielsetzung steht WYNEKENS Theorie der Autonomie der Jugend (ebd.), so daß die „Lebensgemeinschaft" zur Grundlage der Schulorganisation werden soll. „Nicht mehr Kinder unterrichten; auch nicht nur mit ihnen arbeiten, sondern *leben* mit ihnen in unbedingter Kameradschaft, das ist unser Wille" (ebd., S. 115). Leben aber ist *Erleben*: Wir werden „uns leiten lassen von Zeit und Stunde, von dem Kinde und uns selbst". „Und weil wir die Methode nicht wollen, sind wir gar nicht Lehrer, sondern die Freunde, Kameraden, älteren Führer, die dem Drängen des Schülers von sich aus die Wege weisen, und die Kinder sind nicht unsere Schüler, sie sind eben unsere Kinder" (ebd., S. 116).

Bildung ist nicht länger Formung und Erziehung nicht Einwirkung; vielmehr ist die Grundlage aller legitimen pädagogischen Arbeit die „frei aus seelischem Erlebnis heraus gewachsene, geistig geformte Tat des jugendlichen Menschen" (SCHLÜNZ 1919, S. 36). Es geht um „seelisches" und „geistiges Wachstum" (ebd., S. 37), das die Schule in „eine Stätte bewußten jugendlichen Eigenlebens" verwandelt (ebd., S. 37) und damit die institutionelle Entfremdung aufhebt. Die „neue Schule" hebt das Leiden der Kinder auf (TEPP 1920, S. 22) und gibt ihnen *„die Freiheit"* (ebd., S. 50). Schulreform kann dann aber nicht einfach Änderung von Organisation und Methode sein, sondern muß „von Grund auf" einen neuen „Stil" entwickeln (SCHLÜNZ 1920, S. 6f.). Diese Kopernikanische Wende aber verlangt ein antipädagogisches Prinzip:

„Solange man in der Erziehung und Bildung der jungen Menschen in dem Verhalten stehen bleibt, jede jugendmäßige Haltung nicht als eigenwertig, nicht als selbständig historisch bedingt, nicht als eine durch die eigenen inneren Gesetzlichkeiten der Jugend bedingte Erscheinung zu sehen, sondern als Objekt für das Auswirken von Forderungen betrachtet, die durch das eigengesetzliche Leben der Erwachsenen bedingt sind, Forderungen nach Vollendung der systematischen Wissenschaftsgebiete der Menschheit, Forderungen nach Vollendung eines wirklichen politischen Gemeinschaftslebens, so lange wird eine wirkliche Änderung des Schullebens in sich nicht eintreten“ (ebd., S. 14/15).

Die Vorstellung des natürlichen Wachstums bedingt die Idee der Nicht-Intervention. Im Kinde „wächst“ der Mensch und seine „schöpferischen Kräfte“ können durch den „Schulmeister“ *nur* gestört werden (SCHLÜTER 1920, S. 4), es sei denn, die Schule ändert radikal ihre Struktur.

Was der „Wendekreis“ versuchen wollte und woran er scheiterte, läßt sich aus dem ersten Heft (November 1918) der Zeitschrift „Die Wende“[51] gut rekonstruieren. Als Motto dient ein längeres Zitat von WALT WHITMAN, in dem es heißt: „Laßt die Schulen, wo sie sind, kümmert euch nicht darum, was euch der Lehrer nachruft“.[52] Danach folgt der Aufruf zur „Wende“, den FRIEDRICH SCHLÜNZ begründet, indem er zwischen dem „ordnenden“ und dem „schöpferischen Geist“ trennt und die neue Pädagogik vor die „Entscheidung“ stellt, ob sie zur ordnenden oder zur schöpferischen Welt (der Wissenschaft oder des Künstlers) gehören wolle. Im ersten Falle würde sie die alte Schule nur fortsetzen, im zweiten Fall neu begründen, „bewußtseinsvertiefend“ im „Strom der Entwicklung des lebendigen Geistes“ (SCHLÜNZ 1918, S. 1f., 4). MARIE BUCHHOLD erklärt anschließend, was die Grundlage dieser neuen Pädagogik nur sein kann, „die Seele, die sich durch das Herz“, und der „Geist, der sich im vernünftigen Verstande offenbart“. Ihre Grundlage ist religiöse Liebe, nicht Wissenschaft. Es geht nicht länger um „jene auf Bildungsstätten bis zu einem gewissen Grade erlernbaren Anweisungslehren auf psychologisch gerechte Behandlung von Schülern, denen dazu ein Lehrstoff möglichst frei und leicht faßlich durch geeignete Methodik beigebracht werden soll“ (BUCHHOLD 1918, S. 5, 6).

Der „Wendekreis“ will die *Logik* des Beibringens, die *Verschulung* des Lernens, aufbrechen, dies jedoch unter der Voraussetzung lebensreformerischer Ganzheit: „Unser Leben (ist) eine große Einheit . . . Keine nach Fächern geordnete Vielheit, wie es der Stundenplan in der Schule uns weismachen will, sondern eine große Einheit, die in sich alles Seiende umfaßt. Jetzt heißt es nicht mehr: *Alle Kräfte* im Kinde lösen, pflegen und entwikkeln, sondern *die Lebenskraft* im Menschen, zu dem das Kind *und wir* gehören“ (JÖDE 1918, S. 10). In diesem Sinne spricht MAX TEPP dann von der Lüge des „männlichen Geistes“, der Kultur, Wirtschaft und Wissenschaft regiert und der eine zweifache Entfremdung erzwingt, des Mannes von Prinzip des Weiblichen und des Geistes von der Kraft des Körpers.

Die Alternative wird an der Erfahrung des Wandervogel abgelesen, von der der ganze „Wendekreis" geprägt ist: Die Jugend kann nur in „*körperlichem Gemeinschaftsleben*" bestehen und arbeiten (TEPP 1918, S. 11). Schulreform ist so Reform des ganzen Lebens, die Aufhebung aller Widersprüche: „Zum Ganzen, zum Menschen streben wir im Kinde" (JÖDE 1918a). Die Wesensmetaphysik (JÖDE 1920) hat auch hier eine Kosmologie der „Seele" zur Voraussetzung, so daß nicht zufällig die letzte Ausgabe der „Wende" (Heft 4, 1921) mit „deutscher Mystik" schließt.

„Bildung im alten Sinne führt vom Menschen fort, zerstört das große Einssein von Mensch und Welt, das ist das Einssein des Menschen mit Gott" (JÖDE 1920, S. 139). Die neue Bildung geschieht, „wo der Einzelne an seiner Welt wächst" (ebd., S. 141). Das kann aber letztlich nur anarchistisch begriffen werden, gerichtet gegen jede denkbare Institution, die als entfremdete Macht zwischen die Begegnung von Mensch zu Mensch tritt. Wer mit dieser Intuition Schulreform machen will, kann daran nur scheitern. Keine Reform kann den institutionellen Charakter der Schule wirklich aufheben oder muß, wie in Barkenhoff oder auf dem Wendehof versucht, das Prinzip der organisierten Bildung (damit der Verschulung der modernen Gesellschaft) radikal beseitigen. Das freie Lernen in den Gemeinschaften des Lebens ersetzt dieses Prinzip aber nicht etwa, sondern löst es nur ab. Genau darum sind die entsprechenden Experimente auch in die Randzonen der Gesellschaft exiliert. Von ihnen kann man *nicht* lernen, wie gesellschaftliche Bildung organisiert werden soll, sondern was dazu die radikale Alternative ist, auf die sich keine moderne Gesellschaft wirklich einlassen wird.

Immerhin kommt dies im Mißlingen der Versuche, Lebensreform mit Antipädagogik zu verbinden, deutlich zum Ausdruck. Die institutionelle Reform der Schule ist mit anthropologischen Konzepten des „Menschen" im Kinde nicht zu erfassen, aber darin verrät sich nicht nur Stärke. Vielmehr ist die Überlegenheit der organisierten Bildung gerade mit einem emphatischen Begriff vom „Menschen" zu erschüttern. Das radikale Experiment wirkt also zur Verstärkung der Kritik, auch wenn sie praktisch keine Alternative mehr kennt, nachdem das Experiment gescheitert war. Die Kritik wird angesichts dieser Erfahrungen radikal, die Schule aber nicht. Sie ändert sich offenbar nicht auf Emphasen hin, aber das muß die Reflexion nicht beruhigen. Die Reformpädagogik hinterläßt eine unruhige Reflexion, die ihre praktische Form nicht findet. Zur Bewältigung seiner Erfahrungen an der „Wendeschule" schrieb FRITZ JÖDE[53] ein pädagogisches Poem, in dem diese Grundantinomie treffend zum Ausdruck kommt:

> „wir sahen das eine nicht
> kommt der mensch wirklich an den tag
> hört die Schule auf"
> (JÖDE 1921, S. 24).

# Nachwort zur zweiten Auflage

Die „kritische Dogmengeschichte“ der Reformpädagogik ist geschrieben als eine Analyse pädagogischer Bewußtseinsformen oder auch erzieherischer Aspirationen, die sich in typischen Wissensmustern und Argumentationen niederschlagen. Ich habe im Vorwort des Buches darauf verwiesen, daß eine umfassende Sozialgeschichte dieser Epoche nicht abgesehen werden könne und man beim jetzigen Stand der Reflexion froh sein muß, überhaupt eine neue *Problembestimmung* vornehmen zu können. Das zeigt die Beschränkung des Buches, das zunächst nicht mehr sein wollte als analytische Beschreibung komplizierter und dann doch wieder überraschend einfacher Diskurse *über* Erziehung. Diese Diskurse verraten eine hohe Kontinuität und sind zugleich flexibel genug, sich auf neue Situationen wie die ökonomische und kulturelle Krise am Ende des 19. Jahrhunderts einzustellen. Hier wird nicht „Reformpädagogik“ neu geschaffen, sondern fortgesetzt, freilich mit charakteristischen Anreicherungen und Abstoßungen, so daß allein aufgrund der neuen Sprache und Ästhetik schon der Eindruck entstehen konnte, das Rad der Erziehung werde neu und nun endgültig richtig erfunden.

*Gegen* diese Selbstsicht der handelnden Personen wendet sich meine hauptsächliche These, die ich nicht widerlegt gefunden habe. Von der Kritik an diesem Buch habe ich aber folgendes gelernt: Die „Dogmengeschichte“ läßt die Frage der *Modernisierung* offen, indem sie mit einer starken Historisierung arbeitet, aus der dann die Originalität der Reformpädagogik nicht mehr recht sichtbar wird. Weiter fehlen in der „Dogmengeschichte“ bestimmte Themen, die für die Frage der Stereotypie pädagogischer Reflexionen wesentlich wären, etwa das Thema der *Geschlechterdifferenz* in den Erziehungstheorien. Schließlich sind die *Wissensformen,* die zur Darstellung kommen, zu wenig nach praktischen Gesichtspunkten wie Engagement oder Interesse sortiert worden, ohne die man aber die Optik der Handelnden nicht erreicht.

Die drei Fragenkreise lassen sich heute, also drei Jahre nach der Erstveröffentlichung, wie folgt bearbeiten:

(i) Historisierungen führen automatisch in Relativitäten, bei denen Prioritätszuschreibungen tatsächlich unklar werden. Es ist eine zentrale Absicht der „Dogmengeschichte“, einen großen Teil der Originalitätsbehauptungen der Reformpädagogik oder ihrer Geschichtsschreibung zu *bestreiten,* um eine starke Kontinuität sichtbar zu machen, die der pädagogischen Reflexion eigen ist. Sie ist in ihrer neuzeitlichen Fassung selten *nicht* „Reformpädagogik“, also artikuliert gegenüber einer bestimmten Praxis Defizite, beschreibt Verbesserungen und bestimmt legitime oder illegitime Zukünfte. Dabei können selbst die bisherigen Epochengrenzen fraglich werden, einfach weil der *Anfang* eines Konzepts *nie* genau zu bestimmen ist. Von „Arbeitsschule“ spricht die Reformdiskussion im ganzen 19. Jahrhundert, auch schon vorher und erst recht nachher. Die Diskussion ist nicht auf einen bestimmten nationalen Kontext beschränkt und zeigt zugleich aber hohe Übereinstimmung in den grundlegenden Erwartungen (vgl. GONON 1992). Der öffentliche Erfolg der „Reformpädagogik“ am Ende des 19. Jahrhunderts bestärkt diesen Trend, aber kreiert ihn keineswegs neu. Man kann das auch selbst als Defizit formulieren, nämlich als hochgradig ähnliche Vorschläge, die sich auch dann gleich bleiben, wenn der gesellschaftliche Kontext sich stark verändert.

Historisierungen sind rückwärtige Perspektiven, während die Frage der Modernisierung auf eine vorwärts laufende Trendbehauptung hinausläuft. War die Reformpädagogik nach 1890 in diesem Sinne ein Modernisierungsfaktor (PLAKE 1991)? In der Dogmengeschichte habe ich vor allem *eine* Modernisierung stark gemacht, nämlich die der unbedingten Kindorientierung, die so auch in der romantischen Literatur nicht vorkommt. Sie hat die Entwicklung der Kinderpsychologie zur Voraussetzung, auf die ich an anderer Stelle hingewiesen habe (OELKERS 1989, S. 131ff.). Aber es gibt weitere Faktoren, zum Beispiel die Verdichtung der Kommunikation oder die Verbreitung der reformpädagogischen Slogans, die ich in der Dogmengeschichte nicht gesondert untersucht habe. Die Grundannahmen und Formen des pädagogischen Wissens verändern sich dadurch aber zunächst nicht, wie sich gerade an der Affinität der frühen deutschen Reformpädagogik zum Herbartianismus zeigen ließe. Das Konzept der „Arbeitsschule“ wird zunächst gar nicht sortiert nach dem Schisma von „Reformpädagogik“ und „Herbartianismus“, das sich ja zunächst selbst erst einmal durchsetzen mußte (OELKERS 1989a; vgl. die Sekundäranalyse von DE HAAN 1991).

Aber auch von „Kindorientierung“ ist sehr unterschiedlich die Rede, vergleicht man etwa die Hamburger Schulreformer vor und nach dem Ersten Weltkrieg (RÖDLER 1987) mit der Pädagogik MARIA MONTESSORIS oder DEWEYS „Kopernikanischer Wende“ der Schulorganisation. Überhaupt muß zwischen der öffentlichen Thematisierung und dem inneren Diskurs der Pädagogik unterschieden werden, um nicht den Eindruck entstehen zu lassen, die „Pädagogik vom Kinde aus“ sei eine irgendwie feststehende Einheit gewesen. Die mit dem Schlagwort verbundenen Radikalisierungen haben ganz heterogene Verläufe, stoßen an unterschiedliche Grenzen und finden verschiedene Resonanz, wobei paradoxe Entwicklungen unterstellt werden können. Einer starken Abwehr des Establishments folgt ein großer öffentlicher Erfolg, ein Mentalitätswandel, der aber mit einer Marginalisierung der Erziehung verbunden wird, die ihrerseits an Grenzen stößt.

Die Diskussion der *Grenzen* nach 1923 ist von mir freilich unterschätzt worden, so daß eine Reihe von Selbstkorrekturen nicht berücksichtigt wurden. Auch der Lernprozeß der Konzepte oder auch der Akteure ist zugunsten einer Inhaltsanalyse vernachlässigt worden. Wichtiger aber ist für mich eine andere Frage geworden, nämlich ob und wie sich die Reformpädagogik auf die tatsächlichen Modernisierungen hat einstellen oder nicht einstellen können. Damit sind etwa folgende Prozesse gemeint: die Entwicklung der Großstadtkultur seit Mitte des 19. Jahrhunderts, die hier erreichten ästhetischen, mentalen und habituellen Revolutionen, der Differenzierungsgrad allein der Erwartungen und Ansprüche, die politischen Reaktionen auf diese starke Subjektivierung und nicht zuletzt die neuen Richtungen der gesellschaftlichen Lernprozesse. Auf diese Rationalisierung *und* Ästhetisierung reagiert auch die Reformpädagogik paradox, also typisch für Erziehungsreflexionen, nämlich mit der Annahme ausgleichbarer Defizite, zu der die Mittel fehlen. „Erziehung" wenigstens, das wußte etwa schon RUDOLF PANNWITZ in *seiner* Kritik der Reformpädagogik (PANNWITZ 1909), kann dieses Mittel nicht sein, weil aus der Kindorientierung nur folgen kann, daß instrumentale Versionen von Erziehung nicht länger zulässig sind.

Die internationale Reformpädagogik diskutiert wohl Dekadenzprobleme, aber sie traktiert sie als lösbare Erscheinungen, denen man mit der neuen Erziehung beikommen könne. Zwischen 1908 und 1922 fanden drei große, internationale Kongresse über „Moralerziehung" statt (SPILLER 1909; DYSERINCK 1912, 1913; American Committe 1912; Troisième Congrès 1922), deren Verhandlungen dokumentieren, *wie wenig* die ästhetische und die politische Moderne pädagogisch begriffen wurden, ja wie wenig sie überhaupt Thema der Reflexion wurden, die moralisch auch dort blieb, wo keine Moral mehr für Verbesserung sorgte. Der Erste Weltkrieg ist so eine radikale Transformation der Moderne gewesen (EKSTEINS 1990), aber nicht der Pädagogik. DADAS Gespenst ging an ihr vorbei, einfach weil sich die moralische Reflexion nicht mit Wirklichkeiten beunruhigen mußte. In diesem Rahmen ist daher die „Modernisierung" schwach und die Kontinuität stark, während man natürlich bei anderen Vergleichen, etwa die zwischen dem Herbartianismus und bestimmten Teilen der Pädagogik vom Kinde aus, zu stärkeren Diskontinuitäten kommt. In meinen Überlegungen spielt aber kulturpädagogische Dissonanz eine immer größere Rolle. Die Pädagogik stellt sich auf die neuen Bedingungen der Großstadtkultur, die Ästhetik und Praxis der *Unterschiede* (SENNETT 1991) nicht ein und verpaßt damit die entscheidende Modernisierung *ihres* Milieus, nämlich den Stil- und Formwandel der Subjektivität.

(ii) Die „Dogmengeschichte" ist mit Hilfe einer solchen Intuition der Rückständigkeit, des *antimodernen* Denkens, geschrieben worden, aber hat dann natürlich sofort Schwierigkeiten, wo Modernisierungen unverkennbar sind. Das gilt für die Herausbildung partizipativer Rollen, etwa der Koedukation, die nur kurz angeschnitten wird; das gilt aber mehr noch für die Semantik der Reformpädagogik, die *vom Kinde* aus geht und damit einen starken Wandel der öffentlichen Reflexion bewirkt. Vor allem hier erzieht die Erziehungstheorie selbst, weil es ihr gelingt, Slogans zu moralischen Optionen zu passen, die kaum wieder rückgängig zu machen sind.

Heute wird freilich auch die Grenze dieser Modernisierung sichtbar. Wenn K.E. PALMGREN (1904, S. 111) am Ende seiner Beschreibung der „Samskola“, also der ersten Koedukationsschule, die Breitenwirkung erzielt, sagt, in der Schule gäbe „es keine Mädchen, keine Knaben, nur *Kinder*“, dann ist damit die Emphase wie das Problem gleichermaßen angesprochen. Tatsächlich stellt sich über die historischen Beobachtungen hinaus die systematische Frage, ob Erziehungstheorien sich überhaupt allgemein, also ohne Anthropologie der Geschlechtsdifferenz, rein vom „Menschen“ oder vom „Kinde“ aus, begründen lassen. Die Reformpädagogik ist darauf weder eingerichtet noch vorbereitet gewesen, so sehr sich auch an bestimmten Stellen, etwa in den „Landerziehungsheimen“, ein deutlicher Geschlechter-Bias nachweisen läßt. Nach IRMGARD KLÖNNES (1990) Studie über die weibliche „Jugendbewegung“ ist schließlich auch klarer geworden, wie sehr sich die soziale Organisation und die Reflexion einer solchen Praxis nach der Geschlechtsdifferenz gerichtet hat, ohne auf das pädagogisch Allgemeine zu reagieren.

Freilich würde ich nach wie vor die *Unterschätzung* des Problems in der Reformpädagogik betonen. Die drei genannten Kongresse, die sich als charakteristisch für die Reflexionen des internationalen Establishments der Pädagogik lesen lassen, haben die Leitkategorie der „Moralerziehung“ *nicht* auf die immerhin öffentlich stark diskutierte Frauenbewegung und auch nicht auf die weibliche Jugendbewegung hin reflektiert, sondern das pädagogisch Allgemeine gepflegt, ohne die Wandel zur Kenntnis zu nehmen. Der Theorierahmen blieb entsprechend unberührt, von den Erfahrungen der neuen Geschlechterrollen in der Großstadtkultur ebenso wie von den Veränderungen im pädagogischen Feld selbst. *Das Kind,* also eine Abstraktion, steht im Vordergrund, nicht Jungen oder Mädchen und erst recht nicht die unübersehbaren Wandlungsprozesse vor allem der ästhetischen Geschlechtlichkeit. Das bleibt *anathema,* und zwar weil die pädagogische Reflexion ausschließlich moralisch verfährt. In den drei Kongreßbänden ist fast keine Arbeit vertreten, der man das Prädikat „empirisch“ verleihen könnte. Dafür überwiegen religiöse, konfessionelle und nationalstaatliche Fragestellungen (bis 1914), die man extrem leicht moralisieren kann.

Ein weiteres Thema, das intensivere Bearbeitung verdient hätte, schließt hier an, nämlich die *politischen* Optionen der Reformpädagogen, vor allem ihr Engagement im Ersten Weltkrieg, das fast immer im Dunkeln bleibt oder einfach verschwiegen wird (erste Materialien in: OELKERS 1991). Aber kaum einer der (deutschen) Pädagogen ist 1914 pazifistisch oder auch nur skeptisch gegenüber der Kriegsbegeisterung (LAMSZUS 1912 ist eine seltene Ausnahme), vielmehr sind fast alle engagiert in der Erklärung und Verklärung des Krieges als erzieherischer Kraft, von der nicht nur bis zum Stellungskrieg vor Verdun die Rede ist. Die Majorität gerade der Reformer – von HUGO GAUDIG bis GUSTAV WYNEKEN – sind Kriegspädagogen und lassen sich ihre nationale Emphase auch nach 1918 nicht nehmen. Die *Verarbeitung* des Krieges durch Autoren wie HERMANN LIETZ oder LUDWIG GURLITT gehört zu den aufschlußreichsten Kapiteln des ganzen Problems.

Dabei müssen freilich starke nationale Unterschiede in Rechnung gestellt werden wie überhaupt die Formel der „internationalen Reformpädagogik" einer Überprüfung bedarf. Was allein *gemeinsam* war, ist keineswegs klar, und gerade die politischen Optionen lassen nur den Schluß großer Differenzen zu, die sich in der gemeinsamen Moral von *Reformen* vielleicht überdecken ließen, die aber die historische Forschung nicht außer acht lassen darf. In der Schweiz etwa hat eine durchgängig andere politische Kultur für eine ganz andere Ausprägung der reformpädagogischen Gedanken gesorgt, wobei auch eine andere Vor- und Wirkungsgeschichte angenommen werden muß (vgl. GRUNDER 1992).

Schließlich habe ich in der „Dogmengeschichte" auch die ästhetische Seite der Reformpädagogik vernachlässigt, obwohl sie, wie ich heute sagen würde, zu den zentralen Erziehungserfolgen gerechnet werden muß. Die *Inszenierung* der Reformpädagogik ist ein Ereignis der öffentlichen Kommunikation, zu denen nicht nur eine umfangreiche Publizistik, sondern auch die Bildsprache gehört, die bis heute weitgehend unbeachtet geblieben ist. Aber allein die Analyse der Buchproduktionen zeigt, wie sehr das neue *Bild* der Erziehung diese selbst bestimmt hat. Werkbunderfahrungen gehen eine eigentümliche Verbindung ein mit dem Jugendstil, den Nachwirkungen von RUSKINS Symbolismus und nicht zuletzt der politischen Romantik (vgl. CAMPBELL 1989; VOLKOV 1978; OELKERS 1991a). Daraus entsteht die Vision der neuen Erziehung, wie sie Fidus oder FRITZ REHM-VIETOR dargestellt haben, wie sie Eingang in ERNST KREIDOLFS Kinderbüchern fand und die Zensoren des „guten Jugendbuches" bestimmt haben.

(iii) Geschrieben ist die „Dogmengeschichte" aus einer deutlich markierten Beobachterperspektive, also nicht mit irgendwelchen Solidaritätsverpflichtungen oder praktischen Engagements. Das setzt die Differenz von Wissensformen voraus, was ich in der Analyse aber nur implizit andeute. Inzwischen läßt sich deutlicher unterscheiden, daß und wie der Reflexionsanspruch und somit die Formen des Wissens zwischen Theorie und Praxis differieren (vgl. OELKERS/TENORTH 1991) und differieren müssen. Wenn ich aber die Dogmen, also die strikten Glaubenssätze, der Reformpädagogik kritisiere, dann nicht, weil ich die gedrängte Kommunikationsform der Praxis, die Wissen *zur Hand* verlangt, unterschätze, sondern die weitergehenden Ansprüche ernst nehme. Alle zunächst pragmatischen Ansätze, soweit sie sich zu einer gehobenen Reflexion verdichten, enden in Kosmologien, von ADOLPHE FERRIERE über MARIA MON-

TESSORI bis PETER PETERSEN und weiter. Es sind so offenbar Denkmotive im Spiel, die weit über das unmittelbare Engagement hinausragen. Diese Motive interessieren mich, und zwar auch um den Preis einer gewissen Entwertung. Aber PETERSENS deutliche Verstrickung in den Nationalsozialismus (OELKERS 1989b) ist Folge der Theorie, nicht einfach ein persönlicher Irrtum.

Die heutige Rezeption der historischen „Reformpädagogik“ ist von Verkürzungen und Verzerrungen bestimmt, etwa wenn in Jena eine neue „Jenaplan“-Schule gegründet und PETERSENS politische Seite übergangen wird, als sei sei eine *quantité négligable,* oder wenn HUGO GAUDIG eine merkwürdige Renaissance erlebt, ohne seine Kriegsschriften auch nur zu erwähnen. Das hat auch mit der großen Distanz zur Theorielage derer zu tun, die so eilfertig neu entdeckt werden; die heutige Landerziehungsheimbewegung hat tatsächlich nur noch wenig oder gar nichts mit HERMANN LIETZ, gemein, den ALFRED ANDREESEN 1934 noch erfolgreich den Nationalsozialisten andienen konnte. Warum dann aber diese Traditionsstiftung? Warum gibt es keine energische Lossagung von einer höchst ambivalenten Geschichte, die sich *nicht* oder nicht *strikt* als das lesen läßt, was ihr nachgesagt wird, nämlich als Geschichte des pädagogischen Fortschritts?

Diese Frage hat mich unterschwellig am meisten bewegt; sie entscheidet über den Epochenstatus der Reformpädagogik, also auch darüber, wie die Beziehung zu den anderen Epochen geordnet werden muß. Wenn es keine glatte Erfolgsgeschichte, sondern eine ambivalente Probe auf die Moderne war, dann läßt sich deren Voraussetzung, die bürgerliche Gesellschaft und deren Pädagogik, vielleicht in einem anderen Lichte sehen, als es die merkwürdige Allianz von Neo-Reformpädagogik und Postmodernismus heute ahnen läßt. Wenigstens scheint mir hier die entscheidende Problemstellung zu liegen (vgl. OELKERS 1992), an der sich die Geister trennen müssen, hoffentlich aber mit besseren historischen Bildern und ertragreicheren Argumenten als bisher. Sollte die Dogmengeschichte dazu einen kleinen Beitrag leisten, dann wäre ihr Zweck erfüllt.

Das Buch erscheint unverändert, nur einige ärgerliche Fehler sind beseitigt und Korrekturen angebracht worden. Die genannten neuen Probleme und Einsichten werden an anderer Stelle Bearbeitung finden.

Großhöchstetten i.E., im Januar 1992 Jürgen Oelkers

# Anmerkungen

## Anmerkungen Kap. 1: Einleitung

1 Natürlich ist das Aufkommen des Epochenbegriffs „Reformpädagogik" nicht genau datierbar. HERMAN NOHL spricht 1926 von der „Einheit der pädagogischen Bewegung" (NOHL 1949) und WILHELM FLITNER gebraucht 1928 den Ausdruck „Reformpädagogik" zur Bezeichnung eben dieses Zusammenhangs (FLITNER 1968, S. 78). 1931 ist bei FLITNER dann von einer Internationale der „Reformpädagogik" die Rede.

2 Dies gilt mindestens für die Geschichte der *modernen* Pädagogik seit dem Pietismus, also der Individualisierung von Erziehung und Unterricht.

3 Von „pädagogischer Denkform" läßt sich im Blick auf eine historische Strukturierung der Reflexion über Erziehung sprechen, die sowohl die typischen Themen als auch den Modus des Denkens betrifft (vgl. OELKERS 1989c).

4 Ausgeschlossen wird zum Beispiel die ganze Diskussion der Gymnasialpädagogik, als sei diese komplett reformunfähig gewesen, die anarchistische Pädagogik, die klein, aber mutig war, und die konfessionelle Erziehungstheorie, die bei bestimmten Themen, etwa im Blick auf die Erziehungsfeindlichkeit der großen Städte, identische Positionen bezog wie die Reformer des Nohlschen Kanons. Daß ganz andere Ansätze möglich sind, zeigte schon HEINRICH DEITERS (1935), der von den Hauptströmungen der Pädagogik im 19. Jahrhundert ausging (Idealismus, Positivismus, Romantik) und die Reformprogrammatik von *daher* bestimmte (DEITERS 1935, S. 39ff.).

5 Zentral ist dabei der Gedanke der *Individualität*, wie ihn pädagogisch vor allem PESTALOZZI und FRÖBEL gedacht haben (NOHL 1970a, S. 135ff.). NOHL übersieht mit dieser These, daß sowohl PESTALOZZI als auch FRÖBEL das Individuum im Rahmen der christlichen Anthropologie verstehen, als Teil der Schöpfung und darum nicht wirklich „individuell".

6 Alle drei haben wenig miteinander gemein: Die „Freideutsche Jugend" konstituierte sich am 11. Oktober 1913 auf dem Hohen Meißner in Kassel als Vereinigung der Jugendbewegung; der Bund „Entschiedener Schulreformer" wurde erst nach dem ersten Weltkrieg gegründet, als linke Lehrerorganisation, die bildungspolitische Zielsetzungen verfolgte; die Hamburger „Lebensgemeinschaftsschulen" entstanden ebenfalls erst nach 1918, hatten aber eine langwierige Reformdiskussion zur Voraussetzung. Tatsächlich vertraten alle drei Richtungen „Gesamtprogramme" im Sinne FLITNERS, nur äußerst verschiedene (Vgl. S. 186f., 171f.).

7 Allerdings lege ich andere Schnitte an als FLITNER; so ist zum Beispiel die Landerziehungsheimbewegung als Schulmodell partikular, als Ideologie jedoch totalitär. Als Teil der „ersten Phase" wäre diese Eigenschaft nicht recht darstellbar.

## Anmerkungen Kap. 2: Reformpädagogik vor der „Reformpädagogik“

1 Die Berliner Schulkonferenz war die erste *reichsweite* Konferenz über Fragen der öffentlichen Bildung. Sie hatte insofern Signalwert, doch mehr politischen als pädagogischen, denn der Rede WILHELMS ging ein Erlaß zur Bekämpfung sozialistischer und kommunistischer Ideen voraus, der der Konferenz die Richtung anzeigen sollte (MICHAEL/SCHEPP 1973, S. 408ff.).

2 Neu ist das Großstadtpublikum, grundlegend verändert (gegenüber etwa der Jahrhundertmitte) das Pressewesen und der Buchmarkt, stark gewandelt das Lebensgefühl nicht nur der künstlerischen Avantgarde; daraus resultierte die Modeabhängigkeit der öffentlichen Meinung, aber der schnelle Wechsel von Themen und Aufmerksamkeit eröffnete eben auch vormals randständigen Fragen ein Interesse beim Publikum. Daß sich eine neue öffentliche Meinung über Erziehung hergestellt habe, registriert zum Beispiel DEMOLINS (1901, S. 1-39).

3 Das erklärt auch die „soziale Frage“ des 19. Jahrhunderts: Die Gesellschaft mußte erst lernen, mit den scharfen Folgen der neuartigen Lohnarbeit umzugehen, also die ökonomische Definition des Arbeiters zu akzeptieren *und* zu begrenzen. „Klassenkampf“ ist die Aktionsform für diesen Lernprozeß, der natürlich seine eigene Mythisierung erfährt und erfahren muß.

4 Preußen ist in der Sozialgeschichte immer noch überrepräsentiert; im Blick auf die Reformpädagogik des 19. Jahrhunderts wären andere Beispiele vielleicht aussagekräftiger, etwa im Blick auf Thüringen und Sachsen. Im folgenden geht es aber *nur* um die Illustration des Problems.

5 Die Regelschulzeit beträgt um 1900 in fast allen Ländern des Deutschen Reiches acht und unterschreitet nirgendwo mehr sieben Jahre (LEXIS 1904, S. 89ff.). Die schulrechtlichen Vorschriften des Allgemeinen Landrechts in Preußen (1794) hatten die Dauer der Schulpflicht noch offen gelassen (MICHAEL/SCHEPP 1973, S. 81).

6 Die 18 Jahre Geltung der STIEHLSCHEN Regulative in Preußen (1854-1872) haben vor allem auf die Lehrerbildung eingewirkt, durch die Mythisierung dieses Vorgangs aber zugleich auch identitätsbildende Effekte für die Profession gehabt.

7 Ich wähle absichtlich eher unbekannte oder gar obskure Beispiele, weil sich an diesem, von der Geschichte *nicht* hervorgehobenen Schrifttum repräsentative Tendenzen recht gut erkennen lassen. Man kann ihre Theoreme und Argumente sofort mit den bekannten assoziieren.

8 ARNOLD ist Direktor des Gymnasiums in Königsberg (Neumark). Seine Schrift zeigt, wie sehr auch das gymnasiale Establishment *pädagogische* Reflexionen pflegen mußte, abgegrenzt von den Volksschullehrern und doch bezogen auf „Reform“.

9 Für die Gymnasialpädagogik etwa: Roth 1865 (Kap. I–IV).

10 Ein Beispiel für das Mißverhältnis von pädagogischem Postulat und starker, aber enger Verfachlichung findet sich etwa im 17. Jahrgang der gymnasialen „Jahrbücher für Philologie und Pädagogik“ (Leipzig 1871): Der Band besteht aus hochspezialisierten (philologischen und historischen) Abhandlungen der Fachlehrer, einigen standespolitischen Artikeln und einer Rublik („noctes

scholasticae") für die pädagogische Reflexion. *Nur* hier ist folgende Bemerkung möglich: „es braucht viel weniger vornehmes gelehrtes wissen, um eure Schüler bis oben heran zu unterrichten, als man meint, und als in den prüfungsreglements gefordert wird" (ebd., S. 174).

11 Ein Beispiel ist die Preisfrage des Schweizers Landammanns SCHINDLER aus Glarus: „Wie kann der Unterricht in der Volksschule von der abstrakten Methode emanzipiert und für die Gemütskräfte fruchtbar gemacht werden?" Auf diese Frage gingen verschiedene Antworten ein, die teilweise die *Arbeitsschule* in den Mittelpunkt stellten, aber auch eine *Gesamtreform* der Volksschule projektierten oder eine Revision der Unterrichts*methoden* vorschlugen. (Der genaue Fundort der Preisfrage war nicht zu ermitteln; die eingegangenen Schriften datieren aus den Jahren 1851 und 1852)

12 Auf die pädagogische Tradition, vor allem auf PESTALOZZI und ROUSSEAU, haben sich fast alle Schriftsteller der Reformpädagogik berufen (ich belege als Beispiele nur folgende Stellen: LIETZ 1897, S. 1ff., 67ff.; GURLITT 1906, S. 208f., 239f.; OTTO 1903, S. 33f., 329f.). *Abgrenzungen* von der Vergangenheit dagegen sind selten.

13 Der Streit ist alt und wird im ganzen 19. Jahrhundert nicht wirklich entschieden, weil jede Richtung auf ihren eigenen Schultypus reflektierten konnte, das humanistische Gymnasium einerseits, die im 19. Jahrhundert entstehenden Bürger- oder Realschulen andererseits. Der damit verbundene Grundkonflikt zwischen „Bildung" und „Brauchbarkeit" wurde auf diese Weise *institutionell*, ohne entschieden werden zu müssen.

14 Die Liberalen und die Anarchisten des 19. Jahrhunderts formulierten in aller Regel keine liberalen und anarchistischen *Erziehungstheorien*, die so weit gehen würden, wie STIRNER dies vorgeschlagen hatte. Er wird, auch außerhalb der pädagogischen Diskussion, im ganzen 19. Jahrhundert kaum rezipiert. Erst am *fin de siècle* gibt es eine gewisse Aufmerksamkeit für STIRNER, die aber vor allem mit der NIETZSCHE-Begeisterung zu tun hatte. Ausdrückliche Bezugnahmen in der Pädagogik (z.B. bei LAMSZUS 1924, S. 30) sind aber auch danach ausgesprochen selten.

15 Der Zürcher Privatdozent ROBERT SEIDEL bestritt, daß KERSCHENSTEINER bei seinem Vortrag „Die Schule der Zukunft eine Arbeitsschule" (zur Pestalozzifeier am 12. Januar 1908 in Zürich) eine Priorität formuliert habe (SEIDEL 1909, S. 7ff.). Vielmehr sei das zentrale Konzept bereits 1885 von ihm, SEIDEL, formuliert worden, und zwar in einer entscheidenden Differenz zur Pestalozzischen Idee des *Anschauungs*unterrichtes (Ebd., S. 22ff.; vgl. SEIDEL 1885), der gerade nicht als Grundlage des *Arbeits*unterrichts fungieren könne. Seit der Industrieschule ist dies allerdings auch kein sonderlich neuer Gedanke mehr und es läßt sich ein langanhaltender Streit zwischen beiden Prinzipien nachweisen.

16 Das bezieht sich vor allem auf die „Leipziger Schülerwerkstatt", die WOLDEMAR GÖTZE 1880 gegründet hatte. Einen ähnlichen Versuch hat, ebenfalls in Leipzig, ERNST BARTH durchgeführt.

17 Seit der Londoner Weltausstellung 1851 sind damit immer pädagogische Reformdiskussionen verbunden gewesen, vor allem solche um die richtige Methode (mit Blick auf Philadelphia 1876 und die Projektmethode: KNOLL 1988, S. 502f.). Die Ausstellung in Wien präsentierte *Musterschulen*, die auch das Konzept der *„Arbeitsschule"* berücksichtigten, wenngleich auf einem vergleichsweise simplen Niveau (SCHWAB 1873, S. 6).

18 Der dänische Rittmeister CLAUSON-KAAS hatte auf einer Vortragsreise 1876 ein Konzept des „Hausfleißes“ empfohlen (Handfertigkeitsunterricht zum Nebenerwerb im Hause), das aber der kritischen Diskussion nicht standhielt (WIESSNER 1889, S. 332ff.).

19 Schulgärten waren schon Mitte des 19. Jahrhunderts Reformthema und sind dann in den siebziger Jahren vor allem durch ERASMUS SCHWAB propagiert worden (SCHWAB 1876). Es gibt hier einen auch ideologischen Zusammenhang mit der Schrebergartenbewegung: „Müssen nicht die Kinder alle zu Baum- und Blumenfreunden werden und sind sie nicht dadurch, daß sie *Naturfreunde* werden, schon auf dem Wege, *gute Menschen* zu sein?“ (Ebd., S. 17)

20 Dabei wird im Bereich der Gymnasialpädagogik schon früh der Vorrang der ästhetischen gegenüber der geometrisierenden Erziehung betont; FERDINAND PIPER etwa argumentierte 1864 mit einer antikisierenden Bildungstheorie gegen den herkömmlichen Zeichenunterricht, der „die bloße Technik der Linienführung“ betone und dem darum das „eigentlich kunstsinnige Verständnis“ fehle (PIPER 1865, S. 92/93).

21 FERDINAND HUEPPE (1905, S. 501) zählte bis Ende 1904, beginnend von 1892 an, 75 „Reformschulen“ in Deutschland. Das ausschlaggebende Kriterium für „Reform“ war die Reorganisation des Unterrichts gemäß „dem allgemeinen Fassungsvermögen des Kindes“ und in „praktischer“ Anschauung (Ebd.). Wieviel Schulen es *vor* 1890 gegeben hat, die diesem Kriterium genügt haben, läßt sich nur schwer ermitteln. Aber es gibt wenigstens gut dokumentierte Beispiele.

22 Die eigentliche Kritik an den Bildungsinstitutionen, NIETZSCHES Basler Vorträge „Über die Zukunft unserer Bildungsanstalten“ (Januar-März 1872), ist zu Lebzeiten nicht veröffentlicht worden (S.W. 1/S. 641-752).

23 Das erklärt den eigentümlichen Titel *Rembrandt* als „Erzieher“, der auf NIETZSCHES „Schopenhauer als Erzieher“ (also die dritte „unzeitgemäße Betrachtung“ von 1874) anspielte: Germanisch ist das Prinzip der Individualität; REMBRANDT ist die höchstentwickeltste künstlerische Individualität und zugleich „Germane“; also muß er der Erzieher des (deutschen) Volkes sein.

24 Wenn HERMANN LIETZ und CECIL REDDIE die Schrift von GÖRING kannten, dann ist die Konzeption der „Landerziehungsheime“ ein glattes Plagiat. Auf den Zusammenhang verweist WIGGE (1898/1900), den REDDIE abdruckt.

25 Die Begründung ist interessant: „*Censuren werden dem Schüler nicht erteilt*, damit das Ehrgefühl nicht auf falsche Bahnen gelenkt werde“ (GÖRING 1890, S. 13).

26 LANGBEHN hat NIETZSCHE 1890 in der Psychiatrischen Universitätsklinik in Jena besucht und galt aufgrund seiner persönlichen Kontakte auch zur Familie NIETZSCHES als dessen „Jünger“ (NISSEN 1929, S. 127ff.). Die tatsächliche *Distanz* erklärt sich aus dem Unterschied zwischen einem Gottessucher und einem Gottesleugner (LANGBEHN trat im Januar 1900 in die katholische Kirche ein: ebd., S. 272ff.).

## Anmerkungen Kap. 3: Pädagogische Reformdiskussion am Jahrhundertende

1 Die Traditionslinien in England verlaufen etwas anders, vor allem im Blick auf sozialistische Erziehungskonzepte. Der starke Einfluß von ROBERT OWEN (SILVER 1983, S. 60ff.) ist auf dem Kontinent kaum spürbar gewesen.

2 Die Zeitschrift erschien in drei Jahrgängen bis März 1892; zwei Versuche zu ihrer Neugründung (1906/07, 1908/09) scheiterten.

3 Die Forderungen unterstützten mehr als 24.000 Unterschriften, darunter siebzig Prozent akademisch Vorgebildete (Angaben nach PETERSEN 1937, S. 39).

4 Der Protest wurde unterschrieben u.a. von FELIX DAHN, RUDOLF EUKKEN, PAUL NATORP, WERNER SOMBART, MAX WEBER, HEINRICH WÖLFFLIN und WILHELM WUNDT (Die Hochschullehrer gegen . . . 1906). Insgesamt unterschrieben 859 Hochschullehrer. Inhaltlich richtete sich der Protest gegen eine Aufweichung des Fachprinzips zugunsten des Einflusses „partikular-religiöser Tendenzen".

5 Philosophisch formuliert hat diesen Begriff vor allem THEODOR LIPPS in seiner Ethik von 1899. Es heißt hier, wie zur Munitionierung der pädagogischen Reformer: „Jedes *Moralprincip* des Gehorsams ist *schlechterdings* unsittlich" (LIPPS 1899, S. 107). Die Erziehung ist gehalten, „Persönlichkeitswerte" zu schaffen (Ebd., S. 188), nicht autoritär für Gehorsam zu sorgen.

6 Gegen die Herbartianer wandte sich etwa die „Persönlichkeitspädagogik" (LINDE 1922): Im Unterricht soll Persönlichkeit auf Persönlichkeit stoßen, um einen schöpferischen oder künstlerischen Unterricht zu ermöglichen, den das Formalstufenkonzept der Herbartianer um der Kontinuität der Didaktik willen ausschließen wollte.

7 Die Pädagogik als Theorie einer Kunstpraxis ist ein altes Thema, das in der Reformpädagogik mit ästhetischen Konzepten angereichert wird, so daß der Lehrer als „Unterrichtskünstler" (LINDE 1906) entsteht. Eine der besten Begründungen des „artiste-éducateur" hat JULES DUBOIS (1911, S. 297ff.) geliefert; allerdings ist seine Theorie in Deutschland nicht rezipiert worden.

8 Die Bremer und Hamburger Lokalkulturen der Reformpädagogik waren nach Innen und Außen zunächst sehr erfolgreich, etwa im Bereich der Kunsterziehung oder der inneren Schulreform; ihr Einfluß nahm mit der Verbreiterung der Reform ständig ab, so daß sie von der geisteswissenschaftlichen Historiographie schon kaum noch erwähnt wurden. Erst in den siebziger und achtziger Jahren finden sie wieder (begrenzte) Aufmerksamkeit, politisch (HAGENER 1973) wie pädagogisch-praktisch (GLEIM 1985, RÖDLER 1987).

9 Damit sind vor allem die in der Öffentlichkeit agierenden Lehrer gemeint, wobei betont werden muß, daß nicht wenige prominente Wortführer der Reformfraktion Gymnasiallehrer waren (wie z.B. KERSCHENSTEINER, GURLITT oder HUGO GAUDIG).

10 Eine Verbindung von politischer Theorie der Demokratie und Pädagogik gibt es nicht (wie etwa bei DEWEY oder auch CLAPARÈDE). Eine Titelanalyse kann zeigen, daß im relevanten Schrifttum selbst das Adjektiv „demokratisch" nur selten vorkommt.

11 Der Kanon der relevanten Theoretiker war schon früh formuliert: LAGARDES „Deutsche Schriften", „Rembrandt als Erzieher", HOUSTON STEWART CHAMBERLAINS „Die Grundlagen des 19. Jahrhunderts" (GUR-

LITT 1903, S. 82f., 84ff., 91ff.) und der mißverstandene NIETZSCHE (BUDDE 1915/16, S. 329ff.).

12 „Rembrandt als Erzieher“, im Januar 1890 veröffentlicht, erreichte bis Ende 1891 bereits 37 Auflagen; 1927 erschien die 76. Auflage. LUDWIG GURLITTS „Der Deutsche und sein Vaterland“ stand ein Jahr nach Erscheinen (1902) bereits in der achten Auflage und ELLEN KEYS „Das Jahrhundert des Kindes“ (1902 in deutscher Übersetzung vorliegend) erreichte in sechs Jahren 14 Auflagen (36 Auflagen bis 1926).

13 Natürlich wird diese These auch im Ausland vertreten; das prominenteste Beispiel ist EDMOND DEMOLINS „A qoui tient la supériorité des Anglo-Saxons“ (1897). DEMOLINS erklärt die englische Überlegenheit mit der besseren Angepaßtheit des Bildungssystems an die moderne Gesellschaft und fordert eine emanzipatorische Erziehung zur Verbesserung der nationalen Chancen im imperialen Wettbewerb der Staaten (DEMOLINS 1897, S. 96ff. u. pass.).

14 1908 wird der „Bund für Schulreform“ als eine Dachorganisation gegründet; darunter blieb ein differenziertes Vereinsleben erhalten. Ich nenne nur: „Vereinigung für staatsbürgerliche Erziehung“, 1910; „Bund für Reform des Religionsunterrichts“, 1911; „Deutscher Ausschuß für den mathematischen und naturwissenschaftlichen Unterricht“, 1904. Daneben sind die Vereine zu nennen, die um die Reformschulen herum gegründet wurden, der Landerziehungsheime ebenso wie BERTHOLD OTTOS „Hauslehrerschule“.

15 1914 wird die Zahl von 345 pädagogischen Zeitungen und Zeitschriften genannt (TEWS 1914, S. 352). Unter diesen sind viele einfach Titel der Standesorganisationen, in deren Jahrgängen sich aber nach 1900 eine gewisse Anpassung an die öffentliche Diskussion beobachten läßt. Davon zu unterscheiden wären die Gründungen der Reformbewegungen; die bekanntesten unter ihnen sind: „Der Säemann. Monatsschrift für pädagogische Reform“ (1905-1914; ab 1908 offizielles Organ des „Bundes für Schulreform“), „Roland. Monatsschrift für freiheitliche Erziehung in Schule und Haus“ (1905ff.; Organ der Bremer Schulreformer), „Der Hauslehrer. Wochenschrift für den geistigen Verkehr mit Kindern“ (1901-1916 als selbständige Zeitschrift und Hausorgan von BERTHOLD OTTO; erscheint 1917-1942 als Beilage der Zeitschrift „Deutscher Volksgeist“).

16 Die Kriegsschriften der deutschen Reformpädagogen zwischen 1914 und 1918 sind bislang kaum beachtet worden (OELKERS 1988, S. 210ff.). Sie sind eine Art Test auf das pädagogisch liberale Programm der „neuen Erziehung“.

17 *Mythos* verstehe ich als symbolische Denkform im Sinne CASSIRERS, insbesondere im Blick auf mythische *Kausalität.* Mythen geben nicht empirische Gesetze wider, sondern ein bestimmtes Geschehen, das zum Bild stilisiert wird. Mythen erklären wohl, aber nicht wissenschaftlich, sondern poetisch. Das mythische Vorstellen ist nicht analytisch, aber auch nicht synthetisch, sondern *ganzheitlich*, freilich nur bezogen auf die Ganzheit eines *Bildes.*

18 Jesus, in der Szene vor Pilatus, trägt Gott in sich, denn die Anfechtung liegt hinter ihm; er tritt dann mit dem Wahrheitsanspruch vor das Volk und formuliert ihn absolut. Es gab aber keine Gewalten, die ihn hätten verteidigen können, denn für die politische Macht war er uninteressant, für die religiösen Gegner aber die größte Gefahr. Wer also sollte sich seiner annehmen, da das Volk sich auf das Gesetz berief und lieber den Räuber Barrabas als den zweifelhaften Gottessohn freilassen wollte? (Joh. 18, 40)

19 EMERSON wird ungenau zitiert, denn er spricht vom „immerwährenden Messias“ der *Kindheit*, nicht des Kindes, weil damit die Chance der dauernden Erneuerung beschrieben werden kann. „Der Mensch ist ein Gott in Trümmern ... Nun wäre aber die Welt unsinnig und verrückt, wenn diese Zerrüttung Jahrhunderte andauern sollte. Tod und Kindheit halten sie im Zaum“ (EMERSON 1981, S. 95).

20 Vielleicht stand MARIA MONTESSORI deswegen der (empirischen) Psychologie des Kindes eher skeptisch gegenüber, zunächst der experimentellen Psychologie (MONTESSORI 1913, S. 117ff.) und später auch der Psychoanalyse (MONTESSORI 1967, S. 16ff.). Beide denken von den Erwachsenen aus und verkennen die Grenze zum Kind. Diese Grenze ist gleichbedeutend mit einem Geheimnis, über das nur ein Mythos Auskunft geben kann.

21 EMERSON hat dies in einem seiner Essays so ausgedrückt: Im „Geist der Kindheit“ stimmen „innere und äußere Sinne noch wahrhaft (überein)“. Nur so aber kann die Natur erkannt werden, die nur „wenige Erwachsene“ wirklich sehen (EMERSON 1981, S. 34ff.). Ihnen fehlt zudem die bildhafte Sprache, die in der Kindheit noch „ganz Poesie ist“ (Ebd., S. 55).

22 Seine Quelle ist das romantische Bild des Kindes, wie es etwa EMERSON vermittelt hat (EUGEN DIEDERICHS druckte von 1902 bis 1905 eine dreibändige Ausgabe der Essays, die die reformpädagogische Diskussion beeinflußt hat). EMERSON übernimmt das romantische Bild vor allem von WORDSWORTH und dem dichterischen Kult der kindlichen „Natur“. Die Kritik befürchtete Anarchie und, wichtiger noch, „la suprématie despotique de l'enfant“ (PEETERS 1910, S. 17). Das despotische Kind aber wäre kein Objekt für Mythen.

23 BERTHOLD OTTO (1908, S. 129f.) führt diese Einstellung auf seine Teilnahme an OTTO ZUR LINDES „Charon“-Kreis – einem Literatenzirkel – zurück. Hier wird, in Abgrenzung zur Wissenschaft, der moderne Mythos diskutiert (RÖTTGER 1970, S. 295ff.) und das christliche Bild des Kindes vom Marienglauben her stilisiert (ebd., S. 313ff.). Voraussetzung ist auch hier das leidende Kind.

24 Diese Theorie geht auf JOHANNES VOLKELT zurück, ist aber auch durch FRIEDRICH VISCHER und RUDOLF HERMANN LOTZE, also der innovativen Philosophie des 19. Jahrhunderts, vorbereitet worden.

25 Die Psychologie und Ästhetik der *Einfühlung* ist die Voraussetzung für die Philosophie des *Verstehens*, wie sie besonders WILHELM DILTHEY methodologisch verwendet hat (vgl. OELKERS 1989, Kap. 5.3).

26 Das schließt nicht aus, daß experimentelle Pädagogen, wie etwa ERNST MEUMANN, dezidiert liberal und vom Kinde aus dachten, wenn es um die eigenen Grundsätze der Erziehung ging. Nur schlug sich diese Disposition nicht auf ihre Methode der Forschung nieder.

27 FREUDS ödipaler Konflikt verursacht unvermeidbar Leid, wenngleich unbewußtes, und ADLERS Minderwertigkeitskomplex impliziert, daß die Wahrnehmung des Erwachsenen immer an diese Kindheitserfahrung zurückgebunden bleibt.

28 PALMGREN gründete 1876 in Stockholm die später nach ihm benannte „Palmgrenska Samskola“. Auf diese koedukative Musterschule, die Kinderorientierung mit strenger sittlicher Erziehung verbinden wollte (PALMGREN 1904), gingen viele Gründungen in Skandinavien zurück; ab 1904 wurden daraus in Schweden auch staatliche Schulen, nachdem die „Palm-

grenska Samskolan“ zunächst als höhere Privatschulen unterhalten worden waren. PALMGREN war zum Beispiel von großem Einfluß auf PAUL GEHEEB (1960, S. 122ff.) und auch RILKES Essay hatte gewisse Wirkungen. 1906 sollte in Bremen eine „Schillerschule“ nach dem Vorbild der „Samskola“ gegründet werden (Eingabe . . . 1906), doch dieser Versuch wurde dann nicht realisiert.

29 LHOTZKY gehörte der sektiererischen „Blumhardt-Bewegung“ an und propagierte nach 1910 eine antichristliche „völkische Religion“ mit stark antisemitischen Untertönen. Seine populären Bücher waren unabhängig davon außerordentlich erfolgreich: „Die Seele Deines Kindes“ stand 1933 im 292. Tausend der Gesamtauflage. Ähnlich erfolgreich waren „Das Buch der Ehe“ (100. Tsd. bis 1913) oder „Vom Erleben Gottes“ (45. Tsd. bis 1913). Vor allem die „Seele Deines Kindes“ hat Wirkungen erzielt, von denen in der pädagogischen Geschichtsschreibung so gut wie keine Spuren verzeichnet sind.

30 Eine genetische Pädagogik verwenden im 19. Jahrhundert etwa DIESTERWEG, MAGER oder auch GRÄFE. Der Begriff ist in der schulpädagogischen Diskussion weitgehend akzeptiert, wenngleich natürlich nicht in einer radikalen evolutionstheoretischen Umschrift.

31 Leben ist klassifizierbar nach Arten, und Arten entwickeln sich nach erkennbaren Regeln. Deren wichtigste ist die „natürliche Zuchtwahl“, also die Selektion derjenigen Individuen einer Gattung, die Anpassungsprobleme am besten lösen können. Die Individuen treten in Wettbewerb zueinander (DARWIN 1976, S. 280f.), weil der Lebensraum beschränkt ist und nicht Platz für alle hat. Diejenigen Individuen überleben, denen es am besten gelingt, sich neuen Umständen anzupassen. Diese Anpassungsleistung aber ist auf eigentümliche Weise kreativ, denn die *Gattung* muß danach streben, die „vorteilhaften individuellen Unterschiede“ zu erhalten und die „nachteiligen“ zu vernichten (ebd., S. 121). Dies geschieht nicht plötzlich, sondern in einer „allmählichen, stufenweisen Entwicklung“ (ebd., S. 332ff.).

32 Das Institut wurde im Oktober 1912 eröffnet, im Jahr des 200. Geburtstages von ROUSSEAU. Die Zweckbestimmung des Instituts hat EDOUARD CLAPARÈDE (1912a, S. 36) so beschrieben: „La psychologie peut actuellement fournir à la pédagogie une base réellement scientifique“. Das deckte sich genau mit der Erwartung der Reformer (vgl. KEY 1912).

33 Die „Mutationstheorie“ erschien 1901 und ist deutlich gegen DARWINS Deszendenztheorie akzentuiert.

34 DEWEYS eigene, versteckte Teleologie (Demokratie als politisches *Ziel* der Erziehung) ist dagegen kein Einwand, sondern verrät nur ein Dilemma der pädagogischen Kommunikation: Man kann theoretisch die klassische, teleologische Ausrichtung der Pädagogik aufgeben und muß gleichwohl in praktischen Zusammenhängen unaufhörlich von Zielen der Erziehung sprechen. Irgendwie muß das auch in einer a-teleologischen Pädagogik berücksichtigt werden.

## Anmerkungen Kap. 4: Konzepte der Schulreform

1 Eine wichtige Quelle für diese These sind die Inspektionsreisen, die Beamte der Schulaufsicht vor allem in der ersten Hälfte des 19. Jahrhunderts immer wieder gemacht und beschrieben haben. Ein gutes Beispiel ist etwa die Reise des oldenburgischen Justizrats VON TÜRK (1806), der „Musterschulen" in ganz Deutschland bereiste, um Reformerfahrungen kennenzulernen.

2 Das hat auch zu tun mit der steigenden Verfachlichung der pädagogischen Diskussion und einer dementsprechenden Verlagerung pädagogischer Motive in die allgemeine Moraldiskussion der Öffentlichkeit. Die Moral der Lehrerprofession war auf die Bedingungen der Schule eingestellt, aber die pädagogische Reflexionsform konnte mühelos auch von anderen Stellen übernommen werden.

3 KERSCHENSTEINER gilt dabei als Pate DEWEYS in Deutschland (NÜCHTER 1915, S. 35/Anm. u.i.F.), aber DEWEYS Philosophie ist suspekt, ein Pragmatismus „zuletzt *ohne Ziellehre*, ohne letzte, höchste *Wert*bestimmungen" (ebd., S. 59). Ganz anders dagegen CLAPARÈDE (1913, S. XIVff.), der DEWEYS Pädagogik als *„génétique", „fonctionelle"* und *„sociale"* beschreibt und sie positiv rezipiert, als Basis der neuen Schule, die als „vraiment expérimentale" bezeichnet wird. Nach 1914 verliert DEWEY die meisten seiner deutschen Anhänger und es setzt sich das Bild fest, auch seine schulpädagogischen Erfahrungen seien nicht originell und würden im Kern nur deutsche Modelle wiederholen (so etwa PRANTL 1925, S. 623ff.).

4 DEWEY wurde 1894 an die Universität Chicago berufen und gründete zusammen mit seiner Frau die „Laboratory School", die wesentlich gestützt wurde durch die erste amerikanische „Parents and Teachers Association". „Dr. Dewey served as director, Mrs. Dewey as principal" (CREMIN 1961, S. 135). Nach Auseinandersetzungen mit der Universitätsadministration, die vor allem auch seine Schule betrafen, folgte DEWEY 1904 einem Ruf nach New York.

5 Der Daltonplan, begründet durch HELEN PARKHURST 1920 in Dalton/Mass., ist ein Beispiel für eine Schulreform, die vom Lernenden ausgeht und DEWEYS Kopernikanische Wende nachvollzieht. Grundlegend für die Schulorganisation sind Fachgruppen (statt Altersklassen), die sich nach Interessen bilden und frei arbeiten können. Sie werden mit den notwendigen Arbeitsmitteln versehen und verpflichten sich, selbständig ausgearbeitete Lehrpläne (assignments) zu erfüllen. Der Lehrer fungiert als Helfer des selbstlernenden Schülers (vgl. PARKHURST 1926).

6 Die deutsche Universität war bis 1918 nicht auf Lehrerbildung eingestellt, sieht man einmal vom Fachstudium der Philologen ab. Reformansätze gab es jedoch im Bereich der Übungsschulen, die den Seminaren der Volksschullehrerausbildung angegliedert werden. Deren Praxis ist weitgehend unerforscht, obwohl hier vermutlich weit mehr Vorwegnahmen der späteren „Reformpädagogik" möglich gewesen sind, als es die pauschalierende Geschichtsschreibung wahrhaben will (Hinweise auf die Schweizer Situation der Lehrerseminare verdanke ich HANS-ULRICH GRUNDER und PETER METZ).

7 Die „wissenschaftliche Pädagogik" bezog sich auf WILHELM REINS „Outline of Pedagogics" (1893), ROBERT QUICKS „Educational Reformers" (1868/1890) und HERFORDS „Student's Fröbel" (1893/94) (REDDIE 1900, S. 134/Anm. 1).

8 Der Zeitplan regelt den ganzen Tag und die ganze Woche. Wochentags etwa ist um 6.10 Uhr Aufstehen, um 6.45 Uhr eine Frühklasse, um 7.40 Uhr Frühstück und 8.30 Uhr eine zweite, um 10.30 Uhr eine dritte Klasse; am Nachmittag gibt es „workshops", Gartenarbeiten, Spiele, um 6.30 Uhr noch eine Abendschule und um 8.40 Uhr einen Gottesdienst, an den sich um 8.50 Uhr das Zubettgehen anschließt (REDDIE 1900, S. 144).

9 Ganz ähnlich hat EDMOND DEMOLINS nach einem Besuch in Abbotsholme und der parallelen Gründung Bedales' (1893 durch BADLEY) die „l'éducation nouvelle" beschrieben und die „Ecole des Roches" gegründet (Oktober 1899). Diese Schule war das erste französische „Landerziehungsheim". Es ist ausführlich beschrieben in GRUNDER (1910, S. 104-152).

10 Diese Gründungen sind schon sehr bald Gegenstand des pädagogischen Interesses, das auch historische Verortungen vornimmt, die bis heute nachwirken: Als Vorläufer gelten die Philanthropine, PESTALOZZIS Neuhof und FELLENBERGS „Schulstaat" in Hofwyl (FREI 1902, Kap. A). Diese Gründungen reichten aber nicht über 1848 hinaus (ebd., S. 23) und erst „ein halbes Jahrhundert" später (ebd.) konnten die Landerziehungsheime hier anschließen. Kundige Beobachter haben freilich schon im Gründungsjahr von Ilsenburg bemerkt, daß es sich bei den Landerziehungsheimen um „Reformgedanken der deutschen Volkschulpädagogen übertragen auf das höhere Schulwesen" handele (WIGGE 1898).

11 Die teilweise enthusiastische Rezeption im Ausland hat ADOLPHE FERRIÈRE (1911, S. 626) so zum Ausdruck gebracht: *„Land-Erziehungsheime* est un programme. *Land* c'est la campagne, le plein air, la vie libre des champs et des bois. C'est l'éloignement de la ville et de sa pestilence physique et morale ... *Erziehung*, c'est l'éducation par opposition à l'instruction ... Enfin, le mot *Heim* dit que les écoles doivent ressembler au foyer familial ... L'école caserne ... est une abomination morale, un crime de lèse-humanité".

12 LIETZ' Dissertation, eine Auseinandersetzung mit COMTE, verzeichnet emphatisch eine Einflußquelle dieses Denkens (vgl. LIETZ 1891, S. 94/95), nämlich KARL CHRISTIAN PLANCKS „Testament eines Deutschen" (1881).

13 LIETZ hat in seinem Entwurf einer „Deutschen Nationalschule" (1911) diesen Grundzug auch zur Begründung eines allgemeinen Modells der Schulreform verwandt: Die *„höchste Aufgabe"* des Unterrichts und der Erziehung ist *„die Entwicklung der sittlichen Persönlichkeit und des echten Idealismus* in der Jugend ... Dieser Idealismus muß wurzeln in der Heimat und der Eigenart der Väter ... (Er) wird entstehen, wenn die wertvollsten Bestandteile *vaterländischer* Kultur zur Erkenntnis und Würdigung gebracht werden" (LIETZ 1911, S. 34). Das entspricht dem Erziehungsziel der Herbartianer, deren Pädagogik LIETZ zeitlebens nahestand.

14 Sie erklärt auch OTTOS frappierende politische Überzeugungen, die antiliberal angelegt sind (OTTO 1925, S. 15f.) und dem Individualitätsprinzip das Gemeinschaftsdenken entgegenstellen (ebd., S. 1-5); zugleich wird *Geistesfreiheit* behauptet und in Anspruch genommen (ebd., S. 16ff.). Die berühmte Konzeption eines sozialistischen Monarchismus wird organisch und „seelenkundlich" begründet (ebd., S. 44ff.). Das erbliche Königtum entspricht „der allgemeinen Gefühls- und Willensrichtung" (ebd., S. 46).

15 Grundlage von OTTOS Psychologie ist HAYMANN STEINTHALS „Einleitung in die Psychologie und Sprachwissenschaft". OTTO hat bei STEINTHAL in Berlin studiert und ist vor allem im Blick auf seine sprachpsycholo-

gischen Überlegungen beeinflußt worden. STEINTHAL spricht vom autonomen „geistigen Wachstum“ der Kinder (STEINTHAL 1881, S. 83) und von der durch „Anschauung“ und „Wahrnehmung“ bedingten begrifflichen Erkenntnis (ebd., S. 106); beide Konzepte liegen OTTOS „Gesamtunterricht“ zugrunde.

16 „Auf der ersten ‚Stufe‘ – dem Anfängerkurs – stehen die Schüler bis zum 7./8. Lebensjahr ungefähr. Für die nächsten zwei Jahre sind sie als ‚Unterkurs‘ in der nächst folgenden Stufe vereinigt. Auf Wunsch der Schüler wird auch ein regelmäßiger Stundenplan ausgearbeitet. Die ungefähr 10-13jährigen sind abermals in einer Stufe, ‚Mittelkurs‘ genannt, vereinigt, während der ‚Oberkurs‘ alle älteren Schüler aufnimmt“ (FERBER 1925, S. 55).

17 Die Schule wurde so genannt im Anschluß an die ministerielle Genehmigung im Dezember 1907. OTTO leitete die Schule bis zu seinem Tode (1933) und gab bis zu seinem 73. Lebensjahr selbst Unterricht. Die Berthold-Otto-Schule berichtete ständig über sich in der Zeitschrift „Der Hauslehrer“. Es gab einige Schulreformen, die sich explizit auf OTTO bezogen und versuchten, auch im Bereich der staatlichen Schule seine Prinzipien zu verwirklichen. Am bekanntesten war die Berthold-Otto-Schule in Magdeburg, die „Gesamtunterricht“ mit „volksorganischem Denken“ vermitteln wollte (HANEWALD/HEDIKKE 1930; SCHULZE 1950). Daneben gab es Versuche in Landschulen (KRETSCHMANN 1925) und über das Konzept des „Gesamtunterrichts“ einen großen Einfluß auf die Methodendiskussion der Reformpädagogik bis 1933.

18 Unter der Überschrift „Verboten ist: . . .“ finden sich etwa folgende Regelungen: „Jede Stundenstörung“, „das störende Pfeifen im und am Schulhause“, „das Lärmen in den Garderoben“, „das Schlittern im Schulhause“, „das Klettern auf die Fenster und das Sitzen auf den Fensterbrettern“, insgesamt 33 solcher Verbote und daneben viele Gesetze und Regelungen in der Schulverfassung (FERBER 1925, S. 59ff.). Eine ständige Einrichtung war auch das *Schülergericht* (ALBERTS 1925, S. 127ff.).

19 Bekannt geworden ist OTTOS Mundart-Didaktik, die sich gegen den Vorrang der „hochdeutschen Schriftsprache“ wandte und in der Pflege der Mundart eine Bedingung kindgerechter Entwicklung sah (OTTO 1908, S. 22ff. u. pass.). Auch OTTOS „Lehrgänge“ dienten vor allem der Reflexion der Sprache (FERBER 1925, S. 28ff.).

20 Die „Bibliographie Georg Kerschensteiner“ (hrsg. v. GERHARD WEHLE, Bd. I, Opladen 1987) weist eine internationale Wirkung nach. Allein die Buchveröffentlichung des „Begriffs der Arbeitsschule“ (1912) erreichte 17 Auflagen bis 1969 und 10 Übersetzungen bis 1972. Vergleichbare Zahlen gelten auch für die anderen populären Bücher KERSCHENSTEINERS.

21 Entsprechende Überlegungen stellt PETERSEN erst nach 1945 an, aber das ist mehr eine Anpassung an die neuen Verhältnisse in Jena als der Ausdruck einer gewandelten Philosophie. Diese ist im Kern ontologisch und nicht gebunden an ein bestimmtes Modell von Gesellschaft und Politik. Die Anpassungsfähigkeit PETERSENS erklärt sich daher (vgl. OELKERS 1985 und, im Blick auf das Verhältnis zum Nationalsozialismus, OELKERS 1989b).

22 PETERSEN rezipiert DEWEY natürlich, aber in einer funktionalistischen Deutung, die an KRIECK erinnert und jedenfalls das demokratische Hauptanliegen DEWEYS vernachlässigt (PETERSEN 1937, S. 137f., 158ff.). Das hinderte PETERSEN nicht, DEWEY gegenüber Respekt zu zeigen („einer der größten Denker und Weisen, die auf dem Boden der neuen Welt geboren

wurde“: ebd., S. 159) und während der NS-Herrschaft die Projektmethode zu edieren.

23 Die Beschränkungen sind strukturbedingt: Der Lehrer ist „amtlich bestellter Erzieher“, die Schule ist keine reine Gefühlsgemeinschaft, die Auswahl der Schüler geschieht weitgehend zufällig und jedes Schulleben ist an die besonderen Bedingungen der „Lokalität“ gebunden (PETERSEN 1937a, S. 57).

24 PETERSEN war bis zu seiner Berufung nach Jena der erste Leiter der Hamburger „Lichtwarkschule“, der bekanntesten und elaboriertesten Gründung im Kontext der „Lebensgemeinschaftsschulen“ (Die Lichtwarkschule 1979). Der Jena-Plan ist in vielem das Modell *dieser* Schule (nicht jedoch der radikalen Hamburger Gemeinschaftsschulen im Volksschulbereich, die politisch ambitioniert waren: LAMSZUS 1924, S. 56f.; vgl. auch PAULSEN 1926).

25 PETERSENS Werk hat kosmologische Aspekte, vor allem in seinen späten Schriften, aber die sind christlich (protestantisch) gedacht und stellen keine Universalmetaphysik dar.

26 In fast allen Darstellungen gehört BERTHOLD OTTO die Priorität in der Entwicklung dieses didaktischen Konzepts. Er selbst hat die Priorität geteilt (OTTO 1921, S. 200f.), und zwar mit ARTHUR SCHULZ, Leiter der „Gesellschaft für deutsche Erziehung“ und Herausgeber der „Blätter für deutsche Erziehung“. SCHULZ (1905, S. 20f.) spricht vom „Unterricht im Freien“ und versteht darunter ein analoges Verfahren zu OTTOS „Gesamtunterricht“. Damit gekoppelt sind radikale Forderungen zur Entphilologisierung der Lehrerbildung und zur Einheitsschule (SCHULZ 1904), angereichert, wie bei OTTO, mit starken nationalpolitischen Zielsetzungen.

27 „Wichtig ist . . . nicht, daß der Embryo wächst, sondern daß er sich ordnet. Durch die Ordnung und mit der Ordnung kommt das ‚Wachstum‘ und zugleich die Lebensfähigkeit ganz von selbst... Die Grundbedingung dafür, *daß ein Leben, dem der Impuls zum Dasein gegeben ist,* seinen Lebenszweck auch wirklich erfüllt, besteht einzig und allein darin, daß die innere Ordnung erlangt wird“ (MONTESSORI 1926, S. 127).

28 Diese Reduktion aber machte die große Wirkung aus, denn sie erlaubt eine starke Methodisierung der frühkindlichen Erziehung und zugleich jene Zurücknahme der Erzieherautorität, die in der Reformpädagogik insgesamt angelegt war. Es ging immer noch um gezielte *Wirkungen*, nur solche, die der Methode und nicht mehr nur der Subjektivität des Lehrers zugerechnet wurden.

29 Der amerikanische Ursprung der Projektmethode liegt im Ingenieursstudium; den ersten praktischen Versuch richtete CALVIN WOODWARD 1880 als „Manual Training School“ an der Washington University in St. Louis ein (KNOLL 1988). Erst zu Beginn des 20. Jahrhunderts wurde die Projektidee auch jenseits des *manual training* verbreitet. KILPATRICK propagierte dann einen entsprechend weiten und pragmatisch gewendeten Begriff von „Projekt“ (ebd., S. 514f.).

30 Dies in Unterschied zu PESTALOZZI: Bei PESTALOZZI ist eine Psychologie und Physiologie der Kräfte grundlegend, die *einzeln* geschult und entwikkelt werden können, sofern ihr jeweiliger Zusammenhang gewahrt und ihre Harmonie angestrebt wird. KERSCHENSTEINER dagegen rückt das *Verstehen* des Kindes in den Mittelpunkt, das sich durch eine Initiation in die großen Arbeitsgebiete des geistigen Lebens bilden soll. Das läßt sich nicht im Sinne PESTALOZZIS psycho-physisch elementarisieren (KERSCHENSTEINER 1928, S. 120).

31 Die Weimarer Diskussion der Schulreform wurde zentriert um die Idee der „Arbeitsschule". Sie war politisierbar und konnte zugleich gegen die alte Form der Verschulung pädagogisch abgegrenzt werden. Die Diskussion war freilich grundsätzlich immer eklektisch, so daß die besondere Betonung der Arbeitsschule die Inanspruchnahme anderer reformpädagogischer Konzepte nicht etwa ausschloß (vgl. nur REINLEIN 1919, S. 14ff. und GRIMME 1930)

32 Die „Bewegung" konstituierte sich auf drei „Kunsterziehungstagen", 1901 in Dresden, 1903 in Weimar und 1905 in Hamburg. Die drei Tagungen setzten weitreichende Diskussionen und Entwicklungen in Gang, die zunächst eindeutig schulpraktisch ausgerichtet waren und erst allmählich in Kontakt kamen mit Ansätzen einer allgemeinen Lebensreform, wie dies etwa im Hamburger „Wendekreis" nach 1918 sichtbar wurde (vgl. Kap. 5.3). Auch der Ausgangspunkt der Reformbewegung lag wesentlich in Hamburg, organisiert (ab 1883) in der schon 1805 gegründeten „Gesellschaft der Freunde des vaterländischen Schul- und Erziehungswesens", öffentlich gemacht in der Zeitschrift „Pädagogische Reform" (ab 1877) (die Zeitschrift erschien bis 1921 und dokumentiert die Reformdiskussion wie kein anderes Publikationsorgan) und fachlich orientiert an LICHTWARKS Hamburger Kunsthalle und ihren kunsterzieherischen Experimenten (GEBHARD 1947, S. 64ff., 73ff.). Eine wesentliche Gestalt dieses Zirkels war OTTO ERNST SCHMIDT, der schon vor LICHTWARK die neuen Grundsätze der Kunsterziehung artikulierte (ebd., S. 70f.; vgl. ERNST 1890). OTTO ERNST SCHMIDT ist der oben erwähnte Schriftsteller OTTO ERNST (vgl. S. 64ff.).

33 Das zeigen BUBERS „Pfade in Utopia" (deutsch 1950), in denen *Gemeinschaft* vor allem als sozialistisches Siedlungsexperiment gedacht und als „neues Dorf" vorgestellt wird (BUBER 1985, S. 230ff.). „Gemeinschaft" ist bei BUBER *nicht* identisch mit einer totalitären Kategorie, wie sie etwa die Rede von der „Volksgemeinschaft" verwandte.

34 Daß BUBER Erziehung vor allem als Begegnung oder Zusammentreffen von *Personen* dachte, hat seinen Ursprung in der jüdischen Religion. Erziehung ist abhängig vom *Wort* (ROSENZWEIG 1988, S. 342ff.). Praktisch hat BUBER dies in der Odenwaldschule erfahren (FRIEDMAN 1983, S. 22f.) und in ROSENZWEIGS „Frankfurter Lehrhaus" (FRIEDMAN 1981, ch. 14).

35 Wie sehr der Begriff „Schulgemeinde" vom romantischen Konzept der „Gemeinschaft" ausgeht, zeigt ein Vergleich mit FRIEDRICH WILHELM DÖRPFELDS bedeutendem Reformbuch „Die Schulgemeinde" (1863): Schulgemeinde ist hier der Ausdruck für eine lokale (konfessionelle) Schulöffentlichkeit, nicht das Prinzip einer Sekte (vgl. COHN 1915, S. 275). Die Sektenmentalität machte Wickersdorf anfällig für Konflikte, deren Dramaturgie zum Markenzeichen avancierte, die am Schluß aber von der Kritik nur noch als „grober Unfug" gewertet wurden (FLORIAN 1918, S. 444). Wickersdorf wurde 1932 von amtlicher Seite geschlossen.

## Anmerkungen Kap. 5: Konzepte der Gesellschaftsreform

1 Grundlegend ist die Idee des „Organismus", doch die kann nur ästhetisch verstanden werden: „Das Organische, was die Menschen in der Natur sehen, ist nichts anderes als ihre in die Natur hineingetragene Kunst" (Schriften Bd. II/

S. 271, im Orig. gesp.). Das gilt auch für die Sozietät, die als ästhetischer Organismus oder als *Gemeinschaft* vorgestellt werden kann. Zugleich spricht MÜLLER von einer Evolution der Organismen, die biologisch und nicht etwa ästhetisch gedacht ist (ebd., S. 273).

2 Jeder Organismus (auch die politischen: Familie, Staat, internationaler Verbund) kann sich höherentwickeln, jeweils aber nur, wenn sein „Antorganismus", sein Gegensatz, mit vorausgesetzt wird. Diese Dialektik geht in der Ideologie der Gemeinschaft verloren. Sie hat nur noch einen Gegensatz, den zur Gesellschaft, aber das ist nicht *ihre* Entwicklungsbedingung.

3 Deretwegen WALTER BENJAMIN mit seinem Lehrer WYNEKEN brach.

4 Die „Ideen von 1914" sind vielfältig als Großmachtphantasien der Volksgemeinschaft artikuliert und publiziert worden (HERMAND 1988, S. 92ff.).

5 SPRANGER hatte schon vorher, und zwar in der Zeitschrift „Der Säemann", dem Publikationsorgan der Schulreformer, einen Aufruf „An die Jugend" veröffentlicht, der die Tugend des Krieges rechtfertigt: *„Es gibt etwas, wofür man sterben kann!"*, nämlich *„das deutsche Vaterland"*. Für es lohnt jedes Leid. „Ohne Leid ist kein Leben; der Krieg bringt es nur verbreiteter und gehäuft" (SPRANGER 1914, S. 386, 387).

6 Die Formel „Jugend sucht Führer" findet sich selbst bei liberalen Psychologen (z.B. BÜHLER 1927, S. 165ff.).

7 Von „Kulturkrise" ist natürlich auch in der linken Pädagogik die Rede, etwa in Leitsätzen, die PAUL HONIGSHEIM einer Tagung „Der neue Lehrer (Lehrerbildung)" vorlegte, welche vom 30. September bis 4. Oktober 1925 in Berlin-Schöneberg stattfand und vom „Bund Entschiedener Schulreformer" organisiert wurde (HONIGSHEIM 1925).

8 OSWALD SPENGLER hat *Kultur* und *Zivilisation* getrennt und zwar als Gegensatz von Organismus und Mechanismus. „Der Kulturmensch lebt nach innen, der zivilisierte Mensch nach außen, im Raume, unter Körpern und ‚Tatsachen'. Was der eine als Schicksal fühlt, versteht der andere als Zusammenhang von Ursache und Wirkung" (SPRENGLER 1973, Bd. I/S. 450f.). *Schicksalsidee* steht gegen *Kausalitätsprinzip* (ebd., S. 152ff.). Die faustische Seele (ebd., S. 238ff.) kämpft mit dem Schicksal, aber in heroischer Einsamkeit. In der *„faustischen Religion"* erscheint „das *eine, unendliche* Opfer, das sich überall und täglich wiederholt" (ebd., S. 239). „Seele" ist nicht persönlich, sondern eingebunden in den Kreislauf des Schicksals.

9 Diese Voraussetzung teilt sowohl die experimentelle Pädagogik als auch die Kinderpsychologie (OELKERS 1989, Kap. 5.1.), also die beiden hauptsächlichen Verstärkungen der Pädagogik vom Kinde aus. Es ist klar, daß diese Theorie in monistischen Konzepten der politischen Pädagogik am meisten bekämpft wurde.

10 DANIEL GASMAN (1971) hat den politischen Einfluß des Monismus auf so unterschiedliche Strömungen wie den Marxismus, die eugenische Bewegung und den Nationalsozialismus beschrieben. HAECKELS Monistenbund (gegründet am 11. Januar 1906 von seinen Schülern) vereinte tatsächlich ein großes Spektrum der rechten Intelligenz und hatte Einfluß weit darüber hinaus, auf GERHART HAUPTMANN ebenso wie auf EUGEN DIEDERICHS oder den Berliner Wandervogel (GASMAN 1971, S. 154ff.). Einer der Mitbegründer des Monistenbundes war GEORG HIRTH; er widmete in seiner Zeitschrift „Jugend" das Heft 8 (1904) dem 70. Geburtstag von HAECKEL, ein Indiz für die Verklärung des Monismus im pädagogischen Umfeld.

HAECKELS antisemitische Tendenzen fanden ihren Ausdruck in einem Interview mit HERMANN BAHR (1894, S. 62-69) und gehen auch in HAEKKELS berühmte „Welträtsel" ein (die populärwissenschaftliche Darstellung seiner Lehre – das Buch, 1889 veröffentlicht, löste große Diskussionen aus und erreichte eine Auflage von über 240.000 Exemplaren).

11 Das hat RUDOLF VIRCHOW in seinem berühmten Disput mit HAECKEL gesehen. HAECKELS Eröffnungsrede der 50. Versammlung Deutscher Naturforscher und Ärzte (18. September 1877), die das Programm des Monismus enthielt (HAECKEL 1877), hatte VIRCHOWS entschiedenen Widerspruch gefunden (VIRCHOW 1877). Im Kern ging es um die Konsequenzen eines monistischen Darwinismus für die Definition von Ethik und Erziehung. VIRCHOW warnte vor dem Monopolanspruch des Monismus und kritisierte den Vorschlag HAECKELS, die Deszendenztheorie (DARWINS) zur Grundlage des Schulunterrichts zu machen (KELLY 1981, S. 57ff.).

12 Besonders die „völkischen Utopien" übernahmen diese Funktion, wie etwa HERMAND (1988) darstellt. An HAECKEL läßt sich der Grundzug einer populärwissenschaftlichen Ersatztheologie gut zeigen (PAULSEN 1900, S. 65ff.).

13 PETERSEN unterschied „Masse", „Gesellschaft" und „Gemeinschaft" (1962, S. 1-31), vor allem beeinflußt durch die Völkerpsychologie seines Lehrers WILHELM WUNDT. Zugleich trennte er zwischen „Kultur" und „Zivilisation" (ebd., S. 72ff.) in der Wertungsrichtung von SPENGLER. Der Gemeinschaftsbegriff wird an verschiedenen Stellen ähnlich dichotomisch verstanden und kommt dann dem Verständnis von TÖNNIES sehr nahe.

14 PAUL OESTREICHS „Bund entschiedener Schulreformer" etwa war *nicht* die Schulorganisation des Linkssozialismus, auch nicht, als die USPD noch unabhängig war. Das hatte theoretische Gründe, die in Abgrenzung einer bloß „polytechnisch-industriellen Erziehung" (gegen BLONSKIJ gesagt) zu suchen waren (OESTREICH 1926, S. 164f.). Außerdem blieben diese Ansätze viel stärker in der reformpädagogischen (idealistischen) Tradition befangen als etwa die entschiedener Marxisten. OESTREICH berief sich ausdrücklich auf KERSCHENSTEINER und NATORP (1922, S. 207), nur daß deren „Ideen folgerichtig bis zu Ende nachgegangen" werden sollte.

15 REINLEIN (1919) beschreibt einige Arbeitsschulversuche vor dem Kriege, in Dortmund, Augsburg, Leipzig, Hamburg, Dresden und München, die sich auf KERSCHENSTEINER beriefen. KARSEN (1924) stellt die Hamburger Versuche nach 1918 dar und berichtet über die Magdeburger Versuchsschule nach BERTHOLD OTTO, einen Dresdner Versuch mit der „Produktionsschule" sowie einige Ansätze in Berlin. HILKERS „Deutsche Schulversuche" (1924) unterscheidet Reformen der „Freien Schulen", Versuche in den Staatsschulen und „neue Formen der Berufs- und Volkshochschulbildung". Im Bereich der Staatsschule wird über sieben Ansätze im Bereich der Volksschule und drei im Bereich der höheren Schule berichtet. OTTO KARSTÄDT schließlich hat 1928 unter dem Stichwort „Arbeitsschule" etwa 15 und unter dem Stichwort „Gemeinschaftsschule" ungefähr 20 Schulversuche aufgelistet, soweit diese ihren literarischen Niederschlag gefunden hatten (KARSTÄDT 1928, S. 348ff.). Alle blieben mehr oder weniger singulär und hatten nur lokal, wie in Hamburg und Berlin, Einfluß auf das Schulwesen.

16 1917 wurden in Berlin eine sechsstufige und eine dreistufige „Begabtenschule" eingerichtet. „Kinder, die die 7jährige Volksschule durchgemacht haben, finden hier direkten Anschluß an die höhere Schule" (KARSEN 1923, S. 9).

17 Es handelt sich um einige wenige Schulen (den Kern machten vier Versuchsschulen aus), die die Konzepte der Schulgemeinde (WYNEKENS), der Selbsttätigkeit und des Arbeitsunterrichts in radikaler Weise zu verwirklichen versuchten (hierzu die sehr gute Aufarbeitung von RÖDLER 1987). Die Versuche (vor allem im Volksschulbereich) bildeten die „Hamburgische Schulengemeinschaft" (ebd., S. 247ff.), aber deren Bemühen einer radikalen Umgestaltung des Schulsystems *von unten* scheiterte (ebd., S. 250). Immerhin waren die vielfältigen Diskussionen und praktischen Resultate von erheblichem Einfluß auf die Bewußtseinsbildung der Lehrerschaft. Ein Gesamtschulversuch wie in Wien kam aber nicht zustande.

18 Vorsitzender des Bundes war von der Gründung (1919) bis zum Ende (1933) PAUL OESTREICH, der ab 1923 auch die Zeitschrift des Bundes („Die neue Erziehung") herausgab. Die Vereinigung hatte publizistisch erheblichen Einfluß, war organisatorisch aber im wesentlichen auf Berlin beschränkt (NEUNER 1980, S. 120ff). KARSEN war Mitbegründer des Bundes, ging aber wegen seines Engagements im Schulversuch Lichterfelde in Distanz zu OESTREICH und trat am 17.5.1920 aus dem Vorstand zurück, um 1921 dann endgültig den „Bund entschiedener Schulreformer" zu verlassen (ebd., S. 47ff.).

19 Der Versuch hatte Symbolcharakter: KARSEN wurde beauftragt, die ehemalige Kadettenanstalt Lichterfelde in eine öffentliche allgemeinbildende Schule (Realgymnasium mit Internatscharakter) umzuwandeln (RADDE 1973, S. 36ff.). KARSEN trat von dem Versuch zurück, als er sich gegen die retardierenden Kräfte (der Verwaltung und besonders der Schülerschaft) nicht durchsetzen konnte. Aber er lernte hier die Umrisse des späteren Versuchs kennen (ebd., S. 44).

20 Zentral für OESTREICH ist ein quasi-religiöses Konzept von *Totalität*, ein sehr starker Einheitsgedanke, der sich auch auf die schulpolitische Konzeption niederschlug (OESTREICH 1926, S. 156ff. und an vielen Stellen im Werk).

21 Im Januar 1921 wurde der Hamburger Reformpädagoge WILHELM PAULSEN erster Stadtschulrat in Groß-Berlin und blieb in diesem Amt bis 1924. Er stützte KARSENS Versuch, der auch nach 1924 nicht angetastet wurde.

22 Wie wenig klar die Idee einer „sozialistischen Pädagogik" nach dem Kriege gewesen ist, läßt sich anhand einer Analyse des ersten Jahrgangs der „Neuen Erziehung" (1919), also des Organs des „Bundes entschiedener Schulreformer" demonstrieren: Im Aufruf der Schriftleitung zur ersten Nummer (Januar 1919) ist vom Aufbau einer „sozialistischen Republik" die Rede und das erscheint pädagogisch als „Durchführung der Einheitsschule", Erlebnisunterricht und Arbeitsschule, einschließlich der „Einführung der Schülerselbstverwaltung" und die „Schaffung von Schulgemeinden". Die Diskussion des Jahrgangs zeigt so unterschiedliche Konkretionen dieses Konzepts wie OTTO RÜHLES „sozialistische Erziehung" der Persönlichkeit (Heft 11), LUDWIG GURLITTS berühmter Aufruf, *„Schulfarmen"* (sozialistische Landerziehungsheime) zu gründen (Heft 12/13) oder ELISABETH ROTTENS „Erziehung zum Völkerbund" (Heft 24).

23 Der Plan sah für die allgemeine Mittelschule vier Hauptklassen mit je zwei Zügen vor. Die Einteilung erfolgt nach Begabung, mittlere und höhere „allgemeine Begabungen" kommen in den ersten, Schüler, deren Leistungsfähigkeit „unter dem Mittelmaß zurückbleibt", kommen in den zweiten „Klassen-

zug". Entscheidend ist dabei die Beurteilung der Grundschule, eine eigene Aufnahmeprüfung für die Mittelschule erfolgt nicht. Die in den zweiten Zug „Eingereihten" haben das Recht, eine Aufnahmeprüfung für den ersten Kurs zu verlangen. Die Lehrer haben das Recht, Schüler nach einer Erprobungszeit in den zweiten Kurs zu versetzen. Gemeinsam ist beiden Kursen das Schulleben und der Unterricht in bestimmten Fächern (vor allem im Bereich von Arbeit, Musik und Sport). Differenzierungen im ersten Kurs betreffen „erweiterte Lehrgänge" in bestimmten Fächern, „zunächst der Mathematik". Dieser „bewegliche Lehrplan" kann auch auf die Schüler des zweiten Kurses ausgedehnt werden (vgl. Leitsätze 1920).

24 Auch das ist kein neuer Gedanke (TEWS 1887), der aber nach 1918 einer politischen Großorganisation zugrundegelegt wurde. 1928 hatten die österreichischen „Kinderfreunde" 95.661 Mitglieder, die in 363 Ortsgruppen organisiert waren (Angaben über die Mitgliederbewegung finden sich regelmäßig in der Zeitschrift „Die Sozialistische Erziehung"). In Deutschland gab es 1929 553 Ortsgruppen, deren Mitgliederzahl mit über 120.000 angegeben wird. Die sozialistische Kinderzeitung „Der Kinderfreund" hatte eine monatliche Auflage von 300.000 Exemplaren. Die Sommerkolonien waren jährliche Großveranstaltungen, die pädagogisch attraktiv organisiert wurden.

25 Was „Austromarxismus" genannt wird, hat hier seinen Kern: Es ging um eine Ethik sozialistischer Politik, die Anschluß an KANTS praktische Philosophie halten sollte. MAX ADLER erkannte, daß eine rein ökonomische Analyse dem ethischen Problem nicht gerecht werden konnte.

26 ADLERS *finale* Psychologie geht davon aus, daß ein „Plan" die Entwicklung des individuellen Lebens bestimmt. Das ist deutlich gegen FREUDS *kausale* Erklärung der Neurosen gerichtet, denn ADLERS „nervöser Charakter" entsteht durch Abweichung vom Lebensplan und ist durch Lernen korrigierbar, während FREUDS Lehre Neurosen auf Triebfixierungen zurückführt und damit zu Ursachen des Fehlverhaltens stilisiert. Sie hängen nicht mit einer Teleologie zusammen.

27 Das soll die Begründungen einer *psychoanalytischen* Pädagogik nicht schmälern, die aber ihre Theorie der Erziehung nicht direkt aus der Lehre FREUDS ableiten konnten. Gerade die Entwicklungspsychologie FREUDS legt einen notwendigen Triebkonflikt zugrunde, den keine Erziehung aufheben kann.

28 Das Konzept der *neuen Erziehung* entstammte dem „Verein für Individualpsychologie"; zentrale Arbeiten aus dem Umkreis dieses Vereins wurden 1914 in dem Sammelband „Heilen und Bilden" veröffentlicht. Herausgeber waren ALFRED ADLER und CARL FURTMÜLLER; FURTMÜLLER wurde 1920 in die Reformabteilung berufen und zwar in die Sektion, die für die Mittelschulen zuständig war.

29 GLÖCKEL übernahm im April 1919 die Leitung des Unterrichtsamtes. Die Schulreformabteilung hatte zwei Sektionen, Leiter der Reformabteilung für die Volksschulen war VIKTOR FADRUS, Leiter der Abteilung für Mittelschulen war bis 1921 der Grazer Universitätsprofessor EDUARD MARTINAK, danach HERMANN RASCHKE. Als Mitarbeiter konnten so profilierte Reformpädagogen wie EDUARD BURGER (Arbeitsschule), KARL LINKE (Fachdidaktik) oder HANS FISCHL (Gymnasialreform) gewonnen werden. Die Besetzung dieses Amtes blieb grundsätzlich erhalten, als GLÖCKEL im Oktober 1920 ausschied und 1922 Leiter des Wiener Schulwesens wurde (Angaben nach FISCHL 1929, S. 42ff.).

30 Die Zeitschrift „Volkserziehung" ersetzte ab 1919 das alte Verordnungsblatt des Unterrichtsamtes; daneben wurde im Oktober 1919 für das „Volksbildungsamt" (eine Sektion des Unterrichtsministeriums, die die Erwachsenenbildung reorganisieren sollte) die Zeitschrift „Volksbildung" eingerichtet. Drei weitere Gründungen waren unabhängig vom Ministerium: Die „Schulreform" (1921-1934, herausgegeben von VIKTOR FADRUS und KARL LINKE), die „Quelle" (Fortsetzung des „Österreichischen Schulboten", 1922-1934 herausgegeben von EDUARD BURGER und RICHARD ROTHE; von 1935 bis 1938 als „Pädagogischer Führer") sowie „Der neue Weg" (1924-1939, herausgegeben von LEOPOLD LANG). Hinzukommen zwei profilierte Buchreihen, die „Lehrerbücherei" (78 Bände bis 1929, herausgegeben von VIKTOR FADRUS und EDUARD BURGER) sowie die „Schulreformbücherei". Diese gezielte Propagierung der Reform wird ergänzt durch neue Lehrmittel und, vor allem, neue Schulbücher (FISCHL 1929, S. 50ff.). Auch bestimmte akademische Reihen stehen in diesem Zusammenhang („Wiener Arbeiten zur pädagogischen Psychologie" und „Österreichische Beiträge zur Pädagogik").

31 Ein Beispiel ist SOFIE LAZARSFELDS Sammelband „Technik der Erziehung" (1929), der wichtige Theoriediskussionen in praktischer Absicht zusammenfaßte. Er vereint Autoren und Autorinnen wie PAUL LAZARSFELD, MANÈS SPERBER, OTTO und ALICE RÜHLE, IDA LÖWY u.a.m. Daneben sind weitere Psychologen aus dem Kreis um CHARLOTTE und KARL BÜHLER zu nennen (ELSE BRUNSWIK, HILDEGARD HETZER) sowie einige Mitglieder des „Wiener Kreises" (KARL POPPER, OTTO NEURATH, EDGAR ZILSEL). Autoren im Umkreis des psychoanalytischen Marxismus (wie SIEGFRIED BERNFELD) sind zu dieser Arbeit in kritischer Distanz, beteiligen sich aber ebenfalls an den weitgespannten Diskussionen.

32 MEISTER begreift zunächst genau, wo der Angriff der Reformer theoretisch liegt, nämlich in der Wendung zum Kind, die die Bildungstheorie des Gymnasiums funktionslos werden läßt. Es käme dann nämlich nicht mehr auf das „Prinzip der spezifischen höheren Allgemeinbildung" an (MEISTER 1920, S. 51), sondern auf die entwicklungsgerechte Schule mit ihren sozialpädagogischen Maximen. Man kann aber aus der „bloßen Tatsache der gemeinsamen Erziehung" nicht schließen, daß sich bei allen Kindern bestimmte Dispositionen entwickeln (MEISTER 1921/22, S. 538) und daß auf diesem Weg die Einheitsschule wirklich zur Erneuerung der „Volksgemeinschaft" beiträgt (ebd., S. 540).

33 1927 sprach etwa der Genfer Seminardirektor ROBERT DOTTRENS von einer „admirable réalisation" der Ideen von 1789 (DOTTRENS 1927, S. 193) und MAY HOLLINS SIEGL erkannte 1933 in ihrer Dissertation an der Columbia University, daß die Schulreform in Österreich als „severe test" der reformpädagogischen Ideen ausgefaßt werden müsse, weil sie die Reform eines nationalen Schulsystems versucht habe (SIEGL 1933, S. 127). ADOLPH E. MEYER (1934/1971, S. 211f.) erwähnte besonders die Bundeserziehungsanstalten, die eine ganzheitliche Erziehung verfolgten und darin „true to the ideals of progressive education" (ebd., S. 212) anzusehen seien.

34 SCHNEIDER wurde im Mai 1922 Unterrichtsminister und demissionierte im Juni 1926 auf dem Höhepunkt der schulpolitischen Auseinandersetzungen. Sein Lehrplanentwurf, veröffentlicht am 5. Juni 1926, sah für die allgemeinen Volksschulen des Bundes eine entschiedene Zurücknahme der beiden Re-

formprinzipien des Arbeits- und des Gesamtunterrichts vor und war inhaltlich entschieden konfessionell ausgerichtet (FISCHL 1929, S. 185ff.).

35 KARL FISCHER gründete den „Wandervogel" 1901 vor allem mit Schülern des Gymnasiums Steglitz, inspiriert durch den dort lehrenden Gymnasialprofessor LUDWIG GURLITT (BLÜHER 1922, S. 28ff.). Der Wandervogel war also ursprünglich ein Schülerbund (ebd., S. 46), dessen kritische Disposition sehr viel mit der schulkritischen Öffentlichkeit am Beginn des 20. Jahrhunderts zu tun hat (AUFMUTH 1979, S. 144ff.). Die Bedeutung der Jugendbewegung für die Reformpädagogik, die oft übertrieben dargestellt worden ist, liegt wesentlich hier. Die „gelernte Rebellion" (ebd., S. 144) prägt das Lebensgefühl vieler Jugendlicher, die nach 1918 in pädagogischen Berufen tätig wurden. Das „Wandervogel-Erlebnis" (ZILIUS 1982) war für die Perpetuierung der Reformintentionen ausschlaggebend.

36 HÖPPENER-FIDUS illustrierte zunächst für GEORG HIRTHS „Jugend", dann aber mehr und mehr für die Blätter der Freikörperkultur und der germanophonen Lebensreform (vgl. FRECOT/GEIST/KERBS 1972, S. 403ff.), darunter die Hakenkreuz-Zeitschrift „Upland" (ebd., S. 409). Die Bilder von Fidus drücken nordische Mystik, Freikörperkultur und Lichtmagie aus, eine ideologische Mischung, die Fidus nicht zufällig 1932 zum Eintritt in die NSDAP veranlaßt (ebd., S. 224). Wie kraus diese Mischung war, verrät ein Detail: Sein Entnazifizierungsgesuch unterschrieb der greise Fidus „mit lichtdeutschem Heil U.S. Europa" (ebd.).

37 Die Formel hat noch einen zweiten Teil, der den Einfluß der Lebensreform-Ideen zeigt: „Zur gegenseitigen Verständigung werden Freideutsche Jugendtage abgehalten. Als Grundsatz für gemeinschaftliche Veranstaltungen gilt: ‚Alle gemeinsamen Veranstaltungen der Freideutschen Jugend sind alkohol- und nikotinfrei'" (FLITNER/KUDRITZKI 1967, S. 279).

38 Ein Pionier der Freikörperkultur war KARL WILHELM DIEFENBACH, der Lehrer von HUGO HÖPPENER (FRECOT/GEIST/KERBS 1972, S. 47f.). Der damit verbundene Nacktkultus war ein Kultus des Körpers und leicht zu verbinden mit Idealen „völkischer" Reinheit und arischen Abstammungslehren.

39 An dem Treffen auf dem Hohen Meißner nahmen 15 Jugendverbände teil, die in der Festschrift als „verwandt" bezeichnet wurden (Freideutsche Jugend 1913, S. 1), aber doch sehr verschiedene Zielsetzungen vertraten (von der Freien Schulgemeinde Wickersdorf über den Abstinentenbund an deutschen Schulen „Germania" bis zu Studentenvereinigungen). Man muß daneben auch die Größendimensionen in Rechnung stellen: Der „Wandervogel" etwa hatte höchstens 60.000 Mitglieder, während der staatliche „Jungdeutschlandbund", 1911 dazu in Konkurrenz gegründet, eine halbe Million Mitglieder zählte (AUFMUTH 1979, S. 211).

40 WOLFGANG KRABBE (1974) hat vorgeschlagen, zwischen peripheren und zentralen „Lebensform"-Bewegungen zu unterscheiden. Peripher wären dann etwa die Gartenstadtbewegung oder die Antialkoholbewegung; das Zentrum würden ausmachen der Vegetarismus, die Naturheilkunde, die Nacktkultur und die Kleidungsreform. Freilich zeigt die Geschichte der Eugenik und Rassenhygiene, daß auch hier Motive der Lebensreform *zentral* waren, wenngleich sie anders gewichtet wurden (WEINGART/KROLL/BAYERTZ 1988). Zur Lebensreform müssen auf der anderen Seite auch anarchistische Experimente gezählt werden und eben auch bestimmte pädago-

gische Versuche. Ich lege also einen relativ weiten Begriff von „Lebensreform“ zugrunde.

41 Die Vereinstätigkeit der Vegetarier begann im April 1867; 1878 gab es reichsweit etwa 2.500 organisierte Anhänger. Die Bewegung geriet Ende des 19. Jahrhunderts in eine andauernde Krise, vermochte sich aber als Organisation bis 1933 zu halten (KRABBE 1974, S. 133ff.). Die Nacktkultur-Bewegung zerfiel in eine Unzahl kleiner Gruppen und konnte sich bis 1933 nicht in einem Dachverband organisieren. Vereinsgründungen gab es seit Beginn des 20. Jahrhunderts, wobei die Gesamtzahl der organisierten Nudisten am Ende der Weimarer Republik auf 20.000 geschätzt wird (ebd., S. 146ff., 150).

42 MÜHSAM flüchtete 1904 aus Berlin nach Ascona, unmittelbar nach dem Zusammenbruch einer von JULIUS und HEINRICH HART begründeten Kommune in Schlachtensee bei Berlin (LINSE 1978, S. 31). Er erlebte in Ascona Lebensreformversuche (ebd.), die ihn aber eher abschreckten; zugleich ist die Erfahrung von Ascona aber die Quelle seiner Theorie des Lumpenproletariats (ebd., S. 33ff.), die er dann ab 1909 in München zu realisieren versuchte. GUSTO GRÄSER kam 1900 nach Ascona und gehörte zur lebensreformerischen Kommune auf dem Monte Verità (FRECOT 1978, S. 56ff., 59ff.), die nach kurzer Zeit auseinanderbrach. GRÄSER wurde zum Guru einer internationalen Anhängerschaft; sein berühmtester Jünger war HERMANN HESSE (MÜLLER 1979).

43 SOHNREY war ab 1893 Herausgeber der Zeitschrift „Das Land“, einem „Zentralorgan der Großstadtfeinde und Agrarkonservativen“ im wilhelmischen Deutschland. Seine „vaterländisch-konservative Grundhaltung“ sprach vor allem das „ländliche Bildungsbürgertum“ an (BERGMANN 1970, S. 75ff.), nicht zuletzt die Volksschullehrer des ländlichen Raumes, deren Mentalität in paradoxer Weise mit der der pädagogischen Reformer übereinstimmte.

44 KLAGES ist weit mehr der *Theoretiker* der Lebensreformbewegung als etwa RUDOLF STEINER, weil er auf Esoterik im Ausdruck verzichtet und den Rationalismus seines Arguments doch dazu verwendet, die rationale Zivilisation in Grund und Boden zu kritisieren. Seine Philosophie ist kosmologisch wie die STEINERS, nur viel radikaler in der Kritik und besser die *antinomische* Denkweise der Lebensreformer treffend. STEINERS Weltlehre „Anthroposophie“ ist harmonisch und zielt auf eine Ersatztheologie, die nur in Sekten stabilisiert werden kann.

45 Unter den vielen „Freundesworten“, die die Mentoren der Jugendbewegung sprachen (beteiligt waren so unterschiedliche Geister wie LUDWIG GURLITT, PAUL NATORP oder LEONHARD NELSON), war LUDWIG KLAGES’ Rede „Mensch und Erde“ die radikalste. Nur er traf das ökologische Grundproblem der zivilisatorischen Selbstvernichtung.

46 KLAGES nimmt zugleich innertheoretische Schwierigkeiten in Kauf: Alles Geschehen wird auf *einen* und *nur* einen „Urgegensatz“ zurückgeführt; dieser darf sich selbst nicht verändern, sondern muß dem zeitlichen Ablauf enthoben sein; doch dagegen verstößt die These, daß es eine fortschreitende Vernichtung des Lebens durch den Geist geben soll. Entweder gibt es einen „Urgegensatz“ oder einen zunehmenden Zerfall, doch nur weil diese Schwäche *nicht* ausgeräumt wird, kann KLAGES’ Theorie in den zweifelhaften Rang einer politischen Ideologie erhoben werden, was er vielleicht nicht wollte, aber auch nicht verhinderte.

47 Die Grundgedanken dieser Ethik sind zwischen 1891 und 1894 in der Zeitschrift „Nineteenth Century“ veröffentlicht worden; daraus entstand das Buch „Mutual Aid – A Factor of Evolution“ (London 1902), das 1904 auf deutsch vorlag.

48 Gemeint ist die Auseinandersetzung mit MARX und ENGELS und die Abwendung von der Bourgeoisie (VOGELER 1952, S. 286ff.).

49 Der Barkenhoff konnte sich wirtschaftlich nicht selbst unterhalten, sondern blieb abhängig vom Verkauf der Bilder VOGELERS (LINSE 1983, S. 104f.). Im September 1921 wurde die „Arbeitsschule Barkenhoff“ als Verein eingetragen und drückte damit eine Distanz zu VOGELER aus, der nominell Eigentümer des Hofes blieb. Die kommunistische „Rote Hilfe“ wurde 1924 Besitzerin des Barkenhoffs, nachdem die Kommunarden den Hof verlassen hatten. Zwischen ihren pädagogischen Ideen und dem nunmehr entstehenden kommunistischen Kinderheim gab es keinen Kompromiß (ebd., S. 105/106).

50 Ein Reflex auf diese Erfahrungen ist KURT ZEIDLERS vielzitiertes Buch „Die Wiederentdeckung der Grenze“ (1926); ZEIDLER war ab 1921 Leiter der „Wendeschule“.

51 „Die Wende“ erschien in vier Jahrgängen von 1918 bis 1921, in den letzten beiden Jahrgängen nur noch als „Wende“. Ein Hauptautor war HEINRICH VOGELER. Parallel dazu erschien, von MAX TEPP herausgegeben, „Der Leib“ (1919-1921), im Untertitel klassifiziert als „Blätter zur Erkenntnis wesentlichen Lebens aus der Vernunft des Leibes“. Auch hier schrieb VOGELER.

52 15. Abschnitt im „Gesang von der freien Straße“ („Grashalme“); *Leaves of Grass*, 1855 zuerst veröffentlicht, lag ab 1868 in deutschen Übersetzungen vor. Es war *das* Manifest der internationalen Jugendbewegung.

53 JÖDE und TEPP verließen die Schule, weil sie sich weigerten, den Eid auf die neue Staatsverfassung zu leisten (RÖDLER 1987, S. 232). Das Argument war: „Jugend grenzt nicht an Verfassung, sondern an Gott“ (TEPP 1920a). Der „Wendehof“ scheiterte bereits nach fünf Monaten an internen Konflikten.

# Literatur


ALBERTS, H.: Aus dem Leben der Berthold Otto-Schule. Berlin (1925). (= Die Lebensschule, hrsg. v. F. Hilker, Bd. 18)

ARNOLD, A.: Pädagogik, oder Erziehungs- und Unterrichts-Lehre nach den Anforderungen der Gegenwart. Königsberg in der Neumark 1837.

AUFMUTH, U.: Die deutsche Wandervogelbewegung unter soziologischem Aspekt. Göttingen 1979. (= Studien zum Wandel von Gesellschaft und Bildung im 19. Jahrhundert, hrsg. v. O. Neuloh/W. Rüegg, Bd. 16)

BACH, T.: Wanderungen, Turnfahrten und Schülerreisen. Erster Teil. 2., wesentl. verm. Aufl. (Berlin) 1885. (erste Aufl. 1877)

BÄCKER, M.: Die Landeserziehungsheime in Frankreich. (Écoles Nouvelles à la Campagne). Langensalza 1913. (= Pädagogisches Magazin, Heft 535)

BAHR, H.: Der Antisemitismus. Ein internationales Interview. Berlin 1894.

BARTH, E.: Die Gliederung der Großstädte. In: Jahrbuch des Vereins für wissenschaftliche Pädagogik 26 (1894), S. 253-271.

BAUR, G.: Fußreisen. In: K.A. Schmid (Hrsg.): Encyklopädie des gesammten Erziehungs- und Unterrichtswesens bearbeitet von einer Anzahl Schulmänner und Gelehrten. Bd. II. Gotha 1860, S. 574-579.

BELOHOUBEK, V.: Die ersten zehn Jahre der österreichischen Bundeserziehungsanstalten. Ein Beitrag zur Geschichte der Mittelschule in Österreich. Wien/Leipzig 1931.

BENDA, T.: Nervenhygiene und Schule. Berlin 1900.

BERGMANN, K.: Agrarromantik und Großstadtfeindschaft. Meisenheim/Gl. 1970. (= Marburger Abhandlungen zur Politischen Wissenschaft, hrsg. v. W. Abendroth, Bd. 20)

BEYER, C.: Die Erziehung zur Vernunft. Beitrag zur erziehlichen Literatur. Coburg 1864.

BINET, A.: Perceptions d'enfants. In: Revue philosophique tome XXX (1890), S. 582-614.

BIRNBAUM, F.: Erziehungstechnik. In: S. Lazarsfeld (Hrsg.): Technik der Erziehung. Ein Leitfaden für Eltern und Lehrer. Leipzig 1929, S. 29-39.

BLONSKIJ, P.P.: Die Arbeitsschule (Trudovaja skola). Vollständige Ausgabe und Neuübersetzung des ersten und zweiten Teils. Hrsg. v. H.E. Wittig. Paderborn 1973. (= Schöninghs Sammlung Pädagogischer Schriften. Quellen zur Historischen, Empirischen und Vergleichenden Erziehungswissenschaft, hrsg. v. Th. Rutt) (russ. Orig. 1919)

BLÜHER, H.: Die deutsche Wandervogelbewegung als erotisches Phänomen. Ein Beitrag zur Erkenntnis der sexuellen Inversion. 2., verb. u. verm. Aufl. Tempelhof-Berlin 1914.

BLÜHER, H.: Führer und Volk in der Jugendbewegung. Jena 1917.

BLÜHER, H.: Wandervogel. Geschichte einer Jugendbewegung. Erster Teil: Heimat und Aufgang. Zweiter Teil: Blüte und Niedergang. 6. Aufl. Prien (Chiemsee) 1922. (Erste Aufl. 1912)

BOCKEMÜHL, E.: Vom Leid des Kindes. In: Die neue Erziehung VII (1925), S. 902-207; VIII (1926), S. 19-26.

BÖHM, W.: Kulturpolitik und Pädagogik Paul Oestreichs. Bad Heilbrunn/Obb. 1973.

BÖHM, W.: Zur Einschätzung der reformpädagogischen Bewegung in der Erziehungswissenschaft der Gegenwart. In: Pädagogische Rundschau 28 (1974), S. 763-781.
BÖRNE, L.: Briefe aus Paris. Hrsg. v. A. Estermann. Frankfurt 1986. (Erstausg. 1831-1834)
BÖRNE, L.: Über die Nachteile der Schulversäumnisse. (1819) In: L. Börne: Kritische Schriften. Hrsg. v. E. Schumacher. Zürich/Stuttgart 1964, S. 361-366. (= Klassiker der Kritik, hrsg. v. Emil Staiger)
BRAUNSCHVIG, M.: L'art et l'enfant. Essai sur l'éducation esthétique. Préface de J. Lahor. Troisième édition, revue et augmentée. Toulouse/Paris: E. Privat/ H. Didier 1910. (Erste Aufl. 1907)
BUBER, M.: Die Aufgabe. In: Das werdende Zeitalter I, 2 (April 1922), S. 33/34.
BUBER, M.: Pfade in Utopia. Über Gemeinschaft und deren Verwirklichung. Erheblich erweiterte Neuausgabe. Hrsg. v. A. Schapira. Heidelberg 1985. (hebr. Orig. 1947; erste deutsche Aufl. 1950)
BUBER, M.: Reden über Erziehung. Unveränderte Neuausgabe. Heidelberg 1986.
BUCHHOLD, M.: Liebe. In: Die Wende 1. Blatt (November 1918), S. 5-7.
BUCHHOLD, M.: Seele. In: F. Jöde (Hrsg.): Pädagogik Deines Wesens. Gedanken der Erneuerung aus dem Wendekreis. Hamburg 1920, S. 15-17.
BUDDE, G.: Philosophisch-pädagogische Strömungen der Gegenwart. In: Deutsche Blätter für erziehenden Unterricht XLIII, No. 41 (1915/16), S. 321-324, 329-332.
BÜCHER, K.: Die gewerbliche Bildungsfrage und der industrielle Rückgang. Leipzig 1879. (= Pädagogische Studien, hrsg. v. W. Rein, Heft 13)
BÜHLER, Ch.: Das Seelenleben des Jugendlichen. Versuch einer Analyse und Theorie der psychischen Pubertät. 4., verb. Aufl. Jena 1927. (Erste Aufl. 1921)
BÜHLER, K.: Die Zukunft der Psychologie und die Schule. Wien/Leipzig o.J. (1936) (= Schriften des Pädagogischen Instituts der Stadt Wien, Heft 11)
BÜNGER, R.: Staat und Volkserziehung in ihrer Wechselwirkung. Altona 1869.
BÜNGER-KOHN, C.: Schulkritik in der Literatur des frühen 20. Jahrhunderts. Diss. phil. Bonn 1986.
BUGNION, I.: Über die Erziehung nach modernen Ideen. In: Neue Weltanschauung 3, 9 (September 1910), S. 317-326.
BURDACH, K.F.: Anthropologie für das gebildete Publicum. Stuttgart 1837.
CHMIEL, E.: Heinrich Scharrelmann. In: Pädagogische Warte XXX. Jg., Heft 15 (1. August 1923), S. 481-485.
CHRISTENSEN, J.L.: Der moderne Bildungsschwindel in Schule und Familie, sowie im täglichen Verkehr. 3. Aufl. Leipzig 1889. (Erste Aufl. 1884)
CLAPARÈDE, E.: Psychologie de l'enfant et pédagogie expérimentale. 2e éd., revue et augmentée. Genève: Librairie Kündig 1909.
CLAPARÈDE, E.: Kinderpsychologie und experimentelle Pädagogik. Nach der 4. frz. Aufl. übers. v. F. Hoffmann. Leipzig 1911.
CLAPARÈDE, E.: J.-J. Rousseau et la conception fonctionelle de l'enfance, In: Revue de Métaphysique et de Morale 20, 3 (mai 1912), S. 391-416.
CLAPARÈDE, E.: Un institut des sciences de l'éducation et les besoins auxquels il répond. In: Archives de Psychologie XII (1912a), S. 21-60.
CLAPARÈDE, E.: La pédagogie de M. John Dewey. In: J. Dewey: L'école et l'enfant. Trad. par L.-S. Pidoux. Neuchâtel: Delachaux & Niestlé S.A. Ed. (1913), S. V-XXXII. (= Collection d'actualités pédagogiques. Publiées sous les auspices de l'Institut J.-J. Rousseau)

COHN, J.: Gustav Wynekens Erziehungslehre. Darstellung und Kritik. In: Logos V, 3 (1915), S. 267-275.
COMPAYRÉ, G.: Seine Majestät das Kind. In: Zeitschrift für Jugenderziehung und Jugendfürsorge III (1912), S. 33-39, 68-71, 100-103.
CREMIN, L.: The Transformation of the School. Progressivism in American Education, 1876-1957. New York: Alfred A. Knopf 1961.
DAHLMANN, F.C.: Die Volksbildung. In: Central-Bibliothek der Literatur, Statistik und Geschichte der Pädagogik und des Schul-Unterrichts im In- und Auslande, hrsg. v. H.G. Brzoska, Jg. 1838. Halle 1838, S. 33-48, 37-52.
DARWIN, Ch.: Die Entstehung der Arten durch natürliche Zuchtwahl. Übers. v. C.W. Neumann; Nachw. v. G. Heberer. Stuttgart 1976. (engl. Orig. 1859)
DEITERS, H. (Hrsg.): Die Schule der Gemeinschaft. Leipzig o.J. (1925)
DEITERS, H.: Die deutsche Schulreform nach dem Weltkriege. Beiträge zu ihrer Analyse. Berlin 1935. (= Werdende Gegenwart, hrsg. v. R. Kämmerer, Reihe A/B)
DEMOLINS, E.: A quoi tient la supériorité des Anglo-Saxons. Paris: Firmin-Didot 1897.
DEMOLINS, E.: L'Éducation nouvelle. L'École des Roches. Paris: Firmin-Didot 1901. (Erste Auflage 1898)
Dem System gilt unser Kampf. In: Roland. Monatsschrift für freiheitliche Erziehung in Schule und Haus VIII, 5 (Mai 1912), S. 97-101.
Denkschrift der Schule des Wendekreises. In: Der Leib I, 3 (April 1920), S. 114-116.
Der Kinder-Advokat. Von H.v.O., geb. v.St. Berlin 1866.
Der Schulkampf in Österreich. In: Schulreform IV (1925), S. 262-268.
DEWEY, J.: Schule und öffentliches Leben. Übers. v. E. Gurlitt; eingel. v. L. Gurlitt. Berlin 1905. (amerik. Orig. 1899)
DEWEY, J.: Demokratie und Erziehung. Eine Einleitung in die philosophische Pädagogik. Übers. v. E. Hylla. 3. Aufl. Braunschweig 1964. (amerik. Orig. 1916)
DEWEY, J./KILPATRICK, W.H.: Der Projekt-Plan. Grundlegung und Praxis. Übers. v. G. Schulz/E. Wiesenthal. Weimar 1935. (= Pädagogik des Auslands, hrsg. v. P. Petersen, Bd. VI)
DIEDERICHS, E.: Leben und Werk. Ausgewählte Briefe und Aufzeichnungen. Hrsg. v. L. von Strauss und Torney-Diederichs. Jena 1936.
Die Hochschullehrer gegen die konfessionelle Schule. In: Der Säemann II (1906), S. 137/138.
Die Lichtwark-Schule. Idee und Gestalt. Hrsg. v. Arbeitskreis Lichtwarkschule. Hamburg 1979.
Die neue deutsche Schule. In: Neues Dresdner Tageblatt No. 35 vom 5. Februar 1890, S. 1/2.
Die Schulwerkstätten und die Pädagogik. (Zur Preisbewertung). In: Allgemeine Deutsche Lehrerzeitung 33, No. 10 (1881), S. 81-84.
DIESTERWEG, F.A.W.: Wegweiser zur Bildung für deutsche Lehrer. In Gemeinschaft mit Bormann u.a. bearbeitet und herausgegeben. 3., fortgef. u. verm. Aufl. Essen 1844.
DIESTERWEG, Ad.: Das Princip der modernen (neuen) Schule. (Noch einmal.) In: Ad. Diesterweg (Hrsg.): Jahrbuch für Lehrer und Schulfreunde. 5. Jahrgang, Berlin 1855, S. 79-100.
DIESTERWEG, Ad.: Schriften und Reden in zwei Bänden. Hrsg. v. H. Deiters. Bd. II: Abhandlungen und Aufsätze, Parlamentsreden. Berlin (Ost)/Leipzig 1950.

DIESTERWEG, F.A.W.: Die deutsche Nationalerziehung und das Prinzip germanischen Lebens. (1854) In: F.A.W. Diesterweg: Sämtliche Werke, hrsg. v. R. Alt u.a. I. Abteilung/Bd. XI. Hrsg. v. R. Hohendorf. Berlin (Ost) 1972, S. 76-153.

DIETRICH, T.: Die Pädagogik Peter Petersens. Der Jena-Plan: Modell einer humanen Schule. 4., neu bearb. u. erw. Aufl. Bad Heilbrunn/Obb. 1986.

DIETRICH, T. (Hrsg.): Die Pädagogik vom Kinde aus. 4., erg. Aufl. Bad Heilbrunn/Obb. 1982.

DINKLER, R.: Der Begriff der Naturgemäßheit in den ersten Stadien seiner geschichtlichen Entwicklung, vornehmlich bei den Reformpädagogen des 16. und 17. Jahrhunderts. Diss. phil. Leipzig. Druck: Königsee (Thür.) 1897.

DODEL, A.: Ernst Haeckel als Erzieher. Frankfurt/M. 1910.

DÖRPFELD, F.W.: Die freie Schulgemeinde und ihre Anstalten auf dem Boden der freien Kirche im freien Staate. Beiträge zur Theorie des Schulwesens. Gütersloh 1863.

DOTTRENS, R.: L'éducation nouvelle en Autriche. Préface de P. Bovet. Neuchâtel/Paris: Éditions Delachaux & Niestlé S.A. 1927. (= Collection d'actualités pédagogiques. Publiés sous les auspices de l'institut J.J. Rousseau et de la Société Belge de Pédotechnie)

DUBOIS, J.: Le problème pédagogique. Essai sur la position du problème et la recherche de ses solutions. Paris: Alcan 1911.

ECKHARDT, T.: Die Arbeit als Erziehungsmittel. Wien 1875.

EHRENTREICH, A.: Pädagogische Odyssee. Im Wandel der Erziehungsformen. Weinheim/Ratingen 1967.

EMERSON, R.W.: Natur. Hrsg. u. übers. v. H. Kiczka. Schaffhausen 1981. (amerik. Orig. 1836/1849)

ERNST, O.: Offenes Visier! Gesammelte Essays aus Litteratur, Pädagogik und öffentlichem Leben. Hamburg 1890.

ERNST, O.: Flachsmann als Erzieher. Eine Komödie in drei Aufzügen. Leipzig 1901.

ERNST, O.: Des Kindes Freiheit und Freude. Leipzig 1907.

ERNST, O.: Semper der Jüngling. Ein Bildungsroman. Leipzig 1908.

ERNST, O.: Der wildgewordene Pädagoge. Leipzig-Gaschwitz 1920.

ESCHENMAYR, C.A.: Psychologie. Hrsg. v. P. Krumme. Frankfurt/Berlin/Wien 1982. (Orig. 1817)

EULER, C.: Geschichte der Methodik des Turnunterrichts. Gotha 1891. (= Geschichte der Methodik des Volksschulunterrichts, hrsg. v. C. Kehr, Band V)

FADRUS, V.: La réforme scolaire en Autriche. Regards en arrière et regards en avant. In: Annuaire de l'instruction publique en Suisse XV (1924), S. 201-212.

FADRUS, V.: Die Neugestaltung der Volksschule. In: Zeitschrift für Schulreform 5 (1926), S. 112-132.

FADRUS, V.: Austria. In: I.L. Kandel (Ed.): Educational Yearbook 1926 of the International Institute of Teachers College Columbia University. New York: Columbia University Press 1926a, S. 1-44.

FERBER, G.: Berthold Ottos Pädagogisches Wollen und Wirken. Anhang: B. Ottos Entwicklungsgang. Langensalza 1925. (= Erziehungswissenschaftliche Arbeiten, hrsg. v. G. Deuchler, Heft 2) (Pädagogisches Magazin, Heft 1024)

FERRIÈRE, Ad.: Une école nouvelle en 1820. In: La Semaine Littéraire (Genève) quinzième année, no. 700/701 (1907), S. 262-264, 267-269.

FERRIÈRE, Ad.: Les écoles nouvelles – L'Angleterre et l'Allemagne. In: Revue Illustrée (Paris) vingt-sixième année No. 18 (25 septembre 1911), S. 611-631.

FERRIÈRE, Ad.: Biogenetik und Arbeitsschule. Ein Programm zur Ausgestaltung der Volksschule. Langensalza 1912. (= Beiträge zur Kinderforschung und Heilerziehung, hrsg. v. J. Trüper, Heft 101)
FERRIÈRE, Ad.: Das Landeserziehungsheim als Versuchsstätte der neuen Erziehungsrichtung. In: Wissen und Leben VII (1914), S. 622-627, 687-704, 734-746.
FERRIÈRE, Ad.: L'école active. Quatrième édition revue et réduite à une volume. Genève: Editions Forum 1930. (Erste Aufl. 1920)
FICHTE, J.G.: Aphorismen über Erziehung aus dem Jahre 1804. In: J. G. Fichte: Werke, hrsg. v. I.H. Fichte, Bd. VIII: Vermischte Schriften und Aufsätze. Repr. Nachdr. Berlin (West) 1971, S. 353-360. (Zit. als „WW“ mit Bandangabe).
Fidus: Zu meinem Bilde „Hohe Wacht“. In: Freideutsche Jugend. Zur Jahrhundertfeier auf dem Hohen Meissner 1913. Jena 1913, S. 68-72.
FISCHER, A.: Der Einheitsgedanke der Schulorganisation. Jena 1914.
FISCHL, H.: Wesen und Werden der Schulreform in Österreich. Wien/Leipzig 1929. (= Lehrerbücherei, hrsg. v. V. Fadrus/E. Burger, Bd. 78)
FLITNER, W.: Die Reformpädagogik und ihre internationale Beziehung. In: Internationale Zeitschrift für Erziehungswissenschaft I, 1 (1931), S. 39-56.
FLITNER, W.: Die drei Phasen der europäischen Reformbewegung. (1928) In: W. Flitner: Theorie des pädagogischen Weges. 8. Aufl. Weinheim/Berlin 1968, S. 71-82.
FLITNER, W./KUDRITZKI, G. (Hrsg.): Die Deutsche Reformpädagogik. Bd. I: Die Pioniere der pädagogischen Bewegung. 2. Aufl. Düsseldorf/München 1967. (= Pädagogische Texte, hrsg. v. W. Flitner)
FLITNER, W./KUDRITZKI, G. (Hrsg.): Die deutsche Reformpädagogik. Bd. II: Ausbau und Selbstkritik. Düsseldorf/München 1962. (= Pädagogische Texte, hrsg. v. W. Flitner)
FLORIAN: Wickersdorf und Wyneken. In: Die Weltbühne 24 (1928), S. 438-444.
FRECOT, J.: Landkrone über Europa. Der Monte Verità als zentrales Versuchsfeld für alternative Lebensformen zwischen Jahrhundertwende und erstem Weltkrieg. In: Monte Verità – Berg der Wahrheit. Lokale Anthropologie als Beitrag zur Wiederentdeckung einer neuzeitlichen sakralen Topographie. Milano 1978, S. 55-64.
FRECOT, J./GEIST, J.F./KERBS, D.: Fidus 1869-1948. Zur ästhetischen Praxis bürgerlicher Fluchtbewegungen. München 1972.
FREI, W.: Landerziehungsheime. Darstellung und Kritik einer modernen Reformschule. Leipzig 1902.
Freideutsche Jugend. Zur Jahrhundertfeier auf dem Hohen Meissner 1913. Mit einem Bild von Fidus. Hrsg. v. A. Kracke. Jena 1913.
FREYER, H.: Revolution von rechts. Jena 1931.
FRIEDMAN, M.: Martin Buber's Life and Work. Vol. 1: The Early Years 1878-1923. New York: E.P. Dutton 1981. Vol. 2: The Middle Years 1923-1945. New York: E.P. Dutton 1983.
FRÖBEL, F.: Das kleine Kind, oder die Bedeutsamkeit des allerersten Kinderthuns. In: F. Fröbel: Gesammelte pädagogische Schriften. Hrsg. v. W. Lange. Erste Abteilung/Bd. II: Ideen Friedrich Fröbels über die Menschenerziehung und Aufsätze verschiedenen Inhalts. Neudruck der Ausgabe 1863. Osnabrück 1966, S. 384-396.
GANSBERG, F.: „Glückliche Kindheit“. Vortrag im Bremer Elternbund am 11. Mai 1906. Auszugsweise abgedruckt. In: Bremer Nachrichten Nr. 130 vom 13. Mai 1906, S. 5.

GANSBERG, F.: Auf dem Weg zur weltlichen Schule. In: Der Säemann II (1906a), S. 155-164.
GANSBERG, F.: Menschen, seid menschlich. Rousseau-Worte im Auftrage des großen Erziehers herausgegeben. Leipzig (1906b).
GANSBERG, F.: Produktive Arbeit. Beiträge zur neuen Pädagogik. Leipzig 1909.
GANSBERG, F.: Demokratische Pädagogik. Ein Weckruf zur Selbstbetätigung im Unterricht. Leipzig 1911.
GANSBERG, F.: Schaffensfreude. Anregungen zur Belebung des Unterrichts. 5. Aufl. Leipzig/Berlin 1921. (Erste Aufl. 1902)
GASMAN, D.: The Scientific Origins of National Socialism. Social Darwinism in Ernst Haeckel and the German Monist League. London/New York: Macdonald, American Elsevier Inc. 1971.
GAUDIG, H.: Die Arbeitsschule als Reformschule. In: Zeitschrift für pädagogische Psychologie und experimentelle Pädagogik 12 (1911), S. 545-553.
GAUDIG, H.: Didaktische Ketzereien. 3. Aufl. Leipzig/Berlin 1915.
GAUDIG, H.: Die Schule im Dienste der werdenden Persönlichkeit. 2 Bände. 2. Aufl. Leipzig 1922. (Erste Aufl. 1917)
GEBHARD, J.: Die Schule am Dulsberg. Das Werden einer neuen Hamburger Volksschule. Jena 1927. (=Zeitwende. Schriften zum Aufbau neuer Erziehung)
GEBHARD, J.: Alfred Lichtwark und die Kunsterziehungsbewegung in Hamburg. Hamburg 1947.
GEHEEB, P.: Koedukation als Lebensanschauung. (1913) In: Erziehung zur Humanität. Paul Geheeb zum 90. Geburtstag. Heidelberg 1960, S. 116-127.
GLÄSER, J. (Hrsg.): Vom Kinde aus. Arbeiten des Pädagogischen Ausschusses der Gesellschaft der Freunde des vaterländischen Schul- und Erziehungswesens zu Hamburg. Hamburg/Braunschweig 1920.
GLÄSS, T.: Die Entstehung der Hamburger Gemeinschaftsschulen und die pädagogische Aufgabe der Gegenwart. Diss. phil. Gießen 1932.
GLÄSS, T. (Hrsg.): „Pädagogik vom Kinde aus“. Aufsätze Hamburger Lehrer. Weinheim/Bergstr. 1961. (=Kleine Pädagogische Texte, hrsg. v. E. Blochmann u.a., Heft 26)
GLEIM, B.: Der Lehrer als Künstler. Zur praktischen Schulkritik der Bremer und Hamburger Reformpädagogen. Weinheim/Basel 1985.
GLÖCKEL, O.: Drillschule, Lernschule, Arbeitsschule. Wien 1928.
GLÖCKEL, O.: Selbstbiographie. Sein Lebenswerk: Die Wiener Schulreform. Hrsg. v. J.H. Zürich 1939.
GÖRING, H.: Die neue deutsche Schule. Ein Weg zur Verwirklichung vaterländischer Erziehung. Leipzig 1890.
GÖTZE, C.: Zeichnen. In: Versuche und Ergebnisse der Lehrervereinigung für die Pflege der künstlerischen Bildung in Hamburg. 3. Aufl. Hamburg 1902, S. 25-36.
GÖTZE, C.: Die Pädagogik der Tat: In: Pädagogische Reform I, 2 (April-Juni 1904), S. 1-17.
GOLTZ, B.: Buch der Kindheit. Hrsg. v. K. Muthesius. Langensalza 1908. (= Bibliothek pädagogischer Klassiker, Bd. 43) (Erstausg. 1847)
GRÄFE, H.: Allgemeine Pädagogik in drei Büchern. Bd. 1/2. Leipzig 1845.
GRÄFE, H.: Die deutsche Volksschule nach der Gesammtheit ihrer Verhältnisse. 2 Bände. Leipzig 1847.
GRÄFE, H.: Allgemeine Pädagogik. In: A. Lüben (Hrsg.): Pädagogischer Jahresbericht für die Volksschullehrer Deutschlands und der Schweiz. Bd. 17, Leipzig 1865, S. 450-559.

GRAZZA, K.: Aus dem Tagebuch eines Volksschullehrers. Studien zur Pädagogik der Großstadt. In: Freie Bühne für den Entwickelungskampf der Zeit III (1892), S. 313-320, 417-422.
GRIMME, A. (Hrsg.): Wesen und Wege der Schulreform. Berlin 1930.
GROHMANN, J. Chr. A.: Ideen zu einer Geschichte der Entwicklung des kindlichen Alters. Elberfeld 1824.
GRUNDER, F.: Le mouvement des écoles nouvelles en Angleterre et en France. Étude historique et critique. Thèse pour le doctorat d'Université (lettres). Présentée à la Faculté des Lettres de l'Université de Paris. Paris: Emile Larose, Libraire-Éditeur 1910.
GRUNDER, H.-U.: Das schweizerische Landeserziehungsheim zu Beginn des 20. Jahrhunderts. Bern 1987.
GURLITT, L.: Der Deutsche und sein Vaterland. Politisch-pädagogische Betrachtungen eines Modernen. 8. Aufl. Berlin 1903. (Erste Aufl. 1902)
GURLITT, L.: Der Deutsche und seine Schule. Erinnerungen, Beobachtungen und Wünsche eines Lehrers. Berlin 1905.
GURLITT, L.: Erziehung zur Mannhaftigkeit. 2. Aufl. Berlin 1906.
GURLITT, L.: Die Schule. Frankfurt/M. 1907. (= Die Gesellschaft, hrsg. v. M. Buber, Bd. 16)
GURLITT, L. (Hrsg.): Pestalozzi. Eine Auswahl aus seinen Schriften. Stuttgart o.J. (1907a) (= Bücher der Weisheit und Schönheit, hrsg. v. J.E. Freiherr von Grotthuss)
GURLITT, L.: Paulsen. In: Die Zukunft 16. Jahrgang, Band 64. Berlin 1908, S. 404-412.
GURLITT, L.: Erziehungslehre. Berlin 1909.
GURLITT, L.: (Selbstdarstellung) In: E. Hahn (Hrsg.): Die Pädagogik der Gegenwart in Selbstdarstellungen. Bd. II. Leipzig 1927, S. 27-67.
HAECKEL, E.: Die heutige Entwickelungslehre im Verhältnisse zur Gesammtwissenschaft. Vortrag in der ersten öffentlichen Sitzung der fünfzigsten Versammlung Deutscher Naturforscher und Ärzte zu München am 18. September 1877. Zweiter unveränderter Abdruck. Stuttgart 1877.
HAECKEL, E.: Zellseelen und Seelenzellen. In: Deutsche Rundschau Bd. XVI (Juli-August-September 1878), S. 40-59.
HAECKEL, E.: Freie Wissenschaft und freie Lehre. Eine Entgegnung auf Rudolf Virchow's Münchener Rede über „Die Freiheit der Wissenschaft im modernen Staat“. Mit einer Einleitung von Dr. H. Schmidt: Haeckel, Virchow und Reinke. Leipzig 1908.
HAGENER, D.: Radikale Schulreform zwischen Programmatik und Realität. Die schulpolitischen Kämpfe in Bremen vor dem Ersten Weltkrieg und in der Entstehungsphase der Weimarer Republik. Bremen 1973. (= Veröffentlichungen aus dem Staatsarchiv der Freien Hansestadt Bremen, hrsg. v. K.H. Schwebel, Bd. 39)
HALL, G. St.: Child Study: the Basis of Exact Education. In: Forum (December 1893), S. 429-441.
HALL, G. St.: Ausgewählte Beiträge zur Kinderpsychologie und Pädagogik. Autorisierte Übers. v. J. Stimpfl. Altenburg 1902. (= Internationale Bibliothek für Pädagogik und deren Hilfswissenschaften, hrsg. v. Ch. Ufer, Bd. IV)
HANEWALD, R./HEDICKE, F. (Hrsg.): Wachstum und Unterricht. Beiträge zu einer Pädagogik von Innen. Berlin-Lichterfelde 1930. (= Wachstum und Unterricht, Heft 1/1930)

HANSCHMANN, B.: Die Handarbeit in der Knabenschule. Kassel 1876.
HARTNACKE, W.: Naturgrenzen geistiger Bildung. Inflation der Bildung – Schwindendes Führertum – Herrschaft der Urteilslosen. Leipzig 1930.
HAVENSTEIN, M.: Nietzsche als Erzieher. Berlin 1922.
HAUFE, E.: Die natürliche Erziehung. Grundzüge eines objectiven Systems. Meran 1889.
HAUFE, E.: Aus dem Leben eines freien Pädagogen. Leipzig 1894.
HAUFE, E.: Das Evangelium der natürlichen Erziehung. Leipzig 1904.
HELM, F. E.: Geschichte der Methodik des naturgeschichtlichen Unterrichtes in der Volksschule. In: Geschichte der Methodik des Unterrichts in den Realien. Bearbeitet von C. Diercke u.a. Gotha 1888, S. 133-174.
HENNIG, G. A.: Die ästhetische Bildung in der Volksschule. Ein Beitrag zur Schul-Erziehung. Leipzig 1874.
HERMAND, J.: Der alte Traum vom neuen Reich. Völkische Utopien und Nationalsozialismus. Frankfurt 1988.
HERRMANN, U. (Hrsg.): „Neue Erziehung" – „Neue Menschen". Ansätze zur Erziehungs- und Bildungsreform in Deutschland zwischen Kaiserreich und Diktatur. Weinheim/Basel 1987. (= Geschichte des Erziehungs-und Bildungswesens in Deutschland, Bd. 5)
HESPE, R.: Der Begriff der Freien Kinderzeichnung in der Geschichte des Zeichen- und Kunstunterrichts von ca. 1890-1920. Eine problemgeschichtliche Untersuchung. M.e.Vorw. v. W. Ebert. Frankfurt/Bern/New York/Nancy 1985. (= Europäische Hochschulschriften, Reihe 28: Kunstgeschichte, Bd. 42)
HESSEN, S.: Die Methode der Maria Montessori und ihr Schicksal. Ein Beitrag zur Pädagogik des Vorschulalters. Halle 1936. (= Pädagogik in Geschichte, Theorie und Praxis, hrsg. v. K. Grube, Bd. IV)
HEUSINGER, J. H. G.: Die Familie Werthheim. Eine theoretisch-praktische Anleitung zu einer regelmäßigen Erziehung der Kinder; vorzüglich von dem sechsten bis in das vierzehnte Jahr. Für Eltern und Erzieher. Zweiter Theil. Neue unveränderte Auflage. Gotha 1800.
HILKER, F. (Hrsg.): Deutsche Schulversuche. Berlin 1924.
HILLEBRAND, J.: Versuch einer allgemeinen Bildungslehre, wissenschaftlich dargestellt aus dem Principe der Weisheit für Gelehrte und Gebildete. Braunschweig 1816.
HILLEBRAND, K.: Zwölf Briefe eines ästhetischen Ketzers. Berlin 1874.
HIRTH, G.: Ideen über Zeichenunterricht und künstlerische Berufsbildung. 4. Aufl. München/Leipzig 1894 (Erste Aufl. 1887).
HITLER, A.: Mein Kampf. Zwei Bände in einem Band. 11. Aufl. München 1942. (Erstaufl. 1925/1927)
HOFMANNSTHAL, H. v.: Reden und Aufsätze I. 1891-1913. Hrsg. v. B. Schoeller. Frankfurt 1979.
HÖRDT, Ph.: Grundformen volkhafter Bildung. 3. Aufl. Frankfurt/M. 1933.
HOLTSCH, H.: Bewegungen der Gegenwart auf pädagogischem Gebiet. In: Deutsche Blätter für erziehenden Unterricht XVI, No. 1-7 (1889), S. 1-3, 13-16, 21-24, 29-33, 37-40, 45-48, 53-56.
HONIGSHEIM, P.: Kulturkrise, Gesellschaftskrise und Lehrerschaft. In: Die neue Erziehung Heft 10 (Oktober 1925), S. 715-717.
HUEPPE, F.: Über Unterricht und Erziehung vom sozial-hygienischen und sozial-anthropologischen Standpunkte. In: Zeitschrift für Socialwissenschaft VIII (1905), S. 490-549.

HUNDT, W.: Bei Heinrich Vogeler in Worpswede. Erinnerungen. Mit einem Nachwort von B. Stenzig. Worpswede 1981.
JACHMANN, R. B.: Das Wesen der Nationalbildung. In: Archiv Deutscher Nationalbildung I (1812), S. 405-463.
JACUSIEL, Dr.: Die deutsche Schule der Zukunft. Gedanken und Vorschläge zu einer gründlichen Umgestaltung unseres Schulwesens. Berlin 1886.
JÄNICKE, E.: Geschichte der Methodik des Rechenunterrichts. In: Geschichte des Unterrichts in den mathematischen Lehrfächern in der Volksschule. Bearbeitet von E. Jänicke/G. Schurig. Gotha 1888, S. 1-180.
JAHN, F.L.: Deutsches Volksthum. Lübeck 1810.
JAHN, F.L.: Werke. Neu herausgegeben, mit einer Einleitung und mit erläuternden Anmerkungen versehen von C. Euler. 2 Bände. Hof 1884, 1887.
Jahrbücher für Philologie und Paedagogik. Zweite Abteilung. Hrsg. v. H. Masius. 17. Jahrgang, Leipzig 1871.
JOCHMANN, C.G.: Die unzeitige Wahrheit. Aphorismen, Glossen und der Essay „Über die Öffentlichkeit". Hrsg. v. E. Haufe. Berlin (West) 1981. (Urspr.: Carl Gustav Jochmann's Reliquien. Aus seinen nachgelassenen Papieren. Hrsg. v. Heinrich Zschokke. Bd. 1-3. Hechingen 1826-1838).
JÖDE, F.: Und eins war not. In: Die Wende 1. Blatt (November 1918), S. 7-10.
JÖDE, F.: Die Dinge. In: Die Wende 1. Blatt (November 1918a), S. 28.
JÖDE, F. (Hrsg.): Pädagogik Deines Wesens. Gedanken der Erneuerung aus dem Wendekreis. Hamburg 1920.
JÖDE, F.: Die Lebensfrage der neuen Schule. Lauenburg/Elbe 1921.
KAATZ, H.: Die Weltanschauung Friedrich Nietzsches. Erster Teil: Cultur und Moral. Dresden/Leipzig 1892.
KAMPFFMEYER, H.: Die Gartenstadtbewegung. 2. Aufl. Leipzig/Berlin 1913.
KANITZ, O. F.: Familienerziehung, Staatserziehung und Gesellschaftserziehung. Diss. phil. Wien o.J. (1922)
KANITZ, O. F.: Das proletarische Kind in der bürgerlichen Gesellschaft. Hrsg. v. L. von Werder. Frankfurt 1974.
KAPP, F.: Aufruf zur Umgestaltung der deutschen National-Erziehung. 2. verm. Aufl. Arnsberg 1848.
KARSEN, F.: Die Schule der werdenden Gesellschaft. Stuttgart/Berlin 1921.
KARSEN, F.: Deutsche Versuchsschulen der Gegenwart und ihre Probleme. Leipzig 1923.
KARSEN, F. (Hrsg.): Die neuen Schulen in Deutschland. Berichte von J. Hein u.a. Mit einem Vorwort von W. Paulsen. Langensalza o.J. (1924)
KARSEN, F.: Sinn und Gestalt der Arbeitsschule. In: A. Grimme (Hrsg.): Wesen und Wege der Schulreform. Berlin 1930, S. 100-119.
KARSTÄDT, O.: Versuchsschulen und Schulversuche. In: H. Nohl/L. Pallat (Hrsg.): Handbuch der Pädagogik. Bd. IV: Die Theorie der Schule und der Schulaufbau. Langensalza 1928, S. 333-364.
KAWERAU, S.: Der Leidensweg und die Erlösung der Jugend. Eine Charfreitagsrede. In: P. Oestreich (Hrsg.): Schöpferische Erziehung. Entschiedene Schulreform II. Vorträge, gehalten auf der *freien Reichsschulkonferenz* des Bundes entschiedener Schulreformer im Herrenhause zu Berlin vom 31. März – 2. April 1920. Berlin-Fichtenau 1920, S. 102-108.
KELLY, A.: The Descent of Darwin. The Popularization of Darwinism in Germany, 1860-1914. Chapel Hill: The University of North Carolina Press 1981.

KEMENY, F.: L'âme de l'école. In: Minerva. Revue Internationale et Polyglotte de Documentation Éducative 2me Année, No. 1 (1r octobre 1910), S. 6-11.
KERSCHENSTEINER, G.: Produktive Arbeit und ihr Erziehungswert. In: Der Säemann II (1906), S. 101-121.
KERSCHENSTEINER, G.: Begriff der Arbeitsschule. 7., verb. Aufl. Leipzig/Berlin 1928. (Erstaufl. 1912)
KERSCHENSTEINER, G.: Ausgewählte pädagogische Schriften. Hrsg. v. G. Wehle. Bd. II: Texte zum pädagogischen Begriff der Arbeit und zur Arbeitsschule. Paderborn 1968. (= Schöninghs Sammlung pädagogischer Schriften. Quellen zur Geschichte der Pädagogik, hrsg. v. Th. Rutt)
KEY, E.: Das Jahrhundert des Kindes. Studien. Übers. v. F. Maro, 14. Aufl. Berlin 1908. (schwed. Orig. 1900)
KEY, E.: Ein Gottsucher (Rainer Maria Rilke). In: E. Key: Seelen und Werke. Essays. Übers. von M. Franzos. Berlin 1911, S. 153-232. (schwed. Orig. 1904/1910)
KEY, E.: Ein internationales Institut für die Entwicklung der Erziehungswissenschaften. In: Das monistische Jahrhundert 6 (1912), S. 468-474, 495-502.
KEY, E.: Die junge Generation. Übers. v. C. Morburger. München 1913.
KIESEWETTER, J. G. C.: Fassliche Darstellung der Erfahrungsseelenlehre zur Selbstbelehrung für Nichtstudierende. Hamburg 1806.
KILPATRICK, W. H.: The Montessori System Examined. Boston/New York/ Chicago: Houghton Mifflin Company; Cambridge: The Riverside Press 1914. (= Riverside Educational Monographs, ed. by H. Suzzallo)
KIRSTE, E.: Das Prinzip der Kindgemäßheit und seine psychologischen Probleme. Eine pädagogische Studie. Leipzig 1916.
KLAGES, L.: Mensch und Erde. (1913) In: L. Klages: Mensch und Erde. Zehn Abhandlungen. Stuttgart 1956, S. 1-25.
KLAGES, L.: Der Geist als Widersacher der Seele. 6. Aufl. Bonn 1981. (Erste Aufl., in drei Bdn., 1929-1932)
KLATT, F.: Beruf und Bildung. Ausgewählte pädagogische Schriften. Hrsg. v. H. Lorenzen. Paderborn 1966. (= Schöninghs Sammlung pädagogischer Schriften. Quellen zur Geschichte der Pädagogik, hrsg. v. Th. Rutt)
KLEIN, G. W.: Die Freie Schulgemeinde Wickersdorf. Ein soziologischer Versuch. Jena 1921.
Kleines Compendium der Pädagogik zur Beherzigung für Aeltern und Hofmeister herausgegeben von einem practischen Erzieher. Leipzig 1798.
KLUMPP, F. W.: Das Turnen; ein deutsch-nationales Entwickelungsmoment. Stuttgart/Tübingen 1842.
KNOLL, M.: Calvin M. Woodward und die Anfänge der Projektmethode. Ein Kapitel aus der amerikanischen Erziehungsgeschichte, 1876-1900. In: Zeitschrift für Pädagogik 32 (1988), S. 501-517.
KRABBE, W. R.: Gesellschaftsveränderung durch Lebensreform. Strukturmerkmale einer sozialreformerischen Bewegung im Deutschland der Industrialisierungsperiode. Göttingen 1974. (= Studien zum Wandel von Gesellschaft und Bildung im 19. Jahrhundert, hrsg. v. O. Neuloh/W. Rüegg, Bd. 9)
KRETSCHMANN, J.: Freier Gesamtunterricht in der Dorfschule. Berlin (1925). (= Pädagogischer Wegweiser, hrsg. v. A. Pottag, Heft 4)
KRIECK, E.: Völkischer Gesamtstaat und nationale Erziehung. 3. Aufl. Heidelberg 1933.
KRUG, W.T.: Der Staat u. die Schule. Oder Politik und Pädagogik in ihrem gegenseitigen Verhältnisse zur Begründung einer Staatspädagogik dargestellt. Leipzig 1810.

KUNTZE, G. C. Th.: Das Volksschulwesen der Provinz Schleswig-Holstein. Systematische Zusammenstellung der bezüglichen Gesetze, Verordnungen und Erlasse. Nach authentischen Quellen bearbeitet. Schleswig 1872.
LAGARDE, P. de: Deutsche Schriften. Göttingen 1878.
LAGARDE, P. de: Schriften für das deutsche Volk. Bd. 1: Deutsche Schriften. Hrsg. v. K. A. Fischer. 2. Aufl. München 1934.
LAMSZUS, W.: Der Weg der Hamburger Gemeinschaftsschule. In: F. Karsen (Hrsg.): Die neuen Schulen in Deutschland. Berichte von J. Hein u.a. Langensalza (1924), S. 24-85.
LANDAUER, G.: Anarchistische Gedanken über Anarchismus. In: Die Zukunft 37 (1901), S. 134-140.
LANGE, K.: Die künstlerische Erziehung der deutschen Jugend. Darmstadt 1893.
LANGE, W.: Die Autonomie der modernen Pädagogik. In: Rheinische Blätter für Erziehung und Unterricht, Jg. 1884, Heft II (März-April), S. 99-117.
LASSAHN, R.: Das unerschlossene Erbe der Reformpädagogik. In: Pädagogische Rundschau 38 (1984), S. 277-298.
LAVISSE, E. et. al.: L'éducation de la démocratie. Leçons professées à l'école des hautes études sociales. 2e éd. Paris: Félix Alcan 1907.
LAZARSFELD, S. (Hrsg.): Technik der Erziehung. Ein Leitfaden für Eltern und Erzieher. Leipzig 1929.
LE BON, G.: Psychologie de l'éducation. Paris: Ernest Flammarion Éditeur 1902.
LEHMANN, R.: Schulreform. In: Die Zukunft 36 (1901), S. 217-221.
Lehrervereinigung für die Pflege der künstlerischen Bildung Hamburg: Das Kind als Künstler. Ausstellung von freien Kinderzeichnungen in der Kunsthalle zu Hamburg. O.O. (1898)
Leitsätze für den allgemeinen Aufbau der Schule. (1920) In: H. Fischl: Wesen und Werden der Schulreform in Österreich. Wien/Leipzig 1929, S. 79-83.
LEXIS, W. (Hrsg.): Die Reform des höheren Schulwesens in Preussen. Halle a.S. 1902.
LEXIS, W. (Hrsg.): Das Unterrichtswesen im Deutschen Reich. Aus Anlaß der Weltausstellung in St. Louis unter Mitwirkung zahlreicher Fachmänner herausgegeben. Bd. III: Das Volksschulwesen und das Lehrerbildungswesen. Von P. von Giżycki u.a. Berlin 1904.
LHOTZKY, H.: Die Seele Deines Kindes. Düsseldorf/Leipzig 1908.
LICHTWARK, A.: Einleitung. In: Versuche und Ergebnisse der Lehrervereinigung für die Pflege der künstlerischen Bildung in Hamburg. 3. Aufl. Hamburg 1902, S. 1-7.
LICHTWARK, A.: Der Deutsche der Zukunft. Berlin 1905.
LIETZ, H.: Die Probleme im Begriff der Gesellschaft bei Auguste Comte im Gesamtzusammenhang seines Systems. Diss. phil. Jena 1891.
LIETZ, H.: Emlohstobba. Roman oder Wirklichkeit? Bilder aus dem Schulleben der Vergangenheit, Gegenwart oder Zukunft? Berlin 1897.
LIETZ, H.: Die Deutsche Nationalschule. Beiträge zur Schulreform aus den Deutschen Landeserziehungsheimen. Leipzig 1911.
LIETZ, H.: Das fünfzehnte Jahr in Deutschen Land-Erziehungs-Heimen. Beiträge zur Schulreform. Leipzig 1913.
LIETZ, H.: Deutsche Land-Erziehungs-Heime. Grundsätze und Einrichtungen. Leipzig 1913a.
LIETZ, H.: Lebenserinnerungen. Neu hrsg. u. erg. v. A. Andreesen. 4./5. Aufl. Weimar 1935.

LIETZ, H.: Der Gründungsaufruf von 1898. In: T. Dietrich (Hrsg.): Die Landerziehungsheimbewegung. Bad Heilbrunn/Obb. 1967, S. 15-17.
LINDE, E.: Der Unterrichtskünstler – ein neuer Lehrertypus. In: Die Deutsche Schule X (1906), S. 129-144.
LINDE, E.: Persönlichkeitspädagogik. Ein Mahnwort wider die Methodengläubigkeit unserer Tage. Mit besonderer Berücksichtigung der Unterrichtsweise Rudolf Hildebrands. 5., durchges. Aufl. Leipzig 1922. (Erste Aufl. 1896)
LINSE, U.: Der Rebell und die „Mutter Erde": Asconas „Heiliger Berg" in der Deutung des anarchistischen Bohemien Erich Mühsam. In: Monte Verità – Berg der Wahrheit. Lokale Anthropologie als Beitrag zur Wiederentdeckung einer neuzeitlichen sakralen Topographie. Milano 1978, S. 26-37.
LINSE, U. (Hrsg.): Zurück, o Mensch, zur Mutter Erde. Landkommunen in Deutschland 1890-1933. München 1983.
LINSE, U.: Ökopax und Anarchie. Eine Geschichte der ökologischen Bewegungen in Deutschland. München 1986.
LIPPS, Th.: Die ethischen Grundfragen. Zehn Vorträge. Teilweise gehalten im Volkshochschulverein zu München. Hamburg/Leipzig 1899.
LITT, Th.: Möglichkeiten und Grenzen der Pädagogik. Abhandlungen zur gegenwärtigen Lage von Erziehung und Erziehungstheorie. Leipzig/Berlin 1926.
LOMBERG, A.: Über Schulwanderungen. In: Deutsche Blätter für den erziehenden Unterricht XIV (1887), S. 1-4, 13-16, 21-24, 29-31, 39-41, 47-49, 55-57, 63-65, 71-73, 79-81.
LORENZ, K.: Erziehung zur Mannhaftigkeit. Auch eine Buchbesprechung. In: Der Säemann II (1906), S. 357-363.
LORENZEN, H. (Hrsg.): Die Kunsterziehungsbewegung. Bad Heilbrunn/Obb. 1966.
LOTTIG, W.: Alle Kräfte werden gelöst, gepflegt und entwickelt! In: Th. Gläss (Hrsg.): „Pädagogik vom Kinde aus". Weinheim/Bergstr. 1961, S. 63-77.
LÜBEN, A.: Über die äußern Angelegenheiten der Volksschule und ihrer Lehrer. In: K. NACKE (Hrsg.): Pädagogischer Jahresbericht für Deutschlands Volksschullehrer. Bd. 9. Leipzig 1856, S. 525-546.
LÜTKENS, Ch.: Die deutsche Jugendbewegung. Ein soziologischer Versuch. Frankfurt/M. 1925.
LUHMANN, N.: Der politische Code: „konservativ" und „progressiv" in systemtheoretischer Sicht. In: Zeitschrift für Politik 21 (1974), S. 253-271.
MACH, E.: Der relative Bildungswert der philologischen und der mathematisch-naturwissenschaftlichen Unterrichtsfächer der Höheren Schulen. Vortrag gehalten vor der Delegirtenversammlung des deutschen Realschulmännervereins zu Dortmund am 16. April 1886. Leipzig/Prag 1886.
MAGER, K.: Was ist Pädagogik? In: Pädagogische Revue Bd. 12, No. 1 (Januar 1846), S. 1-42.
MEISTER, R.: Der Bildungswert der Antike und der Einheitsschulgedanke. Wien 1920.
MEISTER, R.: Zum gegenwärtigen Stand der Schulreform. In: Volkserziehung. Nachrichten des österreichischen Unterrichtsamtes – Pädagogischer Teil. Jg. 1921, Stück XXIV, S. 533-557; Jg. 1922, Stück III, S. 67-77.
MEISTER, R.: (Stellungnahme) In: Die Erfahrungen der Mittelschule mit der Volksschulreform. Wien 1925, S. 197-227.
MEISTER, R.: Die neuen österreichischen Schulgesetze. In: Südwestdeutsche Schulblätter Jg. 1927, S. 390-396.

MENGE, R.: Gymnasium und Kunst. Ein Versuch die ästhetische Erziehung zu fördern durch Berücksichtigung der bildenden Künste im Unterrichte der höheren Schulen. Leipzig 1879. (= Pädagogische Studien, hrsg. v. W. Rein, Heft 12)
MESSER, M.: Die moderne Seele. Leipzig 1899.
MEYER, A. E.: Modern European Educators and Their Work. Freeport. N. Y.: Books for Libraries Press 1971. (repr.) (Erstausg. 1934)
MEYER, B.: Das Aesthetische als Erziehungsmittel und Unterrichtsgegenstand. Berlin 1868.
MEYER, B.: Aus der ästhetischen Pädagogik. Sechs Vorträge. Berlin 1873.
MEYER, J.: Die nationale Erziehung. Eine pädagogische Monographie. 2. Aufl. Leipzig 1879. (= Pädagogische Sammelmappe, Heft 29)
MICHAEL, B./SCHEPP, H.-H. (Hrsg.): Politik und Schule von der Französischen Revolution bis zur Gegenwart. Eine Quellensammlung zum Verhältnis von Gesellschaft, Schule und Staat im 19. und 20. Jahrhundert. Band 1. Frankfurt 1973.
MONTESSORI, M.: Selbsttätige Erziehung im frühen Kindesalter. Nach den Grundsätzen der wissenschaftlichen Pädagogik methodisch dargelegt. Übers. v. O. Knapp. Stuttgart 1913. (ital. Orig. 1909)
MONTESSORI, M.: Mein Handbuch. Grundsätze und Anwendung meiner neuen Methode der Selbsterziehung der Kinder. Stuttgart 1922.
MONTESSORI, M.: Grundlinien meiner Erziehungsmethode. (Aus dem Vortrage an der Universität zu Berlin am 27.10.22). In: M. Montessori u.a.: Die Selbsterziehung des Kindes. Berlin 1923, S. 8-12. (= Die Lebensschule, hrsg. v. F. Hilker, Heft 12)
MONTESSORI, M.: Montessori-Erziehung für Schulkinder. Bd. I: Betätigungsdrang und Erziehung. Übers. v. I. Hohenemser. Stuttgart 1926. (ital. Orig. 1916)
MONTESSORI, M.: Die Erziehung des Kindes. In: Das werdende Zeitalter IX (1930), S. 1/2.
MONTESSORI, M.: Kinder sind anders. *Il segreto dell'infanzia*. Übers. v. P. Eckstein u.a. 8. Aufl. Stuttgart 1967. (ital. Orig. 1950)
MÜLLER, A.: Kritische/ästhetische und philosophische Schriften, Bd. II. Kritische Ausgabe hrsg. v. W. Schroeder/W. Siebert. Neuwied/Berlin 1967.
MÜLLER, H.: Der Dichter und sein Guru. Hermann Hesse – Gusto Gräser eine Freundschaft. 2. Aufl. Werdorf 1979.
MÜNCH, W.: Die Erziehung zur Vaterlandsliebe. In: Paedagogium IX (1887), S. 627-664.
MÜNCH, W.: Zukunftspädagogik. Berichte und Kritiken, Betrachtungen und Vorschläge. 3. Aufl. m.e.Vorw. v. A. Matthias. Berlin 1913. (Erste Aufl. 1904)
MÜNSTERBERG, H.: School Reform. In: Atlantic Monthly 85 (May 1900), S. 656-669.
NAVILLE, F.-M.-L.: De l'éducation publique considerée dans ses rapports avec le Développement des Facultés, la marche progressive de la civilisation et les besoins actuels de la France. Paris: Audin 1832.
NAVILLE, F.-M.-L.: Mémoire explicatif du tableau des études dans l'établissement d'éducation de Vernier. Genève: Imprimerie de Jules-Gme Fick 1845.
NEILL, A.: Hearts Not Heads in the School. London: Herbert Jenkins Limited o.J. (1945)
NEUNER, I.: Der Bund entschiedener Schulreformer 1919-1933. Programmatik und Realisation. Bad Heilbrunn/Obb. 1980. (= Würzburger Arbeiten zur Erziehungswissenschaft, hrsg. v. A. Reble)

NIETZSCHE, Fr.: Sämtliche Werke. Kritische Studienausgabe in 15 Bänden. Hrsg. v. G. Colli/M. Montinari. München 1980.
NISSEN, B. M.: Der Rembrandtdeutsche Julius Langbehn. Von seinem Freunde. Durchges. Ausg. Freiburg/Br. 1929.
NOHL, H.: Die Einheit der Pädagogischen Bewegung (1926). In: H. Nohl: Pädagogik aus dreißig Jahren. Frankfurt 1949, S. 21-27.
NOHL, H.: Die pädagogische Bewegung in Deutschland und ihre Theorie. 7. Aufl. Frankfurt 1970. (Erste Aufl. 1933/1935)
NOHL, H.: Die Deutsche Bewegung. Vorlesungen und Aufsätze zur Geistesgeschichte von 1770-1830. Hrsg. v. O. F. Bollnow/F. Rodi. Göttingen 1970a.
NOIRÉ, L.: Pädagogisches Skizzenbuch. Leipzig 1874.
NORDAU, M.: Entartung. Band 1, Berlin 1892; Band 2, Berlin 1893.
NÜCHTER, Fr.: Von der individualistischen zur sozialen Demokratie – ein Problem der amerikanischen Pädagogik. John Deweys soziale Pädagogik. In: Jahrbuch des Vereins für wissenschaftliche Pädagogik 47 (1915), S. 15-73.
OELKERS, J.: Die Herausbildung der Theorie demokratisch-sozialistischer Erziehung. Anmerkungen zur Diskussion der zwanziger Jahre. In: Informationen zur erziehungs- und bildungshistorischen Forschung Heft 15/16 (1981), S. 113-163.
OELKERS, J.: Petersen und die Reformpädagogik. In: I. Maschmann/J. Oelkers (Hrsg.): Peter Petersen. Beiträge zur Schulpädagogik und Erziehungsphilosophie. Heinsberg 1985, S. 55-99.
OELKERS, J.: Professionsmoral oder pädagogisches Ethos? Eine historische Kritik. In: Vierteljahrsschrift für wissenschaftliche Pädagogik 62 (1986), S. 487-506.
OELKERS, J.: Das Ende des Herbartianismus. Überlegungen zu einem Fallbeispiel der pädagogischen Wissenschaftsgeschichte. In: Informationen zur erziehungs- und bildungshistorischen Forschung Heft 29 (1986a), S. 111-162.
OELKERS, J.: Subjektivität, Autobiographie und Erziehung. In: Zeitschrift für Pädagogik 33 (1987), S. 325-344.
OELKERS, J.: Pädagogischer Liberalismus und nationale Gemeinschaft. Zur politischen Ambivalenz der „Reformpädagogik" in Deutschland vor 1914. In: U. Herrmann/J. Oelkers (Hrsg.): Pädagogik und Nationalsozialismus. Weinheim/Basel 1988, S. 195-217. (= Zeitschrift für Pädagogik, 22. Beiheft)
OELKERS, J.: Die Natur des Kindes. Theorieprobleme der Reformpädagogik. In: Neue Sammlung 28 (1988a), S. 474–485.
OELKERS, J.: Die große Aspiration. Zur Herausbildung der Erziehungswissenschaft im 19. Jahrhundert. Darmstadt 1989. (im Druck)
OELKERS, J.: „Vollendung" – Theologische Spuren im pädagogischen Denken. In: N. Luhmann/K. E. Schorr (Hrsg.): Anfang und Ende – Fragen an die Pädagogik. Frankfurt 1989a. (im Druck)
OELKERS, J.: Petersen und der Nationalsozialismus. In: W. Keil (Hrsg.): Pädagogische Bezugspunkte – Exemplarische Anregungen. Festschrift für Hans Scheuerl. Regensburg 1989b, S. 99–130.
OELKERS, J.: Pädagogik als Berufswissenschaft für Lehrer. Ms. Bern 1989c.
OESTREICH, P.: Das deutsche Erziehungsproblem und die entschiedene Schulreform. In: Leipziger Lehrerzeitung 29 (1922), S. 185-188, 206-209.
OESTREICH, P.: Es reut mich nicht! Schulpolitische Kämpfe zwischen Revolution und Kapp-Putsch. Gesammelte Aufsätze. Leipzig o.J. (1923).
OESTREICH, P.: Unabhängige Kulturpolitik. Vom graden Weg eines „Disziplinlosen". Gesammelte Aufsätze. Leipzig/Wien o.J. (1924) (= Entschiedene Schulreform, hrsg. v. P. Oestreich, Heft 42)

OESTREICH, P.: (Selbstdarstellung) In: E. Hahn (Hrsg.): Die Pädagogik der Gegenwart in Selbstdarstellungen. Leipzig 1926, S. 139-177.
OESTREICH, P.: Entschiedene Schulreform. Schriften eines politischen Pädagogen. Hrsg. v. H. König/M. Radtke. Berlin (Ost) 1978. (= Pädagogische Bibliothek, hrsg. v. K.-H. Günther/H. König)
OSTWALD, W.: Wider das Schulelend. Ein Notruf. Leipzig 1909.
OTTO, B.: Die Schulreform im zwanzigsten Jahrhundert. Vortrag gehalten vor dem Landesverband Sachsen-Thüringen im deutschen Schriftstellerverband am 3. Dezember 1897. Leipzig 1898.
OTTO, B.: Beiträge zur Psychologie des Unterrichts. Leipzig 1903.
OTTO, B.: Kind und Politik. Groß-Lichterfelde 1904.
OTTO, B.: Vom königlichen Amt der Eltern. Leipzig o.J. (1906)
OTTO, B.: Deutsche Erziehung und Hauslehrerbestrebungen. Ein Reformprogramm. Großlichterfelde 1907.
OTTO, B.: Kindesmundart. Berlin 1908. (= Führer ins Leben, hrsg. v. W. Mohr, Bd. 1)
OTTO, B.: Der Zukunftsstaat als sozialistische Monarchie. Berlin 1910.
OTTO, B.: Die Reformation der Schule. Groß-Lichterfelde 1912.
OTTO, B.: Volksorganische Einrichtungen der Zukunftsschule. Berlin-Lichterfelde 1914.
OTTO, B.: Der Gesamtunterricht. In: E. Neuendorff (Hrsg.): Die Schulgemeinde. Gedanken über ihr Wesen und Anregungen zu ihrem Aufbau. Leipzig/Berlin 1921, S. 198-207.
OTTO, B.: Volksorganisches Denken. Vorübungen zur Neubegründung der Geisteswissenschaften. Erster Teil: Aufgaben. Berlin-Lichterfelde 1925.
OTTO, B.: Ausgewählte pädagogische Schriften. Hrsg. v. K. Kreitmair. Paderborn 1963. (= Schöninghs Sammlung pädagogischer Schriften. Quellen zur Geschichte der Pädagogik, hrsg. v. Th. Rutt)
OVERBECK, F.: Briefe an Peter Gast. In: Neue Rundschau (Januar 1906), S. 26-51.
PALMGREEN, K. E.: Einige Erfahrungen über die Samskola. (1887) In: K. E. Palmgreen: Erziehungsfragen. Gesammelte Aufsätze. Altenburg 1904, S. 91-111. (= Internationale Bibliothek für Pädagogik und deren Hilfswissenschaften, hrsg. v. Chr. Ufer, Bd. VI)
PANNWITZ, R.: Der Volksschullehrer und die deutsche Sprache. Berlin-Schöneberg 1908.
PANNWITZ, R.: Die Erziehung. Frankfurt 1909. (= Die Gesellschaft, hrsg. v. M. Buber, Band 32)
PARKHURST, H.: Education on the Dalton Plan. With an Introduction by T. P. Nunn and Contributions by R. Bessett, J. Eades and B. Rennie. London: G. Bell and Sons 1926. (repr.)
PASSOW, F.: „Turnziel“, Turnfreunden und Turnfeinden. Breslau 1818.
PAULSEN, F.: Rezension von: Ferdinand Tönnies. Gemeinschaft und Gesellschaft. Abhandlung des Communismus und Socialismus als empirischer Culturformen. Leipzig 1887. In: Vierteljahrsschrift für wissenschaftliche Psychologie 12 (1888), S. 111-119.
PAULSEN, F.: Ernst Haeckel als Philosoph. In: Preußische Jahrbücher Bd. 101 (Juli-September 1900), S. 29-72.
PAULSEN, F.: Moderne Erziehung und geschlechtliche Sittlichkeit. Einige pädagogische und moralische Betrachtungen für das Jahrhundert des Kindes. Berlin 1908.

PAULSEN, W.: Die Überwindung der Schule. Begründung und Darstellung der Gemeinschaftsschule. Leipzig 1926.
PEETERS, E.: Sa majesté l'enfant. Études sur l'Éducation et l'Enseignement. Ostende: Édition de la Nouvelle Bibliothèque Pédagogique (1910).
PEREZ, B.: Le développement des idées abstraites chez l'enfant. In: Revue Philosophique tome XL (novembre 1895), S. 449-467.
PESTALOZZI, J. H.: Sämtliche Werke, Bd. 8: Ein Schweizer-Blatt. Bearb. v. H. Schönebaum. Berlin/Leipzig 1927. (zit. als „KA" mit Bandangabe)
PESTALOZZI, J. H.: Wie Gertrud ihre Kinder lehrt, ein Versuch, den Müttern Anleitung zu geben, ihre Kinder selbst zu unterrichten, in Briefen. In: J. H. Pestalozzi: Sämtliche Werke, Bd. 13: Schriften aus der Zeit von 1799-1801. Hrsg. v. H. Schönebaum/K. Schreinert. Berlin/Leipzig 1932, S. 181-359. (Erstausg. 1801) (zit. als „KA" mit Bandangabe)
PESTALOZZI, J. H.: Wesen und Segen der Methode. 4. Nachtrag zu: Ansichten und Erfahrungen, die Idee der Elementarbildung betreffend. (nach 1807) In: J. H. Pestalozzi: Sämtliche Werke, hrsg. v. L. W. Seyffarth, Bd. 9. Liegnitz 1901, S. 296-314. (zit. als „S.W." mit Bandangabe)
PESTALOZZI, J. H.: Ansichten über Industrie, Erziehung und Politik, mit Rücksicht auf unsern diesfälligen Zustand vor und nach der Revolution. (1807ff.) In: J. H. Pestalozzi: Werke, Bd. 2: Schriften zur Menschenbildung und Gesellschaftsentwicklung. Hrsg. v. G. Cepl-Kaufmann/M. Windfuhr. München 1977, S. 160-218. (zit. als „WW" mit Bandangabe)
PETERSEN, P.: Pädagogik der Gegenwart. Ein Handbuch der neuen Erziehungswissenschaft und Pädagogik. Zweite Auflage der „Pädagogik". Berlin 1937.
PETERSEN, P.: Führungslehre des Unterrichts. Langensalza/Berlin/Leipzig 1937a.
PETERSEN, P.: Allgemeine Erziehungswissenschaft. 2. Aufl. Berlin (West) 1962. (Erste Aufl. 1924)
PETERSEN, P.: Der Kleine Jena-Plan. 47./51. Aufl. Weinheim/Berlin 1968. (Erste Aufl. 1927)
PETRAT, G.: Curriculum und Gesundheitsgefährdung. Zur „Schulstreß"-Diskussion im 18. und 19. Jahrhundert. In: Zeitschrift für Pädagogik 27 (1981), S. 575-594.
PIPER, F.: Über die Einführung der monumentalen, insbesondere der christlich-monumentalen Studien in den Gymnasialunterricht. In: Verhandlungen der dreiundzwanzigsten Versammlung Deutscher Philologen und Schulmänner in Hannover . . . Leipzig 1865, S. 85-102.
PLESSNER, H.: Grenzen der Gemeinschaft. Eine Kritik des sozialen Radikalismus. Bonn 1924.
POPPER, K.: Die Gedächtnispflege unter dem Gesichtspunkt der Selbsttätigkeit. In: Wissenschaft und Bildung Jg. 1931, S. 607-619.
PRANTL, R.: Dewey als Pädagog. In: Vierteljahrsschrift für wissenschaftliche Pädagogik I (1925), S. 287-300, 387-420, 572-637.
PREYER, W.: Naturforschung und Schule. 3. Aufl. Stuttgart 1887.
PREYER, W.: Die Zukunft der Schulen in Deutschland. In: Die Neue Deutsche Schule I, 8 (1889), S. 351-356.
PUDOR, H.: Die neue Erziehung. Essays über die Erziehung zur Kunst und zum Leben. Leipzig 1902.
RADDE, G.: Fritz Karsen. Ein Berliner Schulreformer der Weimarer Zeit. Berlin (West) 1973. (= Historische und Pädagogische Studien, hrsg. v. O. Büsch/G. Heinrich, Bd. 4)

REBLE, A. (Hrsg.): Die Arbeitsschule. Texte zur Arbeitsschulbewegung. 4., verb. Aufl. Bad Heilbrunn/Obb. 1979.
REDDIE, C.: Abbotsholme 1889-1899 or Ten Years' Work in an Educational Laboratory. London: George Allen 1900.
REICHWEIN, A.: Ausgewählte Pädagogische Schriften. Hrsg. v. H. E. Ruppert/ H. E. Wittig. Paderborn 1978. (= Schöninghs Sammlung Pädagogischer Schriften. Quellen zur Historischen, Empirischen und Vergleichenden Erziehungswissenschaft, hrsg. v. Th. Rutt)
REINLEIN, H.: Der Versuchsschulgedanke und seine praktische Durchführung in Deutschland. Gotha 1919. (= Deutscher Bund für Erziehung und Unterricht, Heft 9)
Rembrandt als Erzieher. Von einem Deutschen. 49. Aufl. Leipzig 1909. (Erste Aufl. 1890)
RIBOT, Th.: Enquête sur les idés générales. In: Revue philosophique (oct. 1891), S. 376-388.
RIBOT, Th.: Die Schöpferkraft der Phantasie. (L'imagination créatrice) Übers. v. W. Mecklenburg. Bonn 1902. (frz. Orig. 1900)
RICCI, C.: Kinderkunst. Autorisierte Übersetzung von E. Rancalli. Mit einem Vorwort von K. Lamprecht. Leipzig 1906. (ital. Orig. 1887)
RICHTER, J.: Die Entwicklung des kunsterzieherischen Gedankens. Als Kulturproblem der Gegenwart nach Hauptgesichtspunkten dargestellt. Leipzig 1909. (zgl. Diss. phil. Leipzig 1908)
RIEHL, W. H.: Die Naturgeschichte des Volks als Grundlage einer deutschen Sozialpolitik. Vierter Band. Wanderbuch als zweiter Teil zu „Land und Leute". 4. Aufl. Stuttgart/Berlin 1903. (Erste Aufl. 1869)
RILKE, R. M.: Sämtliche Werke, hrsg. v. E. Zinn, Bd. 5: Worpswede – Rodin – Aufsätze. Frankfurt 1965. (zitiert als „S.W." mit Bandangabe)
RILKE, R. M.: Briefe aus den Jahren 1902 bis 1906. Hrsg. v. R. Sieber-Rilke/C. Sieber. Leipzig 1930.
RILKE, R. M.: Briefe. Hrsg. v. K. Altheim. Bd. 1. Frankfurt 1987. (zit. als „Br." mit Bandangabe)
RISSMANN, R.: Geschichte des Arbeitsunterrichts in Deutschland. Gotha 1882.
RISSMANN, R.: Die Arbeitsschule. Grundsätzliche Erörterungen. In: Die Deutsche Schule XV (1911), S. 65-82.
RÖDLER, K.: Vergessene Alternativschulen. Geschichte und Praxis der Hamburger Gemeinschaftsschulen 1919-1933. Weinheim/München 1987. (= Veröffentlichungen der Max-Traeger-Stiftung, Bd. 5)
RÖHRS, H.: Die Reformpädagogik. Ursprung und Verlauf in Europa. 2. Aufl. Hannover 1983. (= Das Bildungsproblem in der Geschichte des europäischen Erziehungsdenkens, hrsg. v. E. Lichtenstein/H.-H. Groothoff, Bd. XVI, 1)
ROSENZWEIG, F.: Der Stern der Erlösung. Mit einer Einführung von R. Meier und einer Gedenkrede von G. Sholem. Frankfurt 1988. (Erstausg. 1921)
ROTH, K. L.: Gymnasial-Pädagogik. Stuttgart 1865.
ROTHSTEIN, H.: Die Gymnastik, nach dem System des schwedischen Gymnasiarchen P. H. Ling. Zweiter Abschnitt: Die pädagogische Gymnastik. 2. Aufl. Berlin 1857.
RÖTTGER, H.: Otto zur Linde. Die Strukturen der Persönlichkeit und der geistigen Welt. Wuppertal/Ratingen/Kastellaun 1970.

ROTTEN, E./WILKER, K.: Weltanschauung oder nicht? Eine Betrachtung nach zehn Jahren internationaler Zusammenarbeit. In: Das werdende Zeitalter IX, 1 (Januar 1930), S. 3-7.
RUSKIN, J.: Ausgewählte Werke, Bd. III: Der Kranz von Olivenzweigen. Vier Vorträge über Industrie und Krieg. Übers. v. A. Henschke. Leipzig 1901.
SACHSE, Fr.: Nationale Pädagogik. In: Paedagogium IX (1887), S. 510-525.
SALFENAUER, H.: Parteipolitisch gebundene Jugendarbeit während der reformpädagogischen Zeit in Österreich. Beispiel: Sozialdemokratische Partei Österreichs. In: L. Kriss-Rettenbeck/M. Liedtke (Hrsg.): Regionale Schulentwicklung im 19. und 20. Jahrhundert. Vergleichende Studien zur Schulgeschichte, Jugendbewegung und Reformpädagogik im süddeutschen Raum. Bad Heilbrunn/Obb. 1984, S. 227-241. (= Schriftenreihe zum bayrischen Schulmuseum Ichenhausen, Bd. 2)
SALZMANN, Chr. (Hrsg.): Die Sprache der Reformpädagogik als Problem ihrer Aktualisierung. Dargestellt am Beispiel Peter Petersens und Adolf Reichweins. Heinsberg 1987.
SCHALLENFELDT, R.: Der Handarbeits-Unterricht in Schulen. Werth, Inhalt; Lehrgang und Methodik desselben. M.e. Vorw. v. K. Bormann. Frankfurt/M. 1861.
SCHARRELMANN, H.: Erlebte Pädagogik. Gesammelte Aufsätze und Unterrichtsproben. Hamburg/Berlin 1912.
SCHEIBE, W.: Die Reformpädagogische Bewegung 1900-1932. Eine einführende Darstellung. 2., erg. Aufl. Weinheim/Basel 1971.
„Schillerschule in Bremen". (Eingabe des Guttemplerordens an die hohe Senatskommission für das Unterrichtswesen zu Bremen vom 7. Dezember 1905). In: Der Säemann II (1906), S. 60-63.
SCHINZ, A.: La moralité de l'enfant. In: Revue philosophique tome XLV (1898), S. 259-295.
SCHLEGEL, A.W.: Bonner Vorlesungen. Hrsg. v. F. Jolles. Bd. I: Vorlesungen über das akademische Studium. Heidelberg 1971.
SCHLOTTERBECK, B.: Sinnenbildung. Versuch einer historisch-kritischen Darstellung des Anschauungsunterrichts, nebst Aufstellung eines Lehrganges für denselben auf der Grundlage der Sinnenbildung. Glogau 1860.
SCHLÜNZ, Fr.: Die Wende. In: Die Wende 1. Blatt (November 1918), S. 1-5.
SCHLÜNZ, Fr.: Die Entfesselung der Seele. Absage an die vorrevolutionäre Gesellschaft und ihr Bildungswesen. Hamburg 1919.
SCHLÜNZ, Fr.: Von der wesentlichen Haltung. Wider die Schulreform. Hamburg 1920.
SCHLÜTER, G.: Vom Kinde aus. In: Wende. Blätter vom Werden und Wesen. Jg. 1920, S. 4-9.
SCHMIDKUNZ, H.: Psychogenesis und Pädagogik. In: Lehrproben und Lehrgänge aus der Praxis der Gymnasien und Realschulen Heft LXIV (1900), S. 1-25.
SCHMIDT, A.: Die Würde des Kindes und ihre Betrachtung von Seiten des Lehrers. Ein Vortrag, welcher für die XIV. allgemeine deutsche Lehrerversammlung in Mannheim bestimmt war. Naumburg a/S. 1864.
SCHMIDT, K.: Die Anthropologie. Die Wissenschaft vom Menschen in ihrer geschichtlichen Entwicklung und auf ihrem gegenwärtigen Standpunkte. Den Bildnern der deutschen Nation gewidmet. Erster Theil. Einleitung und Geschichte der Anthropologie. 2., gänzl. umgearb. Aufl. d. „Anthropologischen

Briefe“. Dresden 1865. Zweiter Theil. Die Wissenschaft vom Menschen in seinem Leben und in seinen Thaten mit besonderer Berücksichtigung der Menschenerziehung. 2., gänzl. umgearb. Aufl. d. „Anthropologischen Briefe“. Dresden 1865.
SCHMIDT, O.: Theoretische und praktische Grundlagen zur Ausgestaltung des Arbeitsunterrichts. Leipzig/Berlin 1912.
SCHMITT, C.: Politische Romantik. 3. Aufl. Berlin (West) 1968. (Erste Aufl. 1919)
SCHNEIDER, E.: Zur Schulreform. Vorträge und Aufsätze. Bern 1916.
SCHREYER, L.: Der neue Mensch. In: F. Jöde (Hrsg.): Pädagogik Deines Wesens. Gedanken der Erneuerung aus dem Wendekreis. Hamburg 1920, S. 9-14.
SCHULTZE, E.: Die Zerstörung der Kindheit. In: Zeitschrift für Jugenderziehung, Gemeinnützigkeit und Volkswohlfahrt II (1911/12), S. 230-236, 264-270, 308-312.
SCHULZ, A.: Die grundsätzlichen Forderungen für die Neubildung des Gesamtschulwesens. In: Reden und Verhandlungen des Ersten Allgemeinen Tages für Deutsche Erziehung in Weimar, zu Pfingsten 1904. Berlin 1904, S. 16–38.
SCHULZ, A.: Der Kampf um deutsche Erziehung. In: Verhandlungen des Zweiten allgemeinen Tages für deutsche Erziehung. Weimar, 12. bis 14. Juni 1905. Berlin 1905, S. 15-27.
SCHULZE, G.: Die Berthold-Otto-Schule in Magdeburg. Ein Versuch zur Reform der höheren Schule. In: Die Sammlung 5 (1950), S. 682-688.
SCHWAB, E.: Die österreichische Musterschule für Landgemeinden auf dem Weltausstellungsplatze. Im Auftrage des Comités der Schulfreunde verfaßt. Wien 1873.
SCHWAB, E.: Die Arbeitsschule als organischer Bestandteil der Volksschule. Ein Beitrag zur Lösung der Aufgabe unserer Volkserziehung. Wien/Olmütz 1873a.
SCHWAB, E.: Der Schulgarten. Ein Beitrag zur Lösung der Aufgabe unserer öffentlichen Erziehung. 4. Aufl. Wien 1876.
SEIDEL, R.: Der Arbeits-Unterricht eine pädagogische und soziale Notwendigkeit zugleich eine Kritik der gegen ihn erhobenen Einwände. Tübingen 1885.
SEIDEL, R.: Die Schule der Zukunft eine Arbeitsschule. Kritik des Vortrages von Stadtschulrat Dr. *Kerschensteiner* aus *München*. 2. verm. Aufl. Zürich 1909.
SIEGL, M. H.: Reform of Elementary Education in Austria. Submitted in Partial Fulfillment to the Requirements for the Degree of Doctor of Philosophy, in the Faculty of Education Columbia University. New York, N.Y. 1933.
SILVER, H.: Education as History. Interpreting Nineteenth- and Twentieth-Century Education. London/New York: Methuen 1983.
SIMMEL, G.: „Rembrandt als Erzieher“. In: Vossische Zeitung vom 1. Juni 1890.
SPANN, O.: Die Kulturkrise der Gegenwart. Vortrag am 23. Februar 1929 im Auditorium Maximum der Universität München. In: Mitteilungen des Kampfbundes für deutsche Kultur I, 3 (März 1929), S. 33-44.
SPENCER, H.: Die Erziehung in geistiger, sittlicher und leiblicher Hinsicht. Mit des Verfassers Bewilligung nach der 3. englischen Auflage in deutscher Übersetzung herausgegeben von F. Schultze. 2., verb. Aufl. Jena 1881. (engl. Orig. 1854-1859)
SPENGLER, O.: Der Untergang des Abendlandes. Umrisse einer Morphologie der Weltgeschichte. Mit einem Nachwort von A. M. Koktanek. Bd. 1: Gestalt und Wirklichkeit. Bd. 2: Welthistorische Perspektiven. 2. Aufl. München 1973. (Orig. ausg. 1918/1922).

SPRANGER, E.: An die Jugend. In: Der Säemann, Jg. 1914, S. 386-393.
SPRANGER, E.: Was bleibt von Fröbel? In: Kindergarten 59, 7/8 (Juli/August 1918), S. 93-98.
SPRANGER, E.: Über Erziehung zum deutschen Volksbewußtsein. (1924) In: E. Spranger: Volk – Staat – Erziehung. Gesammelte Reden und Aufsätze. Leipzig 1932, S. 57-76.
STARK, B.: Kunst und Schule. Zur deutschen Schulreform. Jena 1848.
STEIGL, F.: Die Hauptrichtungen des Schulzeichenunterrichts in Deutschland. In: Pädagogisches Jahrbuch, Band VIII. Wien 1886, S. 89–103.
STEINHAUS, M.: Helen Parkhursts Dalton-Plan und seine Verwendung in England. Langensalza 1925. (= Neuere Pädagogik im Ausland, hrsg. v. Zentralinstitut für Erziehung und Unterricht, Heft 1)
STEINTHAL, H.: Einleitung in die Psychologie und Sprachwissenschaft. 2., verm. Aufl. Berlin 1881.
STERN, P.: Einfühlung und Association in der neueren Ästhetik. Ein Beitrag zur psychologischen Analyse der ästhetischen Anschauung. Hamburg/Leipzig 1898. (= Beiträge zur Ästhetik, hrsg. v. Th. Lipps/R. M. Werner, Bd. V)
STERN, W.: Psychologie der frühen Kindheit bis zum sechsten Lebensjahre. Mit Benutzung ungedruckter Tagebücher von C. Stern/und Beiträgen von K. Lewin und H. Werner. 5. überarb. u. erw. Aufl. Leipzig 1928. (Erstaufl. 1914)
STERNBERGER, D.: Panorama oder Ansichten vom 19. Jahrhundert. Frankfurt 1974. (Erstausg. 1938)
STEWART, W. A. C.: The Educational Innovators. Vol. II: Progressive Schools 1881-1967. London, Melbourne, Toronto/New York: Macmillan, St. Martin's Press 1968.
STIRNER, M.: Das unwahre Prinzip unserer Erziehung oder Humanismus und Realismus. (1842) In: M. Stirner: Parerga, Kritiken, Repliken. Hrsg. v. A. Laska. Nürnberg 1986, S. 75-97.
STIRNER, M.: Der Einzige und sein Eigentum. Hrsg. v. A. Meyer. Stuttgart 1972. (Erstausg. 1845)
SULLY, J.: Studies of Childhood. New Edition with Corrections and Additions. London/New York/Bombay: Longmans, Green, and Co. 1903. (Erste Aufl. 1895)
TEPP, M.: Vom Sinn des Körpers und der Lüge des Geistes. In: Die Wende 1. Blatt (November 1918), S. 10-12.
TEPP, M.: Die neue Schule. Hamburg (1920).
TEPP, M.: Erklärung. In: Der Leib I, 3 (April 1920a), S. 117.
TEPP, M.: Wendehof-Holtorf. In: Der Leib II, 1 (Oktober 1920b), S. 71/72.
TESAR, L. E.: Gesellschaft und Schule. Berlin 1925.
TESAR, L. E.: Schulreform in Österreich. In: H. Nohl/L. Pallat (Hrsg.): Handbuch der Pädagogik, Bd. IV: Die Theorie der Schule und der Schulaufbau. Langensalza 1928, S. 313-324.
TESAREK, A.: Du und Dein Kind. Eine Seelenkunde des Kindes für alle. Wien 1936.
TEWS, J.: Die Ferienkolonien und ihre Weiterentwicklung. In: Deutsche Blätter für erziehenden Unterricht XIV, No. 25 (1887), S. 197/198.
TEWS, J.: Der Stand der pädagogischen Fachpresse in Deutschland. In: Das Kind und die Schule. Ausdruck – Entwicklung – Bildung. Leipzig o.J. (1914), S. 352-356.
TIEDEMANN, H. C. W.: Beiträge zur naturgemäßen Erziehung nebst vermischten Aufsätzen. Hamburg 1864.

TOLSTOJ, L. N.: Die Schule von Jasnaja Poljana. Hrsg. v. St. BLANKERTZ. Wetzlar 1980. (= Bibliothek der Schulkritiker, Bd. 1)
TÖNNIES, F.: Gemeinschaft und Gesellschaft. Grundbegriffe der reinen Soziologie. 3., durchges. u. bericht. repr. Nachdr. d. Ausg. Darmstadt 1968. Darmstadt 1972. (Erste Aufl. 1887)
TRACY, F./STIMPFL, J.: Psychologie der Kindheit. Eine Gesamtdarstellung der Kinderpsychologie für Seminaristen, Studierende und Lehrer. 4., verb. Aufl. Leipzig 1912.
TSCHUMI, A.: Routine et progrès sur les écoles secondaires et primaires. Genève: J. Jullien, Librarie-Editeur 1883.
TÜRK, W. C. C. von: Beiträge zur Kenntnisse einiger deutscher Elementar-Schulanstalten, namentlich der zu Dessau, Leipzig, Heidelberg, Frankfurt am Mayn. Leipzig 1806.
TUMLIRZ, O.: Austrian Education in the Past Fifteen Years. In: School and Society 41 (1935), S. 197-203.
Versuche und Ergebnisse der Lehrervereinigung für die Pflege der künstlerischen Bildung in Hamburg. 3. Aufl. Hamburg 1902.
VIRCHOW, R.: Die Freiheit der Wissenschaft im modernen Staat. Rede gehalten in der dritten allgemeinen Sitzung der fünfzigsten Versammlung deutscher Naturforscher und Ärzte zu München am 22. September 1877. 2. Aufl. Berlin 1877.
VOGELER, H.: Unsere Taterziehung auf dem Barkenhof. In: Die Arbeitsschule 35 (1921), S. 175-179.
VOGELER, H.: Kosmisches Werden und menschliche Erfüllung. Hamburg 1921a.
VOGELER, H.: Die Arbeitsschule als Aufbauzelle der klassenlosen menschlichen Gesellschaft. Den Bürgern gewidmet, die ihre letzte gestaltende Kraft nicht an den Selbstmord hingeben wollen. Hamburg 1921b.
VOGELER, H.: Zur Frage des Kommunismus. In: Mahnrufe deutscher Intellektueller. 30 Antworten zur Frage des Kommunismus. Berlin 1924, S. 25.
VOGELER, H.: Reise durch Russland. Die Geburt des neuen Menschen. Dresden (1925).
VOGELER, H.: Erinnerungen. Hrsg. v. E. Weinert. Berlin (Ost) 1952.
VOLKELT, J.: Pädagogische „Einfühlung“. Eine psychologische Betrachtung. In: Vierteljahresschrift für philosophische Pädagogik 1 (1917), S. 36-42.
WAGNER, Ch.: Jeunesse. Ouvrage couronné par l'Académie française. Sixième Edition. Paris: Librairie Fischbacher 1892.
WEBER, E.: Kunsterziehung und Erziehungskunst. Leipzig 1914. (= Pädagogium. Eine Methoden-Sammlung für Erziehung und Unterricht, hrsg. v. O. Messmer, Bd. IV)
WEHLER, H.-U.: Deutsche Gesellschaftsgeschichte. Bd. II: Von der Reformära bis zur industriellen und politischen „Deutschen Doppelrevolution“ 1815-1845/49. München 1987.
WEINGART, P./KROLL, J./BAYERTZ, K.: Rasse, Blut und Gene. Geschichte der Eugenik und Rassenhygiene in Deutschland. Frankfurt 1988.
WEINHÄUPL, W.: Pädagogik vom Kinde aus. Viktor Fadrus – Ein Leben für die Schulreform. Vorw. v. R. Gönner. Wien/München 1981.
WENDLING, K.: Wider den pädagogischen Anarchismus. Straßburg 1913.
WERNAER, R. M.: Die Einfühlung und das Symbol. In: Zeitschrift für Philosophie und philosophische Kritik Bd. 126 (1905), S. 29-44.

WHITMAN, W.: Grashalme. In Auswahl übertragen von J. Schlaf. Nachwort von J. Urzidil. Stuttgart 1986. (amerik. Orig. 1855)
WIEGAND PETZET, H.: Von Worpswede nach Moskau. Heinrich Vogeler – Ein Künstler zwischen den Zeiten. Köln 1972.
WIESE, L.: Ideale und Proteste. Ein Votum. Berlin 1884.
WIESSNER, E.: Geschichte des Handfertigkeitsunterrichts für Knaben. In: Geschichte des Unterrichts in den technischen Fertigkeiten in der Volksschule. Bearbeitet von C. Hey u. a. Gotha 1889, S. 257-344.
WIGGE, H.: Ein deutsches Landerziehungsheim. In: Pädagogisches Monatsblatt (Leipzig) Heft 4 (1898). Wieder in: C. Reddie: Abbotsholme. London 1900, S. 398-406.
WIGGE, H.: Die Gefahren der Arbeitsschulbewegung. Langensalza 1913. (= Pädagogisches Magazin, Heft 526)
WIGGE, H./Martin, P.: Die Unnatur der modernen Schule. Grundlagen zur naturgemäßen Umgestaltung des gesamten Volksschulwesens. Leipzig 1888.
WUNTSCHLI, B. G. (d.i.K. Fr. W. Wander): Pädagogische Briefe vom Rhein an den Verfasser der Volksschule als Staatsanstalt. Mannheim 1845.
WYNEKEN, G.: Schule und Jugendkultur. Jena 1914.
WYNEKEN, G.: Der Krieg und die Jugend. Öffentlicher Vortrag gehalten am 25. November 1914 in der Münchner Freien Studentenschaft. München 1915. (= Schriften der Münchner Freien Studentenschaft, Heft 4)
WYNEKEN, G.: Was ist „Jugendkultur“? Öffentlicher Vortrag gehalten am 30. Oktober 1913 in der Pädagogischen Abteilung der Münchner Freien Studentenschaft. 6./7. Aufl. München 1919.
WYNEKEN, G.: Wickersdorf. Lauenburg (Elbe) 1922.
WYNEKEN, G.: Eros. Lauenburg (Elbe) 1924.
WYNEKEN, G.: Musikalische Weltanschauung. Eine Vorlesung. München 1948.
WYNEKEN, G.: Jugend! Philister über Dir! 2. Aufl. M. e. Nachw. v. O. Steckhan. Frankfurt/M. 1965.
ZEIDLER, K.: Vom erziehenden Eros. Hamburg 1919.
ZEIDLER, K.: Die Wiederentdeckung der Grenze. Beiträge zur Formgebung der werdenden Schule. Jena 1926. (= Zeitwende. Schriften zum Aufbau neuer Erziehung)
ZERRENNER, C. Chr. G.: Methodenbuch für Volksschullehrer. 3., sehr verm. u. verb. Aufl. Magdeburg 1820.
ZIEGLER, Th.: Zur Genesis eines ästhetischen Begriffs. In: Zeitschrift für vergleichende Literaturgeschichte, N. F. Bd. VII (1894), S. 113-120.
ZILIUS, W.: Das Gemeinschaftserlebnis und der Lebensstil der Wandervögel. In: O. Neuloh/W. Zilius: Die Wandervögel. Eine empirisch-soziologische Untersuchung der frühen deutschen Jugendbewegung. Göttingen 1982, S. 65-185. (= Studien zum Wandel von Gesellschaft und Bildung im 19. Jahrhundert, hrsg. v. O. Neuloh/W. Rüegg, Bd. 19)
ZILLER, T.: Allgemeine Pädagogik. 2., sehr verm. Aufl. d. Vorlesungen über allgemeine Pädagogik. Hrsg. v. K. Just. Leipzig 1884.

# Literatur zum Nachwort


American Committee on the International Congress (Ed.): Second International Moral Education Congress. The Hague, August 22-27, 1912. Papers contributed by American Writers and Review of Recent American Literature on Moral Education. o.O. o.J. (1912)

ANDREESEN, A.: Hermann Lietz, Der Schöpfer der Landerziehungsheime. München 1934.

CAMPBELL, J.: Der Deutsche Werkbund 1907-1934. Übers. v. Toni Stolper. München 1989. (amerik. Orig. 1978)

DE HAAN, G.: Über Metaphern im pädagogischen Denken. In: Zeitschrift für Pädagogik, Beiheft 27 (1991), S. 361-375

DYSERINCK, A.G. (Ed.): Compte Rendu du deuxième congrès international d'éducation morala à La Haye 22-27 août 1912. La Haye: Martinus Nijhoff 1913.

DYSERINCK, A.G. (Ed.): Mémoires sur l'éducation moral présentées au deuxième congrès international d'éducation morale à la Haye 22-27 août 1912. La Haye: Martinus Nijhoff 1912.

EKSTEINS, M.: Tanz über Gräben. Die Geburt der Moderne und der Erste Weltkrieg. Übers. v. B. SCHMID. Reinbek b. Hamburg 1990. (amerik. Orig. 1989)

GONON, Ph.: Arbeitsschule und Qualifikation. Arbeit und Schule im 19. Jahrhundert. Kerschensteiner und die heutigen Debatten zur beruflichen Qualifikation. Bern, New York 1992. (im Druck)

GRUNDER, H. U.: Seminarreform und Reformpädagogik. (Habilitationsschrift) Bern, New York 1992. (in Vorbereitung)

KLÖNNE, I.: „Ich spring in diesem Ringe". Mädchen und Frauen in der deutschen Jugendbewegung. Pfaffenweiler 1990. (= Frauen in Geschichte und Gesellschaft, hrsg. v. A. KUHN/V. ROTHE, Bd. 7)

LAMSZUS, W.: Das Menschenschlachthaus. Bilder vom kommenden Krieg. Hamburg/Berlin 1912.

OELKERS, J.: Die große Aspiration. Zur Rekonstruktion der Pädagogik im 19. Jahrhundert. Darmstadt 1989.

OELKERS, J.: Das Ende des Herbartianismus. Überlegungen zu einem Fallbeispiel der pädagogischen Wissenschaftsgeschichte. In: P. ZEDLER/E. KÖNIG (Hrsg.): Rekonstruktionen pädagogischer Wissenschaftsgeschichte. Fallstudien, Ansätze, Perspektiven. Weinheim 1989a, S. 77-116.

OELKERS, J.: Petersen und der Nationalsozialismus. In: W. KEIL (Hrsg.): Pädagogische Bezugspunkte – Exemplarische Anregungen. Festschrift für Hans Scheuerl. Regensburg 1989b, S. 99-130.

OELKERS, J.: Erziehung und Gemeinschaft: Eine historische Analyse reformpädagogischer Optionen. In: CHR. BERG/S. MÜLLER-ELLGARDT (Hrsg.): „Du bist nichts, Dein Volk ist Alles." Forschungen zum Verhältnis von Pädagogik und Nationalsozialismus. Weinheim 1991, S. 22-45.

OELKERS, J.: Erziehung als Paradoxie der Moderne. Aufsätze zur Kulturpädagogik. Weinheim 1991a.

OELKERS, J.: Bürgerliche Gesellschaft und pädagogische Utopie. In: Zeitschrift für Pädagogik, Beiheft 28 (1992). (im Druck)

OELKERS, J./TENORTH, H.-E. (Hrsg.): Pädagogisches Wissen. Weinheim/Basel 1991. (= Zeitschrift für Pädagogik, Beiheft 27)

PALMGREN, K. E.: Erziehungsfragen. Gesammelte Aufsätze. Altenburg 1904. (= Internationale Bibliothek für Pädagogik und deren Hilfswissenschaften, hrsg. v. CHR. UFER, Bd. VI)

PANNWITZ, R.: Das Werk der deutschen Erzieher. Berlin 1909.

PLAKE, K.: Reformpädagogik. Wissenssoziologie eines Paradigmenwechsels. Münster 1991.

RÖDLER, K.: Vergessene Alternativschulen. Zur Geschichte und Praxis Hamburger Gemeinschaftsschulen 1919-1933. Weinheim, München 1987.

SENNET, R.: Civitas. Die Großstadt und die Kultur des Unterschieds. Übers. v. R. KAISER, Frankfurt 1991. (amerk. Orig. 1990)

R. KAISER, Frankfurt 1991. (amerk. Orig. 1990)

SPILLER, G. (Ed): Papers on Moral Education Communicated to The First International Moral Education Congress Held at the University of London September 25-29, 1908. London: David Nutt 1909.

Troisième congrès international d'éducation morale. Genéve, 28 juillet-ler août 1922. Rapports et mémoires, t. I/II. Genève: Secrétariat du Congrès – Institut J.J. Rousseau 1922.

VOLKOV, S.: The Rise of Popular Antimodernism in Germany. The Urban Master Artisans, 1873-1896. Princeton/N.J.: Princeton University Press 1978.

# Personenregister
(unter Mitarbeit von Martina Späni)

# Sachregister